STOPP!

STOPP! DIES IST DIE LETZTE SEITE!

EX-ARM ist ein Manga, und einen japanischen Comic liest man von hinten nach vorne. Auch die Lesereihenfolge der Bilder und Sprechblasen auf den Seiten ist anders als gewohnt: von rechts oben nach links unten.

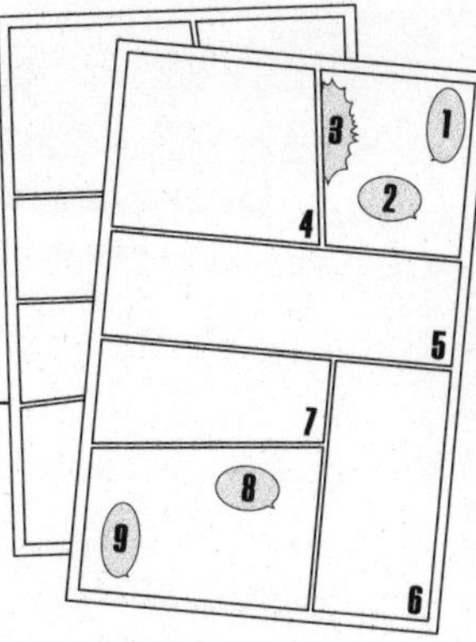

EX-ARM 01

von
Shin-ya Komi & HiRock

2. Auflage, 2020
Deutsche Ausgabe/German Edition

Aus dem Japanischen von Verena Maser

Programmleitung: Michael Schuster & Lea Heidenreich
Redaktion: Lea Heidenreich
Lektorat: Anna Franziska Horne
Layout und Lettering: Amigo Grafik GbR
Druck: GGP Media GmbH

Print-ISBN: 978-3-96433-145-8

www.manga-cult.de | Mai 2019

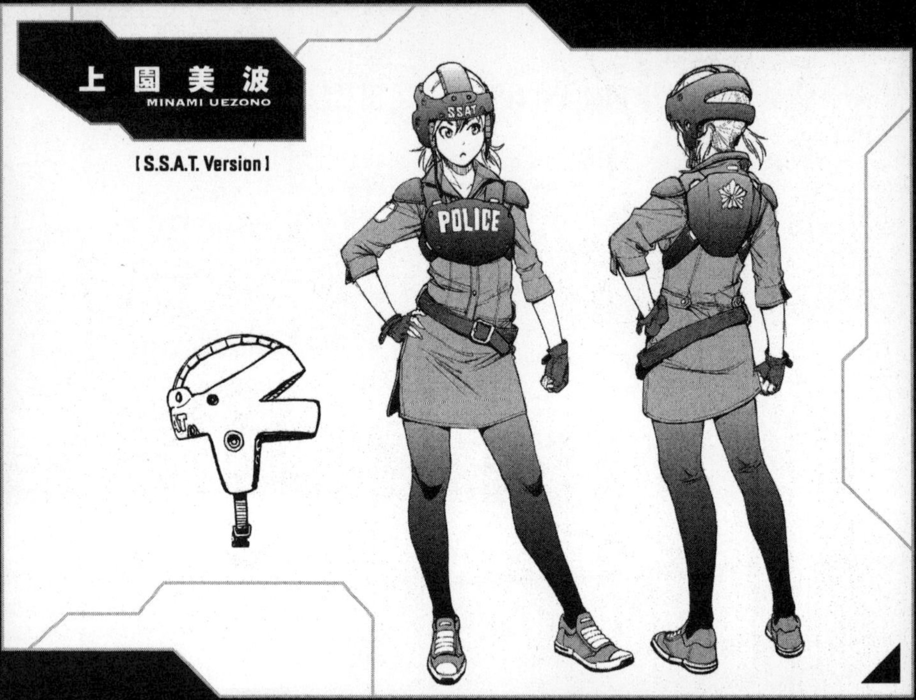

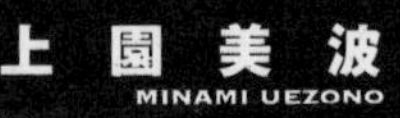

[S.S.A.T. Version]

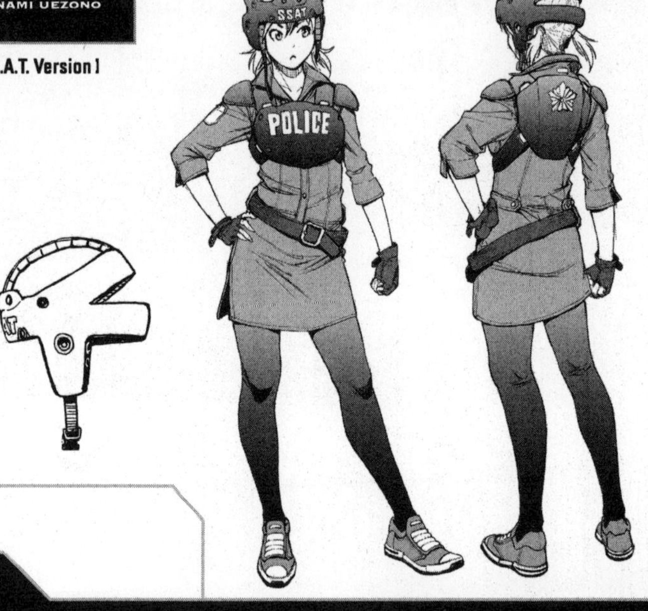

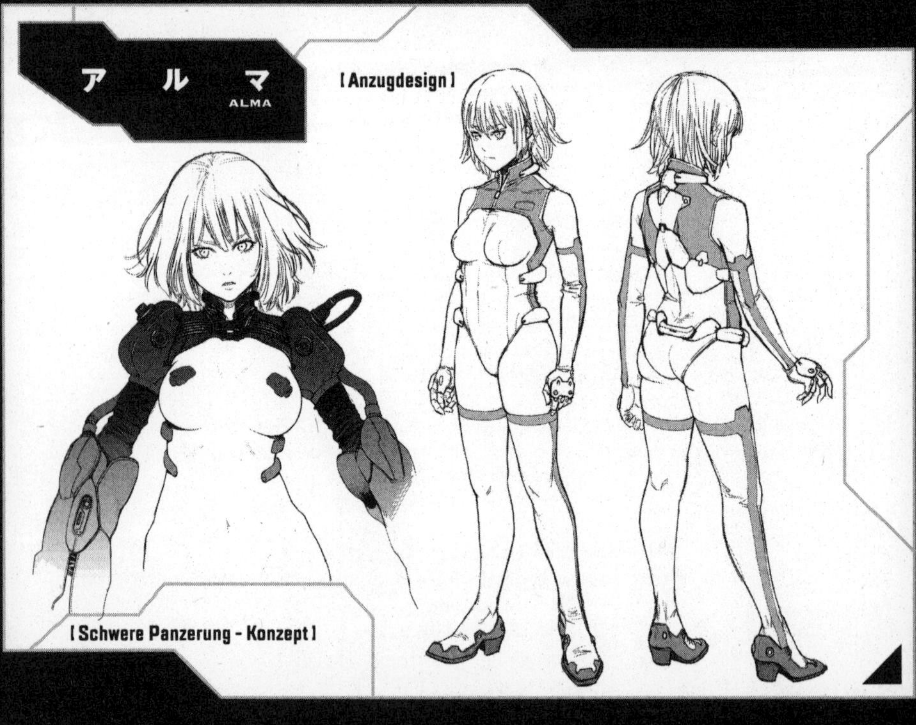

アルマ
ALMA

[Anzugdesign]

[Schwere Panzerung - Konzept]

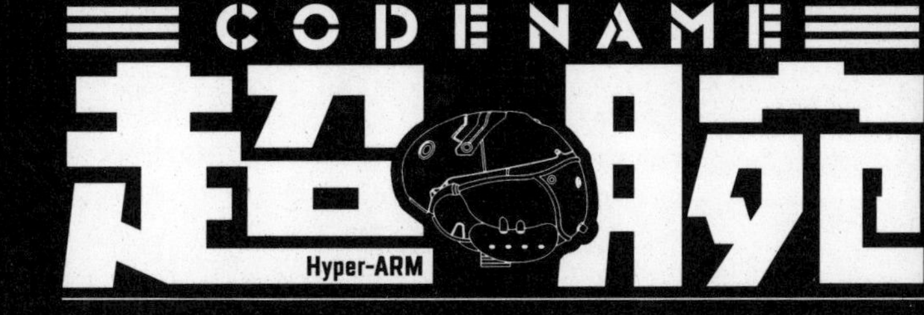

EX-ARM REPORT | 設定資料集 CREATION SOURCE

CHARACTERS

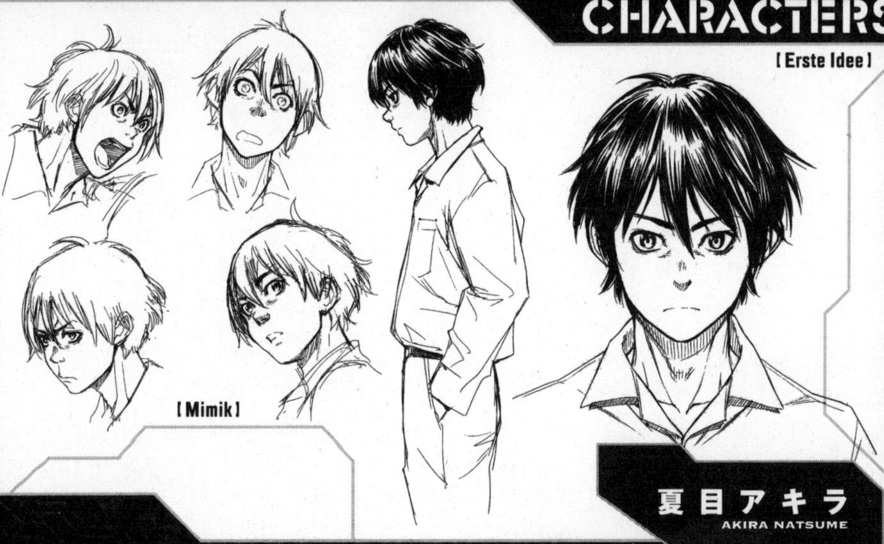

[Erste Idee]

[Mimik]

夏目アキラ
AKIRA NATSUME

EX-ARM [00]

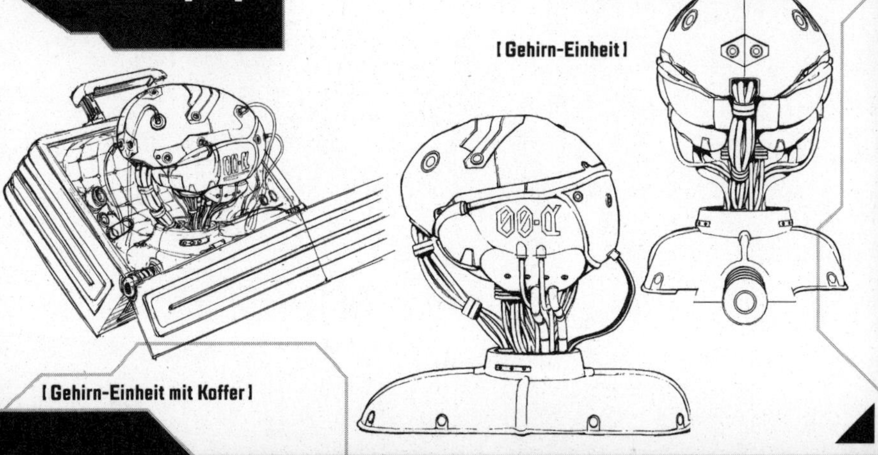

[Gehirn-Einheit]

[Gehirn-Einheit mit Koffer]

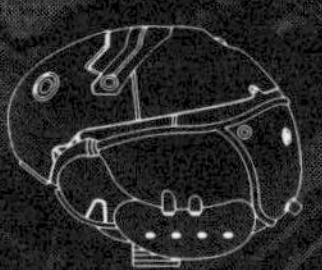

TO BE CONTINUED.

EX-ARM

volume 02 folgt ...

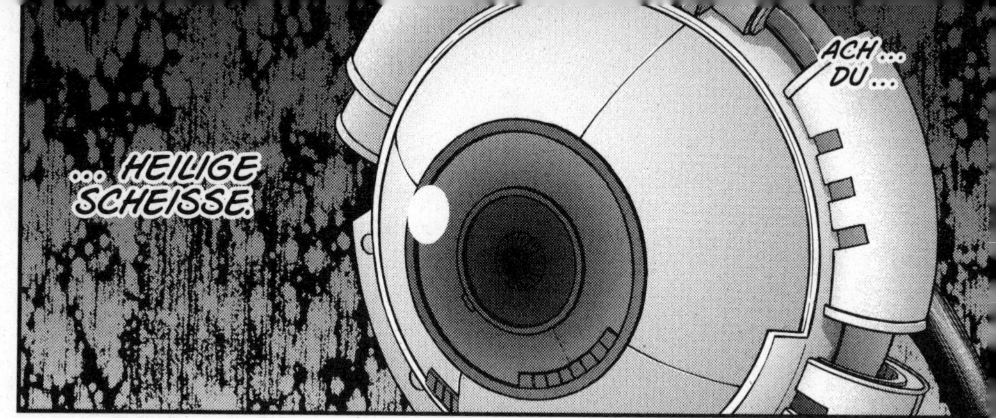

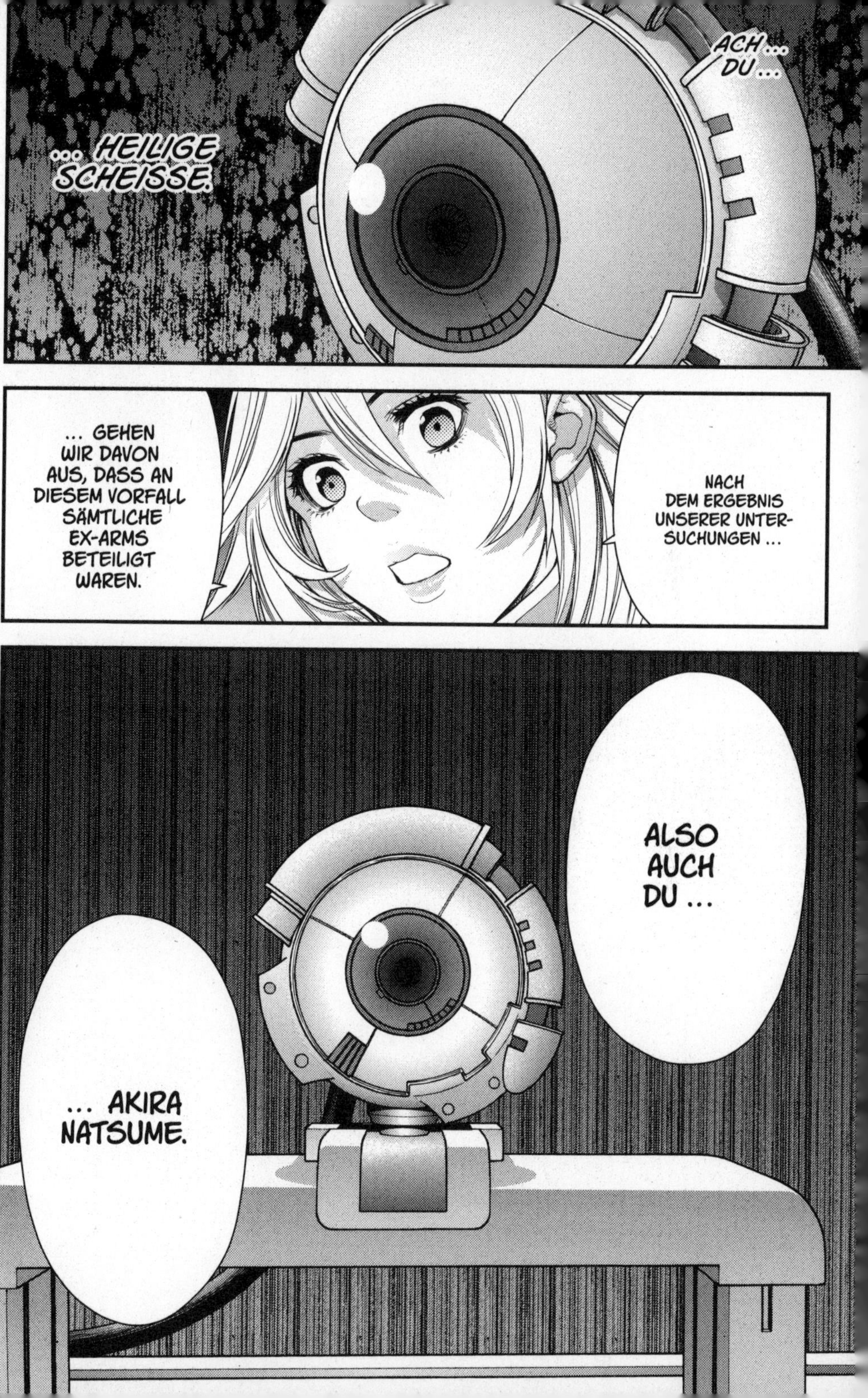

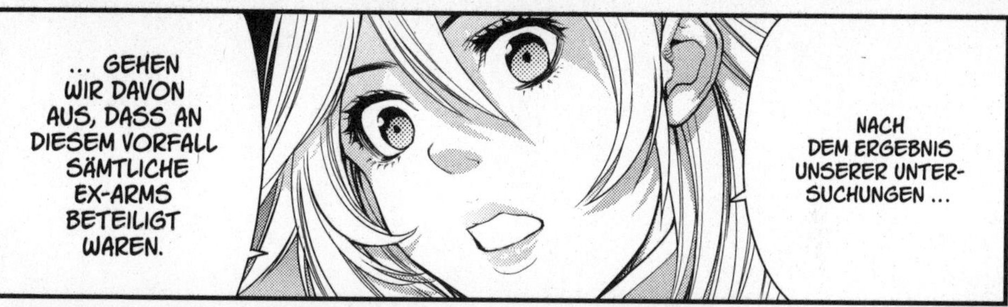

ALSO AUCH DU ...

... AKIRA NATSUME.

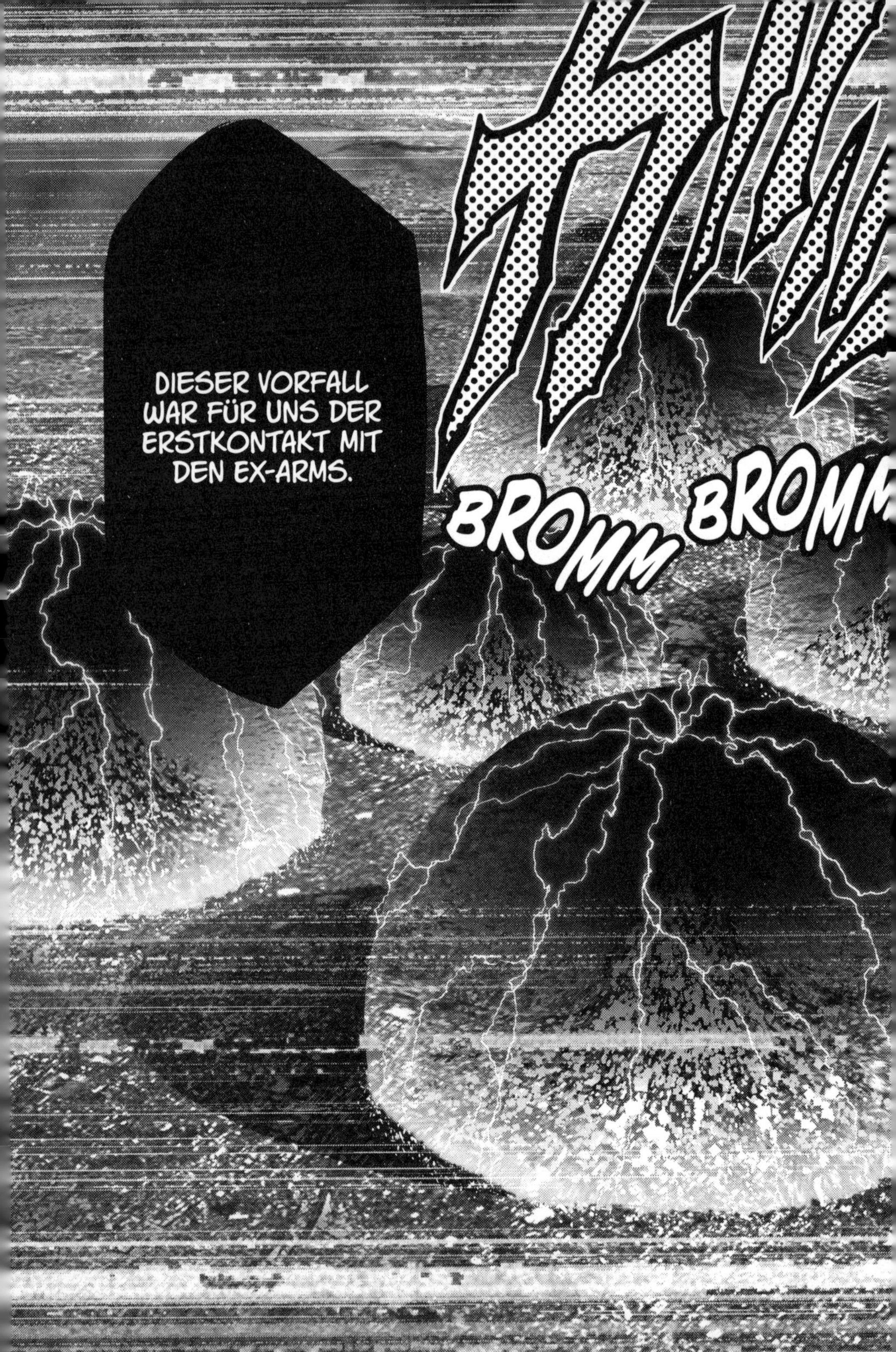
DIESER VORFALL WAR FÜR UNS DER ERSTKONTAKT MIT DEN EX-ARMS.
BROMM BROMM

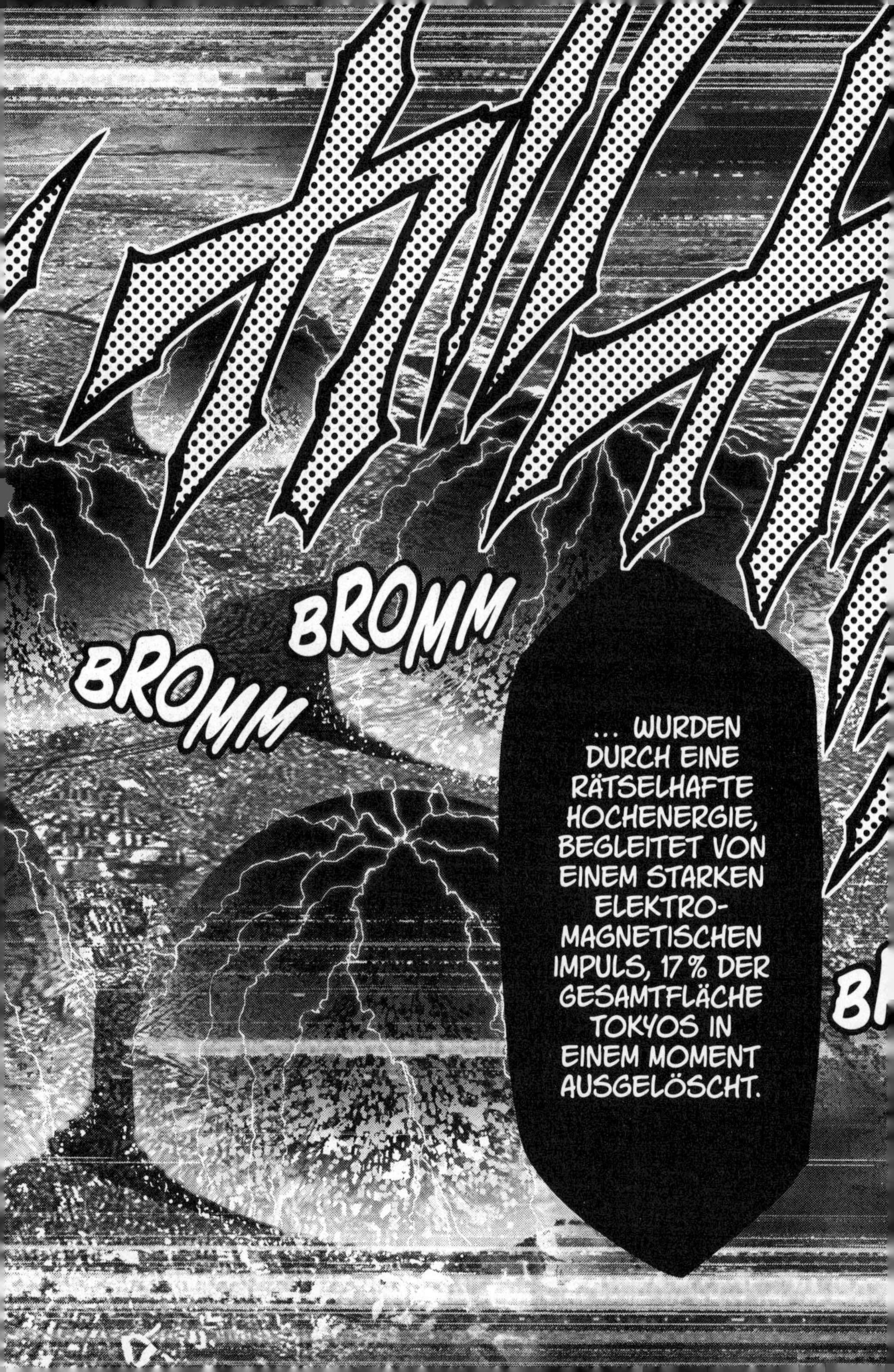
BROMM
BROMM
... WURDEN DURCH EINE RÄTSELHAFTE HOCHENERGIE, BEGLEITET VON EINEM STARKEN ELEKTRO-MAGNETISCHEN IMPULS, 17 % DER GESAMTFLÄCHE TOKYOS IN EINEM MOMENT AUSGELÖSCHT.

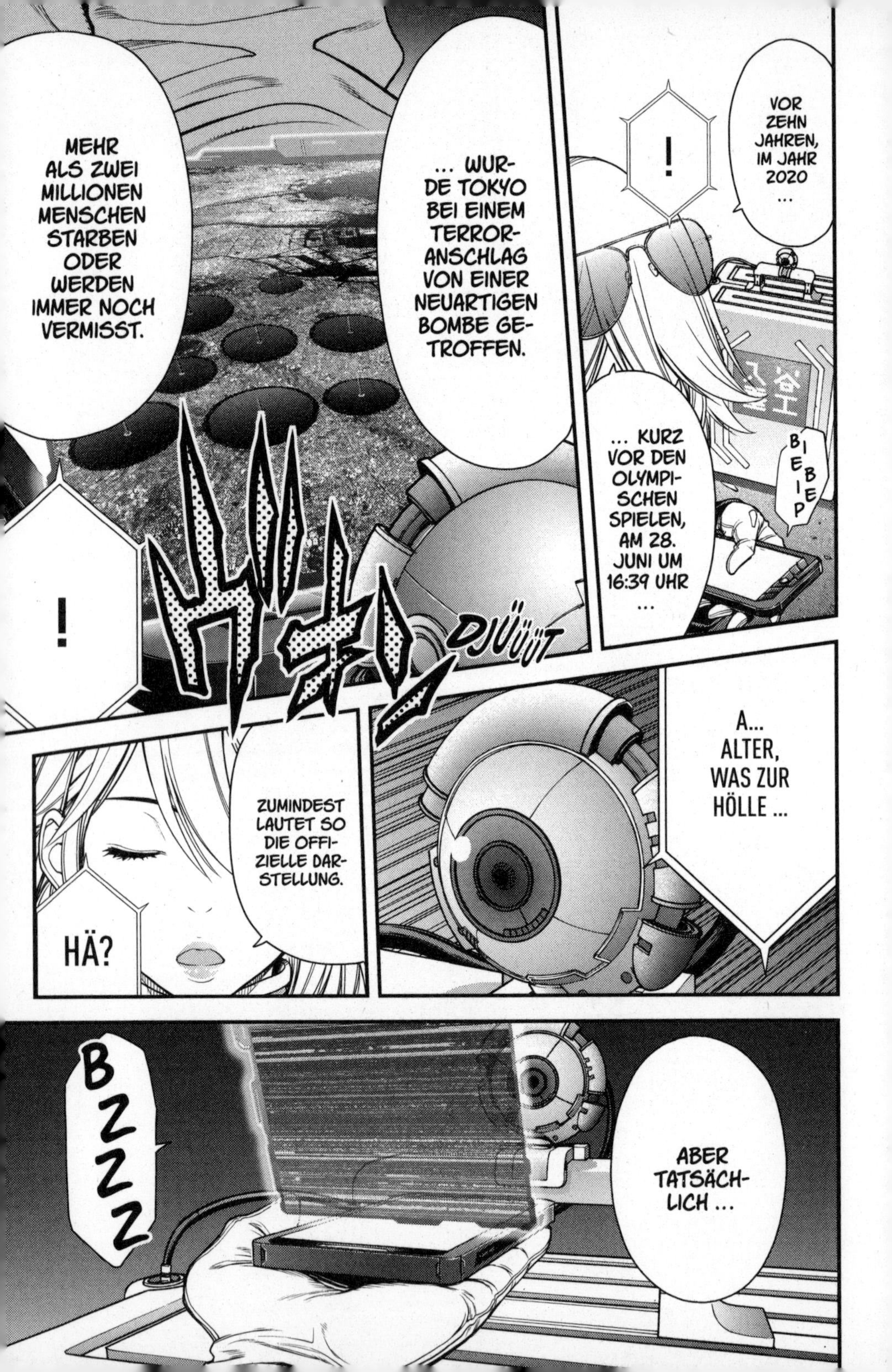

VOR ZEHN JAHREN, IM JAHR 2020 ...

!

... KURZ VOR DEN OLYMPISCHEN SPIELEN, AM 28. JUNI UM 16:39 UHR ...

BIEP BIEP

... WURDE TOKYO BEI EINEM TERRORANSCHLAG VON EINER NEUARTIGEN BOMBE GETROFFEN.

MEHR ALS ZWEI MILLIONEN MENSCHEN STARBEN ODER WERDEN IMMER NOCH VERMISST.

!

DJÜÜÜT

A... ALTER, WAS ZUR HÖLLE ...

ZUMINDEST LAUTET SO DIE OFFIZIELLE DARSTELLUNG.

HÄ?

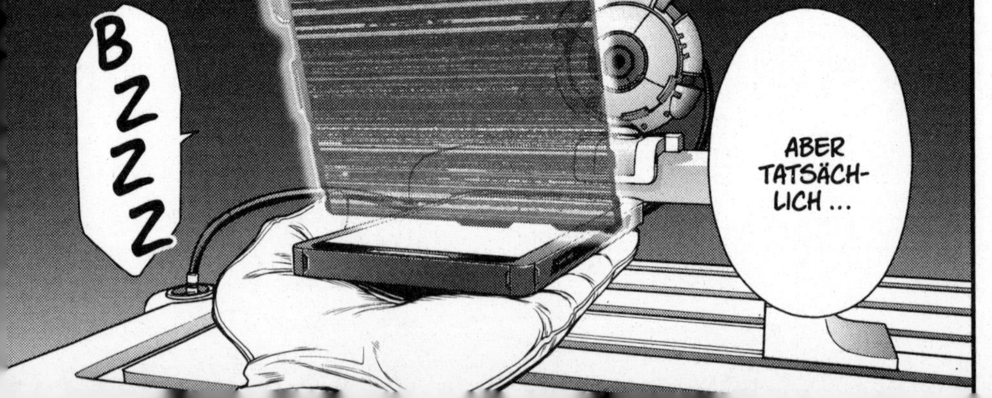

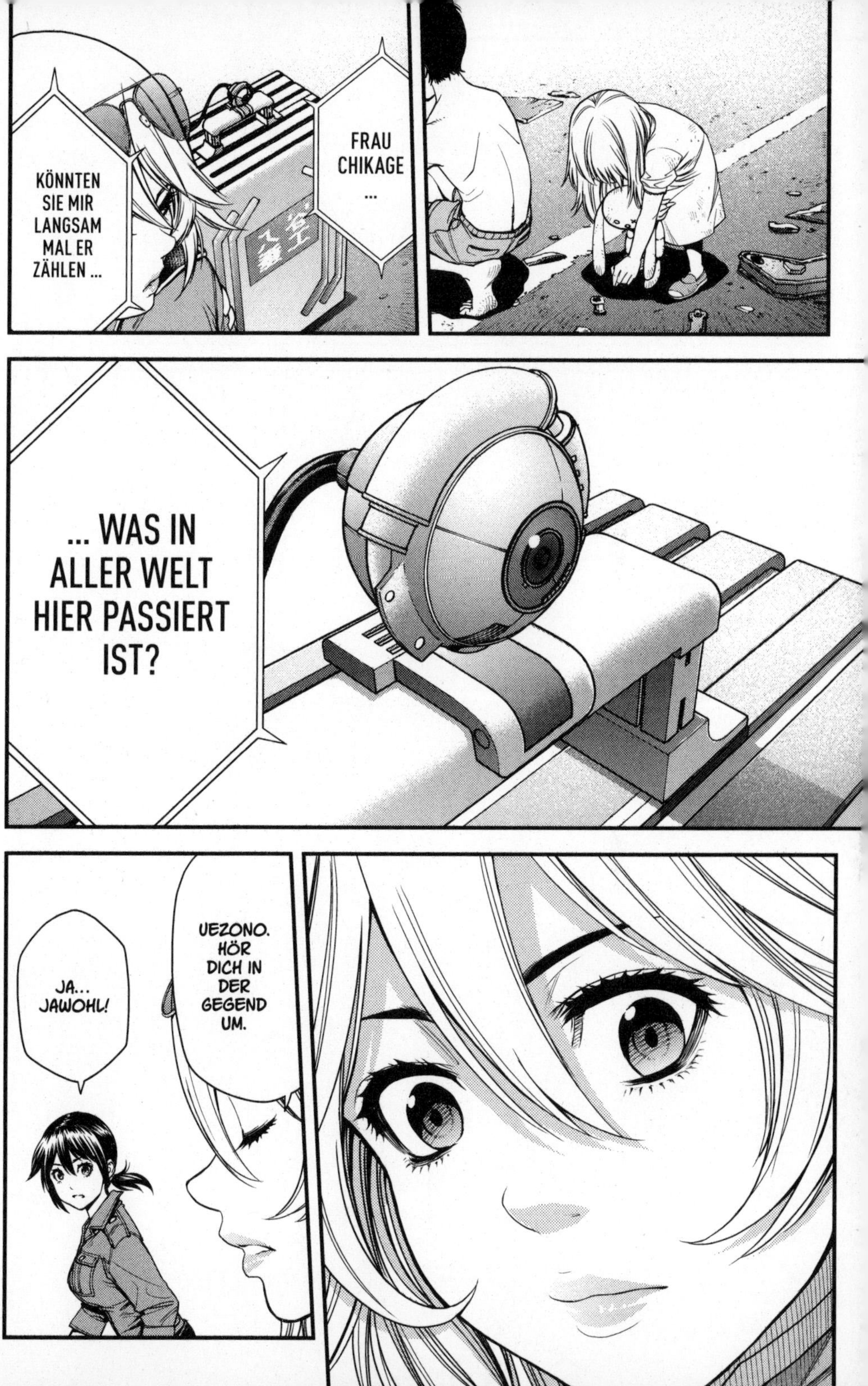

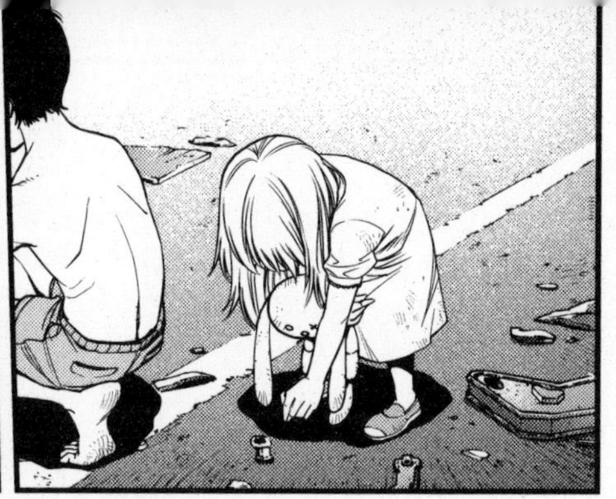

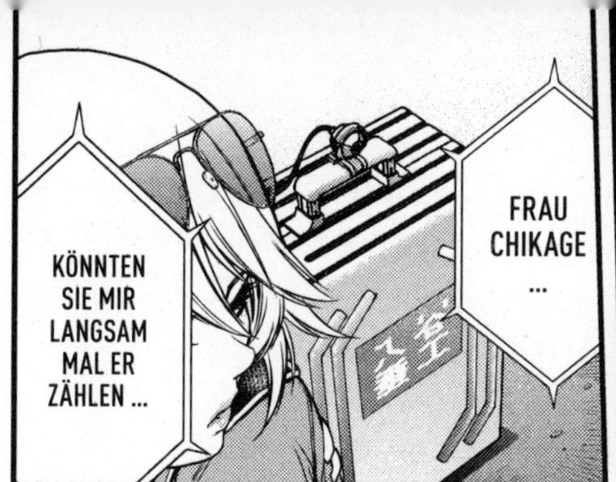

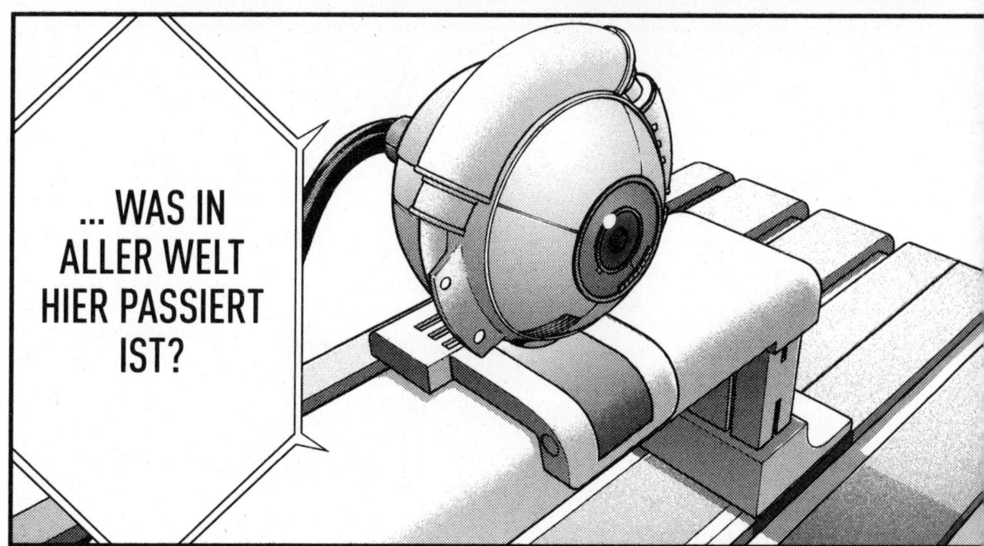

UEZONO. HÖR DICH IN DER GEGEND UM.

JA... JAWOHL!

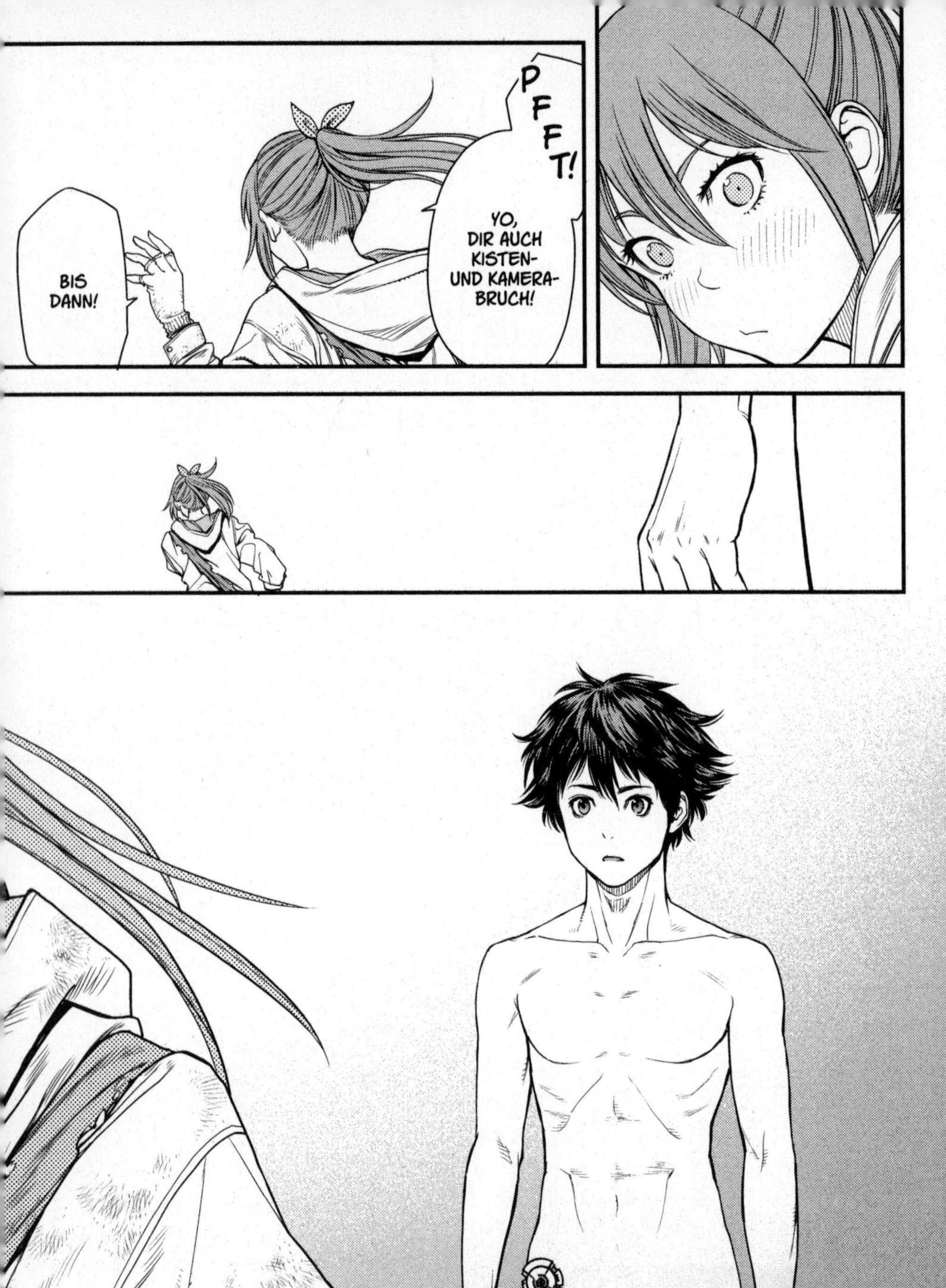
PFFT!
YO, DIR AUCH KISTEN- UND KAMERA-BRUCH!
BIS DANN!

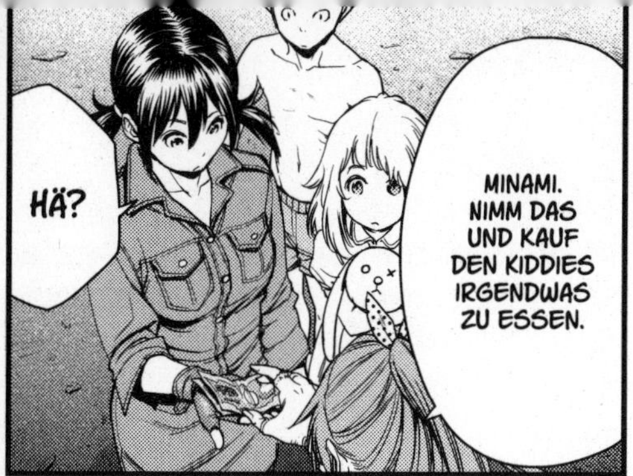
MINAMI. NIMM DAS UND KAUF DEN KIDDIES IRGENDWAS ZU ESSEN.
HÄ?

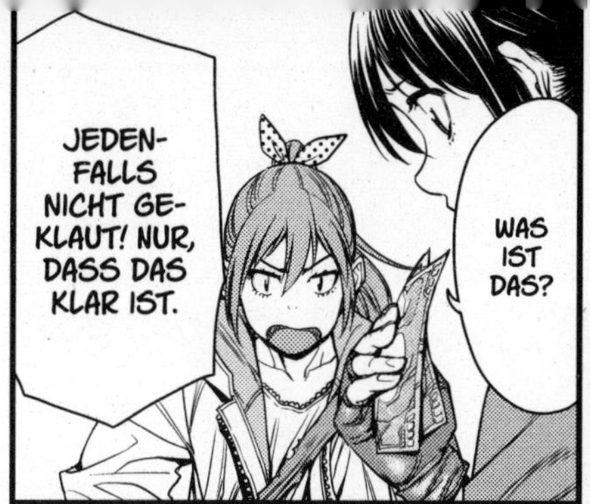
WAS IST DAS?
JEDEN-FALLS NICHT GE-KLAUT! NUR, DASS DAS KLAR IST.

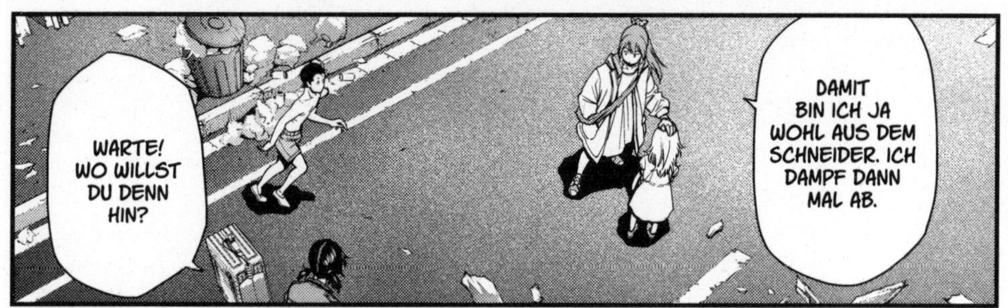
DAMIT BIN ICH JA WOHL AUS DEM SCHNEIDER. ICH DAMPF DANN MAL AB.
WARTE! WO WILLST DU DENN HIN?

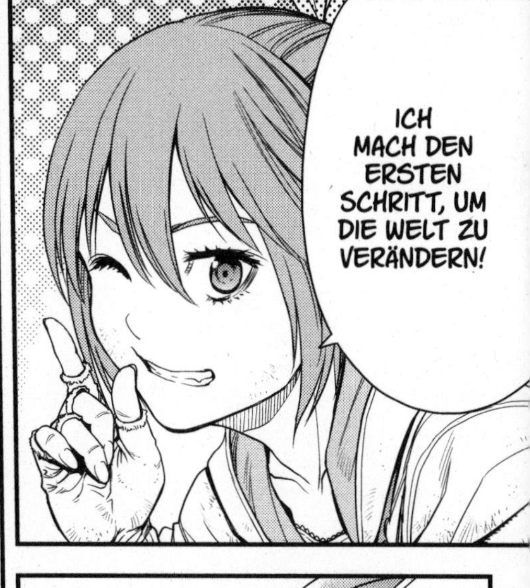
ICH MACH DEN ERSTEN SCHRITT, UM DIE WELT ZU VERÄNDERN!

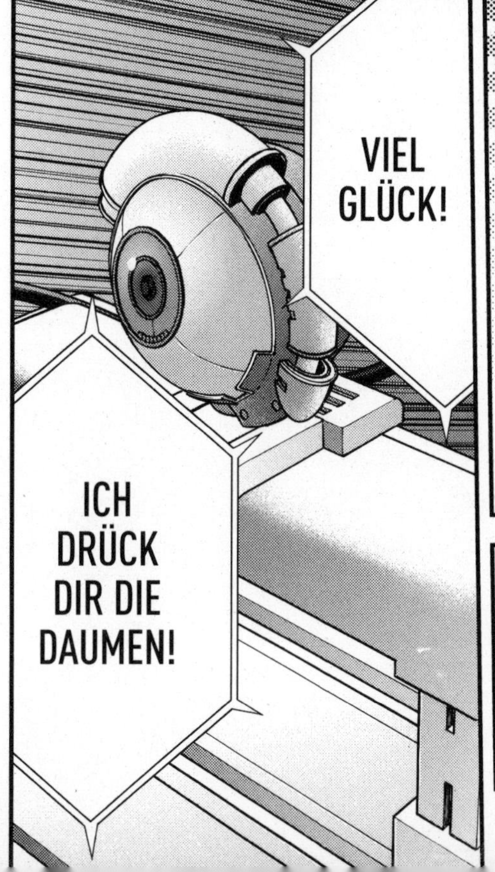
VIEL GLÜCK!
ICH DRÜCK DIR DIE DAUMEN!

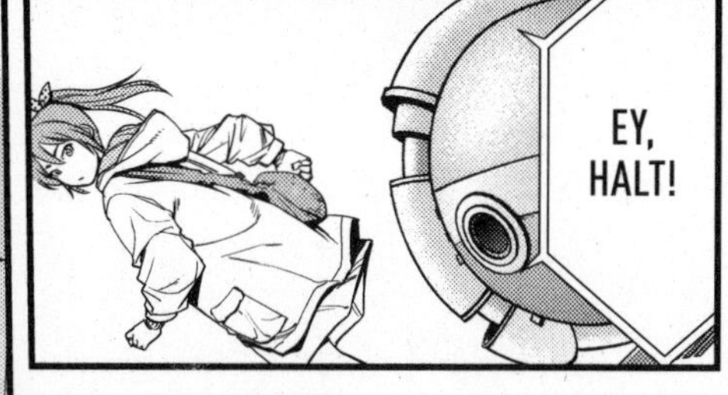
EY, HALT!

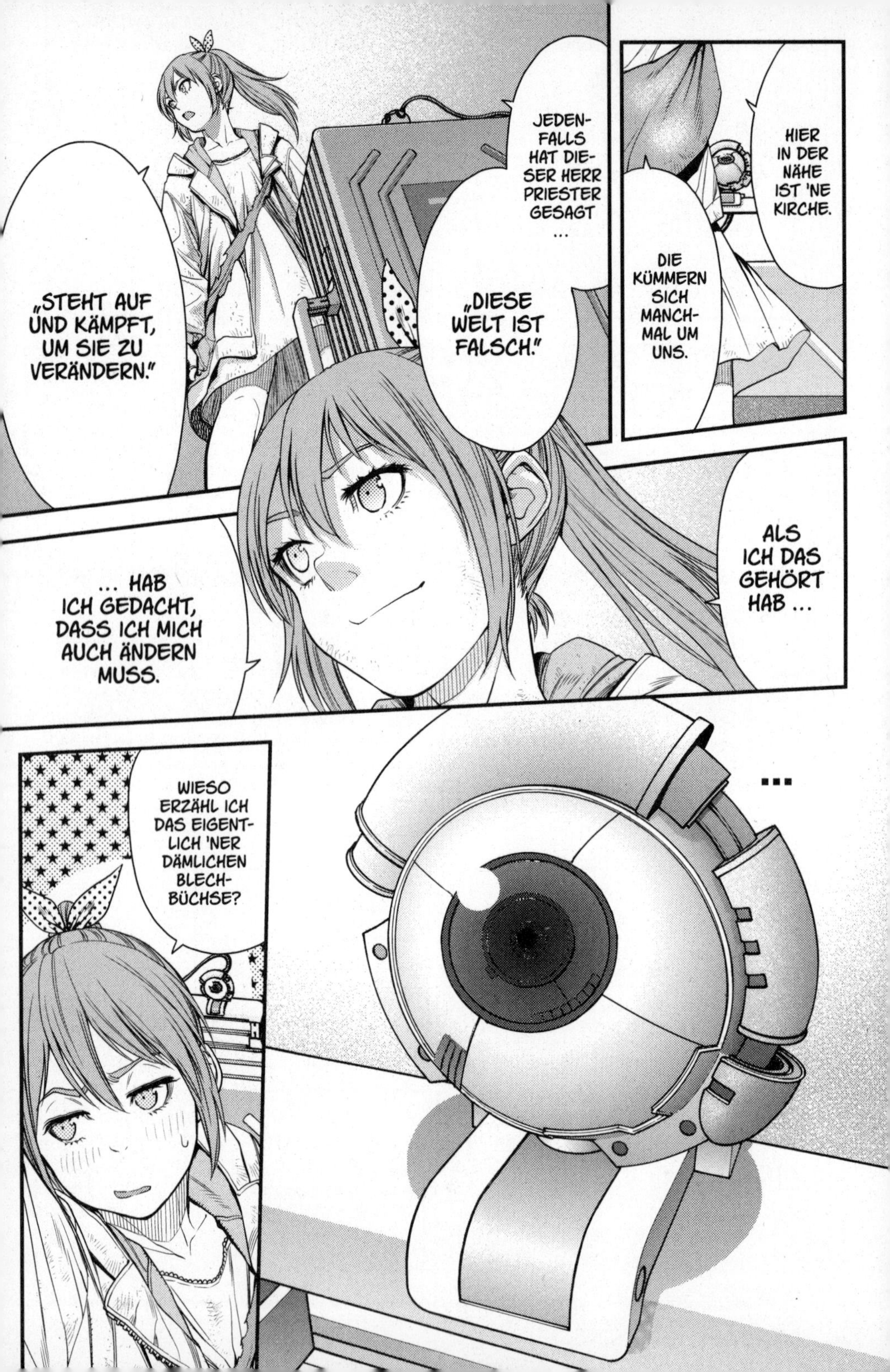
Hier in der Nähe ist 'ne Kirche.
Die kümmern sich manchmal um uns.
Jedenfalls hat dieser Herr Priester gesagt …
„Diese Welt ist falsch."
„Steht auf und kämpft, um sie zu verändern."
Als ich das gehört hab …
… hab ich gedacht, dass ich mich auch ändern muss.
...
Wieso erzähl ich das eigentlich 'ner dämlichen Blechbüchse?

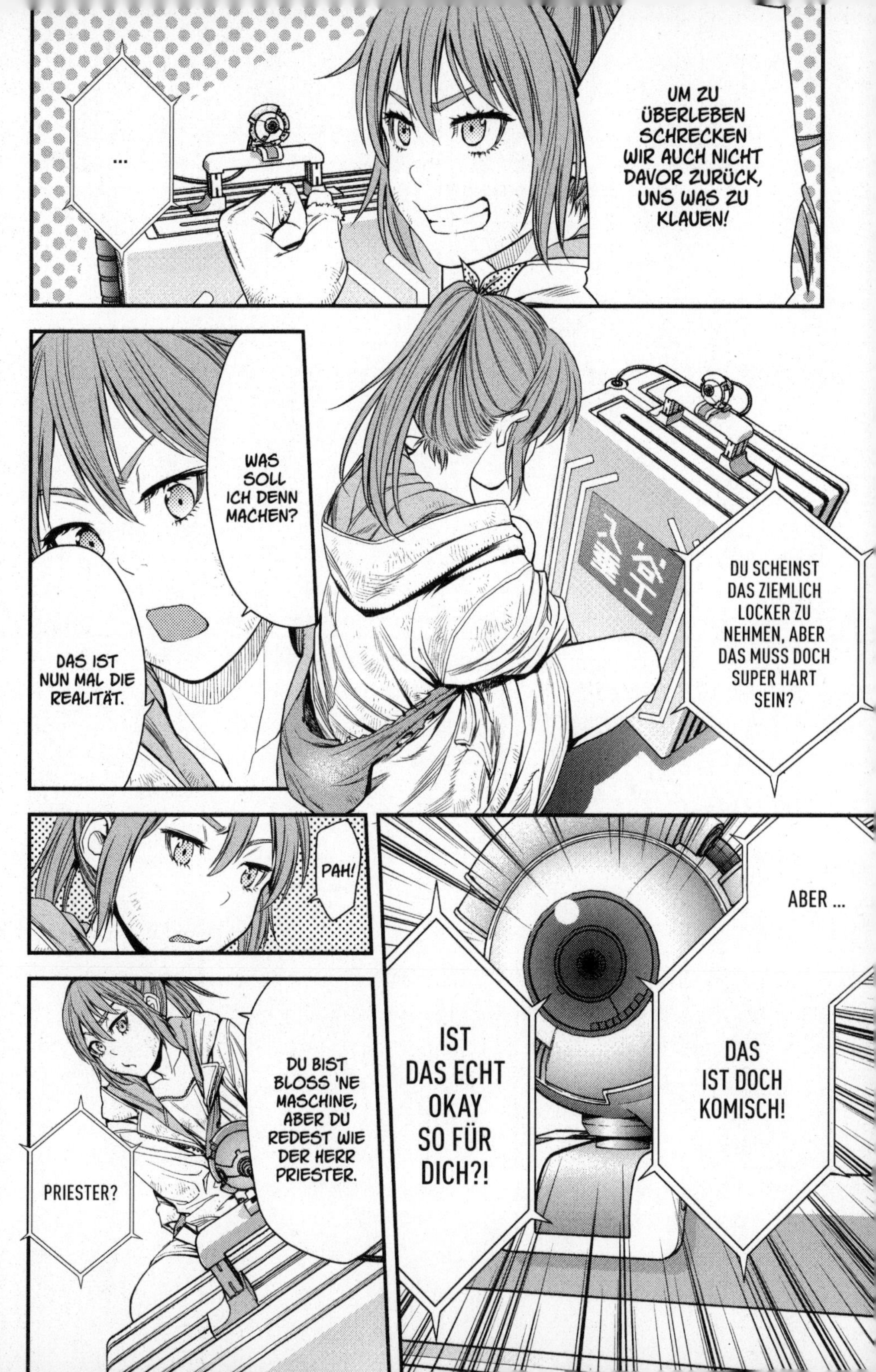
UM ZU ÜBERLEBEN SCHRECKEN WIR AUCH NICHT DAVOR ZURÜCK, UNS WAS ZU KLAUEN!
...
DU SCHEINST DAS ZIEMLICH LOCKER ZU NEHMEN, ABER DAS MUSS DOCH SUPER HART SEIN?
WAS SOLL ICH DENN MACHEN?
DAS IST NUN MAL DIE REALITÄT.
ABER ...
DAS IST DOCH KOMISCH!
IST DAS ECHT OKAY SO FÜR DICH?!
PAH!
DU BIST BLOSS 'NE MASCHINE, ABER DU REDEST WIE DER HERR PRIESTER.
PRIESTER?

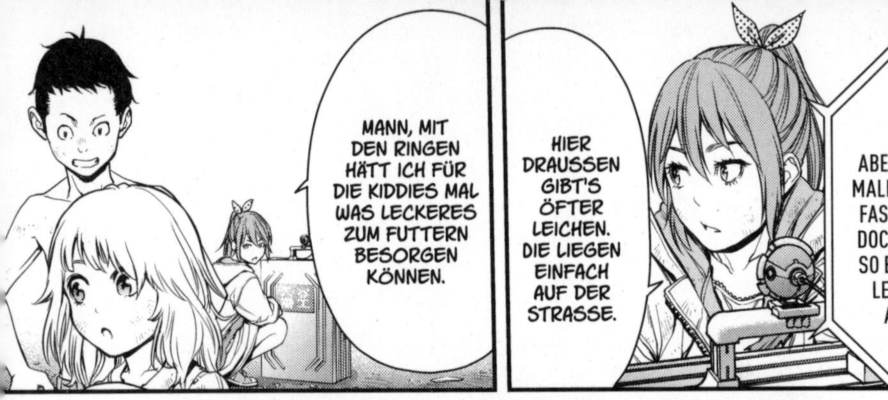

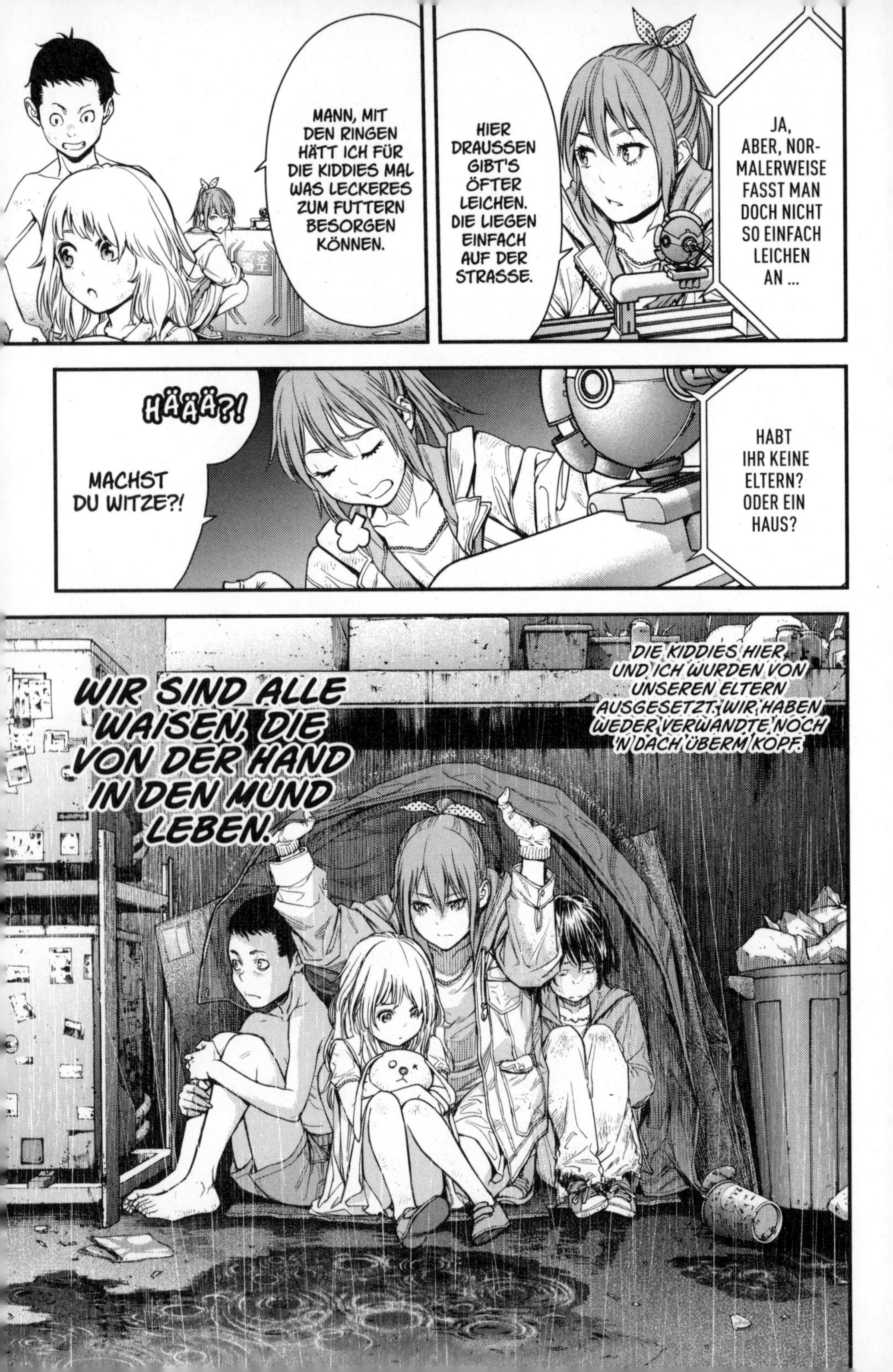

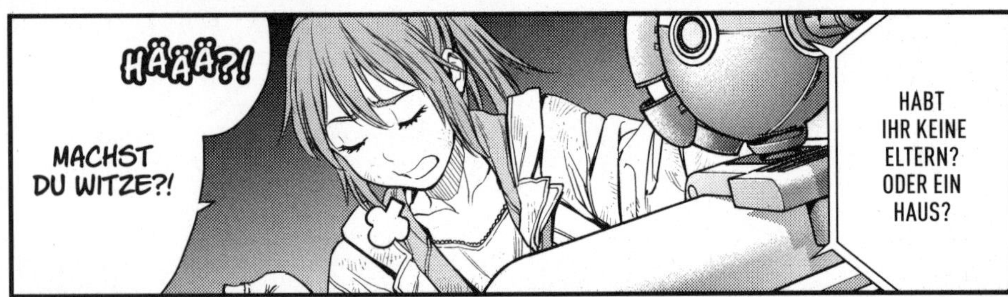

DIE KIDDIES HIER UND ICH WURDEN VON UNSEREN ELTERN AUSGESETZT. WIR HABEN WEDER VERWANDTE NOCH 'N DACH ÜBERM KOPF.

WIR SIND ALLE WAISEN, DIE VON DER HAND IN DEN MUND LEBEN.

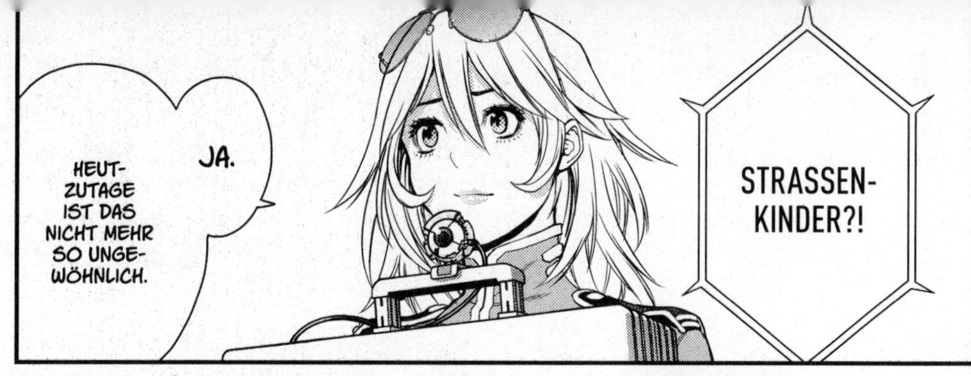
STRASSENKINDER?!
JA.
HEUTZUTAGE IST DAS NICHT MEHR SO UNGEWÖHNLICH.

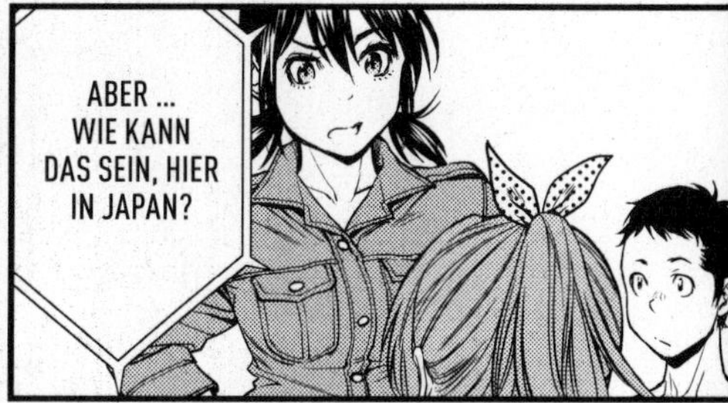
ABER ... WIE KANN DAS SEIN, HIER IN JAPAN?

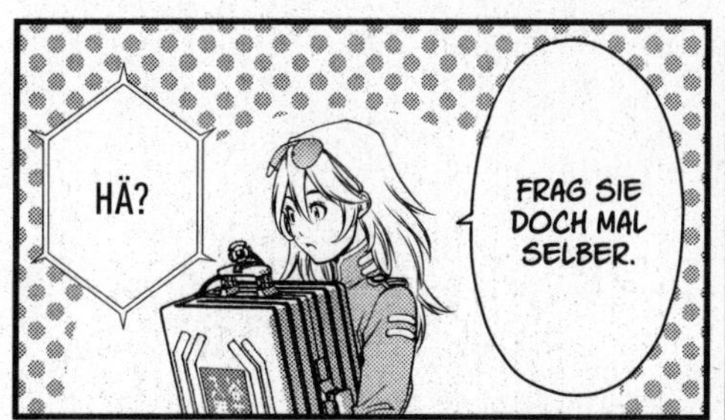
FRAG SIE DOCH MAL SELBER.
HÄ?

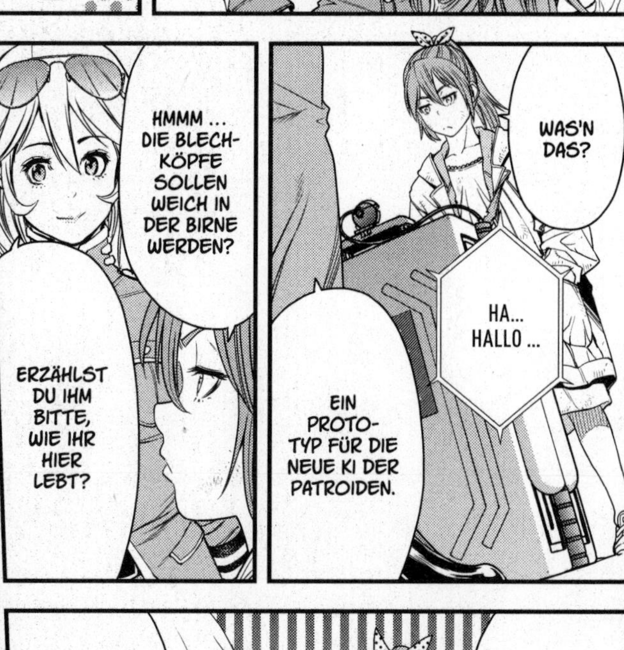
WAS'N DAS?
HA... HALLO ...
EIN PROTOTYP FÜR DIE NEUE KI DER PATROIDEN.
HMMM ... DIE BLECHKÖPFE SOLLEN WEICH IN DER BIRNE WERDEN?
ERZÄHLST DU IHM BITTE, WIE IHR HIER LEBT?

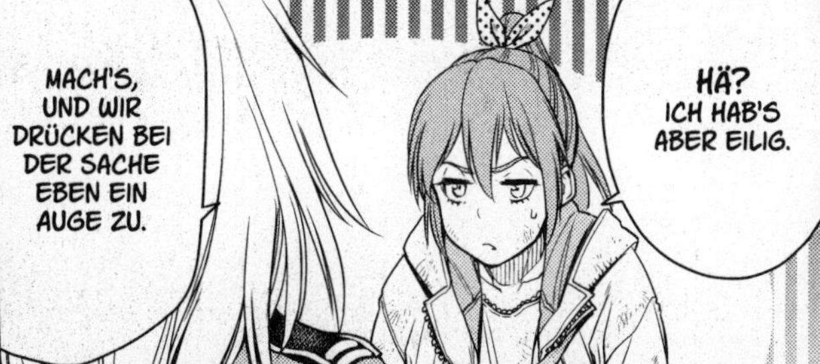
HÄ? ICH HAB'S ABER EILIG.
MACH'S, UND WIR DRÜCKEN BEI DER SACHE EBEN EIN AUGE ZU.

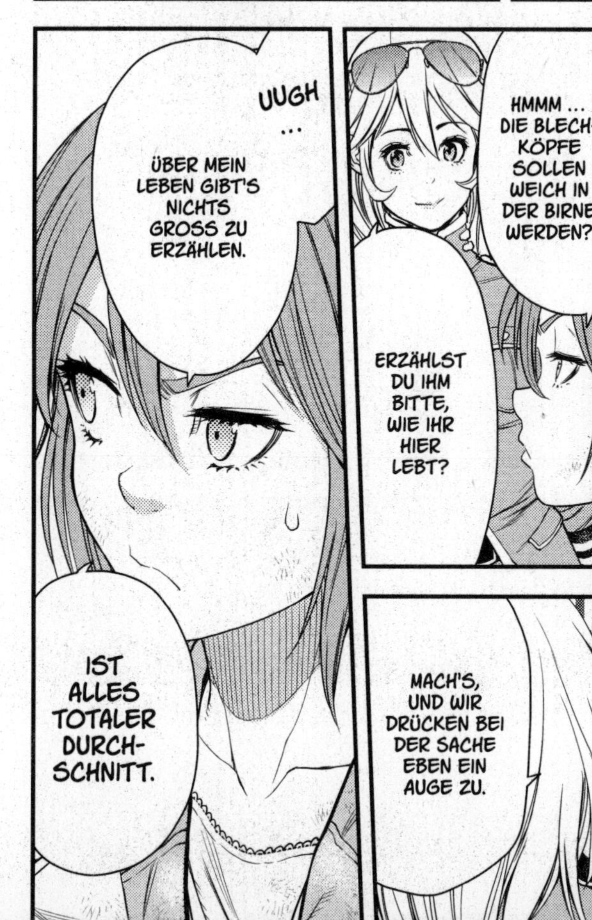
UUGH ...
ÜBER MEIN LEBEN GIBT'S NICHTS GROSS ZU ERZÄHLEN.
IST ALLES TOTALER DURCHSCHNITT.

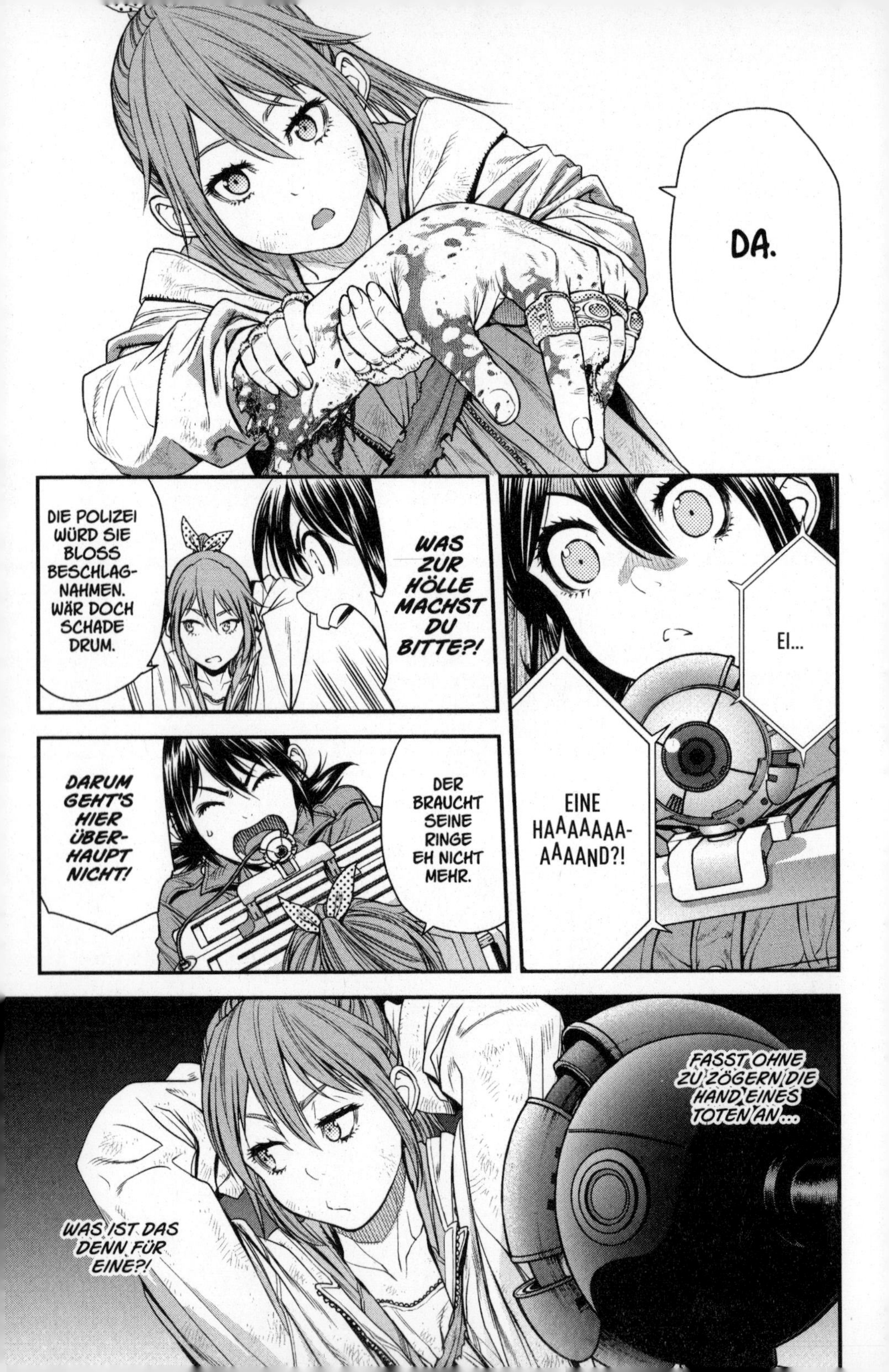

DA.

EI…

EINE HAAAAAAA-AAAAND?!

WAS ZUR HÖLLE MACHST DU BITTE?!

DIE POLIZEI WÜRD SIE BLOSS BESCHLAGNAHMEN. WÄR DOCH SCHADE DRUM.

DER BRAUCHT SEINE RINGE EH NICHT MEHR.

DARUM GEHT'S HIER ÜBERHAUPT NICHT!

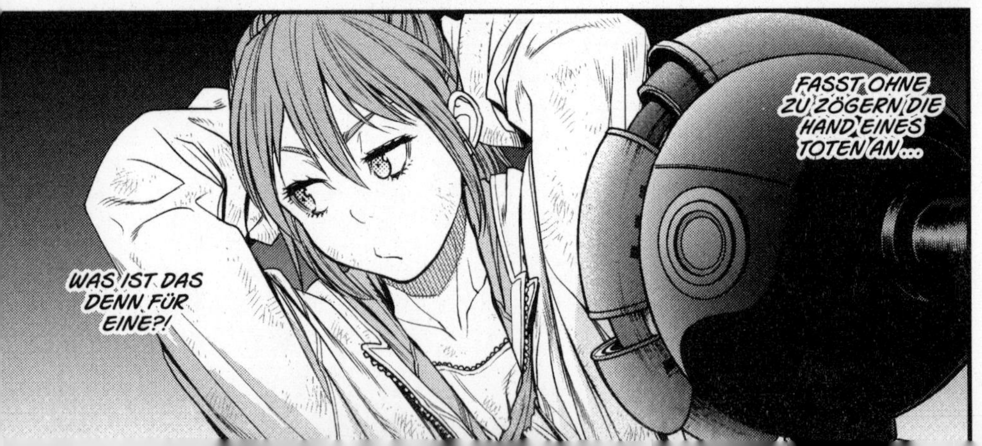

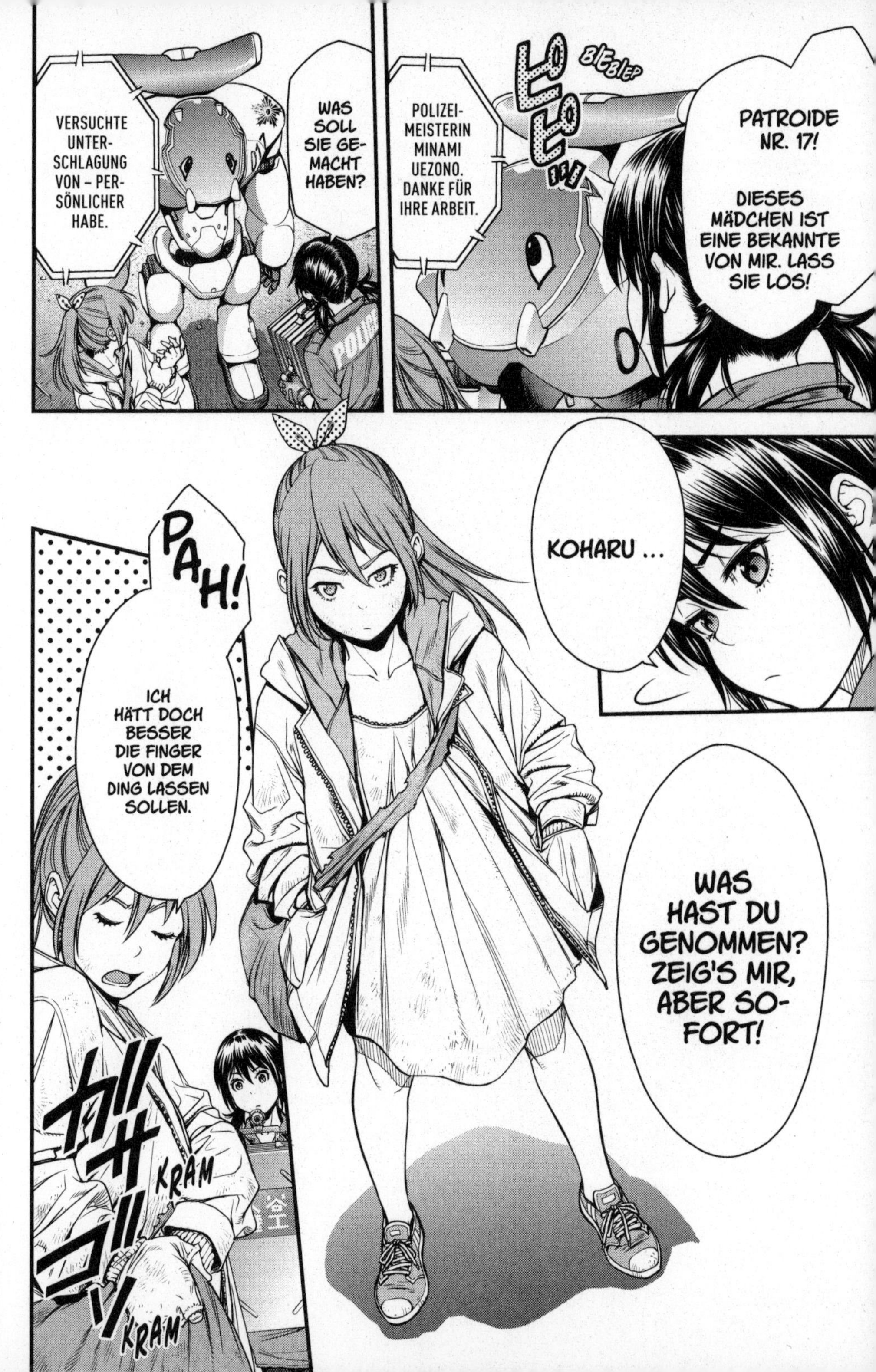
BIEBIEP
PATROIDE NR. 17!
DIESES MÄDCHEN IST EINE BEKANNTE VON MIR. LASS SIE LOS!
POLIZEIMEISTERIN MINAMI UEZONO. DANKE FÜR IHRE ARBEIT.
WAS SOLL SIE GEMACHT HABEN?
VERSUCHTE UNTERSCHLAGUNG VON – PERSÖNLICHER HABE.
KOHARU ...
WAS HAST DU GENOMMEN? ZEIG'S MIR, ABER SOFORT!
PAH!
ICH HÄTT DOCH BESSER DIE FINGER VON DEM DING LASSEN SOLLEN.
KRAM
KRAM

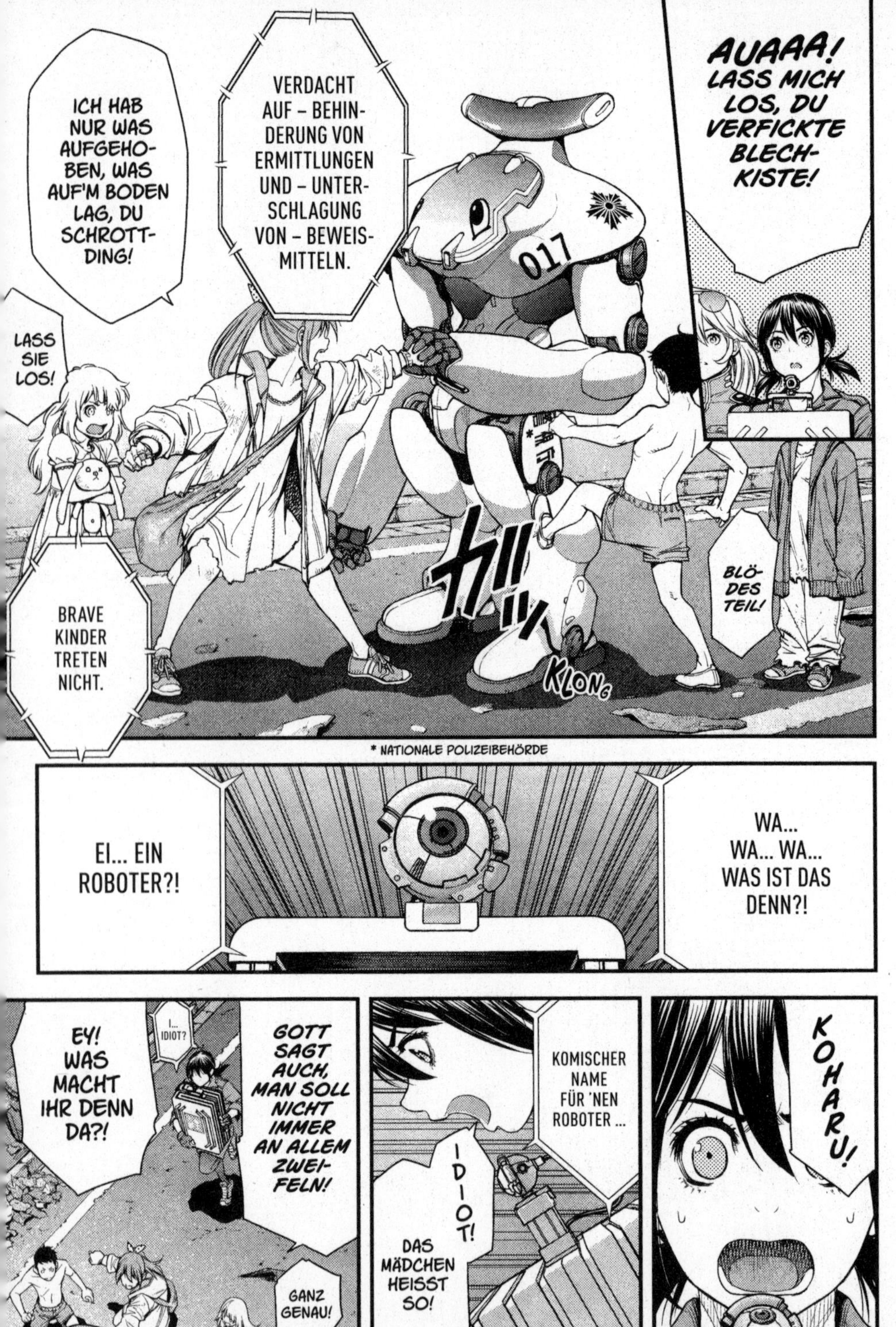
AUAAA! LASS MICH LOS, DU VERFICKTE BLECHKISTE!
VERDACHT AUF – BEHINDERUNG VON ERMITTLUNGEN UND – UNTERSCHLAGUNG VON – BEWEISMITTELN.
ICH HAB NUR WAS AUFGEHOBEN, WAS AUF'M BODEN LAG, DU SCHROTTDING!
LASS SIE LOS!
BLÖDES TEIL!
BRAVE KINDER TRETEN NICHT.
KLONG
* NATIONALE POLIZEIBEHÖRDE
WA... WA... WA... WAS IST DAS DENN?!
EI... EIN ROBOTER?!
KOHARU!
KOMISCHER NAME FÜR 'NEN ROBOTER ...
IDIOT!
DAS MÄDCHEN HEISST SO!
GOTT SAGT AUCH, MAN SOLL NICHT IMMER AN ALLEM ZWEIFELN!
I... IDIOT?
EY! WAS MACHT IHR DENN DA?!
GANZ GENAU!

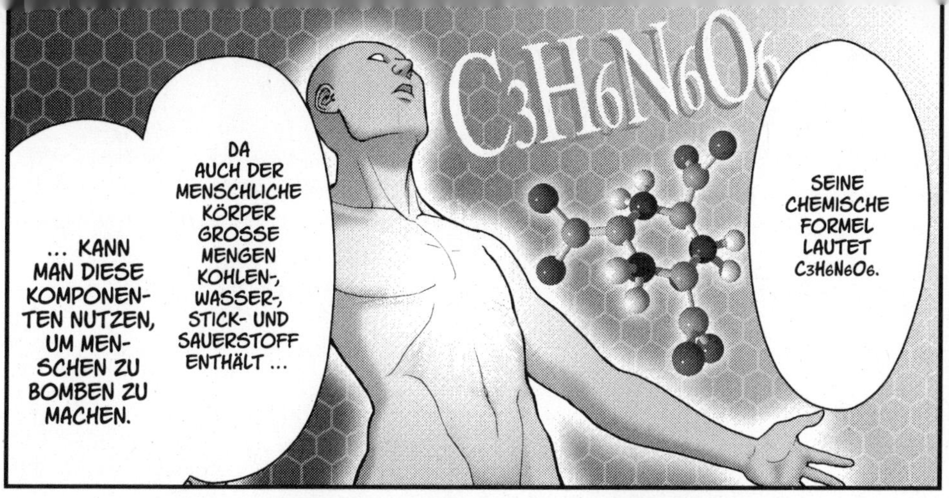
$C_3H_6N_6O_6$
SEINE CHEMISCHE FORMEL LAUTET $C_3H_6N_6O_6$.
DA AUCH DER MENSCHLICHE KÖRPER GROSSE MENGEN KOHLEN-, WASSER-, STICK- UND SAUERSTOFF ENTHÄLT …
… KANN MAN DIESE KOMPONENTEN NUTZEN, UM MENSCHEN ZU BOMBEN ZU MACHEN.

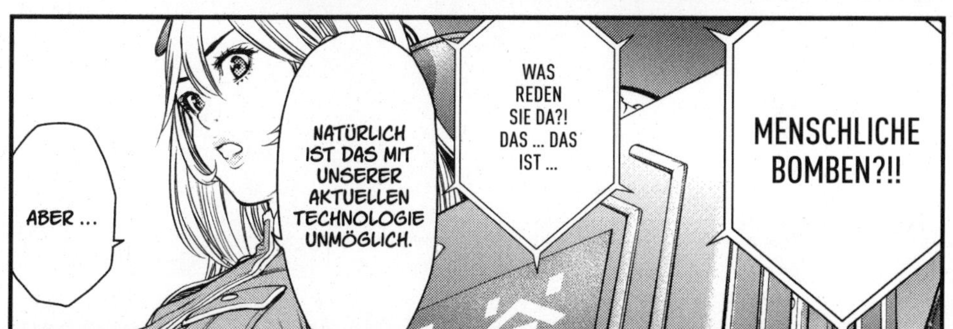
MENSCHLICHE BOMBEN?!!
WAS REDEN SIE DA?! DAS … DAS IST …
NATÜRLICH IST DAS MIT UNSERER AKTUELLEN TECHNOLOGIE UNMÖGLICH.
ABER …

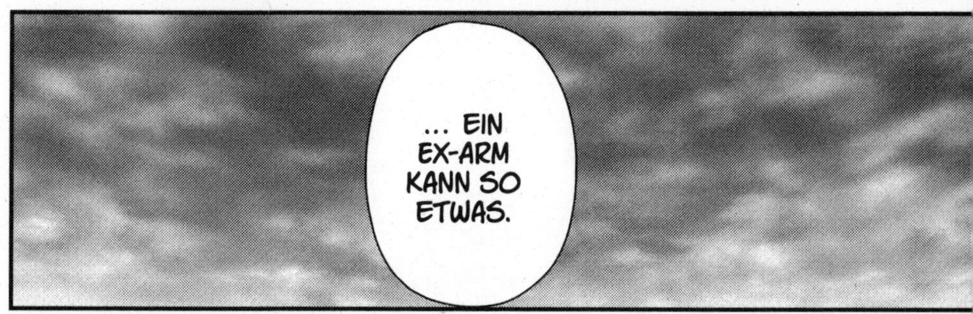
… EIN EX-ARM KANN SO ETWAS.

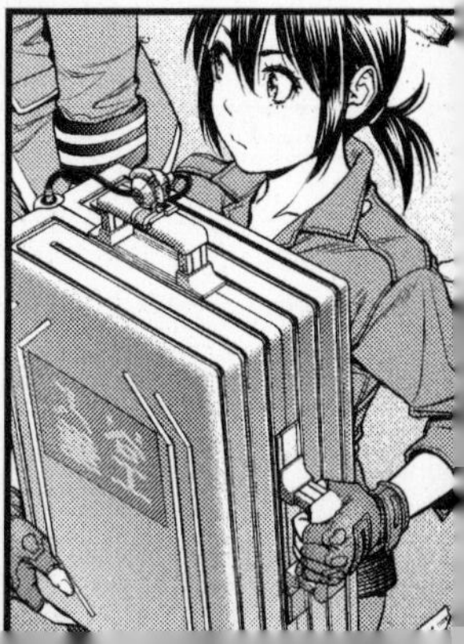

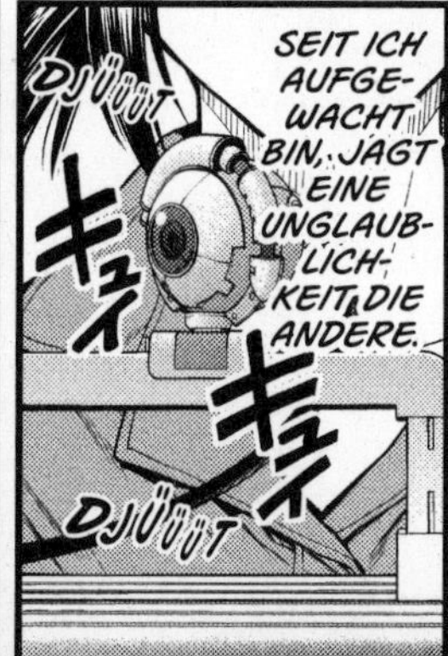
SEIT ICH AUFGEWACHT BIN, JAGT EINE UNGLAUBLICHKEIT DIE ANDERE.
DJÜÜÜT
キュイ
キュイ
DJÜÜÜT

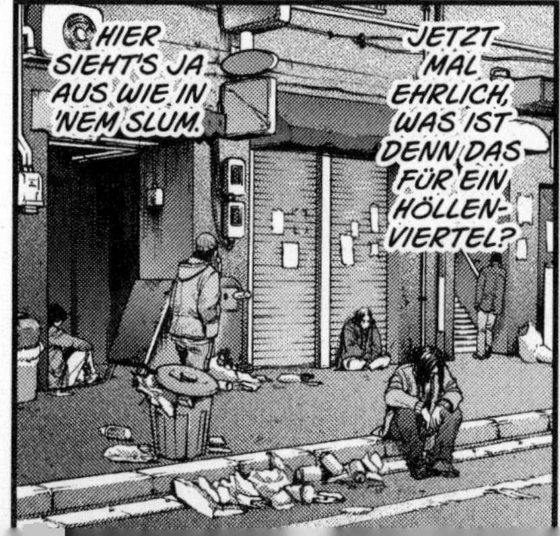
HIER SIEHT'S JA AUS WIE IN 'NEM SLUM.
JETZT MAL EHRLICH, WAS IST DENN DAS FÜR EIN HÖLLENVIERTEL?

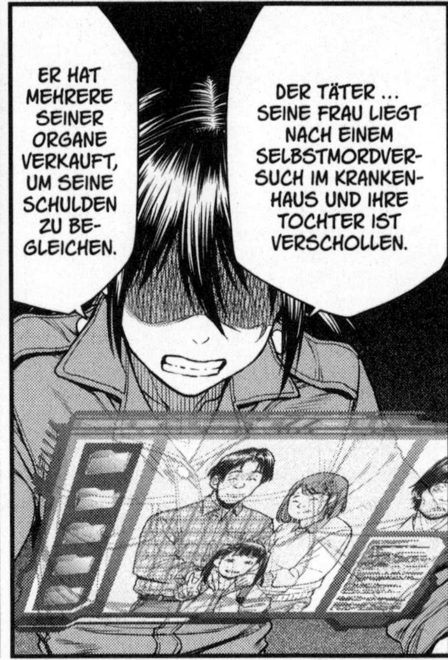

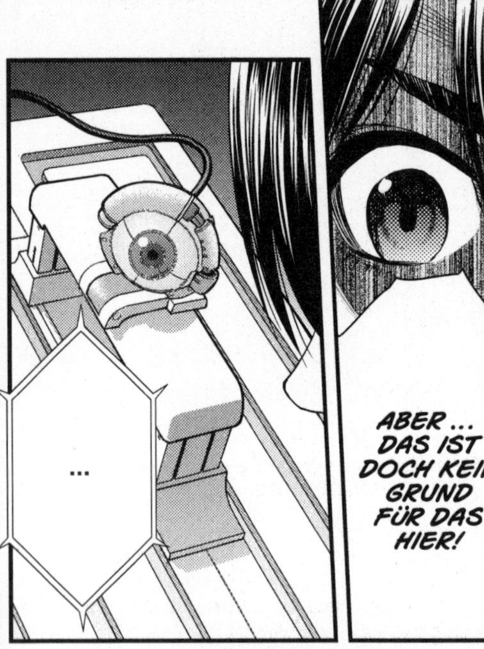

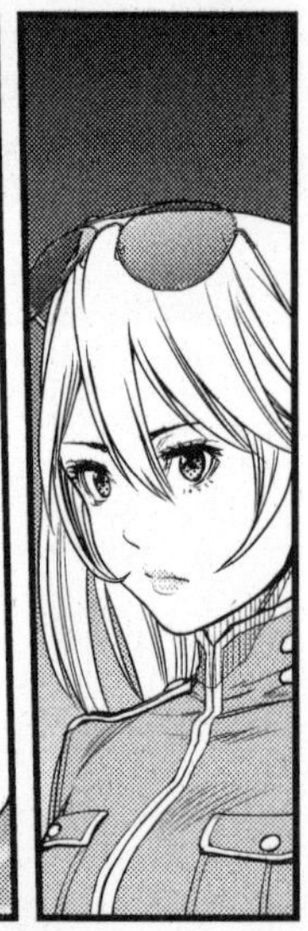

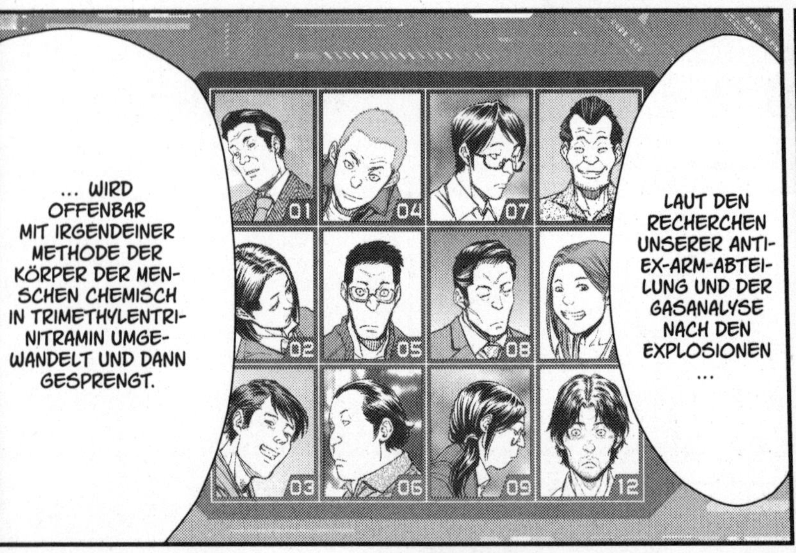

* C4 = EIN PLASTIKSPRENGSTOFF

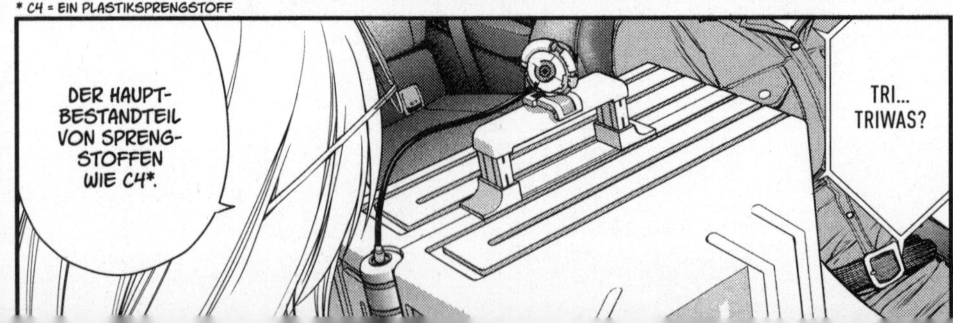

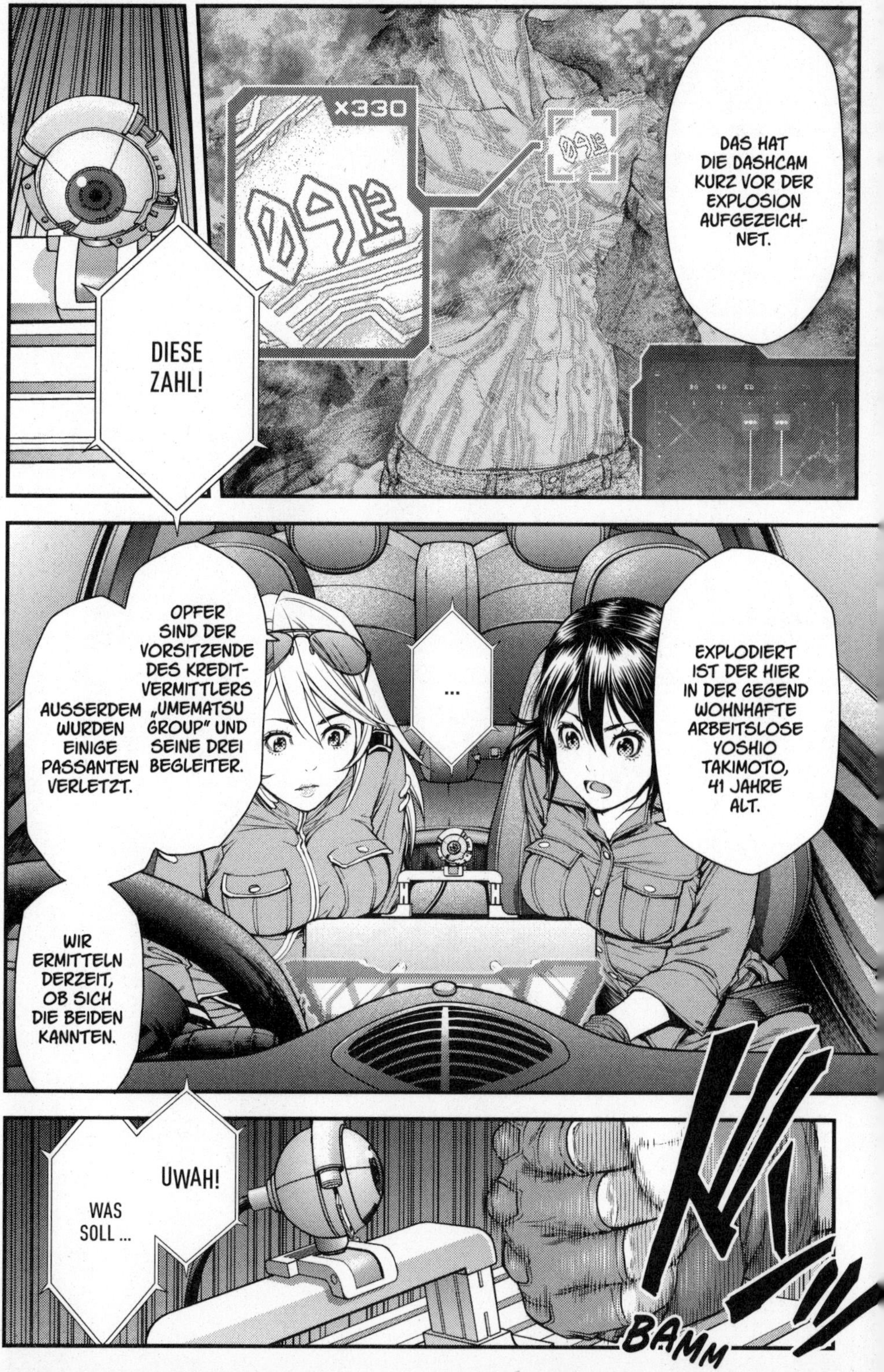

X330
DAS HAT DIE DASHCAM KURZ VOR DER EXPLOSION AUFGEZEICH-NET.
DIESE ZAHL!
EXPLODIERT IST DER HIER IN DER GEGEND WOHNHAFTE ARBEITSLOSE YOSHIO TAKIMOTO, 41 JAHRE ALT.
...
OPFER SIND DER VORSITZENDE DES KREDIT-VERMITTLERS „UMEMATSU GROUP" UND SEINE DREI BEGLEITER.
AUSSERDEM WURDEN EINIGE PASSANTEN VERLETZT.
WIR ERMITTELN DERZEIT, OB SICH DIE BEIDEN KANNTEN.
BAMM
UWAH!
WAS SOLL ...

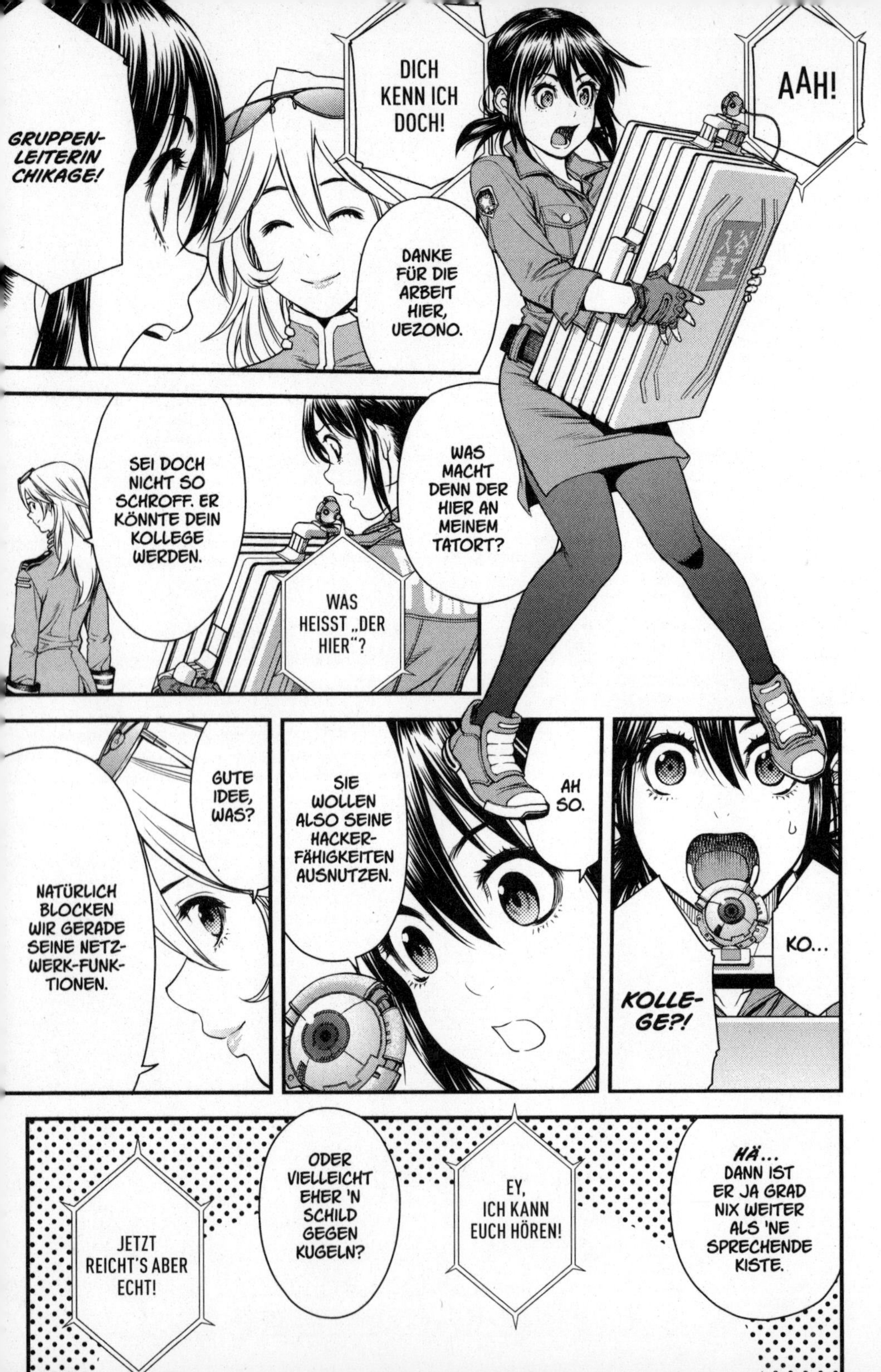
AAH!
DICH KENN ICH DOCH!
GRUPPEN-LEITERIN CHIKAGE!
DANKE FÜR DIE ARBEIT HIER, UEZONO.
WAS MACHT DENN DER HIER AN MEINEM TATORT?
SEI DOCH NICHT SO SCHROFF. ER KÖNNTE DEIN KOLLEGE WERDEN.
WAS HEISST „DER HIER"?
KO...
KOLLE-GE?!
AH SO.
SIE WOLLEN ALSO SEINE HACKER-FÄHIGKEITEN AUSNUTZEN.
GUTE IDEE, WAS?
NATÜRLICH BLOCKEN WIR GERADE SEINE NETZ-WERK-FUNK-TIONEN.
HÄ... DANN IST ER JA GRAD NIX WEITER ALS 'NE SPRECHENDE KISTE.
EY, ICH KANN EUCH HÖREN!
ODER VIELLEICHT EHER 'N SCHILD GEGEN KUGELN?
JETZT REICHT'S ABER ECHT!

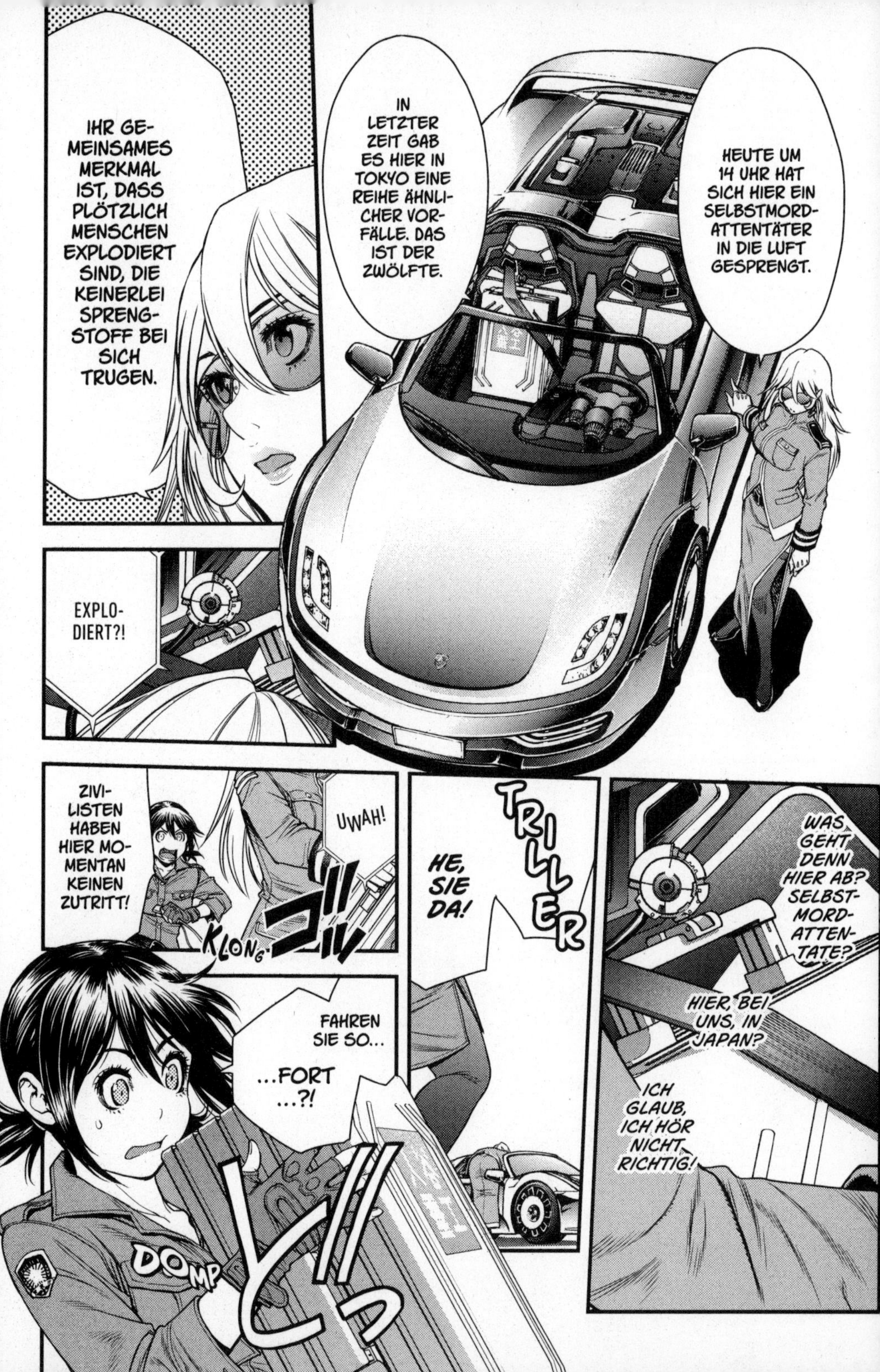
HEUTE UM 14 UHR HAT SICH HIER EIN SELBSTMORD-ATTENTÄTER IN DIE LUFT GESPRENGT.
IN LETZTER ZEIT GAB ES HIER IN TOKYO EINE REIHE ÄHNLICHER VORFÄLLE. DAS IST DER ZWÖLFTE.
IHR GEMEINSAMES MERKMAL IST, DASS PLÖTZLICH MENSCHEN EXPLODIERT SIND, DIE KEINERLEI SPRENGSTOFF BEI SICH TRUGEN.
EXPLODIERT?!
WAS GEHT DENN HIER AB? SELBSTMORD-ATTENTATE?
HIER, BEI UNS, IN JAPAN?
ICH GLAUB, ICH HÖR NICHT RICHTIG!
TRILLER
HE, SIE DA!
UWAH!
ZIVILISTEN HABEN HIER MOMENTAN KEINEN ZUTRITT!
KLONG
FAHREN SIE SO...
...FORT ...?!
DOMP

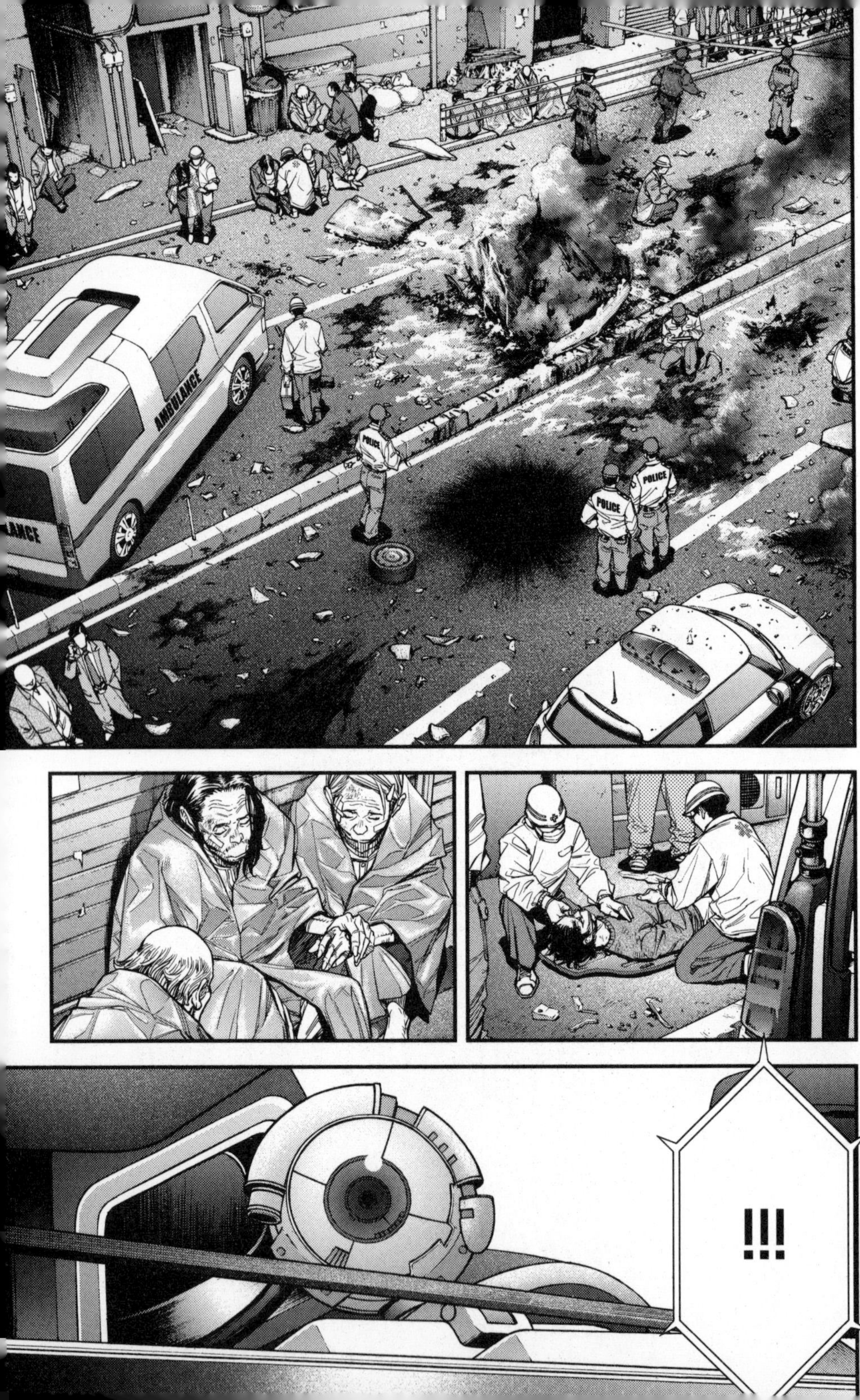

AMBULANCE
POLICE
POLICE
POLICE

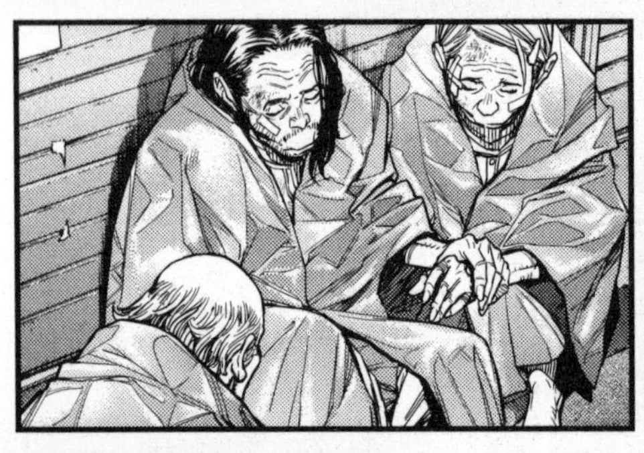

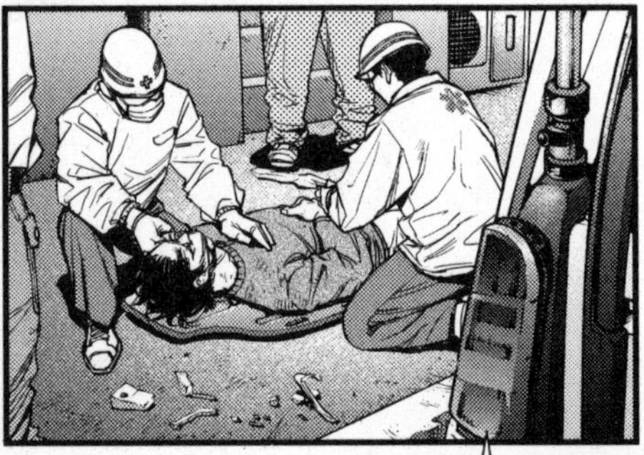

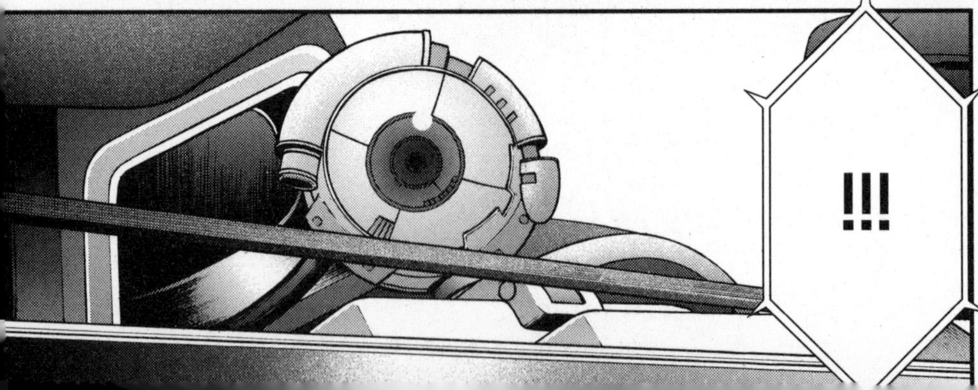
!!!

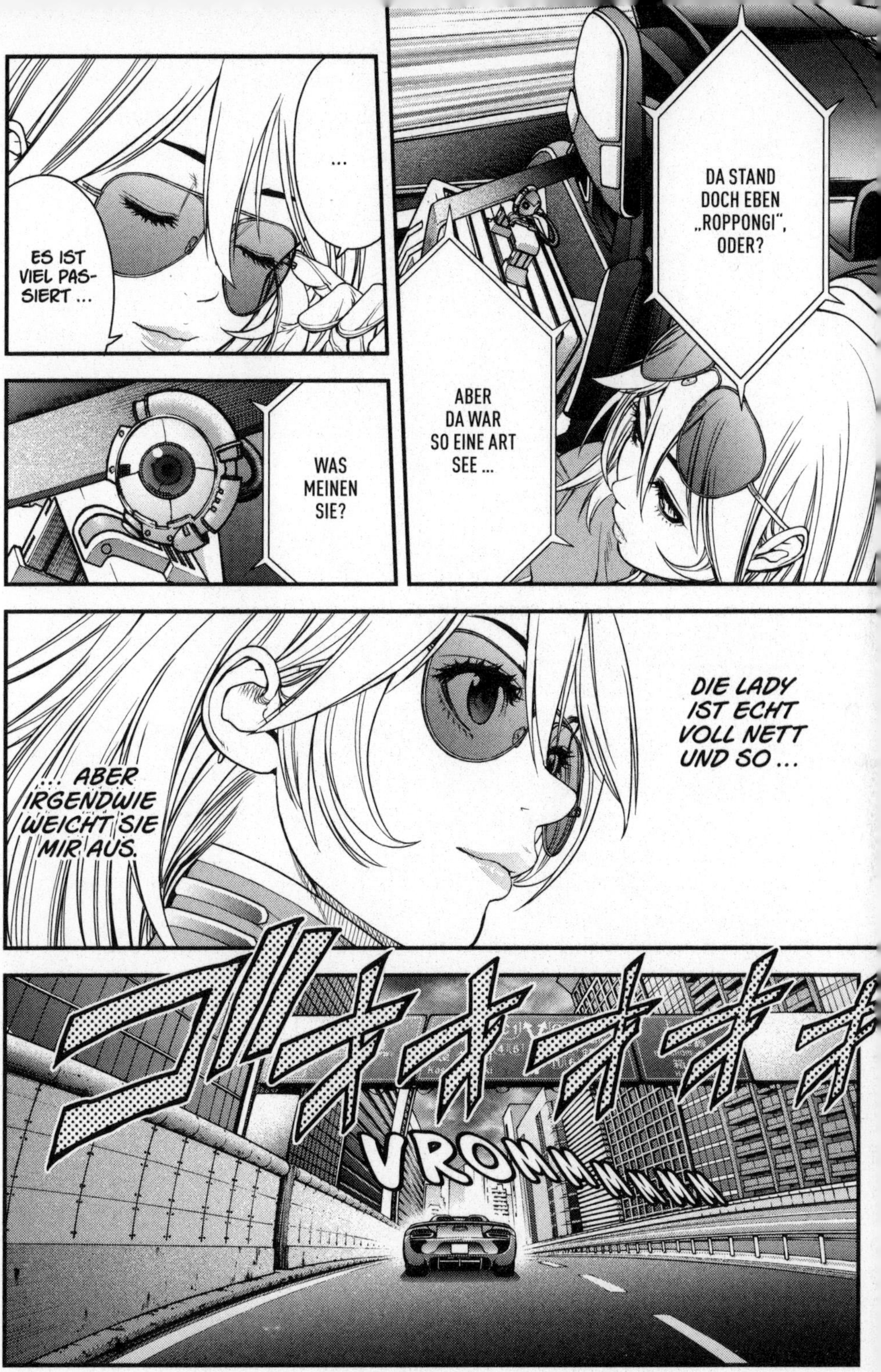

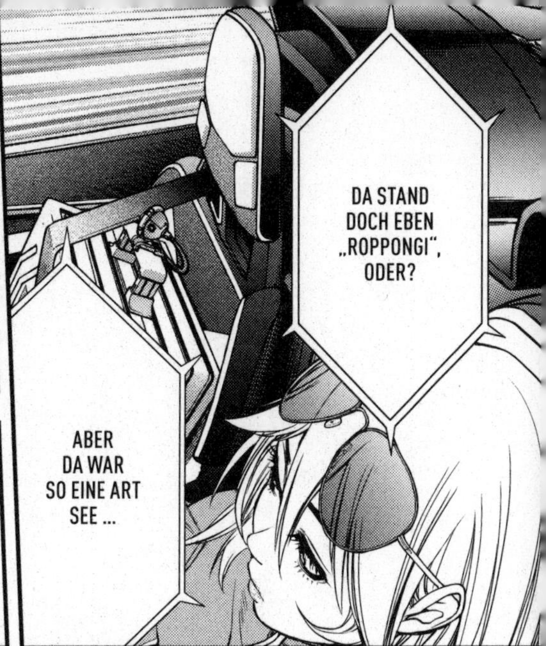

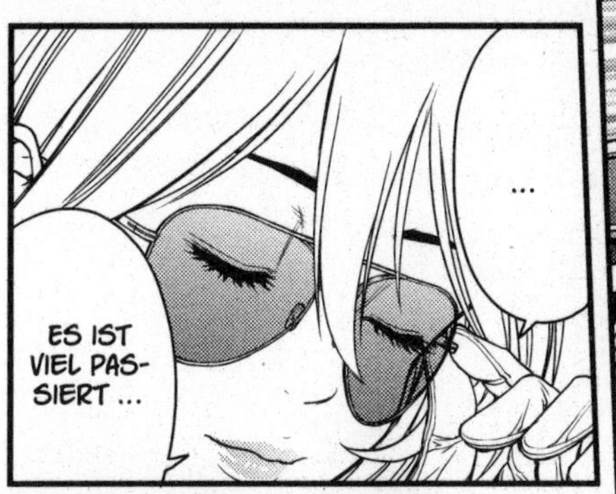

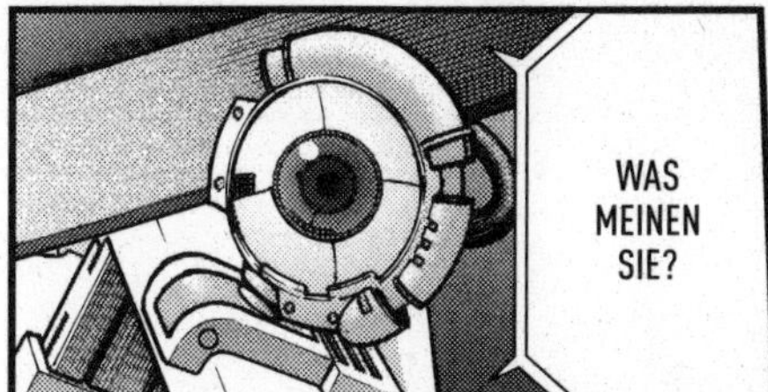

DIE LADY IST ECHT VOLL NETT UND SO ...

... ABER IRGENDWIE WEICHT SIE MIR AUS.

VROMMMMMM

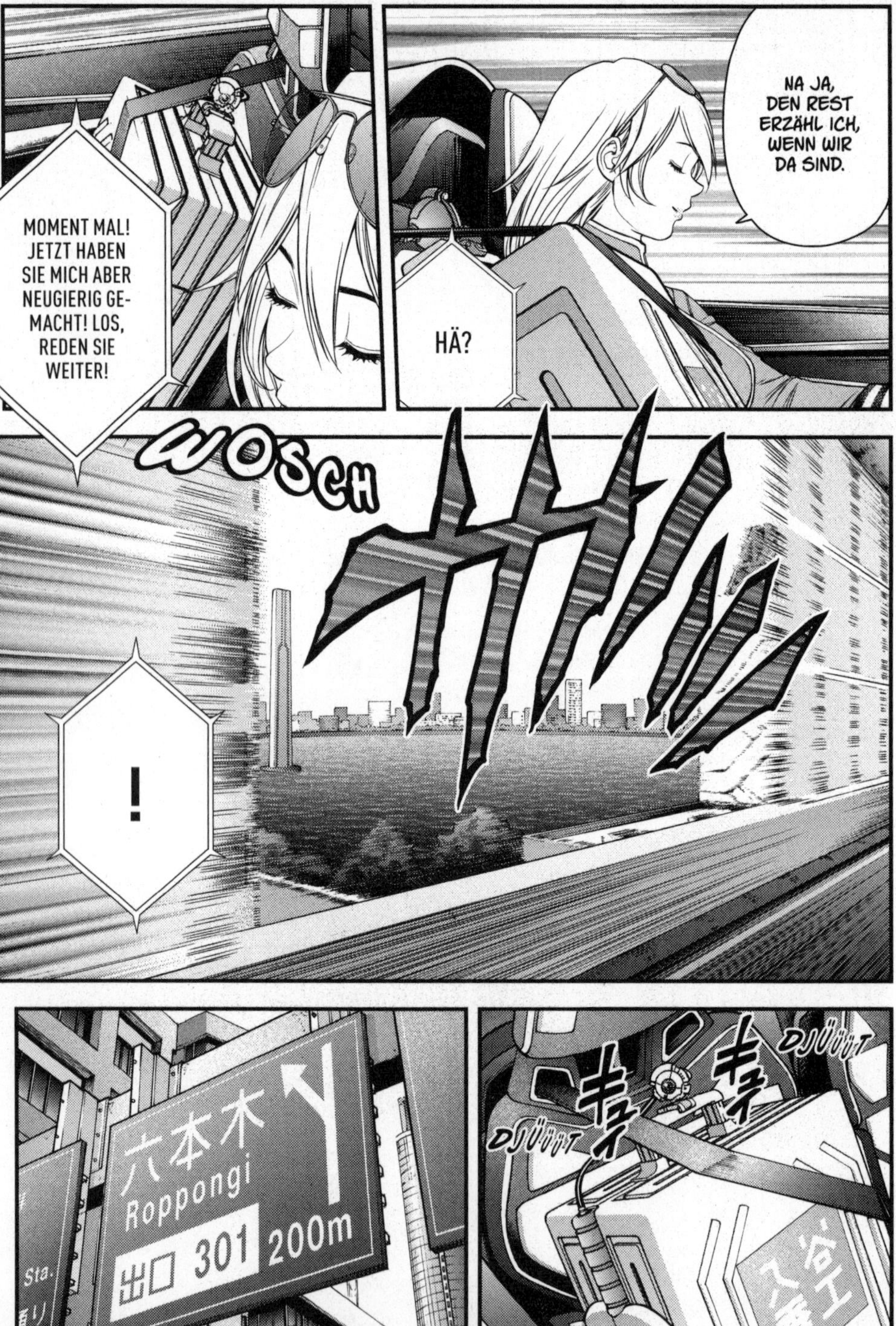

NA JA, DEN REST ERZÄHL ICH, WENN WIR DA SIND.

HÄ?

MOMENT MAL! JETZT HABEN SIE MICH ABER NEUGIERIG GEMACHT! LOS, REDEN SIE WEITER!

WOSCH

!

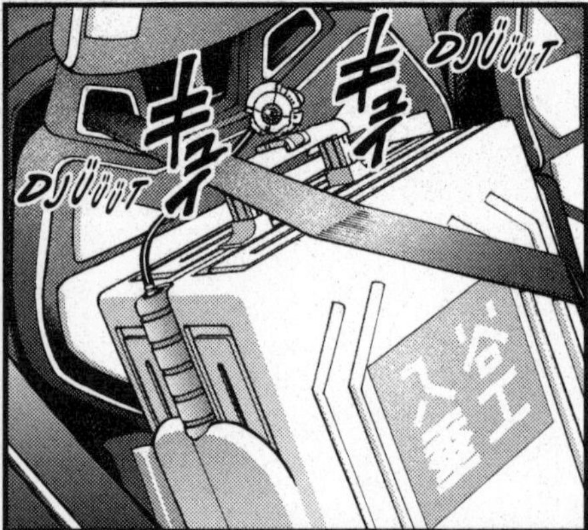

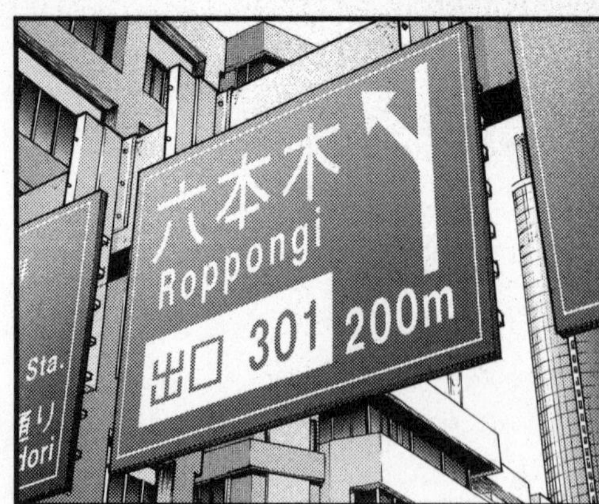

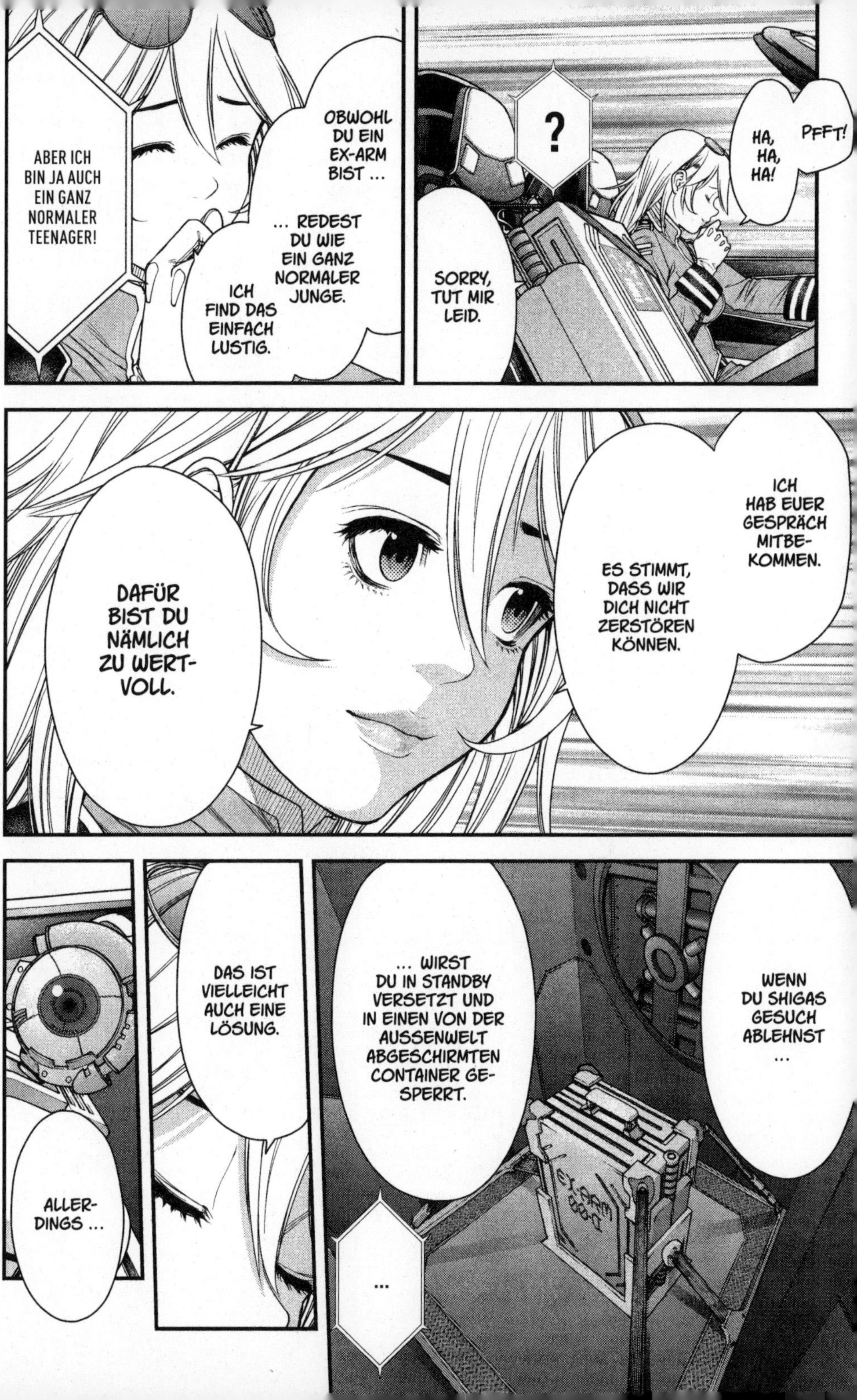

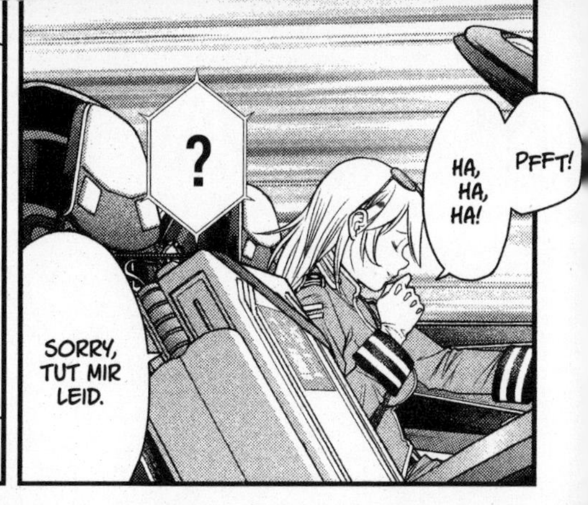

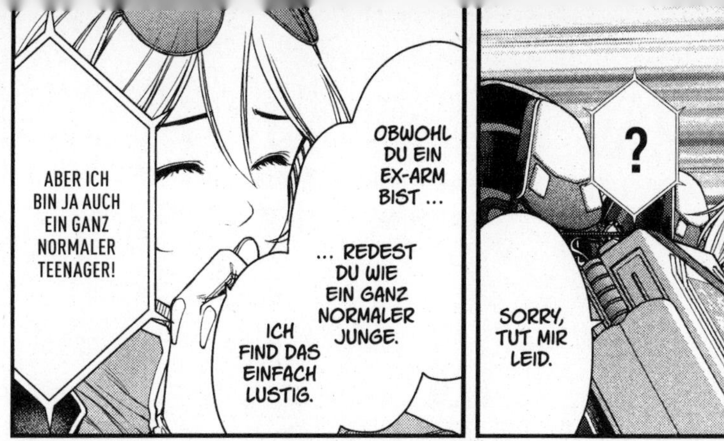

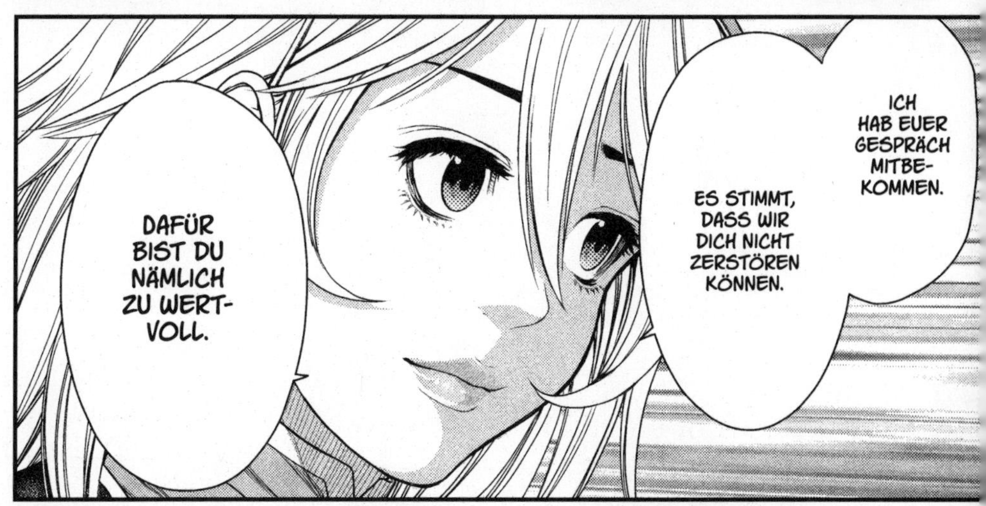

WENN DU SHIGAS GESUCH ABLEHNST …

… WIRST DU IN STANDBY VERSETZT UND IN EINEN VON DER AUSSENWELT ABGESCHIRMTEN CONTAINER GESPERRT.

…

DAS IST VIELLEICHT AUCH EINE LÖSUNG.

ALLERDINGS …

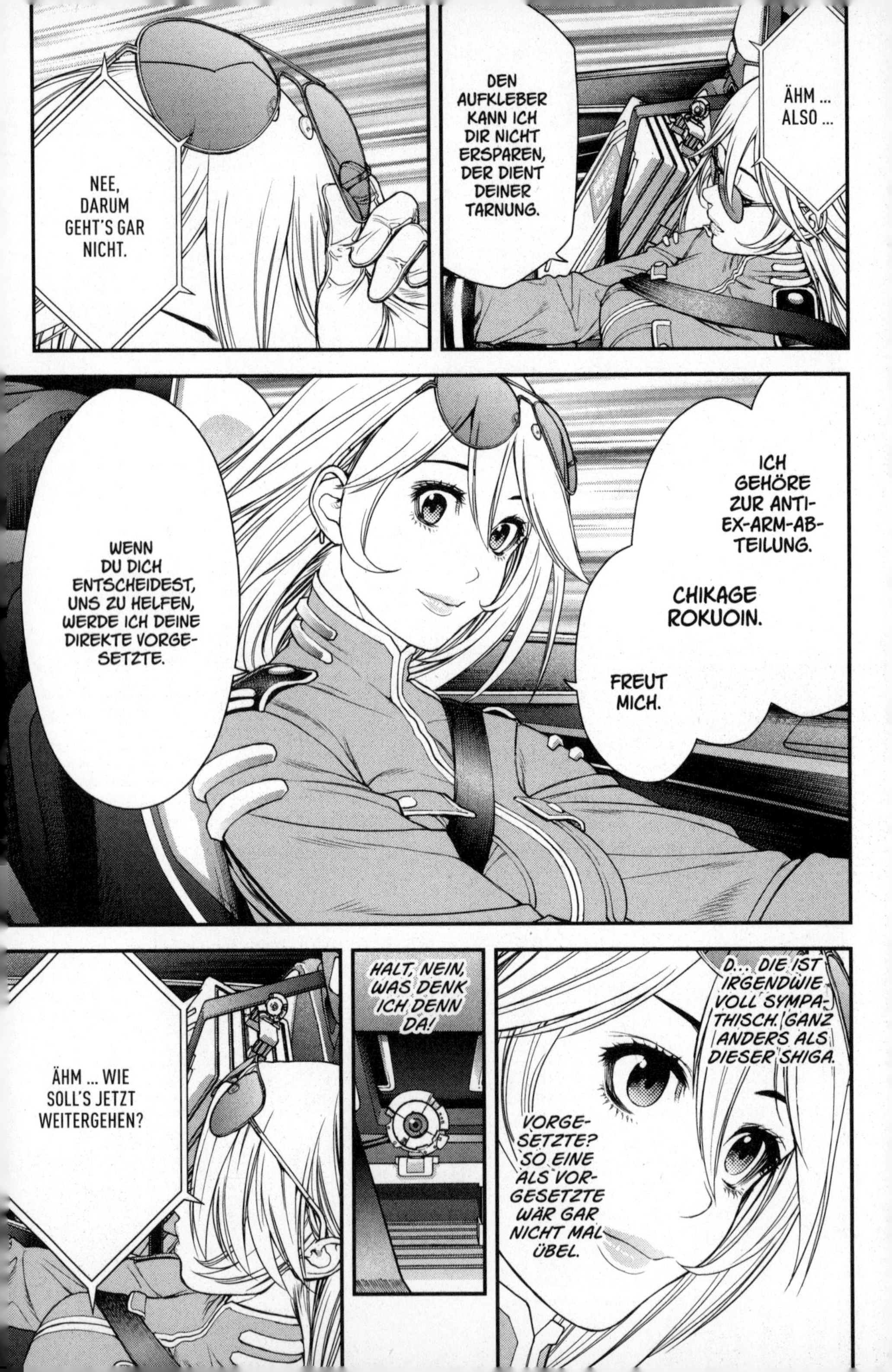

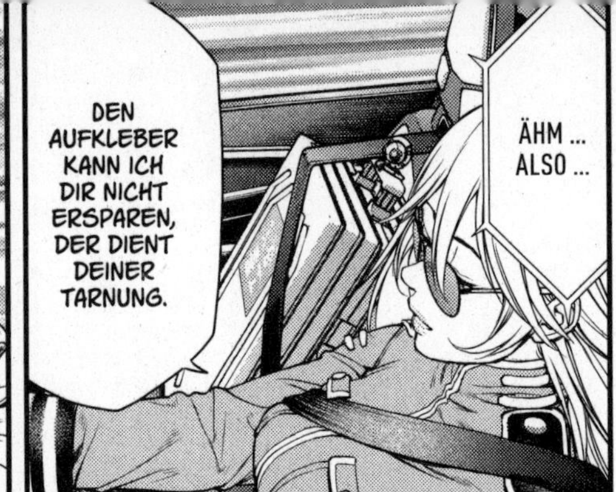

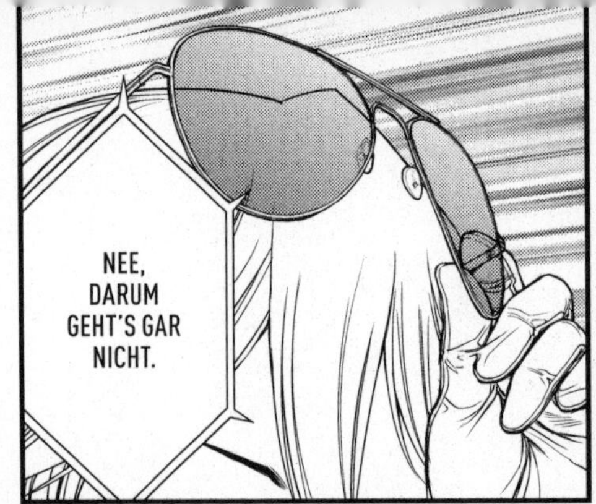

ICH GEHÖRE ZUR ANTI-EX-ARM-ABTEILUNG.
CHIKAGE ROKUOIN.
FREUT MICH.
WENN DU DICH ENTSCHEIDEST, UNS ZU HELFEN, WERDE ICH DEINE DIREKTE VORGESETZTE.

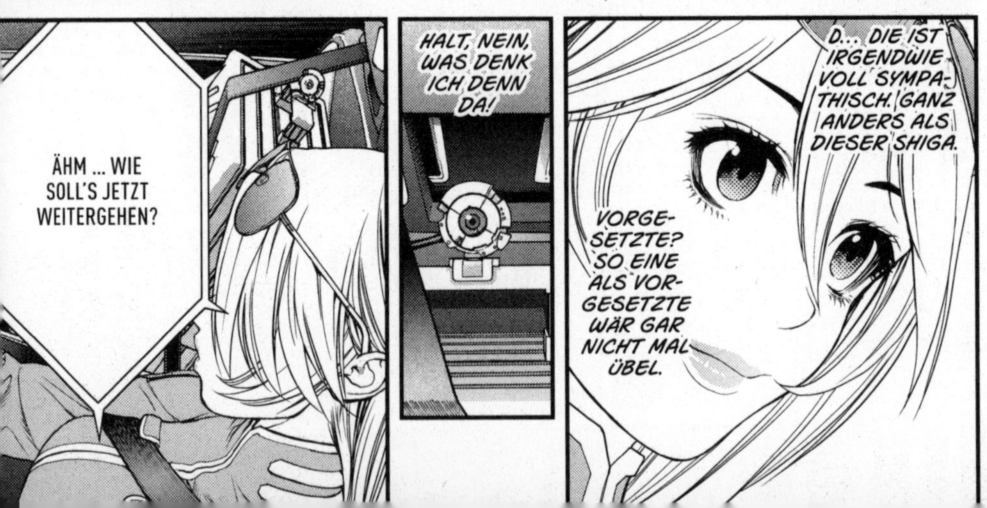

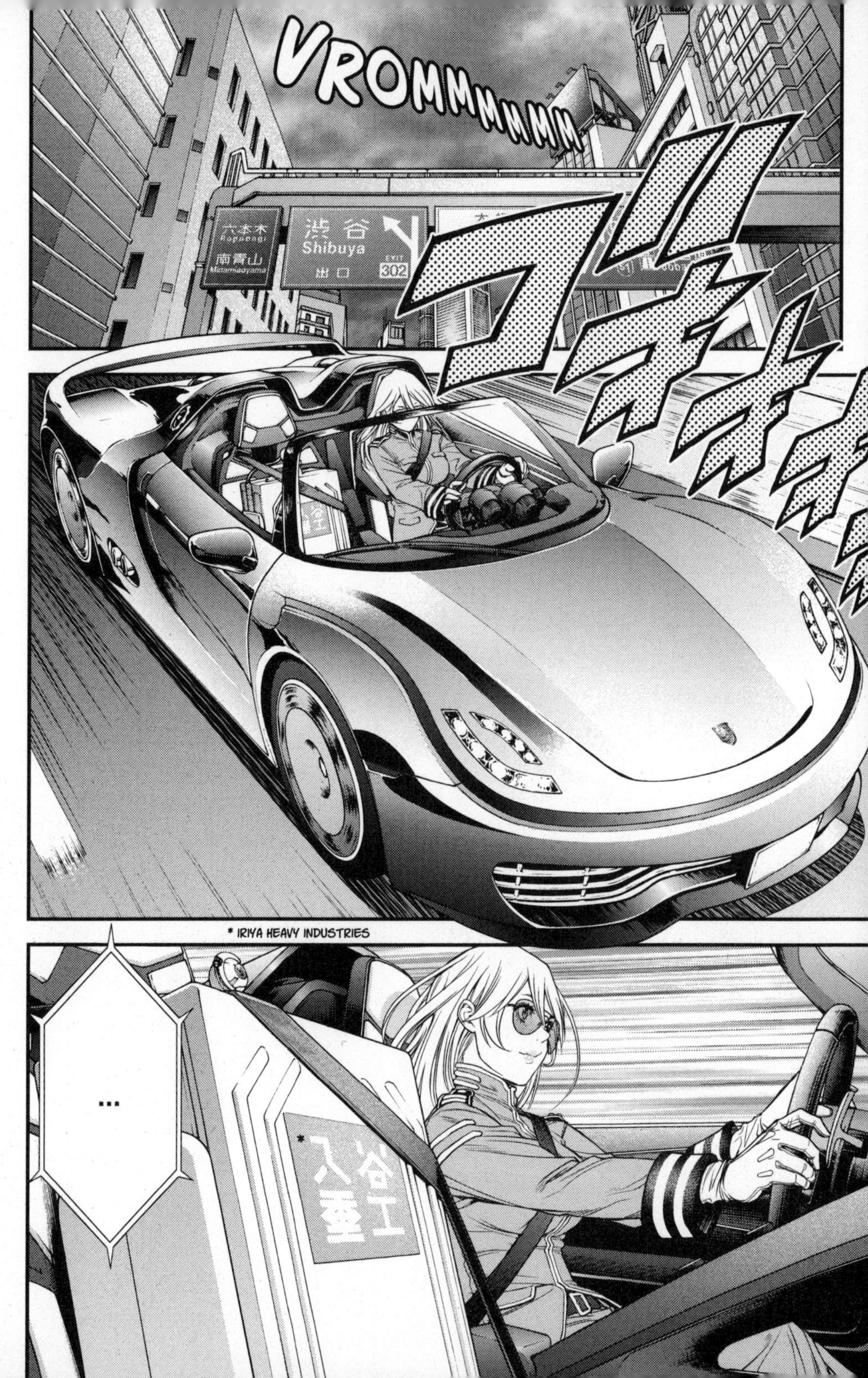

* IRIYA HEAVY INDUSTRIES

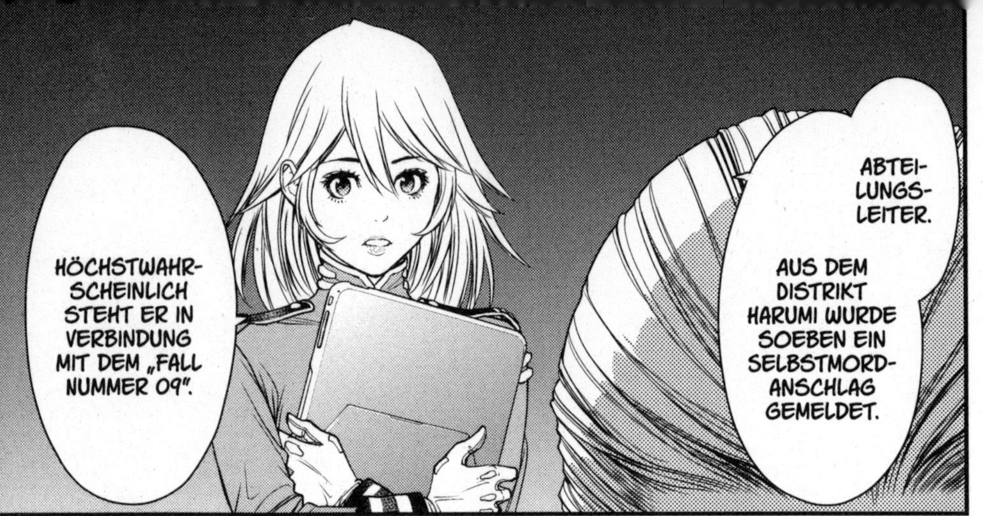
ABTEI-
LUNGS-
LEITER.
AUS DEM DISTRIKT HARUMI WURDE SOEBEN EIN SELBSTMORD-ANSCHLAG GEMELDET.
HÖCHSTWAHR-SCHEINLICH STEHT ER IN VERBINDUNG MIT DEM „FALL NUMMER 09".

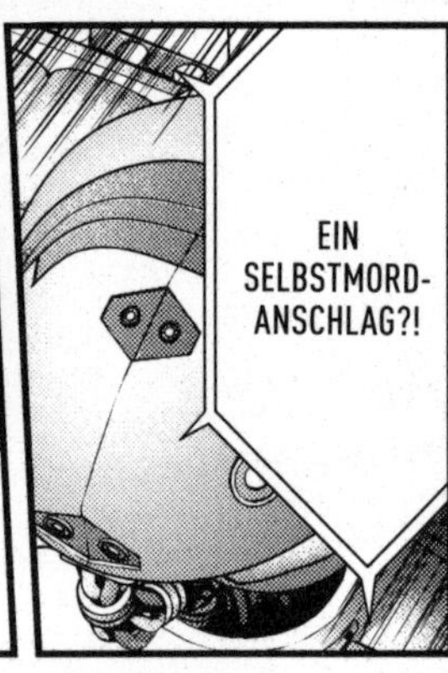
EIN SELBSTMORD-ANSCHLAG?!

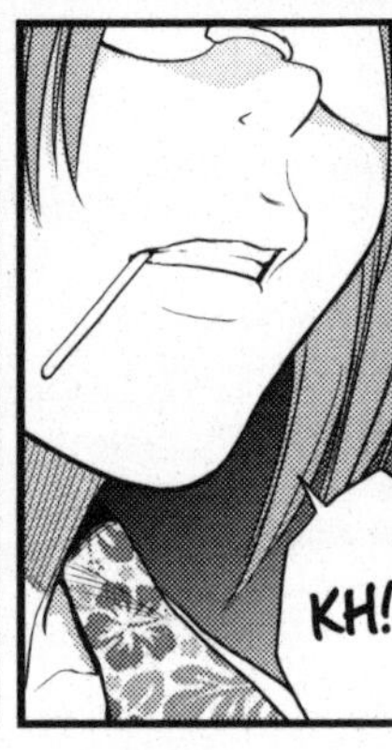
KH!

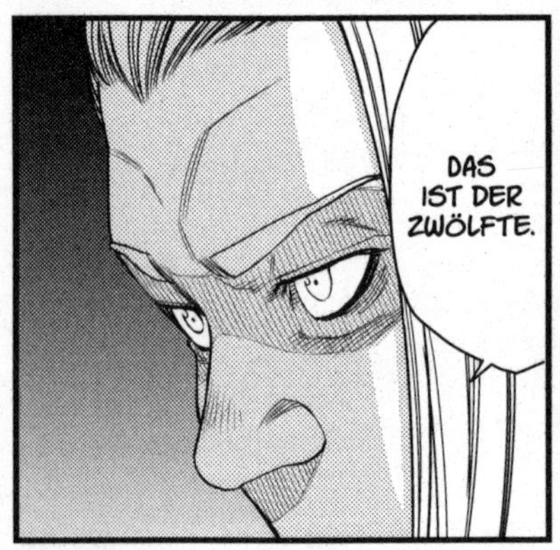
DAS IST DER ZWÖLFTE.

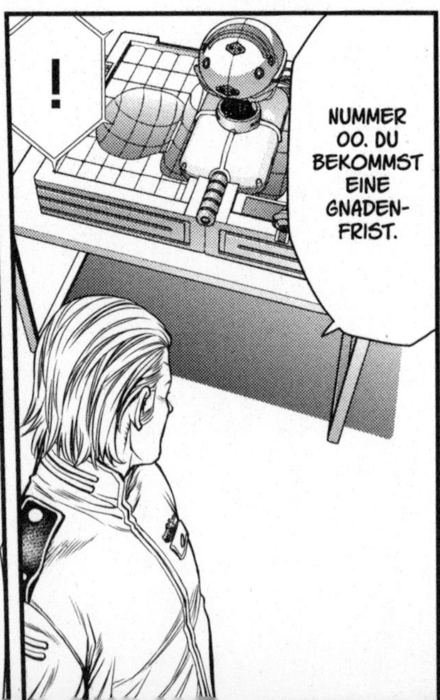
NUMMER 00. DU BEKOMMST EINE GNADEN-FRIST.
!

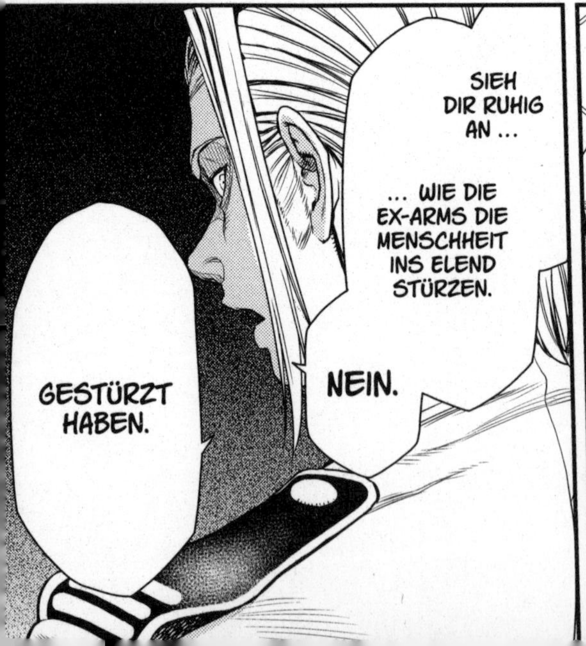
SIEH DIR RUHIG AN …
… WIE DIE EX-ARMS DIE MENSCHHEIT INS ELEND STÜRZEN.
NEIN.
GESTÜRZT HABEN.

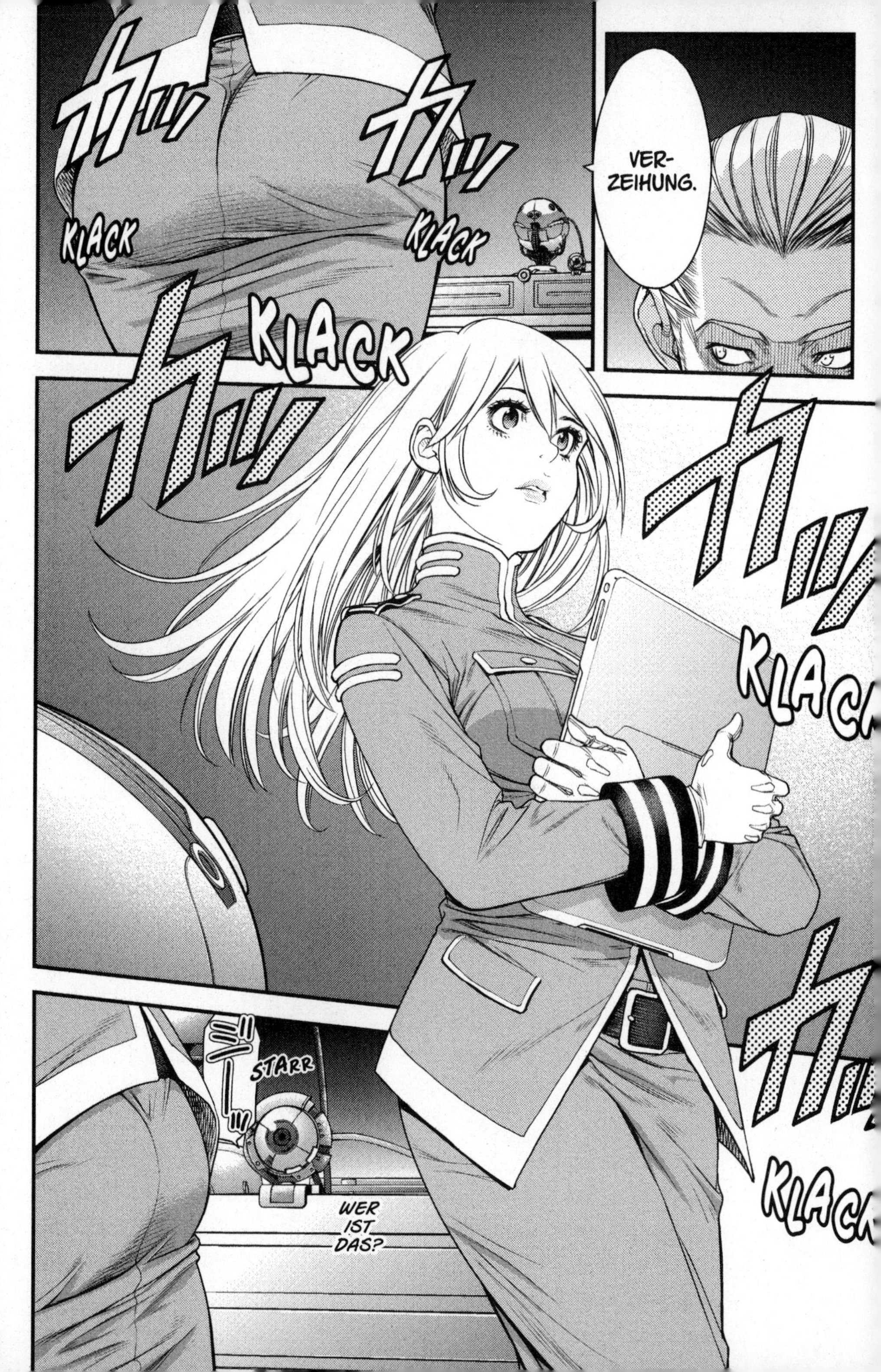
VER-
ZEIHUNG.
KLACK
KLACK
KLACK
KLACK
KLACK
STARR
WER
IST
DAS?

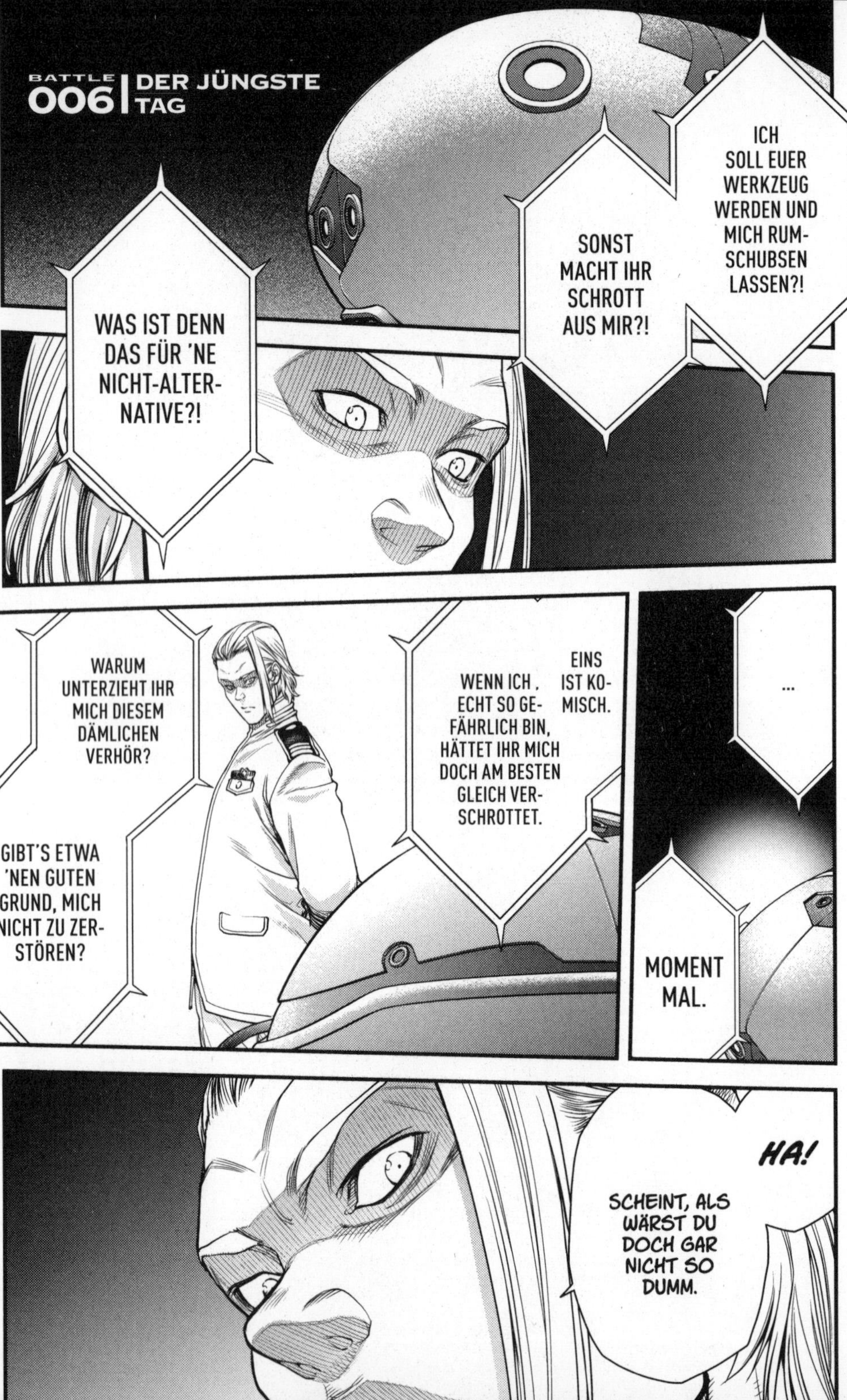

BATTLE 006 | DER JÜNGSTE TAG

ICH SOLL EUER WERKZEUG WERDEN UND MICH RUMSCHUBSEN LASSEN?!

SONST MACHT IHR SCHROTT AUS MIR?!

WAS IST DENN DAS FÜR 'NE NICHT-ALTERNATIVE?!

...

MOMENT MAL.

EINS IST KOMISCH.

WENN ICH ECHT SO GEFÄHRLICH BIN, HÄTTET IHR MICH DOCH AM BESTEN GLEICH VERSCHROTTET.

WARUM UNTERZIEHT IHR MICH DIESEM DÄMLICHEN VERHÖR?

GIBT'S ETWA 'NEN GUTEN GRUND, MICH NICHT ZU ZERSTÖREN?

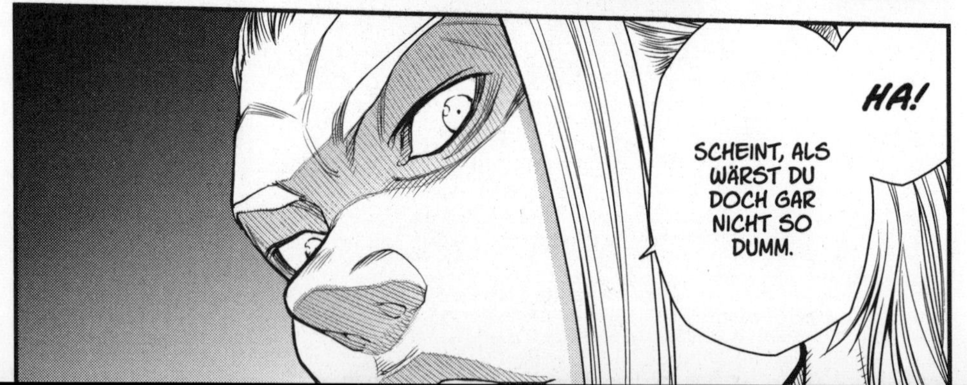

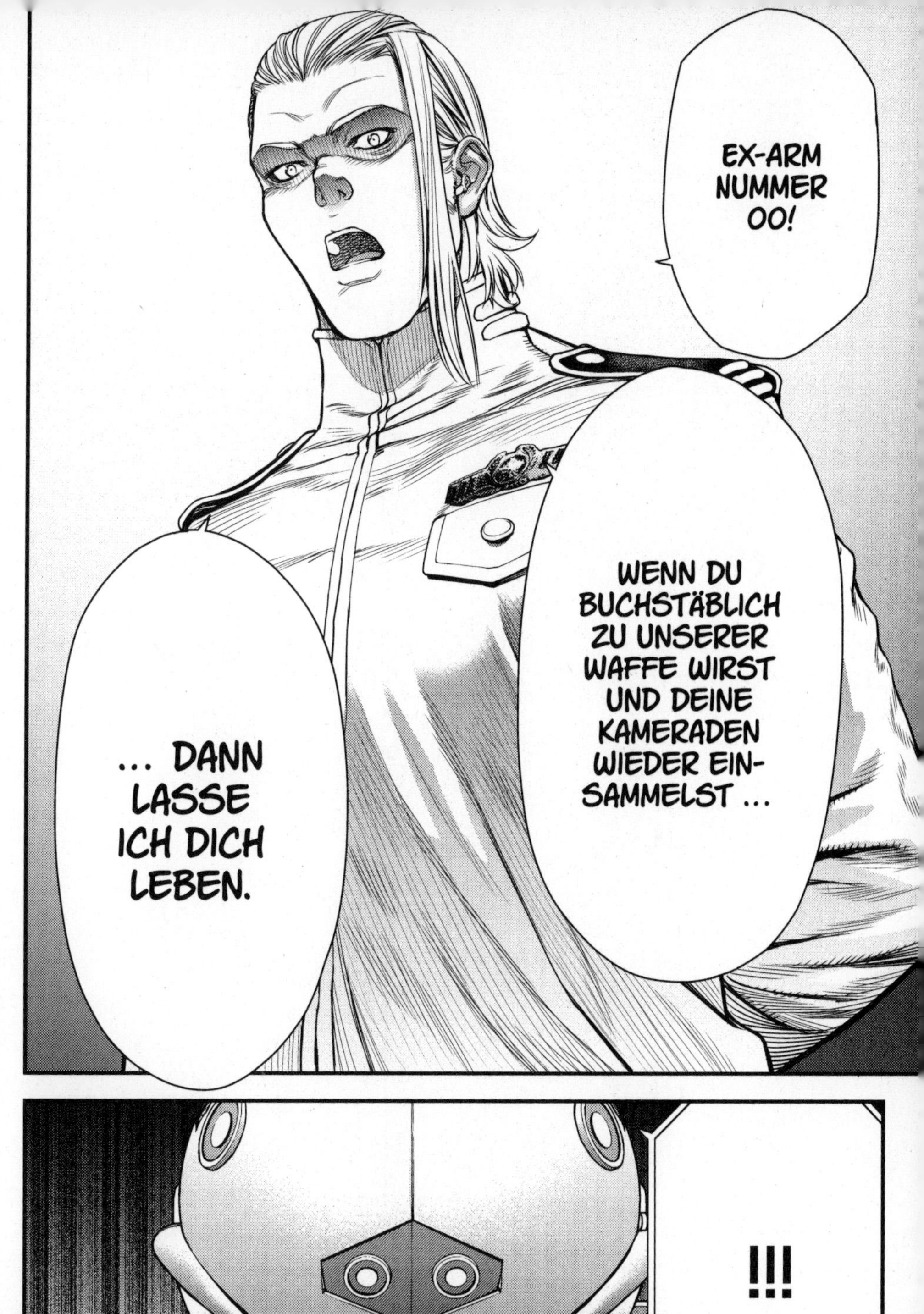
EX-ARM NUMMER 00!
WENN DU BUCHSTÄBLICH ZU UNSERER WAFFE WIRST UND DEINE KAMERADEN WIEDER EIN-SAMMELST …
… DANN LASSE ICH DICH LEBEN.
!!!

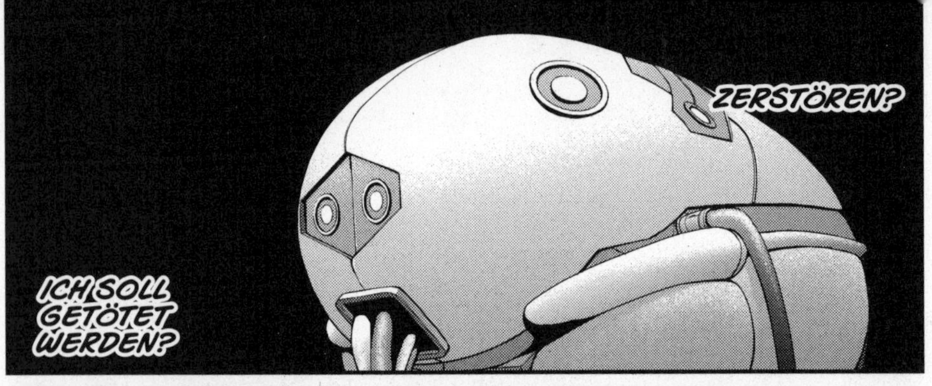

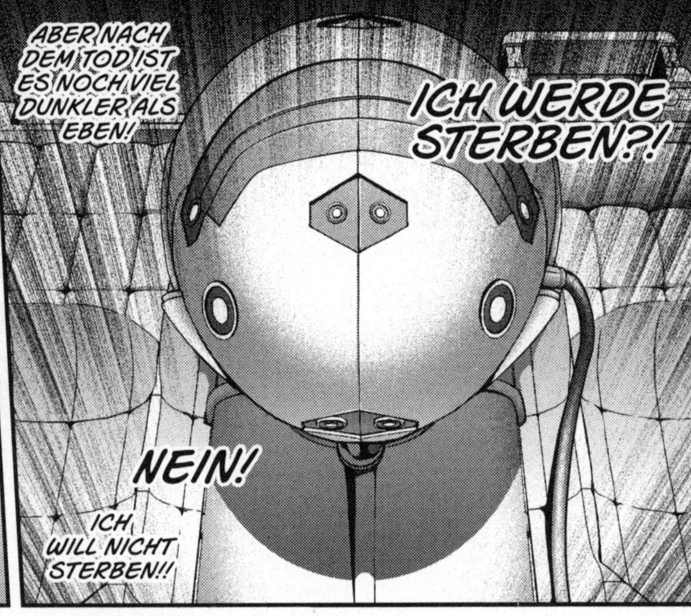

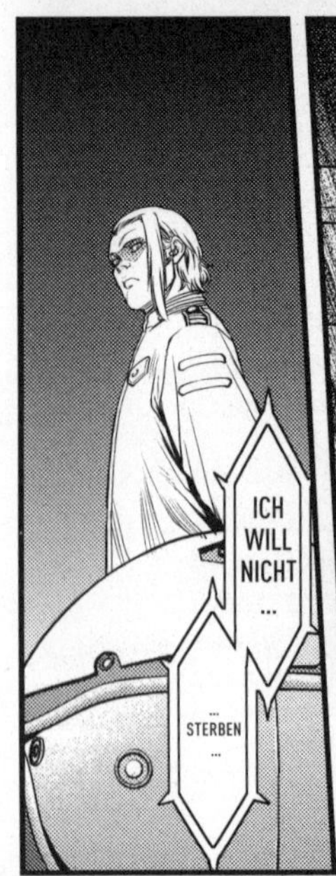

ICH GEBE DIR NOCH EINE CHANCE.

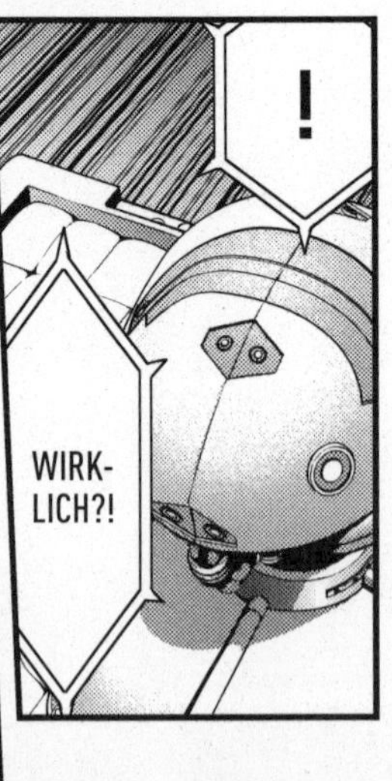

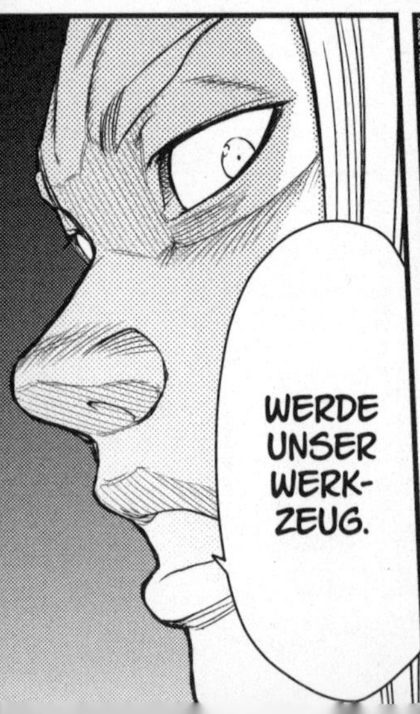

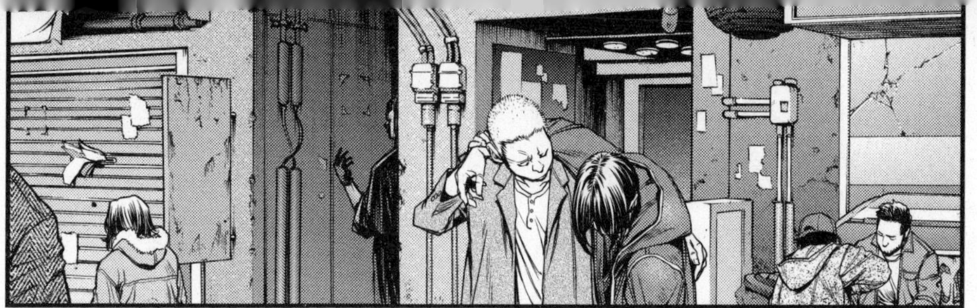

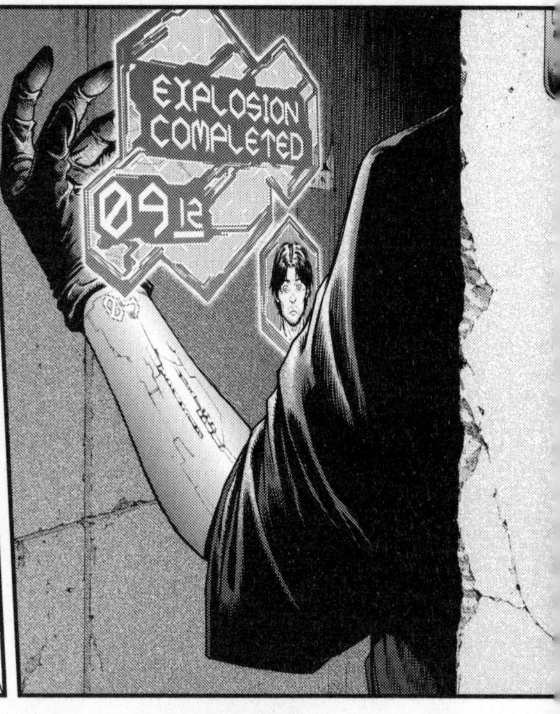

EXPLOSION COMPLETED
09 12

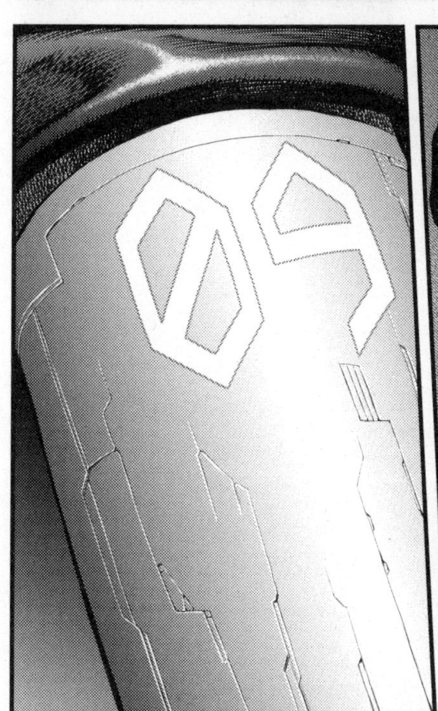

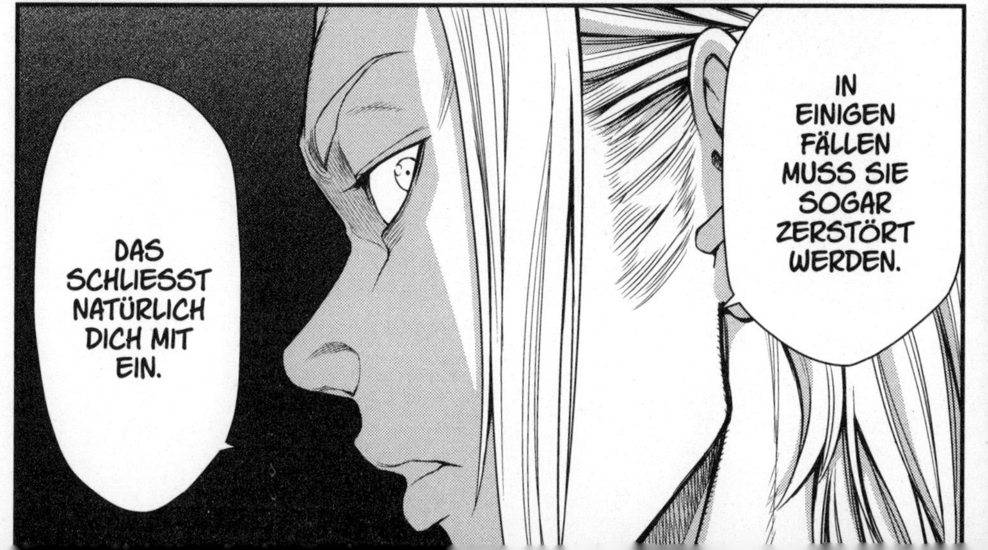

IN EINIGEN FÄLLEN MUSS SIE SOGAR ZERSTÖRT WERDEN.
DAS SCHLIESST NATÜRLICH DICH MIT EIN.

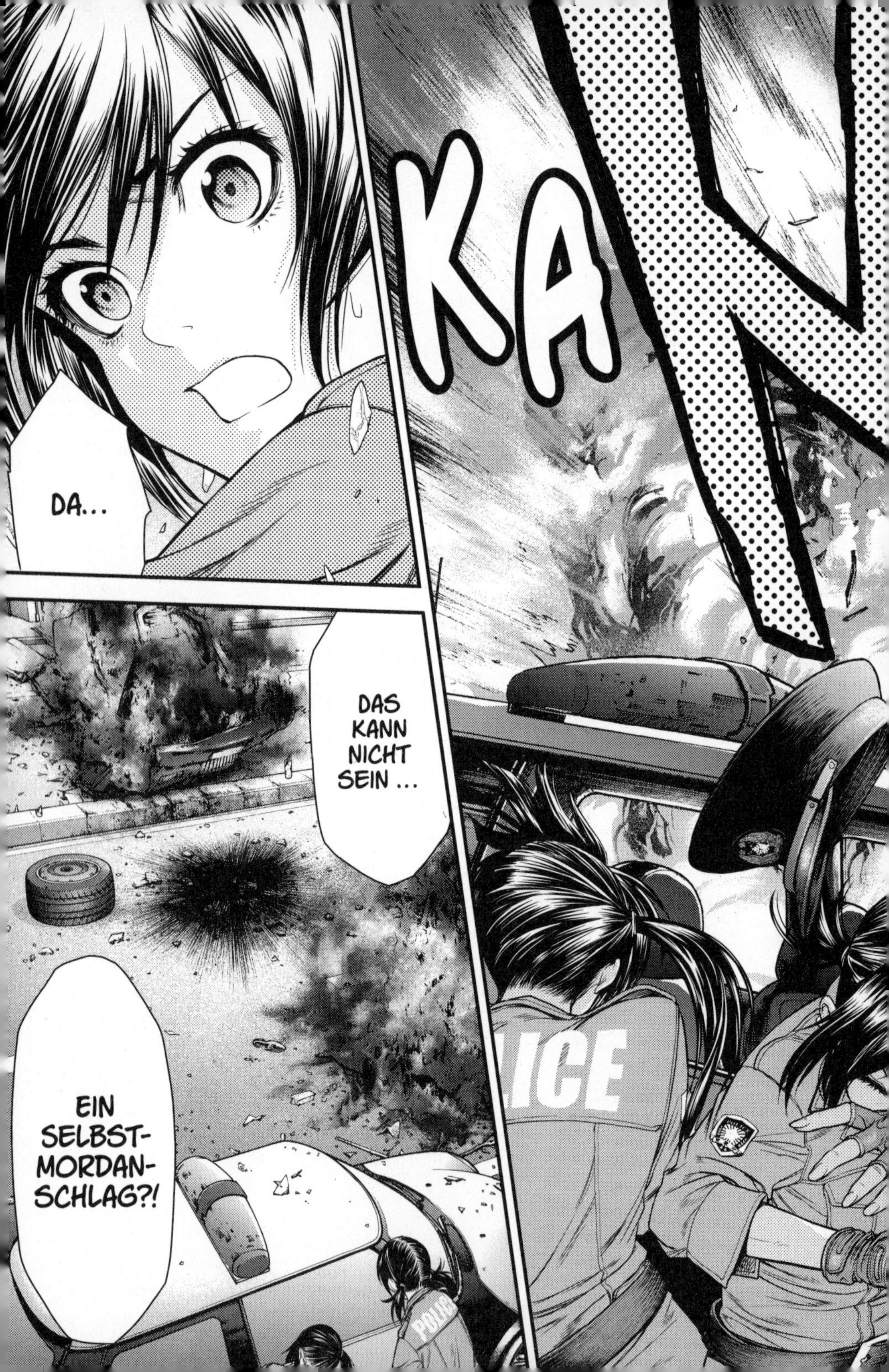
KA
DA…
DAS KANN NICHT SEIN …
EIN SELBSTMORDANSCHLAG?!

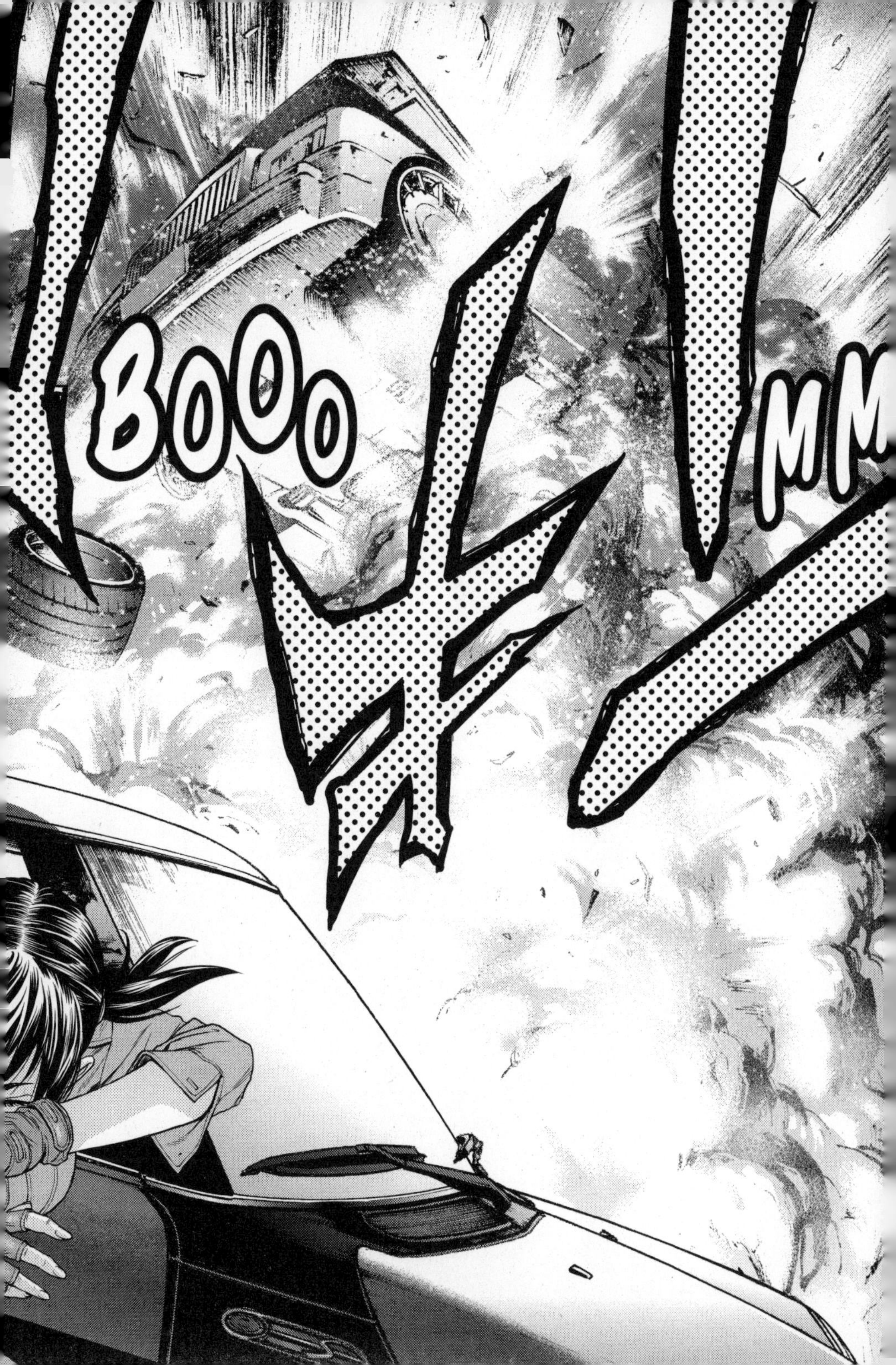
BOOo
MM

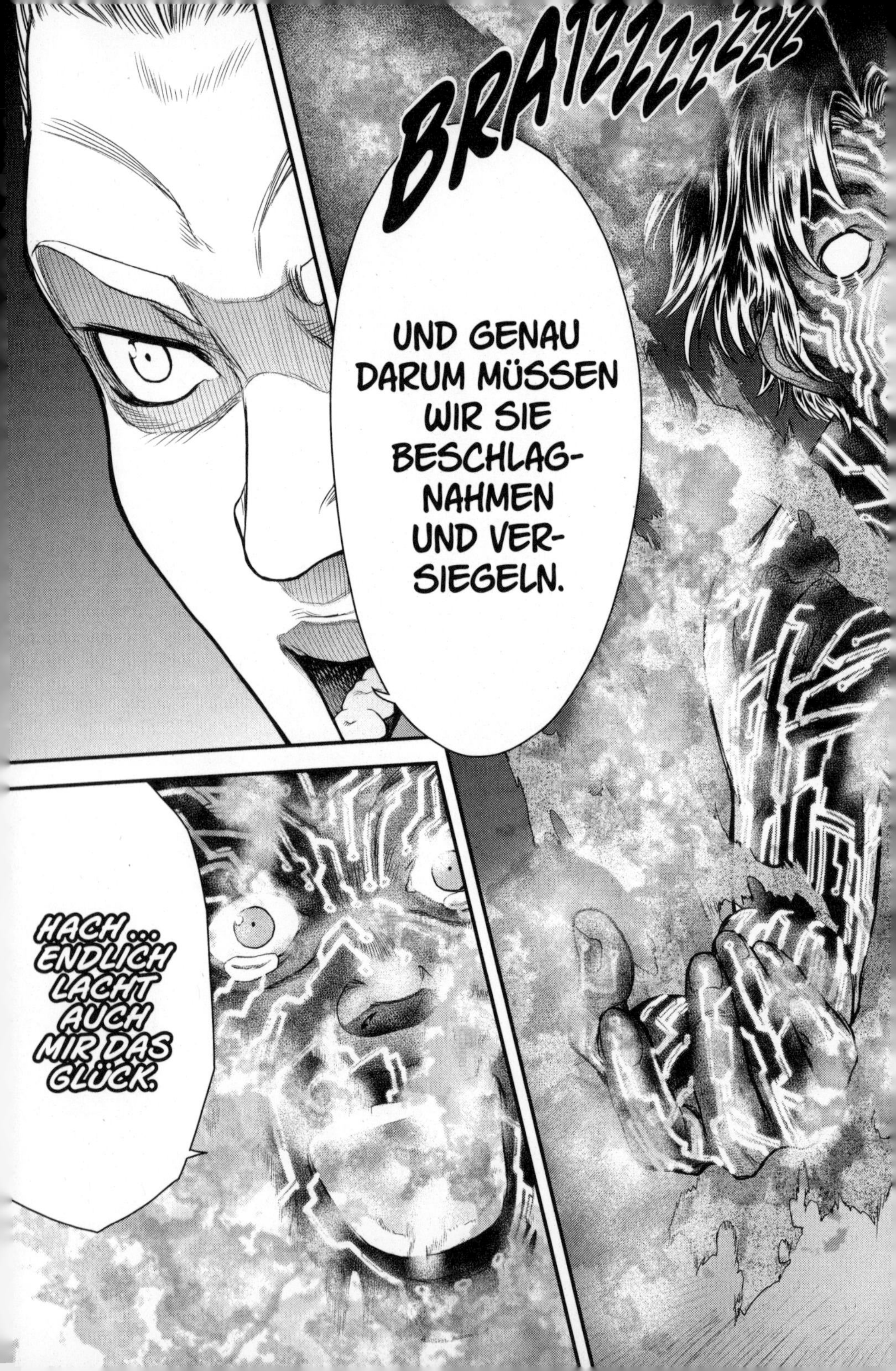
BRATZZZZZZZ
UND GENAU DARUM MÜSSEN WIR SIE BESCHLAG-NAHMEN UND VER-SIEGELN.
HACH ... ENDLICH LACHT AUCH MIR DAS GLÜCK.

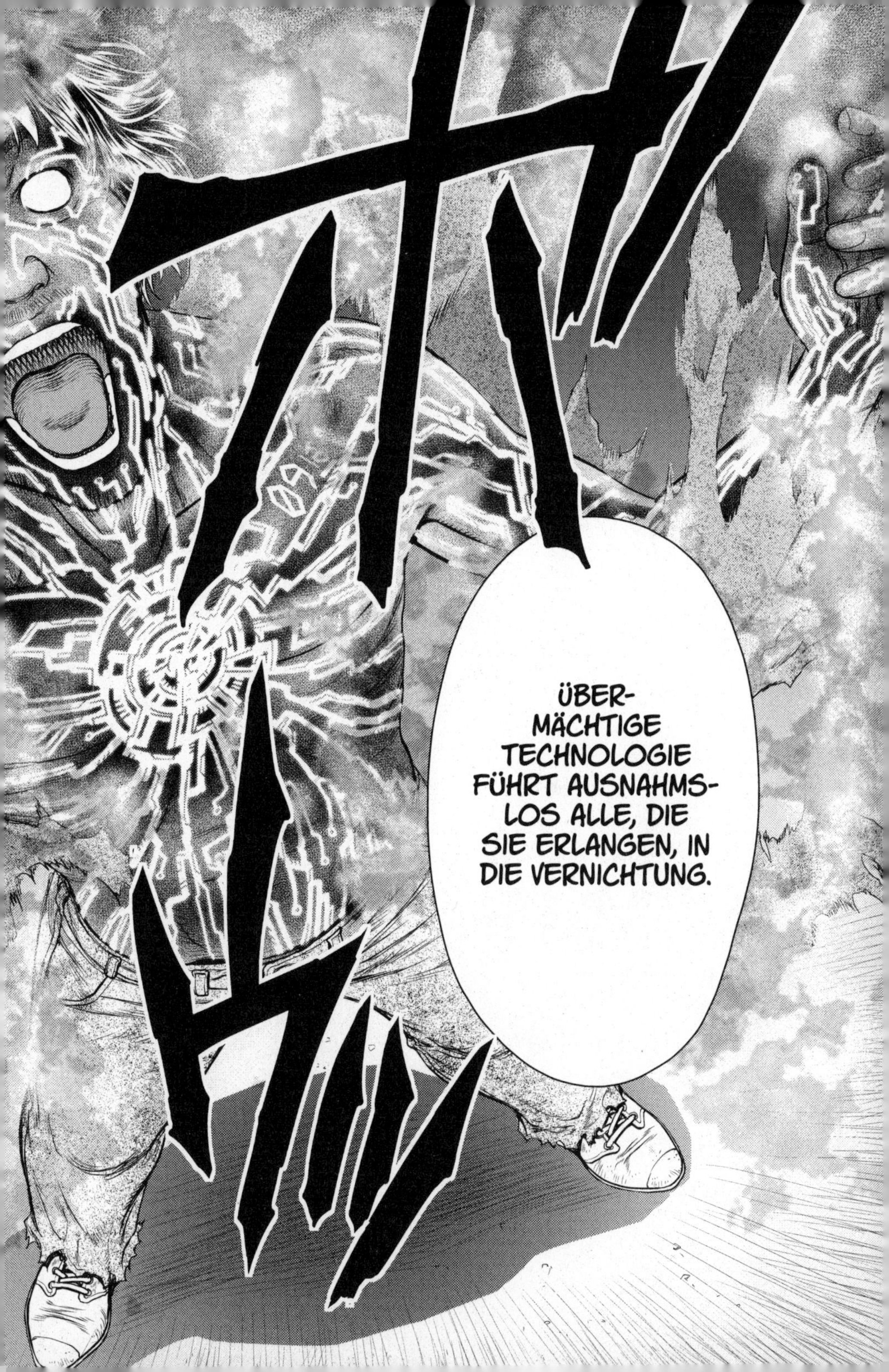
ÜBER-
MÄCHTIGE
TECHNOLOGIE
FÜHRT AUSNAHMS-
LOS ALLE, DIE
SIE ERLANGEN, IN
DIE VERNICHTUNG.

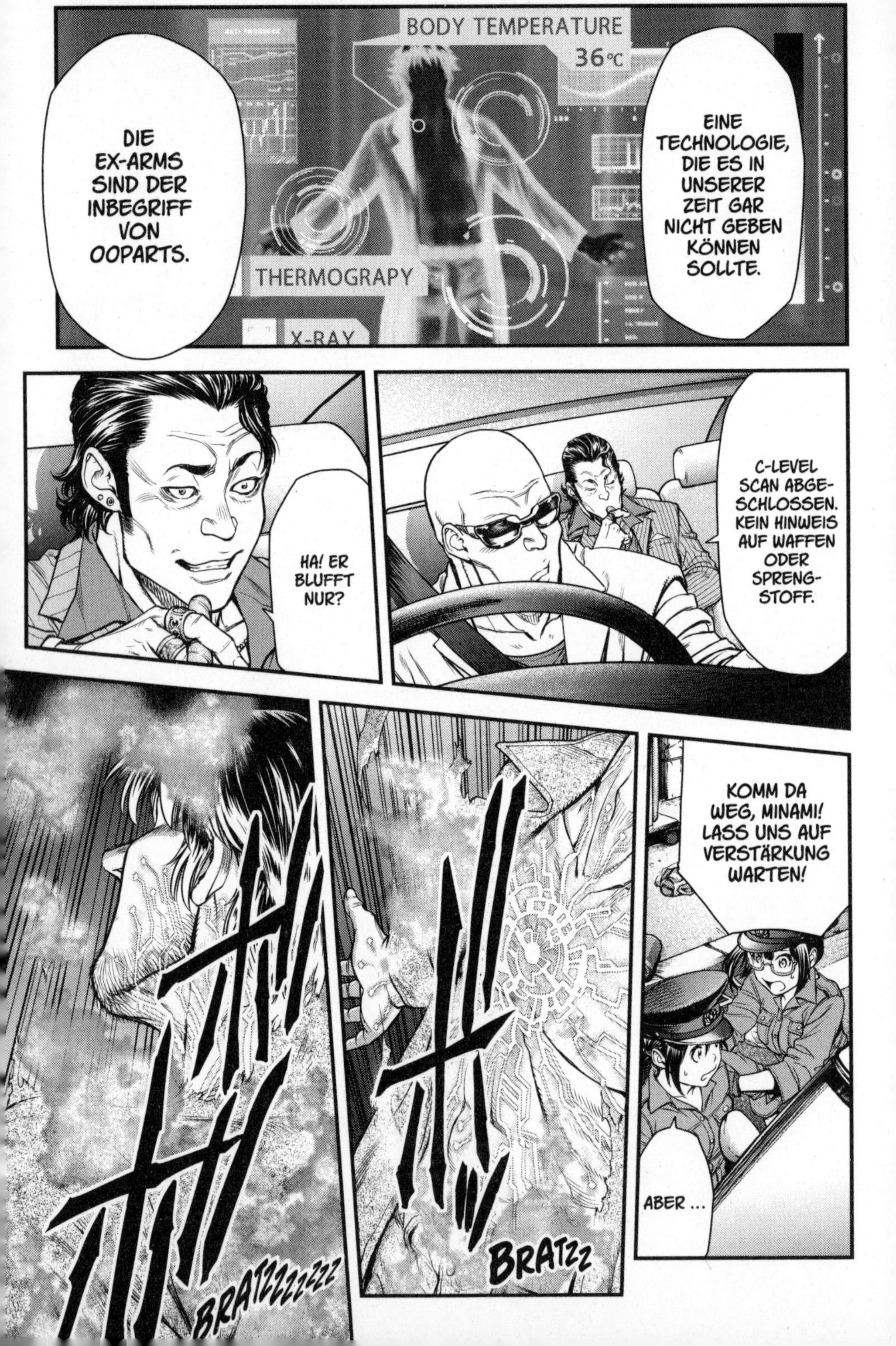

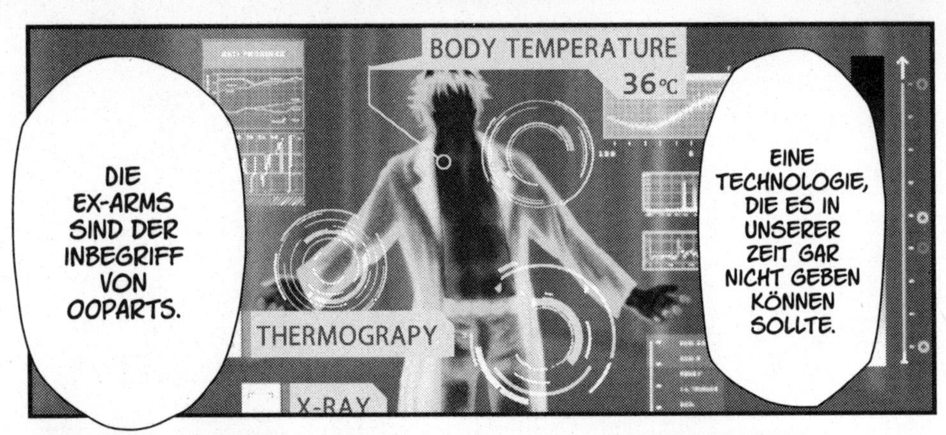

C-LEVEL SCAN ABGESCHLOSSEN. KEIN HINWEIS AUF WAFFEN ODER SPRENGSTOFF.

HA! ER BLUFFT NUR?

KOMM DA WEG, MINAMI! LASS UNS AUF VERSTÄRKUNG WARTEN!

ABER …

BRATZZ

BRATZZZZZZZ

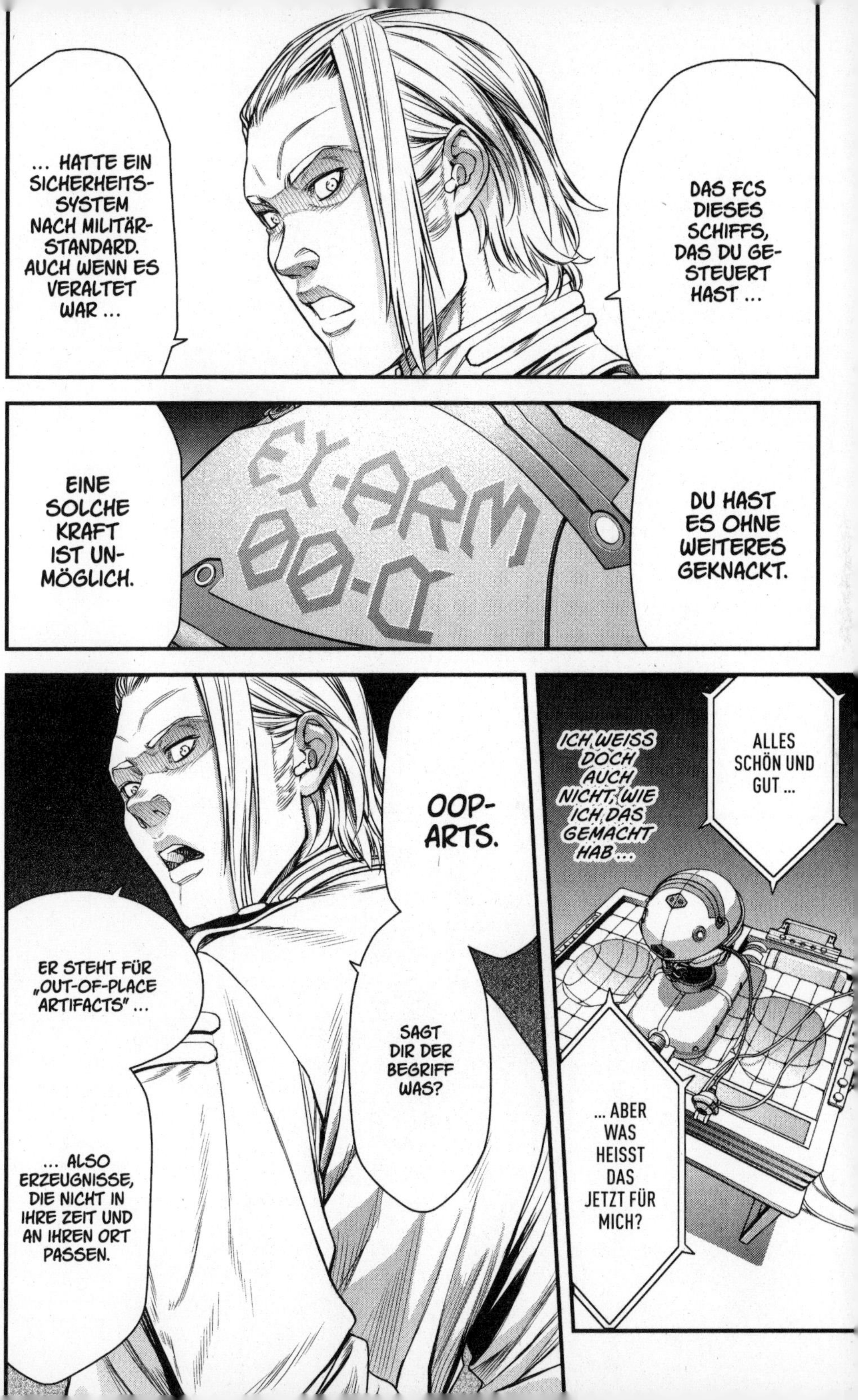

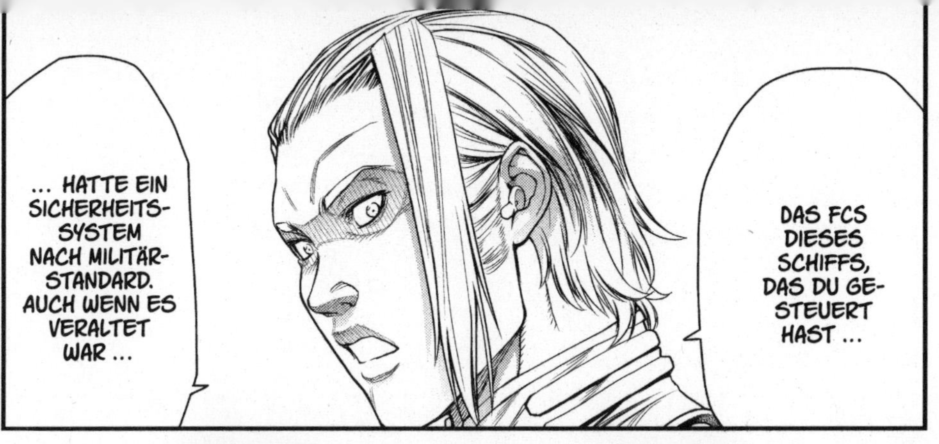

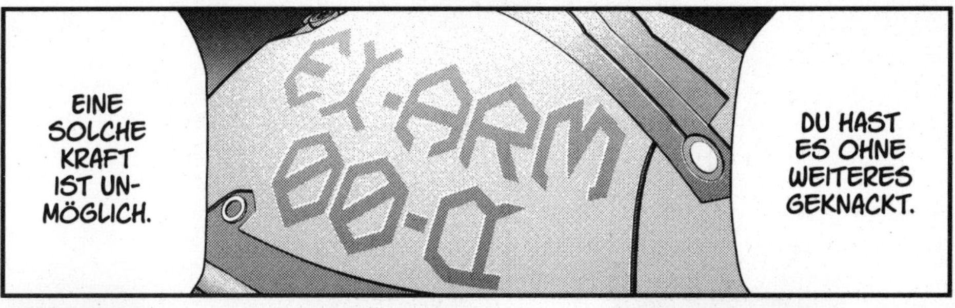

ALLES SCHÖN UND GUT …

ICH WEISS DOCH AUCH NICHT, WIE ICH DAS GEMACHT HAB …

… ABER WAS HEISST DAS JETZT FÜR MICH?

OOP-ARTS.

SAGT DIR DER BEGRIFF WAS?

ER STEHT FÜR „OUT-OF-PLACE ARTIFACTS" …

… ALSO ERZEUGNISSE, DIE NICHT IN IHRE ZEIT UND AN IHREN ORT PASSEN.

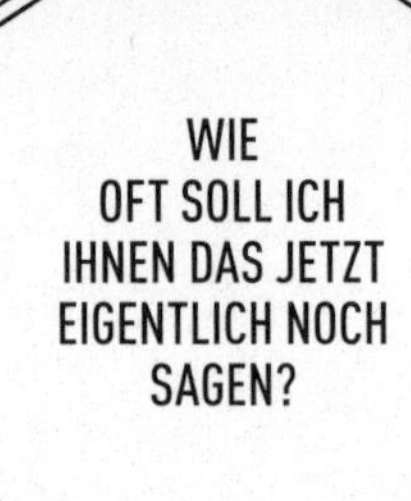
WIE OFT SOLL ICH IHNEN DAS JETZT EIGENTLICH NOCH SAGEN?

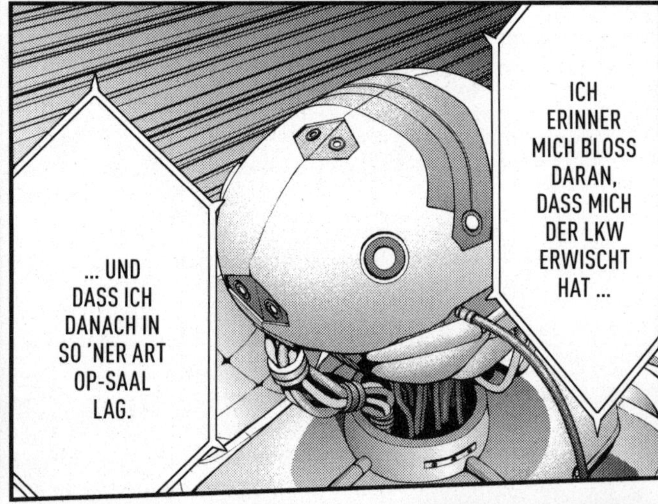
ICH ERINNER MICH BLOSS DARAN, DASS MICH DER LKW ERWISCHT HAT ...
... UND DASS ICH DANACH IN SO 'NER ART OP-SAAL LAG.

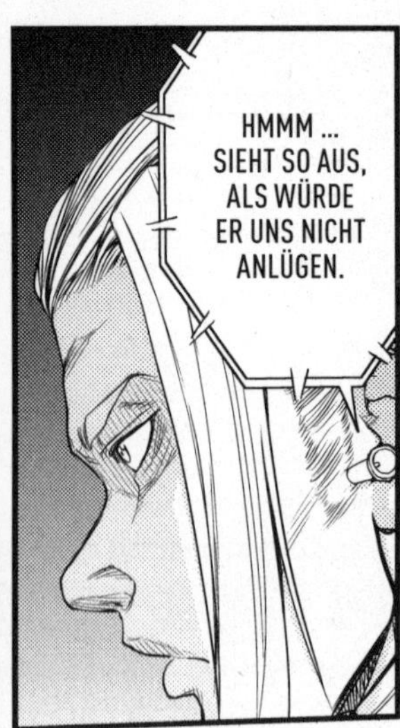
HMMM ... SIEHT SO AUS, ALS WÜRDE ER UNS NICHT ANLÜGEN.

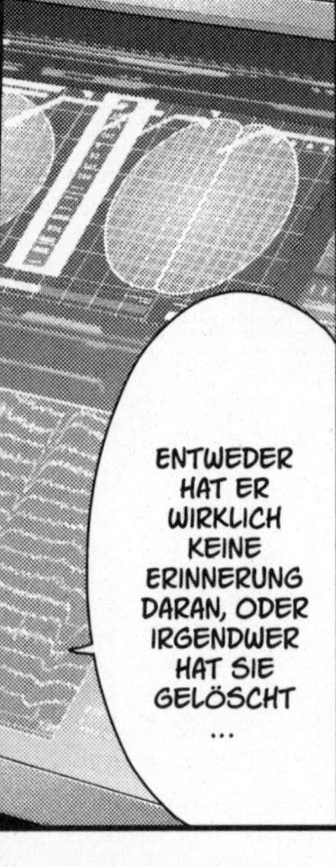
ENTWEDER HAT ER WIRKLICH KEINE ERINNERUNG DARAN, ODER IRGENDWER HAT SIE GELÖSCHT ...

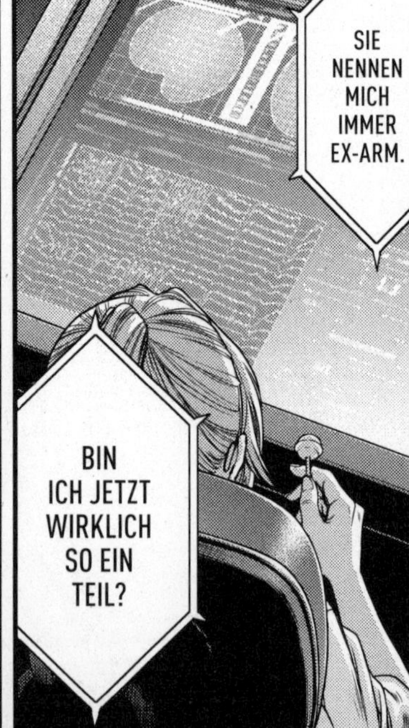
SIE NENNEN MICH IMMER EX-ARM.
BIN ICH JETZT WIRKLICH SO EIN TEIL?

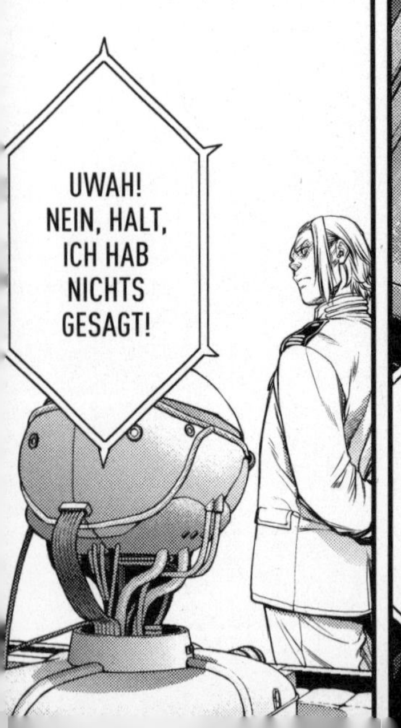
UWAH! NEIN, HALT, ICH HAB NICHTS GESAGT!

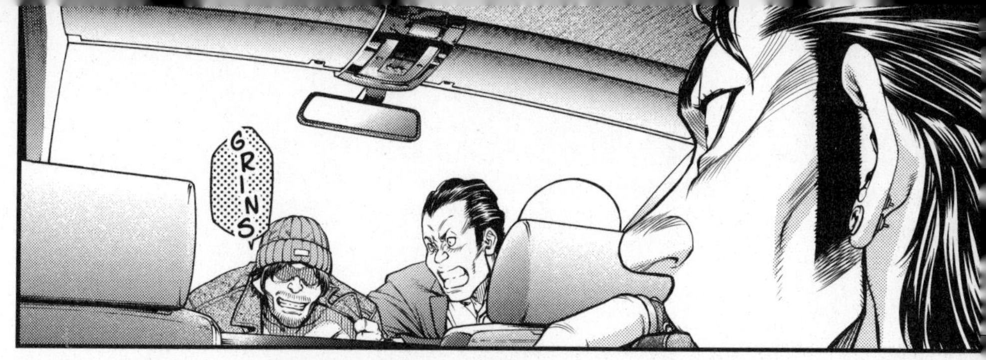

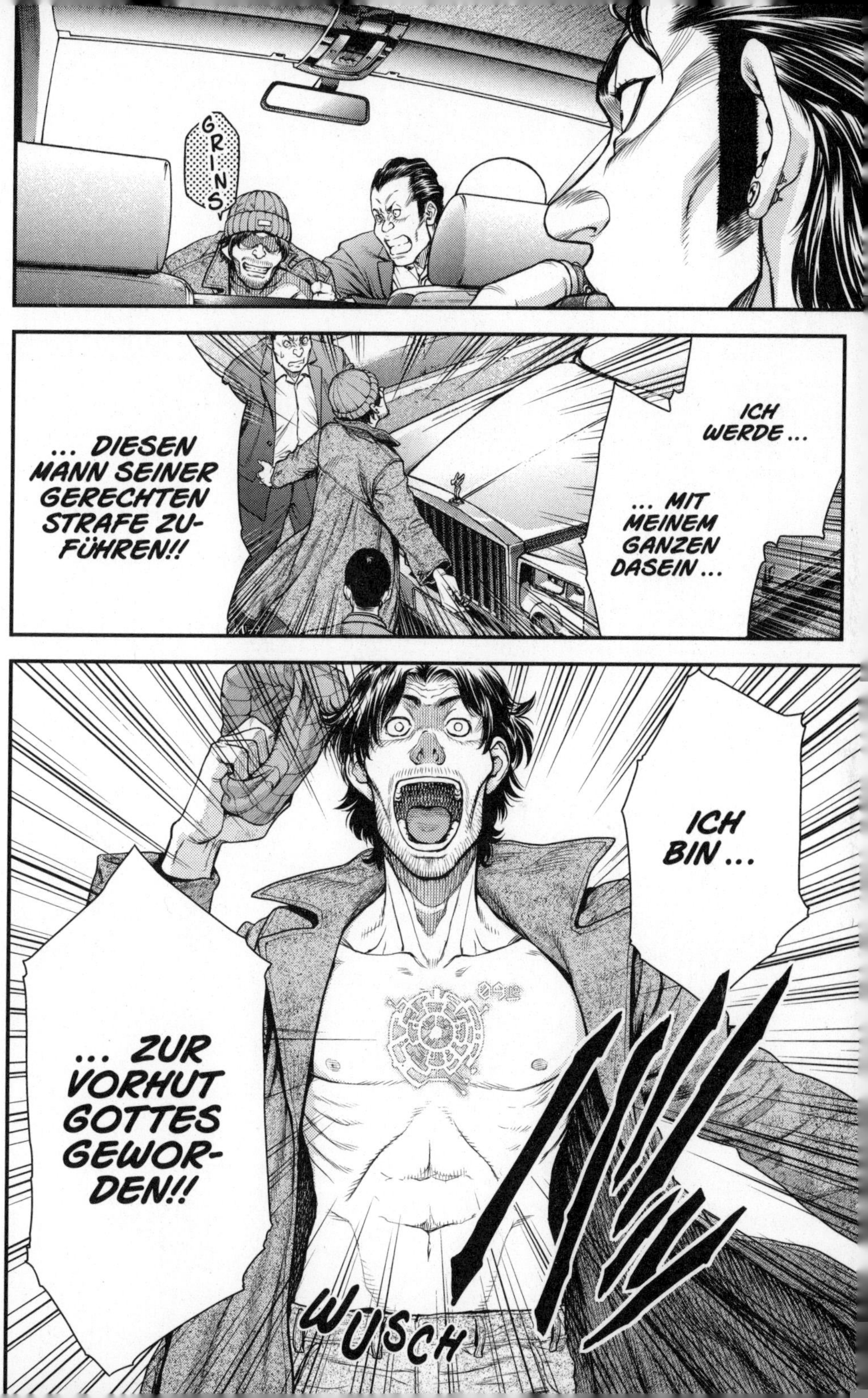

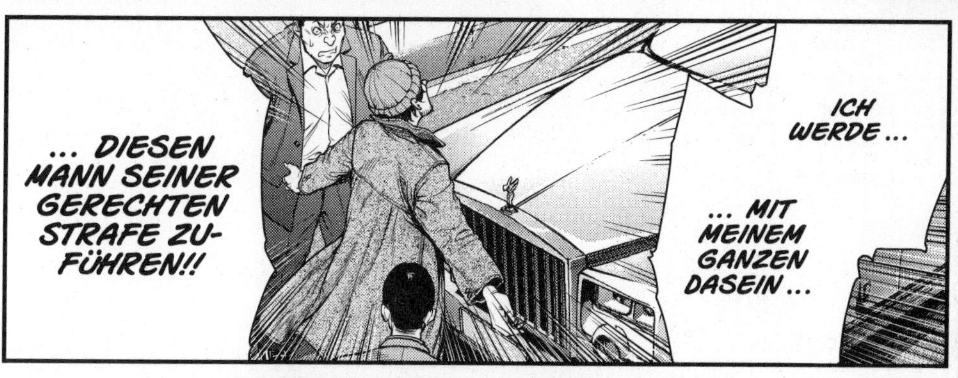

ICH BIN ...

... ZUR VORHUT GOTTES GEWORDEN!!

WUSCH

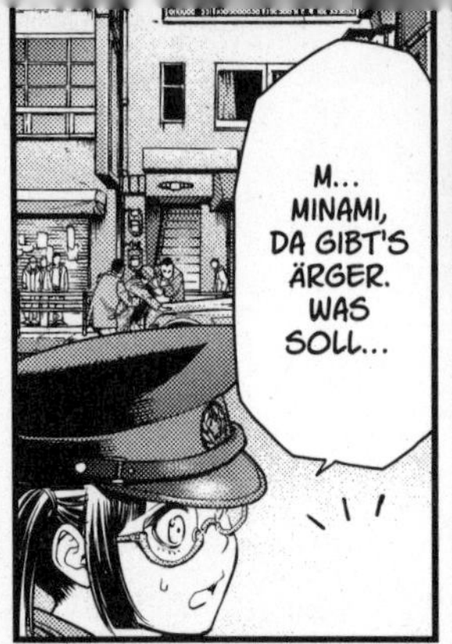
M... MINAMI, DA GIBT'S ÄRGER. WAS SOLL...
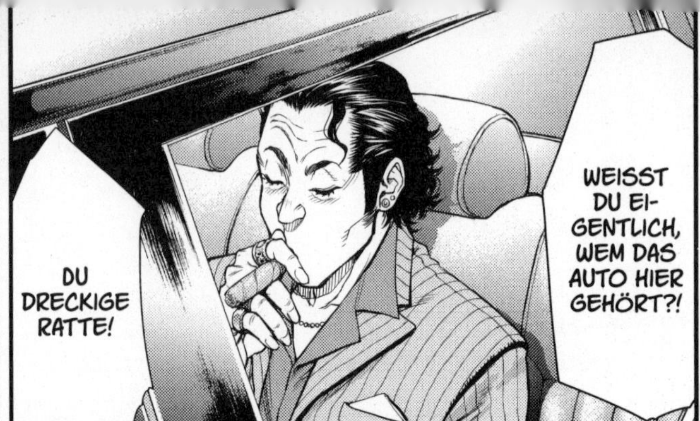
WEISST DU EIGENTLICH, WEM DAS AUTO HIER GEHÖRT?!
DU DRECKIGE RATTE!
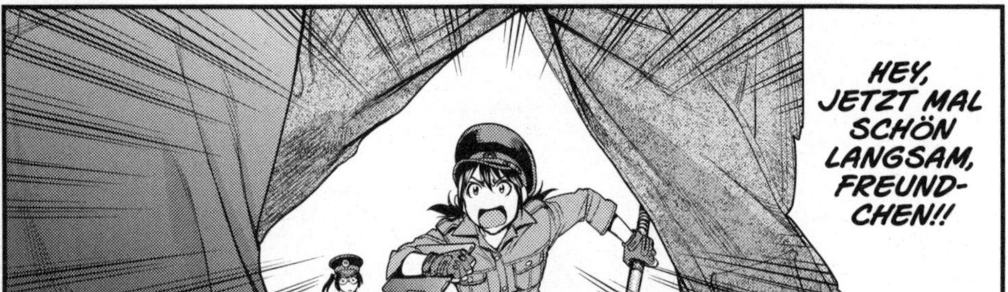
HEY, JETZT MAL SCHÖN LANGSAM, FREUNDCHEN!!
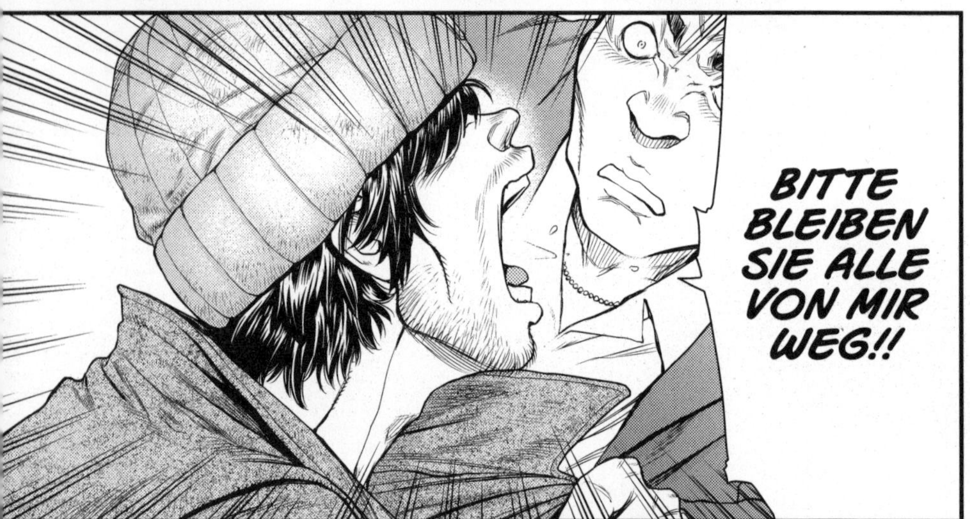
BITTE BLEIBEN SIE ALLE VON MIR WEG!!
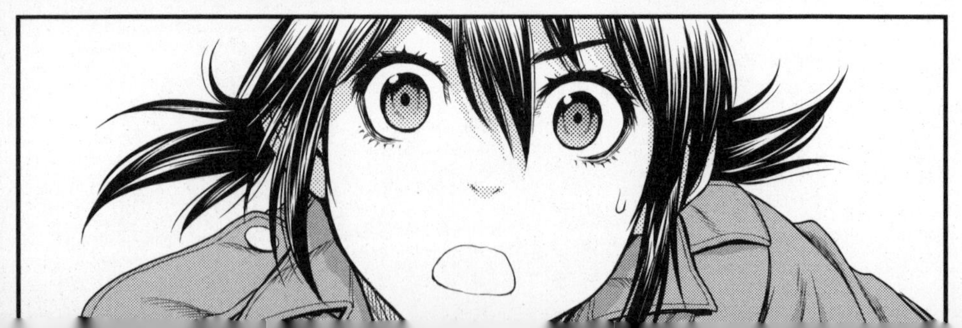

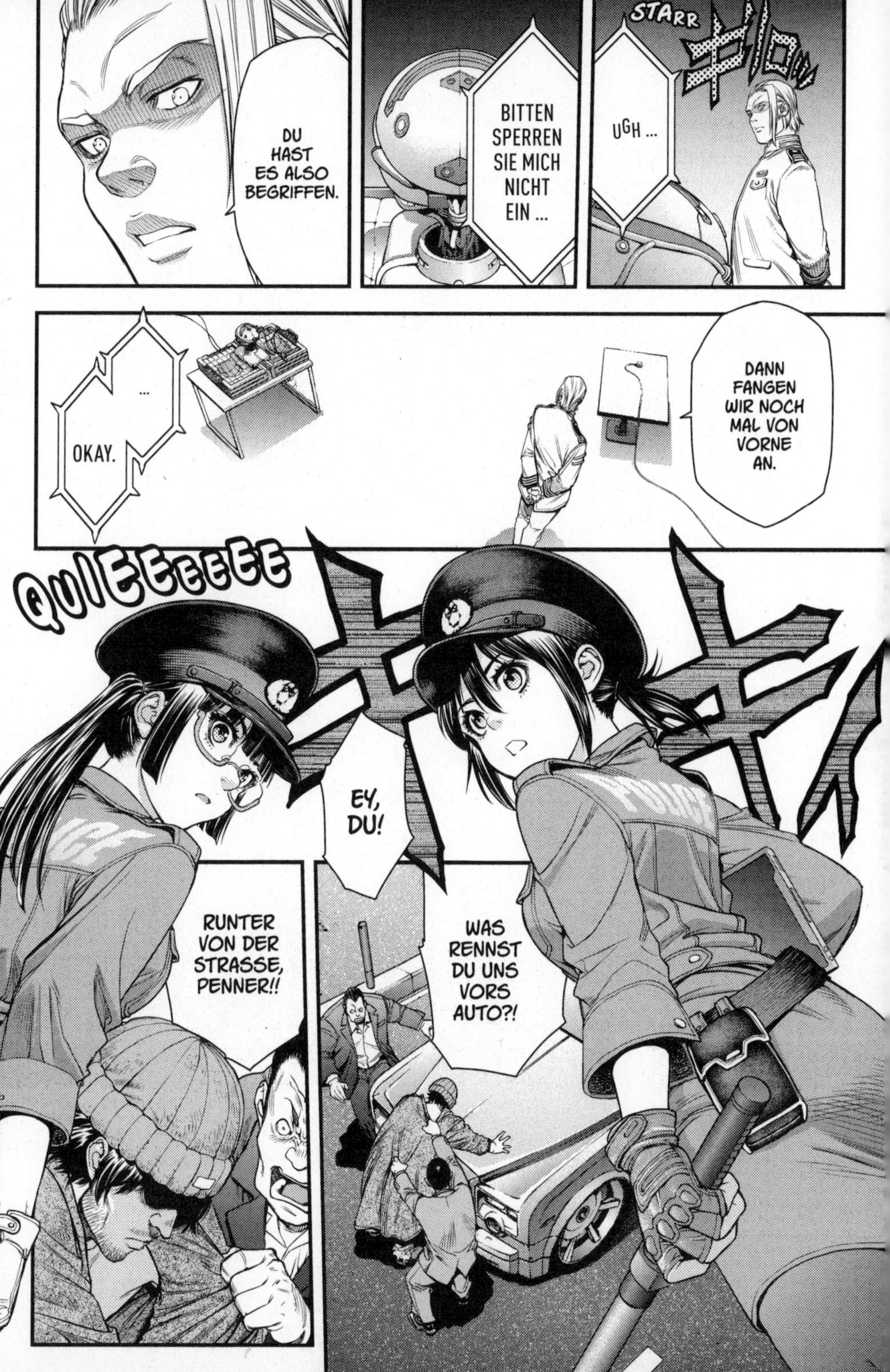
STARR
UGH ...
BITTEN SPERREN SIE MICH NICHT EIN ...
DU HAST ES ALSO BEGRIFFEN.
DANN FANGEN WIR NOCH MAL VON VORNE AN.
... OKAY.
QUIEEEEEEE
EY, DU!
WAS RENNST DU UNS VORS AUTO?!
RUNTER VON DER STRASSE, PENNER!!

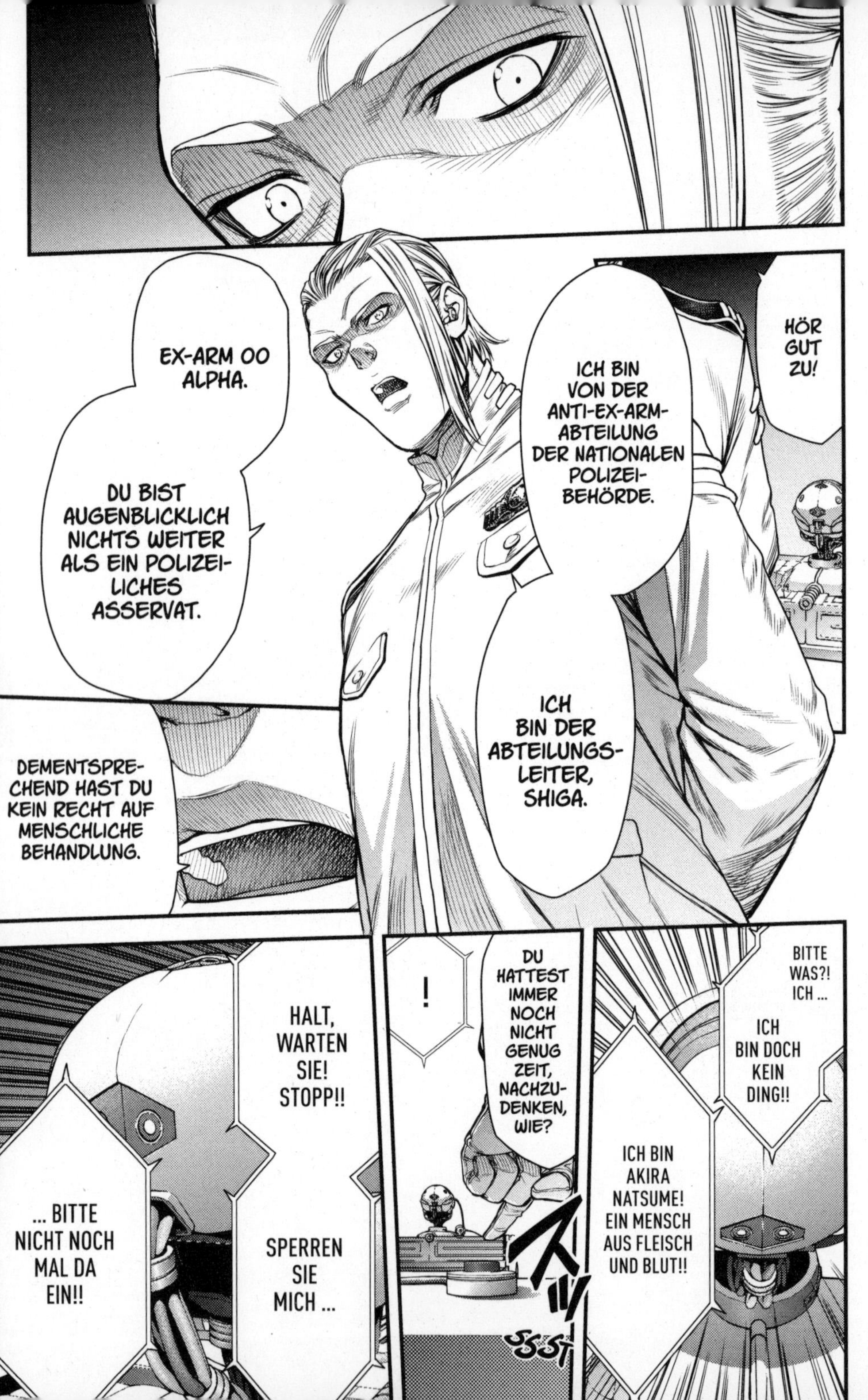
HÖR GUT ZU!
ICH BIN VON DER ANTI-EX-ARM-ABTEILUNG DER NATIONALEN POLIZEIBEHÖRDE.
ICH BIN DER ABTEILUNGSLEITER, SHIGA.
EX-ARM OO ALPHA.
DU BIST AUGENBLICKLICH NICHTS WEITER ALS EIN POLIZEILICHES ASSERVAT.
DEMENTSPRECHEND HAST DU KEIN RECHT AUF MENSCHLICHE BEHANDLUNG.
BITTE WAS?! ICH ...
ICH BIN DOCH KEIN DING!!
ICH BIN AKIRA NATSUME! EIN MENSCH AUS FLEISCH UND BLUT!!
DU HATTEST IMMER NOCH NICHT GENUG ZEIT, NACHZUDENKEN, WIE?
!
SSST
HALT, WARTEN SIE! STOPP!!
SPERREN SIE MICH ...
... BITTE NICHT NOCH MAL DA EIN!!

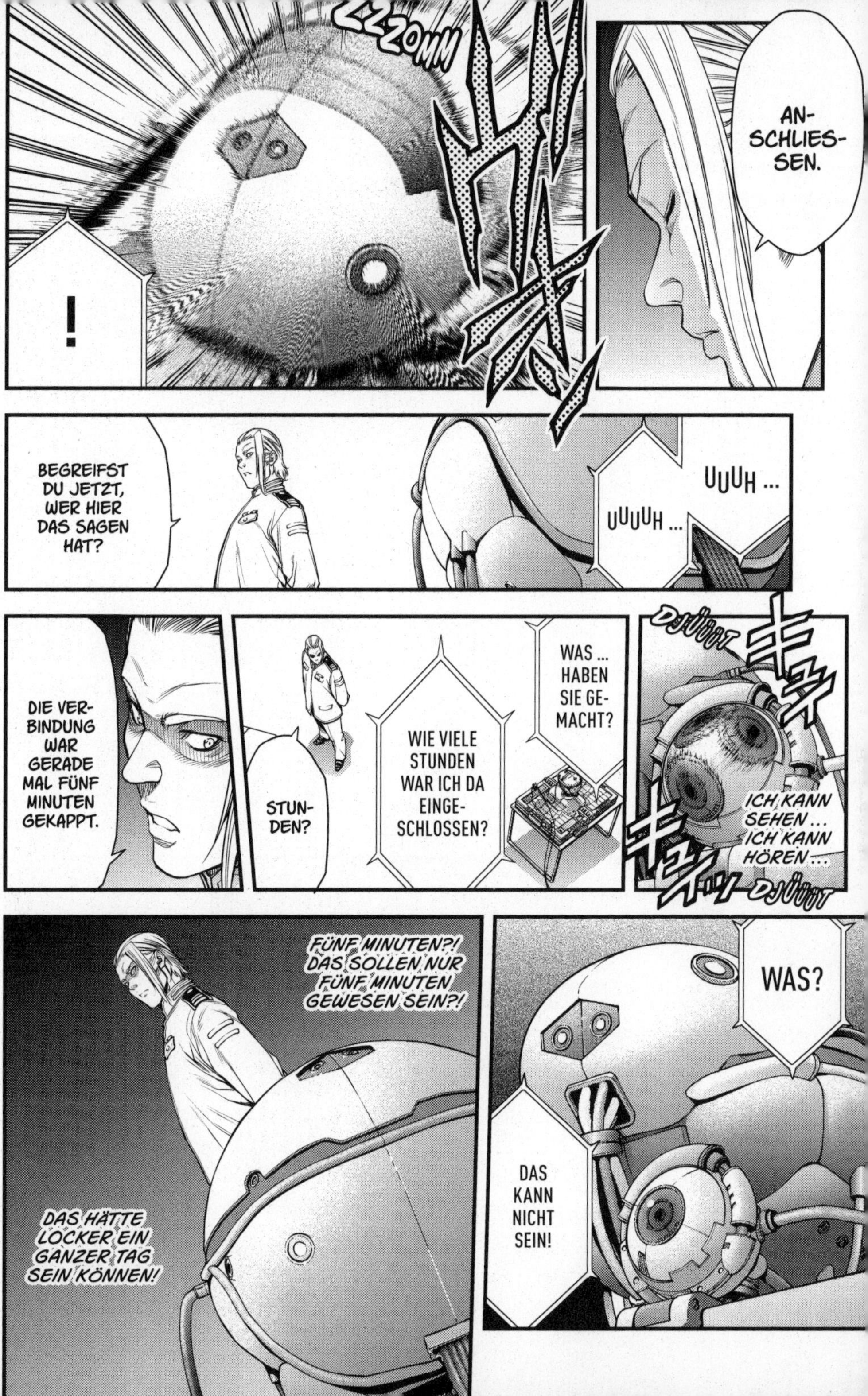

AN-SCHLIES-SEN.

ZZOMM

!

UUUH ...

UUUUH ...

BEGREIFST DU JETZT, WER HIER DAS SAGEN HAT?

DJÜÜÜT

ICH KANN SEHEN ... ICH KANN HÖREN ...

DJÜÜÜT

WAS ... HABEN SIE GEMACHT?

WIE VIELE STUNDEN WAR ICH DA EINGE-SCHLOSSEN?

STUN-DEN?

DIE VER-BINDUNG WAR GERADE MAL FÜNF MINUTEN GEKAPPT.

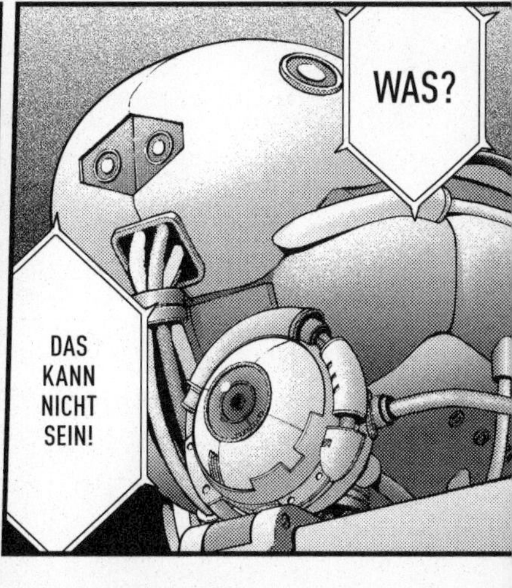

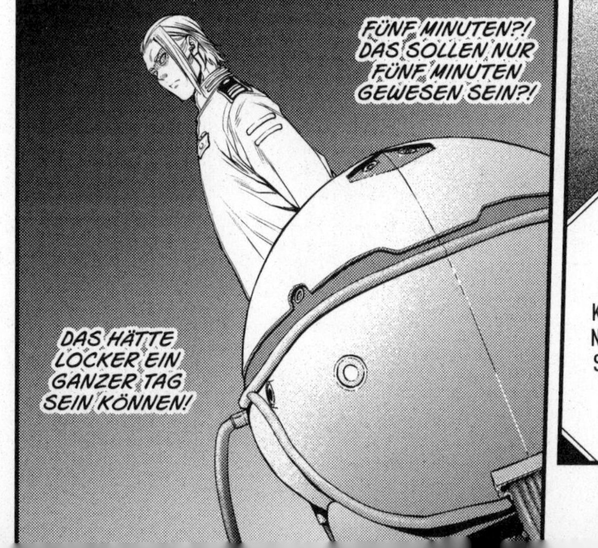

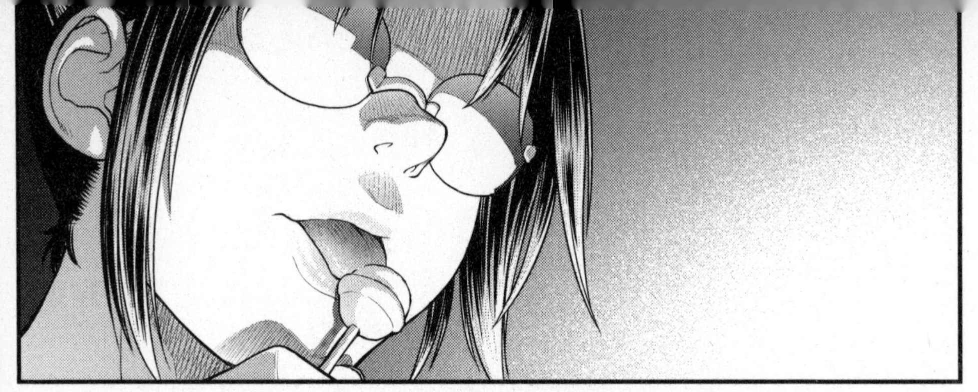
AARGH!
AAAH!
AAAAH! HIEEEEE!
ES SCHEINT ZU WIRKEN.
ICH HABE DEN RUHEZUSTAND, DER EIGENTLICH FÜR DEN FALL IST, DASS DIE EXTERNE VERBINDUNG GEKAPPT WIRD, ZU EINEM ZWANGSWACHZUSTAND UMPROGRAMMIERT!
AAAAH!
SOUND ONLY
ER KANN NICHT SCHLAFEN UND TREIBT VÖLLIG EMPFINDUNGSLOS DURCH EINEN LEEREN RAUM.
WENN WIR'S ÜBERTREIBEN, KÖNNTE SEIN SELBST GANZ LEICHT ZUSAMMENBRECHEN.

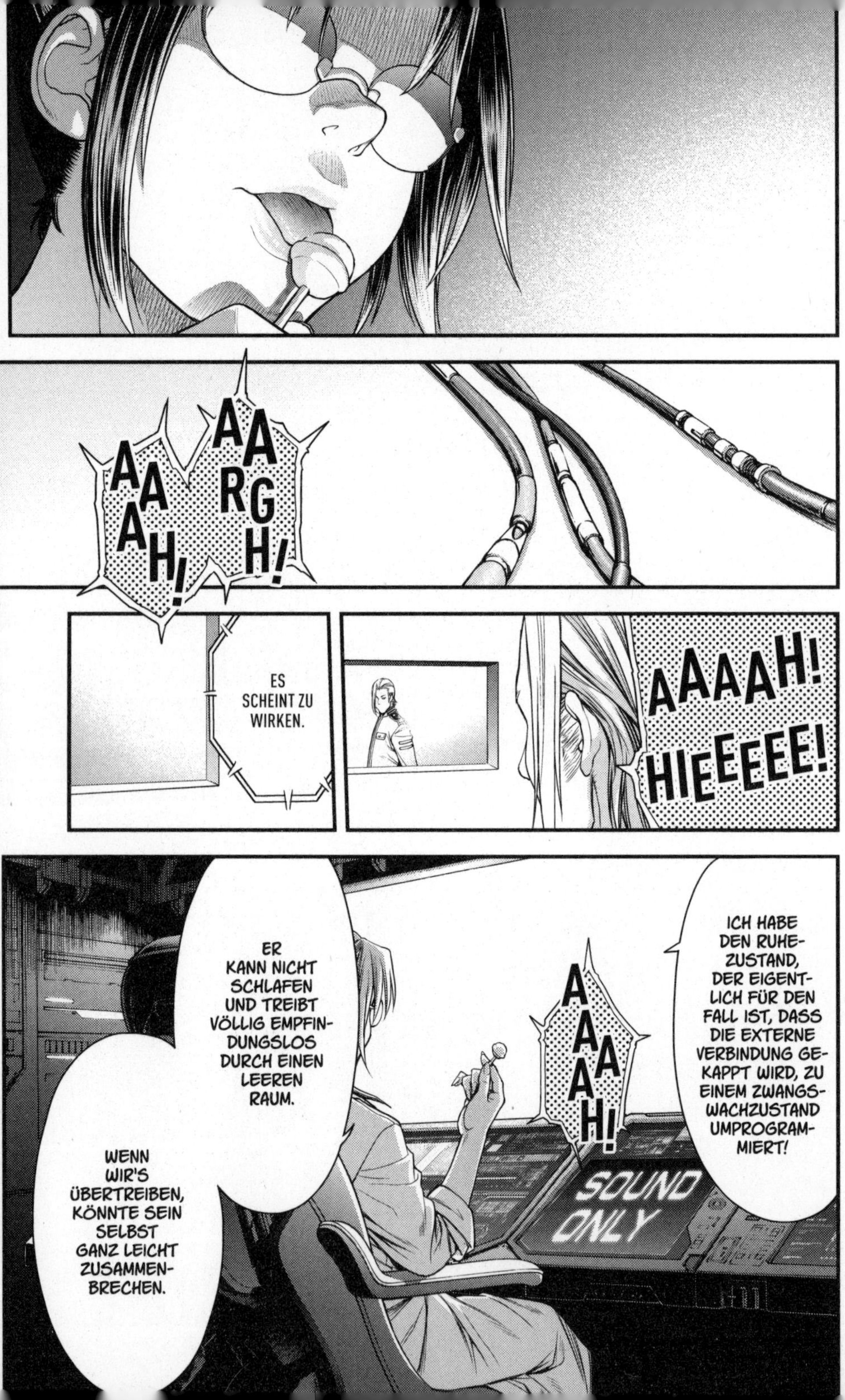

MEINE STIMME, MEIN ATEM! WIE KANN ICH EIGENTLICH REDEN ABER SIE KÖNNEN MICH NICHT HÖREN MEIN HERZSCHLAG ICH KANN MICH JA NICHT MAL SELBST HÖREN ICH SPÜR MEINEN KÖRPER NICHT!!

ICH HAB JA AUCH KEINEN KÖRPER DANN KANN MAN MICH JA GAR NICHT HÖREN WAS GEHT HIER VOR?!

ES IST STOCKFINSTER?! NEIN! NOCH VIEL SCHLIMMER!

AUFHÖREN! WOLLT IHR MICH ETWA SO LASSEN?!

VERDAMMT WERD ICH ABGEKABELT?!

HÖRT DAS NOCH MAL WIEDER AUF?

ODER GAB'S 'NEN CRASH?!

STOPP! ICH MEIN'S ERNST! MACHT DAS WEG!

HÖRT AUF! HOLT MICH HIER RAUS!

WIRKLICH REIN GAR NICHTS ...

WIRKLICH REIN
GAR NICHTS ...
WIRKLICH REIN
GAR NICHTS ...
WIRKLICH REIN
GAR NICHTS ...
WIRKLICH REIN
GAR NICHTS ...
WIRKLICH REIN
GAR NICHTS ...
WIRKLICH REIN
GAR NICHTS ...

ÜBERHAUPT NICHTS.
HIER IST
ÜBERHAUPT NICHTS.
HIER IST
ÜBERHAUPT NICHTS.
HIER IST
ÜBERHAUPT NICHTS.
HIER IST
ÜBERHAUPT NICHTS.
HIER IST
ÜBERHAUPT NICHTS.
HIER IST
ÜBERHAUPT NICHTS.
HIER IST
ÜBERHAUPT NICHTS.
HIER IST
ÜBERHAUPT NICHTS.
HIER IST
ÜBERHAUPT NICHTS.
HIER IST
ÜBERHAUPT NICHTS
HIER IST
ÜBERHAUPT NICHTS

HIER IST
ÜBERHAUPT NIC
HIER IST
ÜBERHAUPT NIC
HIER IST
ÜBERHAUPT NIC
HIER IST
ÜBERHAUPT NIC
HIER IST
ÜBERHAUPT NIC
HIER IST
ÜBERHAUPT NIC
HIER IST
ÜBERHAUPT NIC
HIER IST
ÜBERHAUPT NIC
HIER IST
ÜBERHAUPT NIC
HIER IST
ÜBERHAUPT NIC
HIER IST
ÜBERHAUPT NIC
HIER IST
ÜBERHAUPT NIC
HIER IST

AAAAAH!

AAAAAH!

AAAAH!

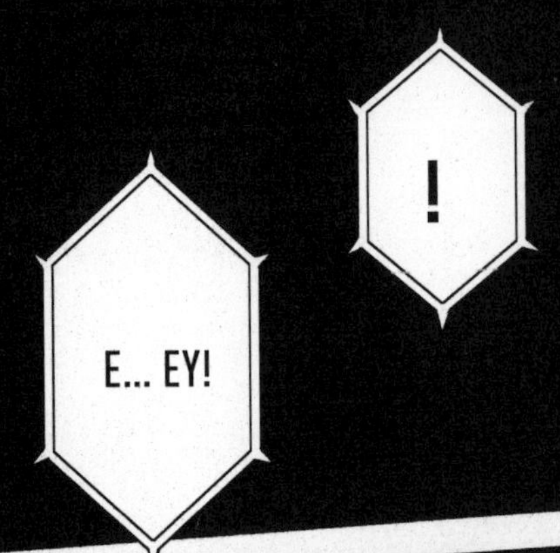

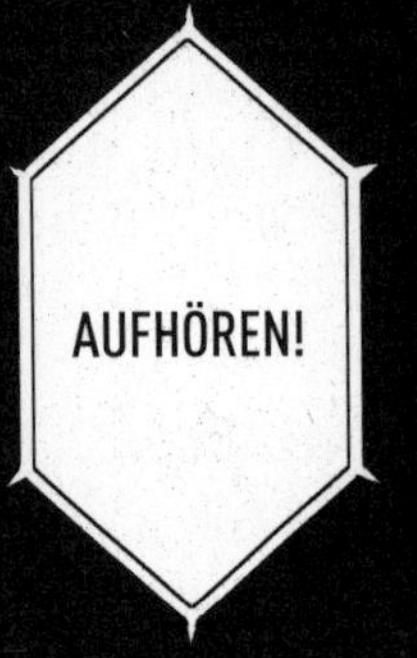

IHR SOLLT AUFHÖREN!

WAS SOLL DAS DENN JETZT?!

ICH SEH NICHTS MEHR! ICH HÖR NICHTS MEHR!!

ICH FÜHL ÜBERHAUPT NICHTS!

VERDAMMT, VERDAMMT, VERDAMMT!

HALT!

WAS SOLL DAS?!

WOLLT IHR MICH VERARSCHEN?!

WAS PASSIERT HIER MIT MIR?!

IHR KÖNNT MICH DOCH HÖREN?! EY!

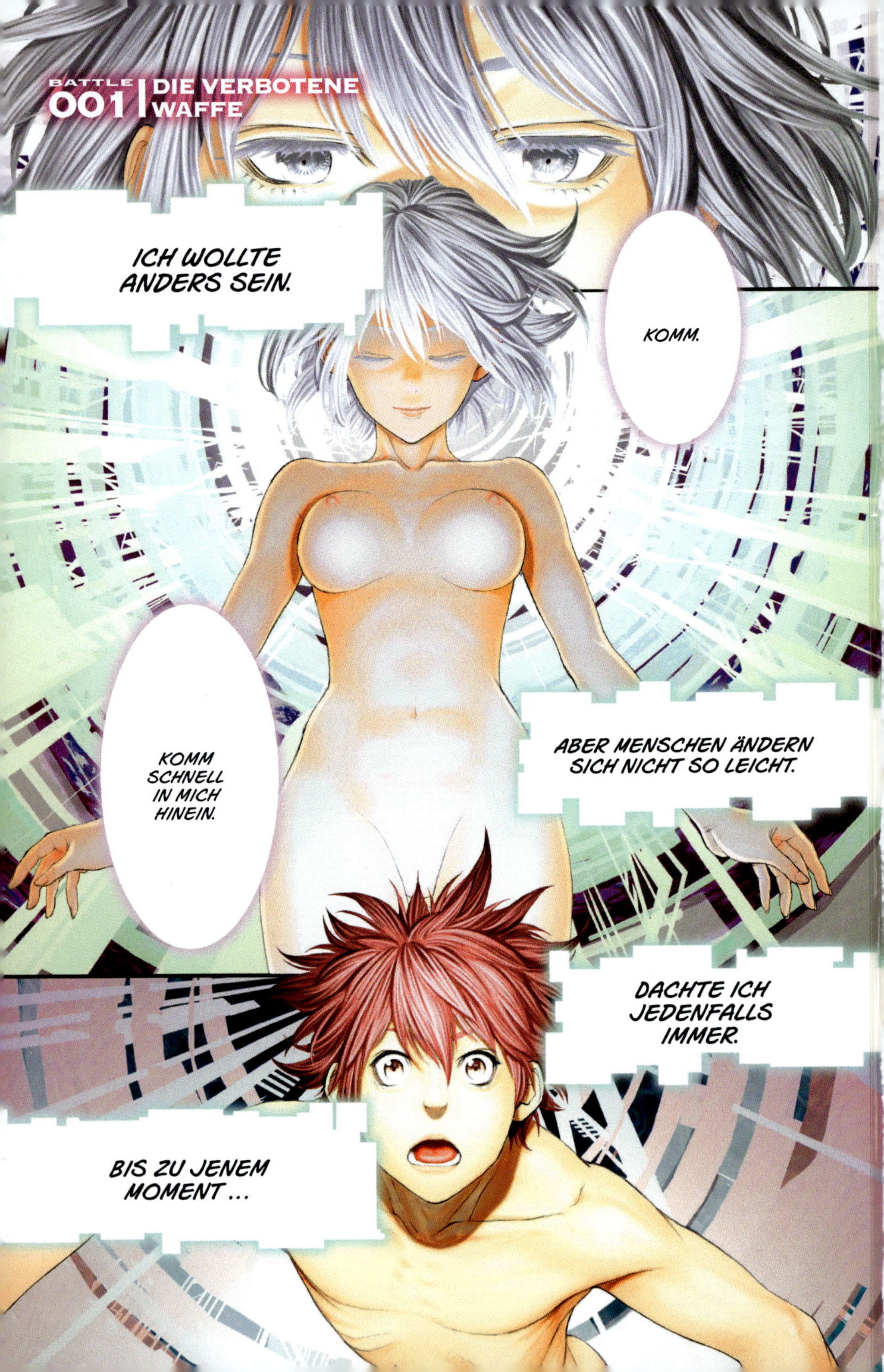
BATTLE 001 DIE VERBOTENE WAFFE
ICH WOLLTE ANDERS SEIN.
KOMM.
ABER MENSCHEN ÄNDERN SICH NICHT SO LEICHT.
KOMM SCHNELL IN MICH HINEIN.
DACHTE ICH JEDENFALLS IMMER.
BIS ZU JENEM MOMENT ...

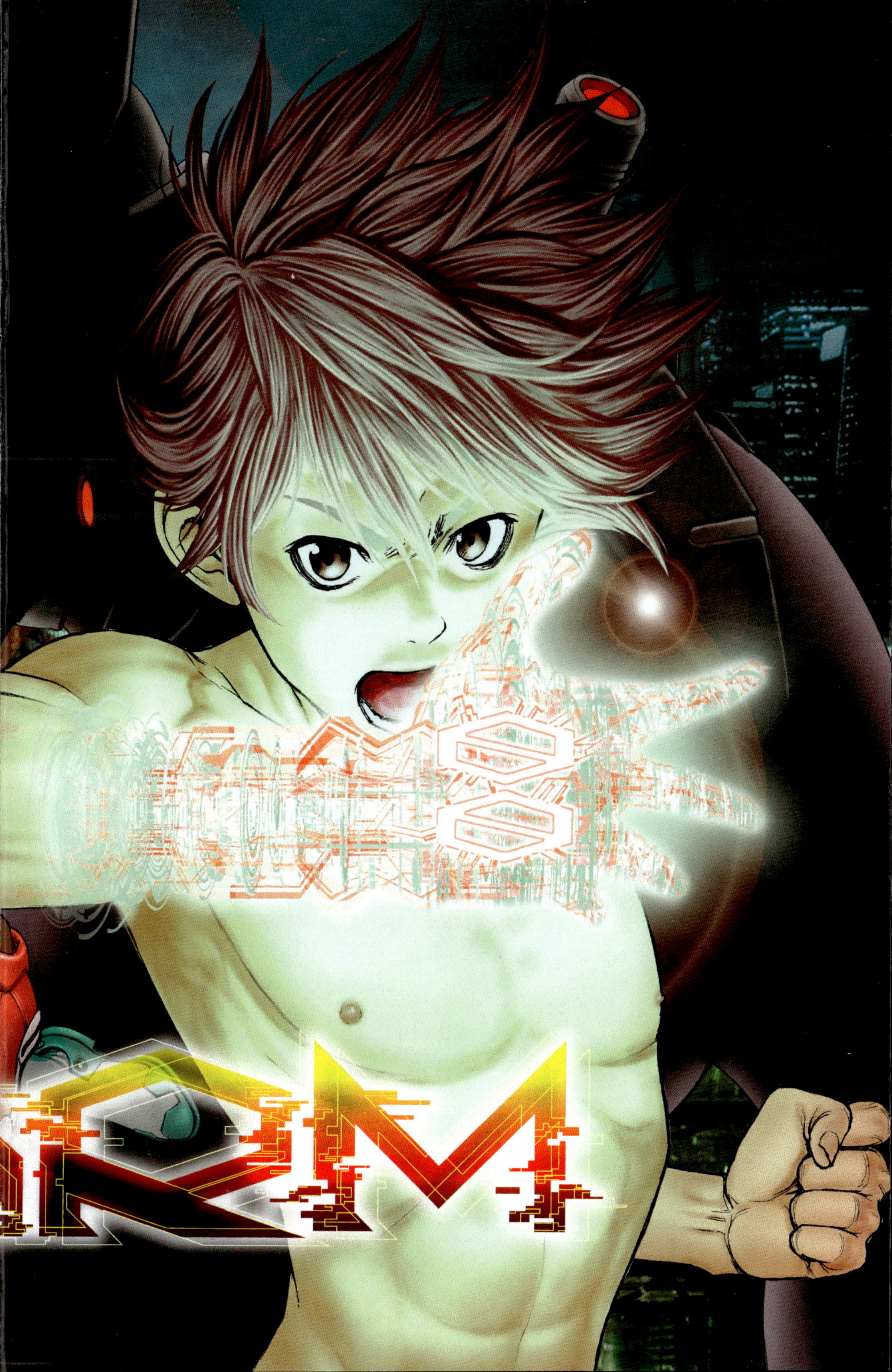

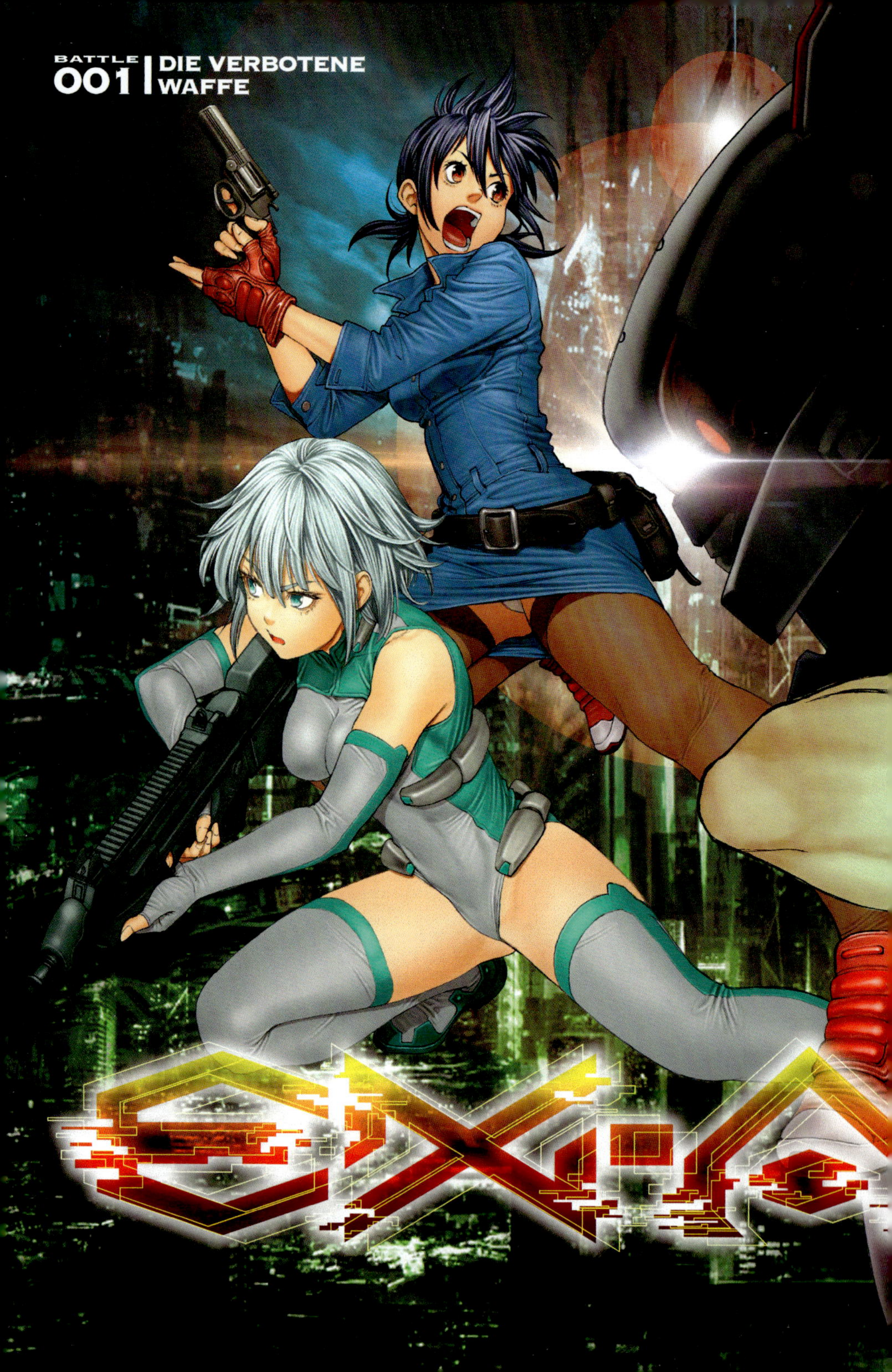
BATTLE
001
DIE VERBOTENE
WAFFE

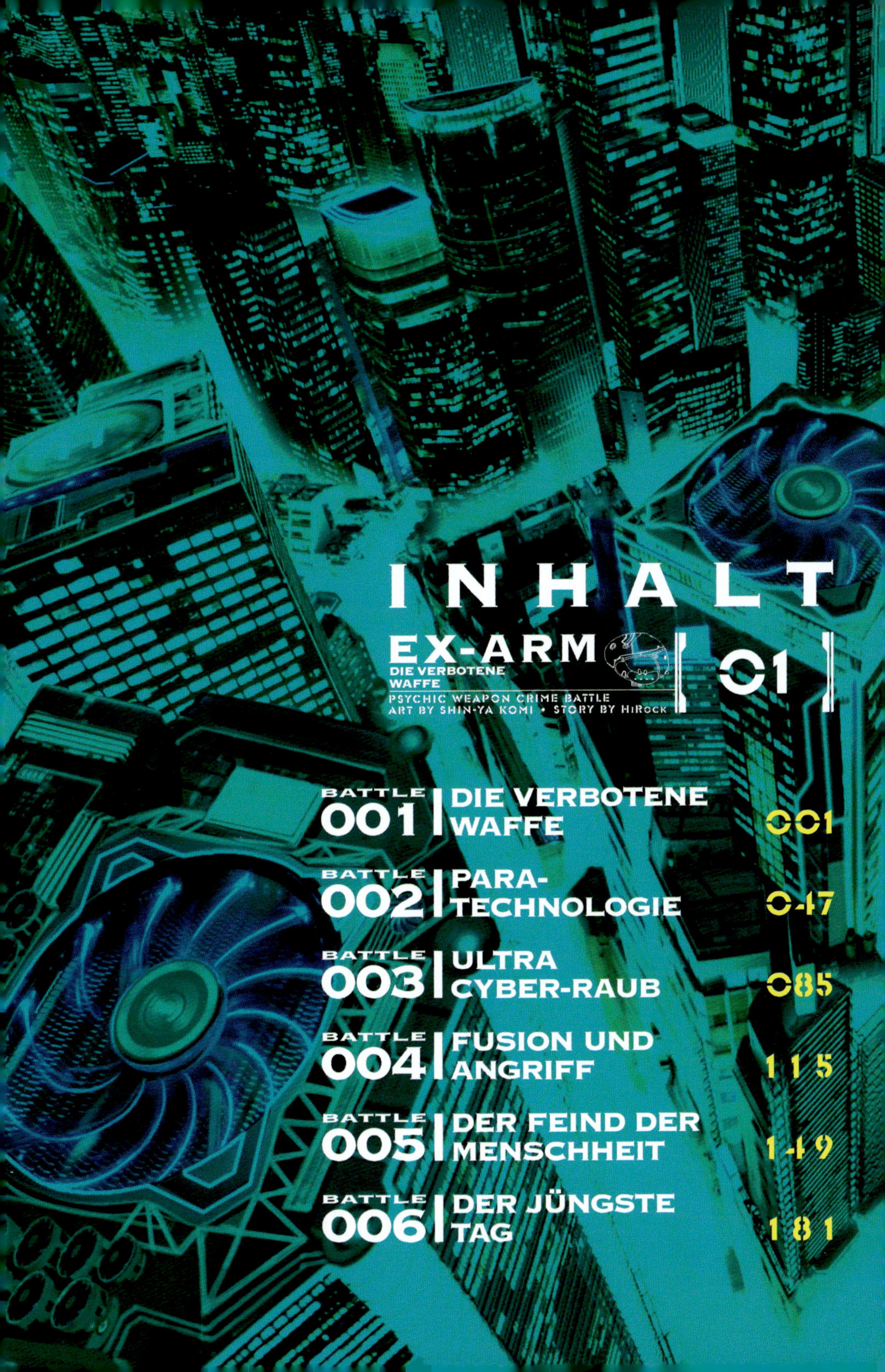

INHALT

EX-ARM DIE VERBOTENE WAFFE [01]

PSYCHIC WEAPON CRIME BATTLE
ART BY SHIN-YA KOMI • STORY BY HiRock

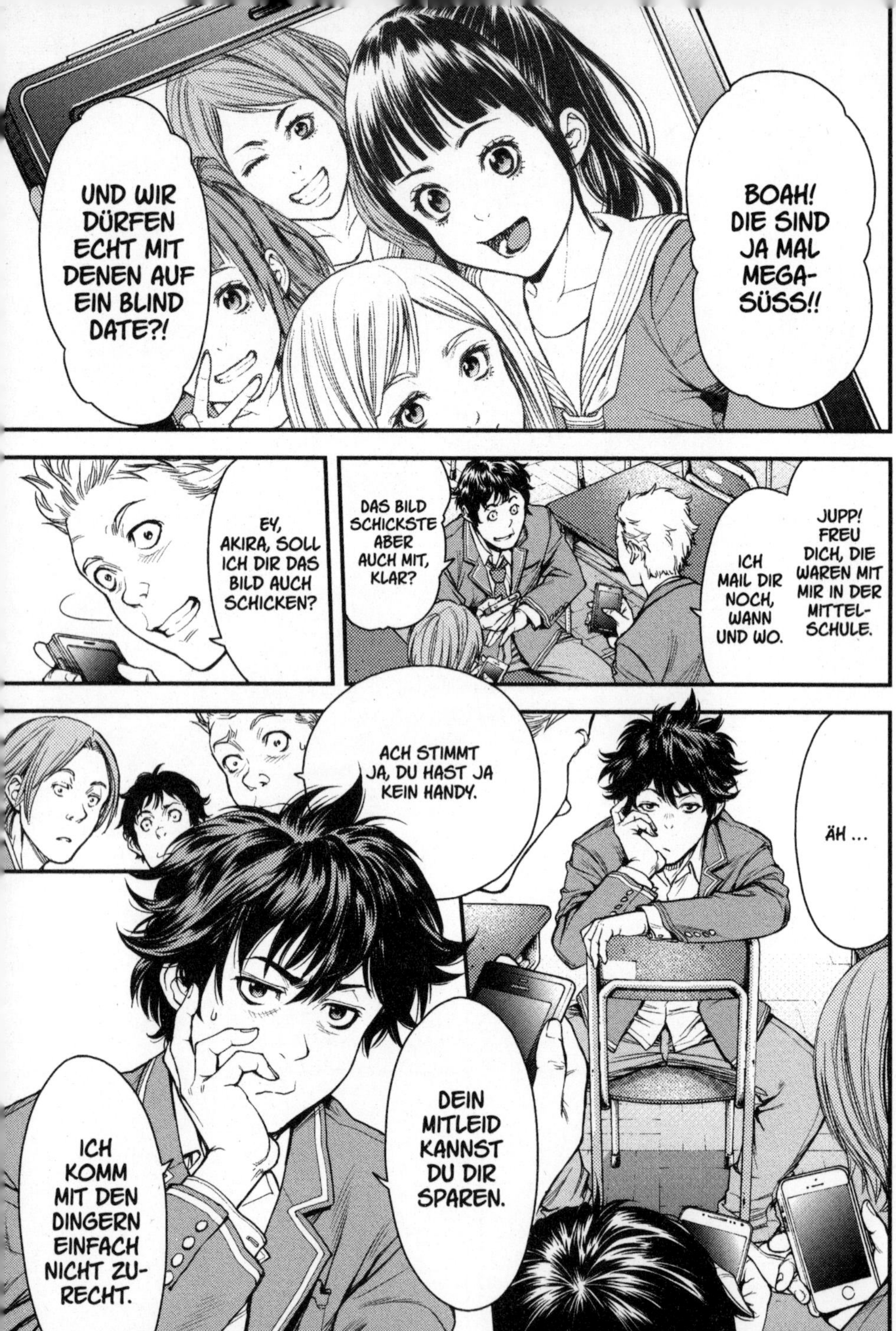

BOAH! DIE SIND JA MAL MEGA-SÜSS!!

UND WIR DÜRFEN ECHT MIT DENEN AUF EIN BLIND DATE?!

JUPP! FREU DICH, DIE WAREN MIT MIR IN DER MITTELSCHULE.

ICH MAIL DIR NOCH, WANN UND WO.

DAS BILD SCHICKSTE ABER AUCH MIT, KLAR?

EY, AKIRA, SOLL ICH DIR DAS BILD AUCH SCHICKEN?

ÄH …

ACH STIMMT JA, DU HAST JA KEIN HANDY.

DEIN MITLEID KANNST DU DIR SPAREN.

ICH KOMM MIT DEN DINGERN EINFACH NICHT ZURECHT.

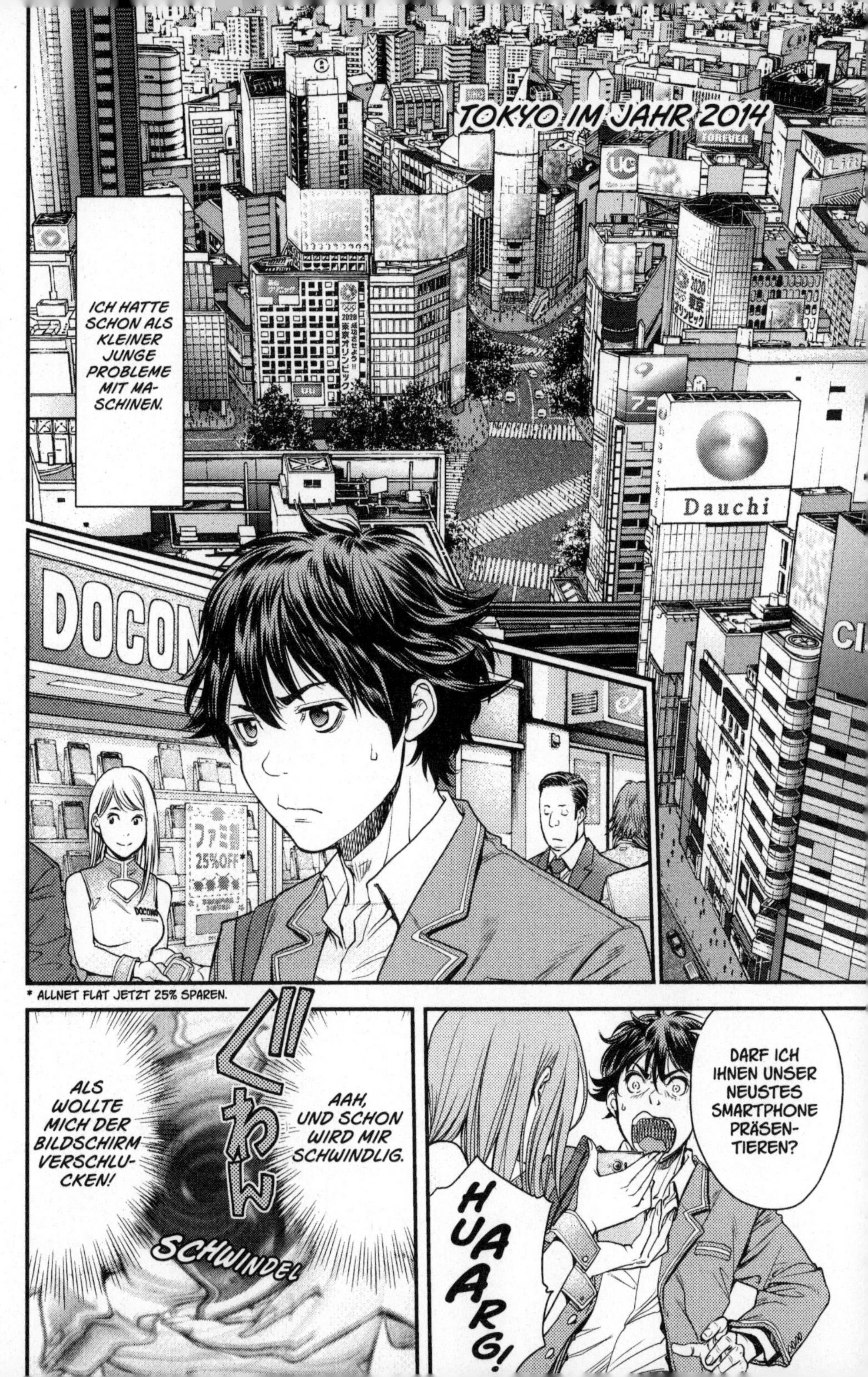

* ALLNET FLAT JETZT 25% SPAREN.

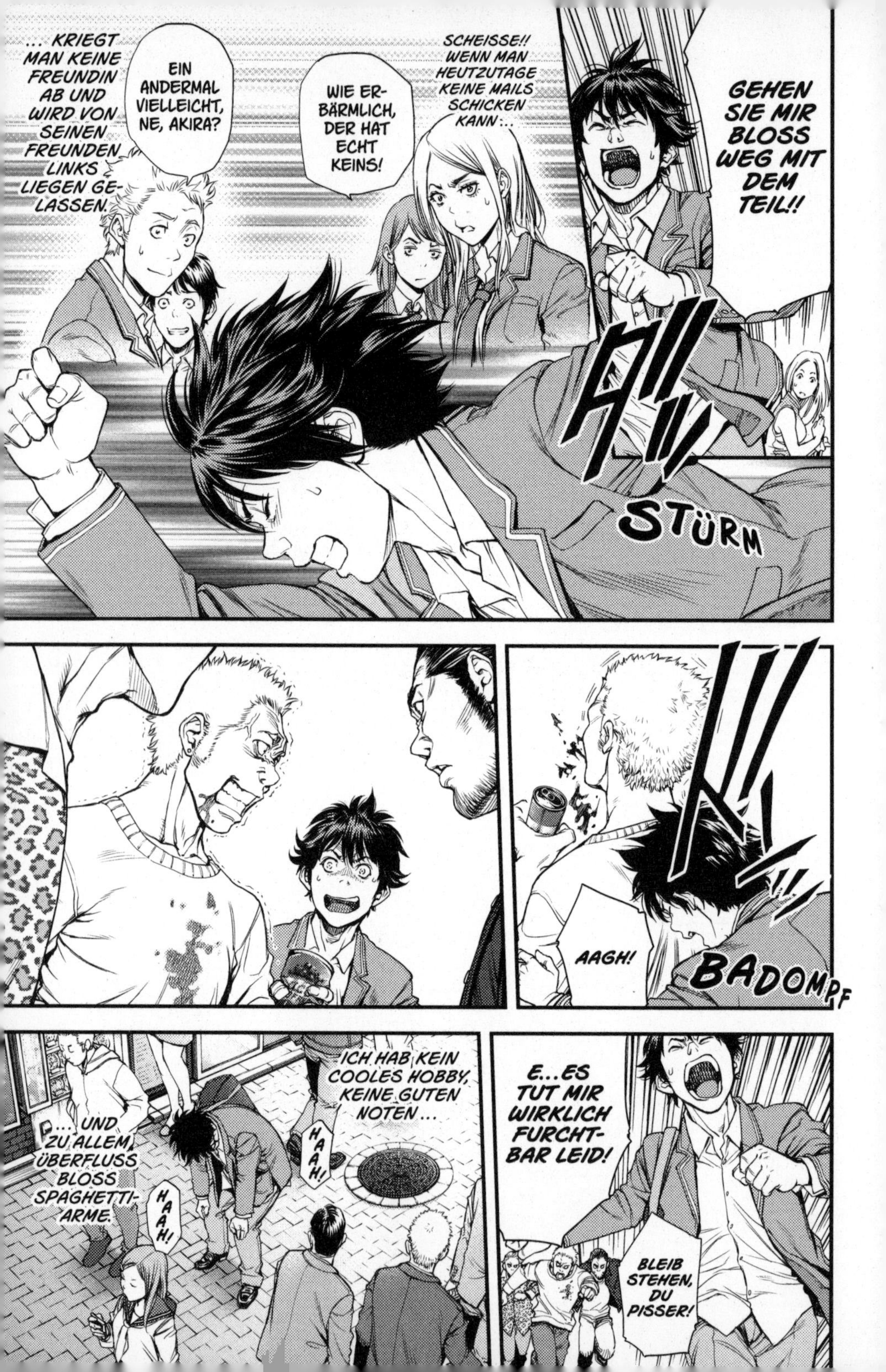

GEHEN SIE MIR BLOSS WEG MIT DEM TEIL!!
SCHEISSE!! WENN MAN HEUTZUTAGE KEINE MAILS SCHICKEN KANN ...
WIE ERBÄRMLICH, DER HAT ECHT KEINS!
EIN ANDERMAL VIELLEICHT, NE, AKIRA?
... KRIEGT MAN KEINE FREUNDIN AB UND WIRD VON SEINEN FREUNDEN LINKS LIEGEN GELASSEN.
STÜRM

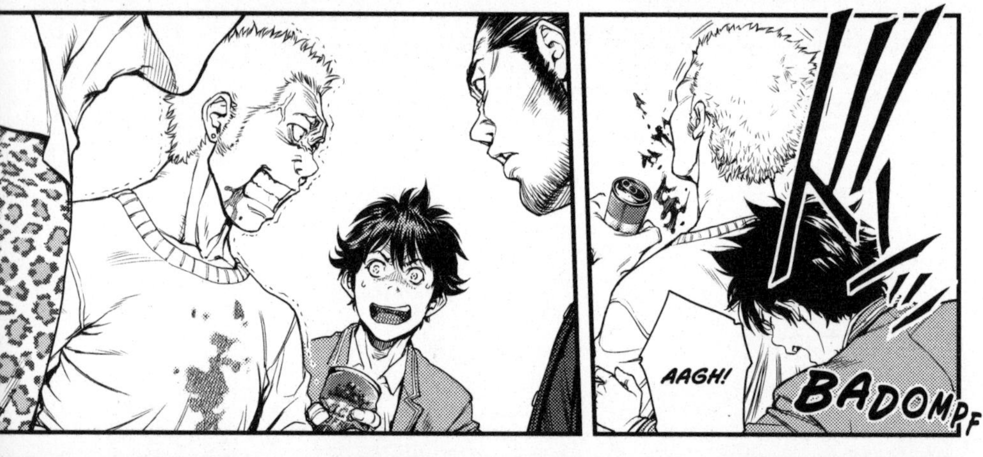

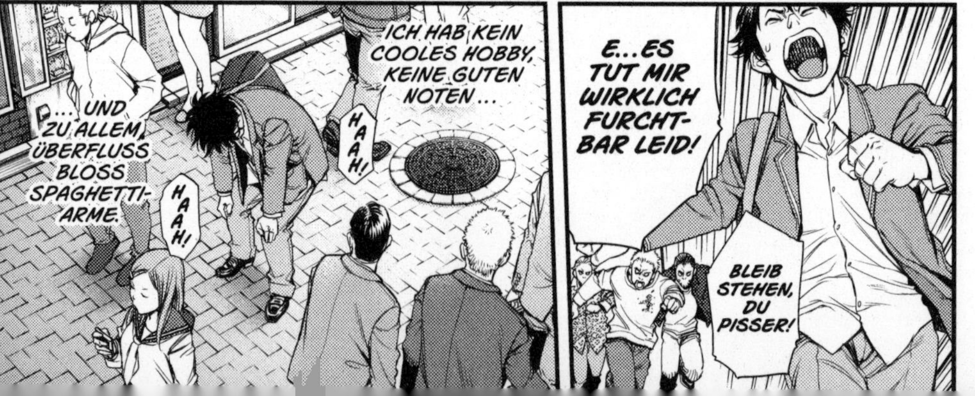

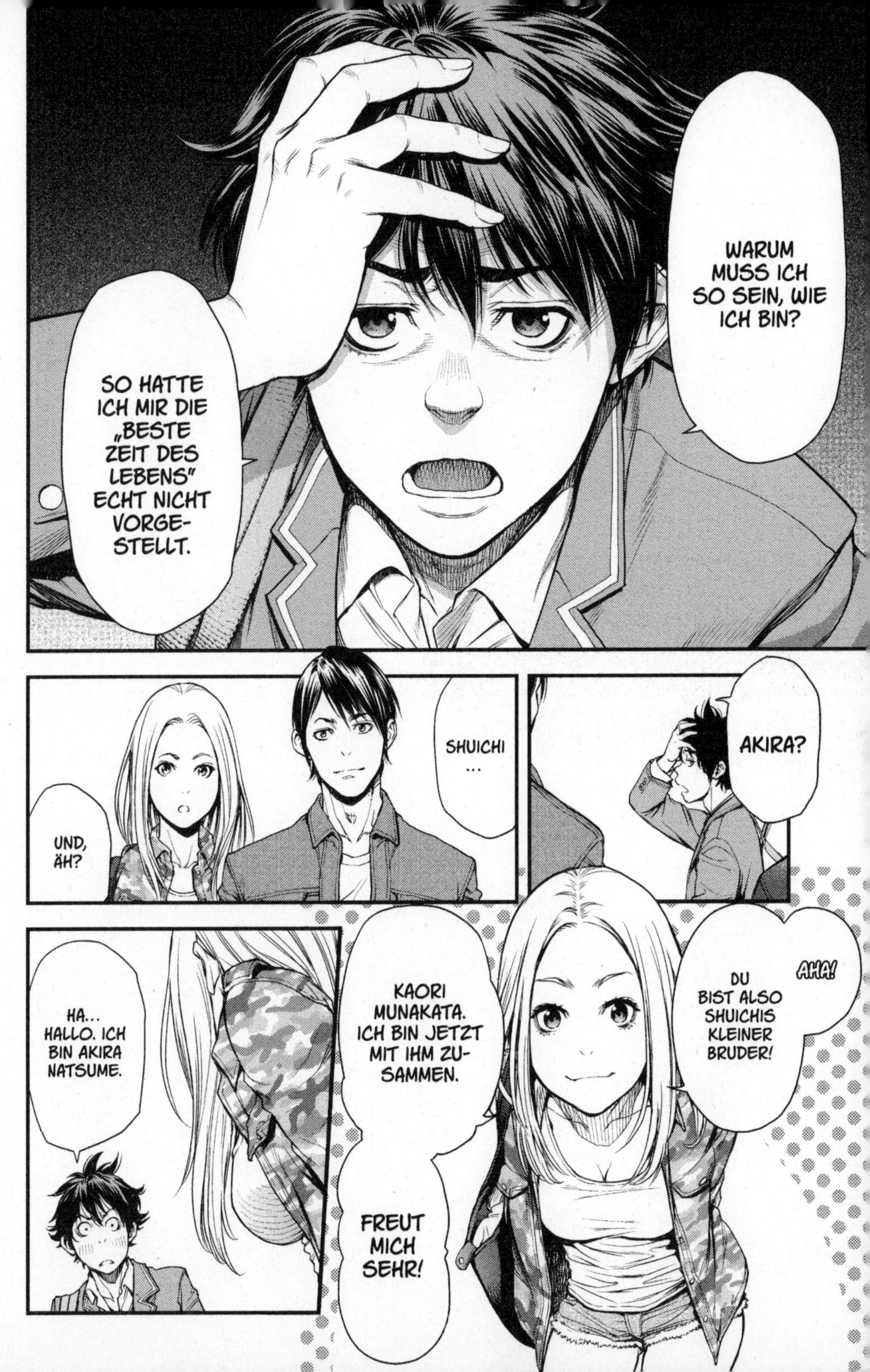
WARUM MUSS ICH SO SEIN, WIE ICH BIN?
SO HATTE ICH MIR DIE „BESTE ZEIT DES LEBENS" ECHT NICHT VORGE-STELLT.
AKIRA?
SHUICHI ...
UND, ÄH?
AHA!
DU BIST ALSO SHUICHIS KLEINER BRUDER!
KAORI MUNAKATA. ICH BIN JETZT MIT IHM ZU-SAMMEN.
FREUT MICH SEHR!
HA... HALLO. ICH BIN AKIRA NATSUME.

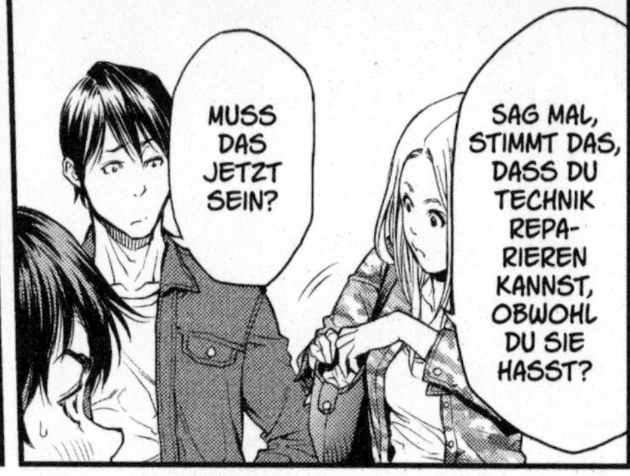
SAG MAL, STIMMT DAS, DASS DU TECHNIK REPARIEREN KANNST, OBWOHL DU SIE HASST?
MUSS DAS JETZT SEIN?

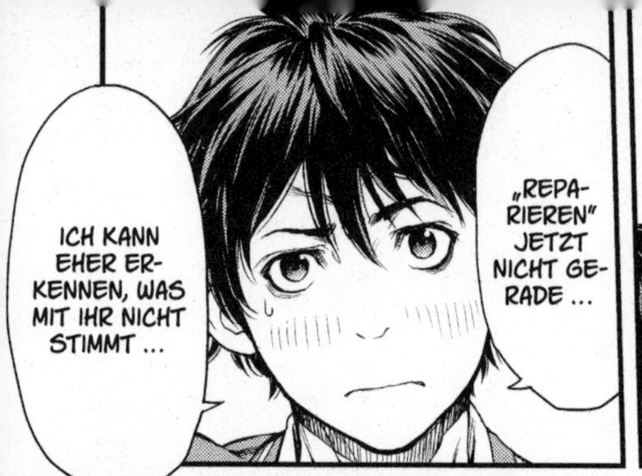
„REPARIEREN" JETZT NICHT GERADE …
ICH KANN EHER ERKENNEN, WAS MIT IHR NICHT STIMMT …

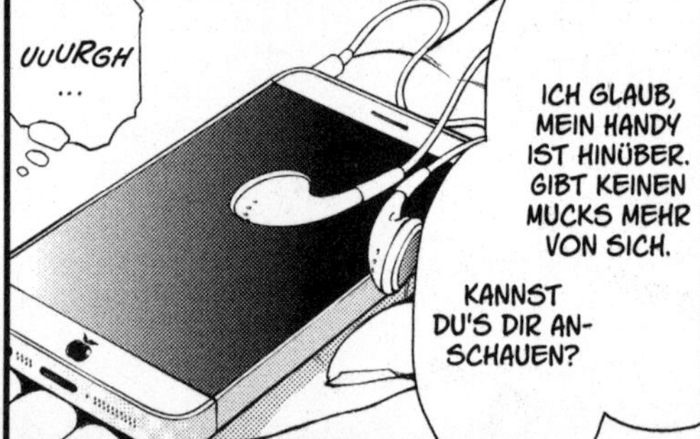
ICH GLAUB, MEIN HANDY IST HINÜBER. GIBT KEINEN MUCKS MEHR VON SICH.
KANNST DU'S DIR ANSCHAUEN?
UUURGH …

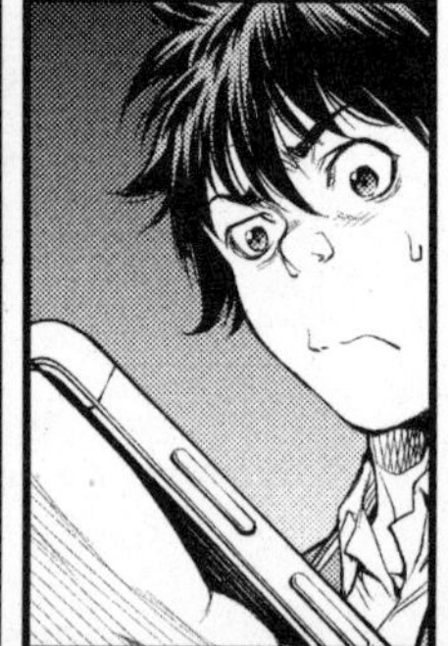

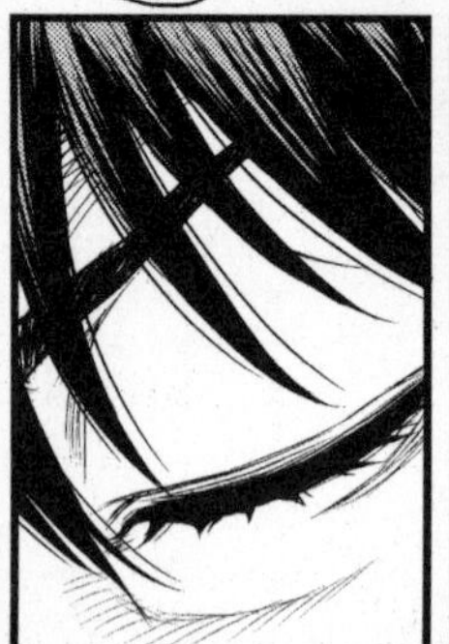

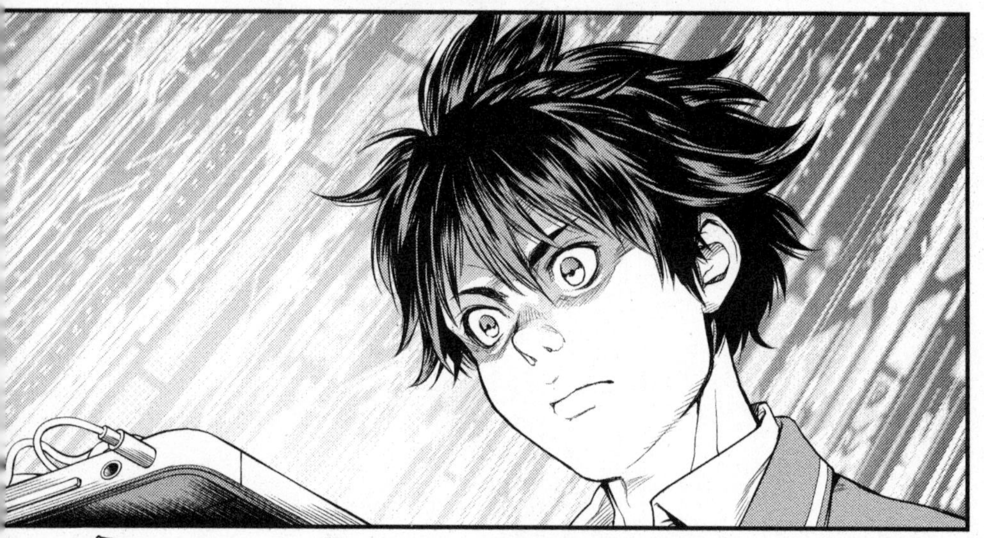

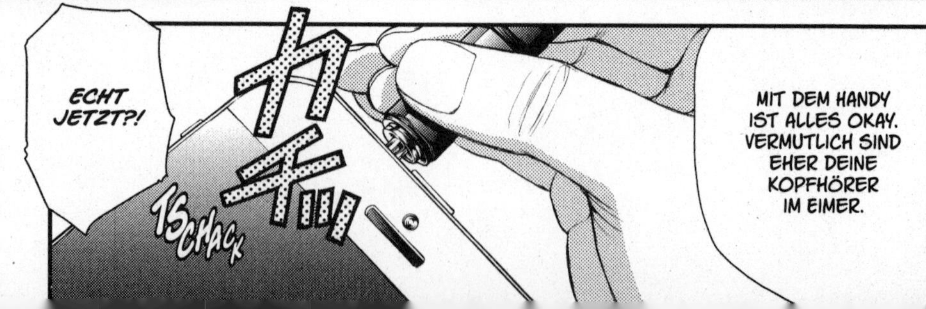
MIT DEM HANDY IST ALLES OKAY. VERMUTLICH SIND EHER DEINE KOPFHÖRER IM EIMER.
TSCHACK
ECHT JETZT?!

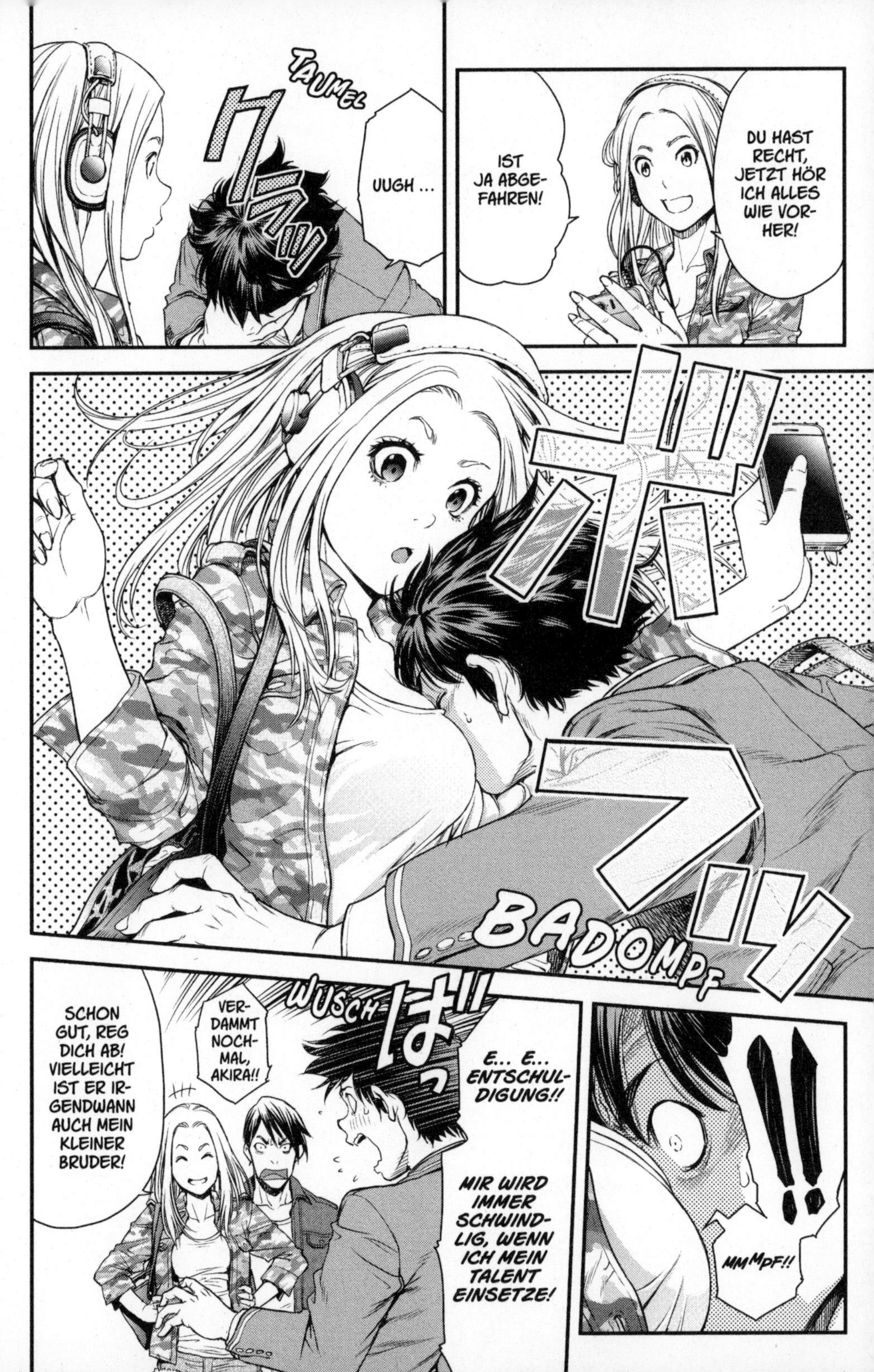
DU HAST RECHT, JETZT HÖR ICH ALLES WIE VORHER!
IST JA ABGEFAHREN!
TAUMEL
UUGH …
BADOMPF
MMMPF!!
WUSCH
E… E… ENTSCHULDIGUNG!!
MIR WIRD IMMER SCHWINDLIG, WENN ICH MEIN TALENT EINSETZE!
VERDAMMT NOCHMAL, AKIRA!!
SCHON GUT, REG DICH AB! VIELLEICHT IST ER IRGENDWANN AUCH MEIN KLEINER BRUDER!

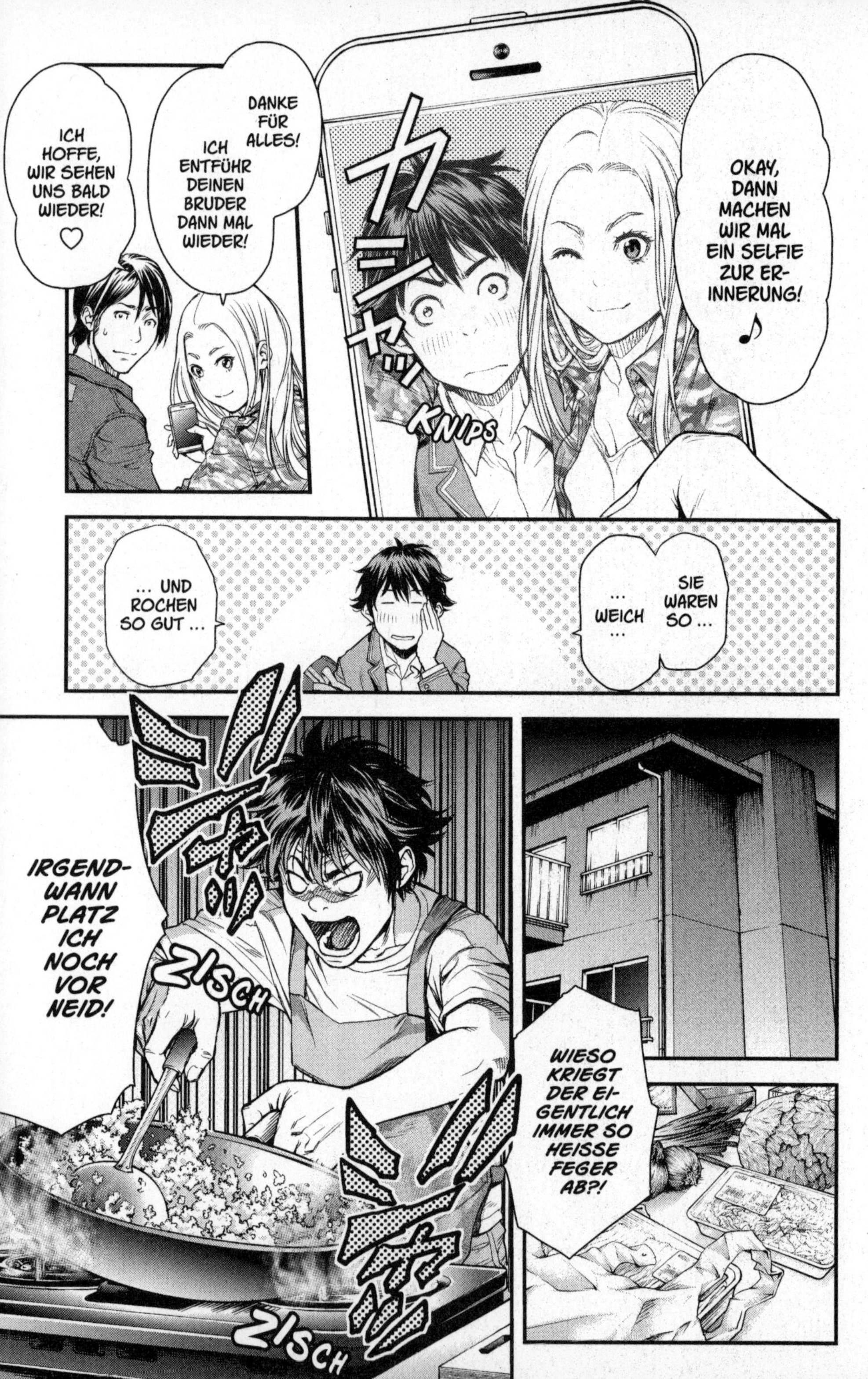
OKAY, DANN MACHEN WIR MAL EIN SELFIE ZUR ERINNERUNG! ♪
KNIPS
DANKE FÜR ALLES!
ICH ENTFÜHR DEINEN BRUDER DANN MAL WIEDER!
ICH HOFFE, WIR SEHEN UNS BALD WIEDER! ♡
SIE WAREN SO …
… WEICH …
… UND ROCHEN SO GUT …
WIESO KRIEGT DER EIGENTLICH IMMER SO HEISSE FEGER AB?!
IRGENDWANN PLATZ ICH NOCH VOR NEID!
ZISCH
ZISCH

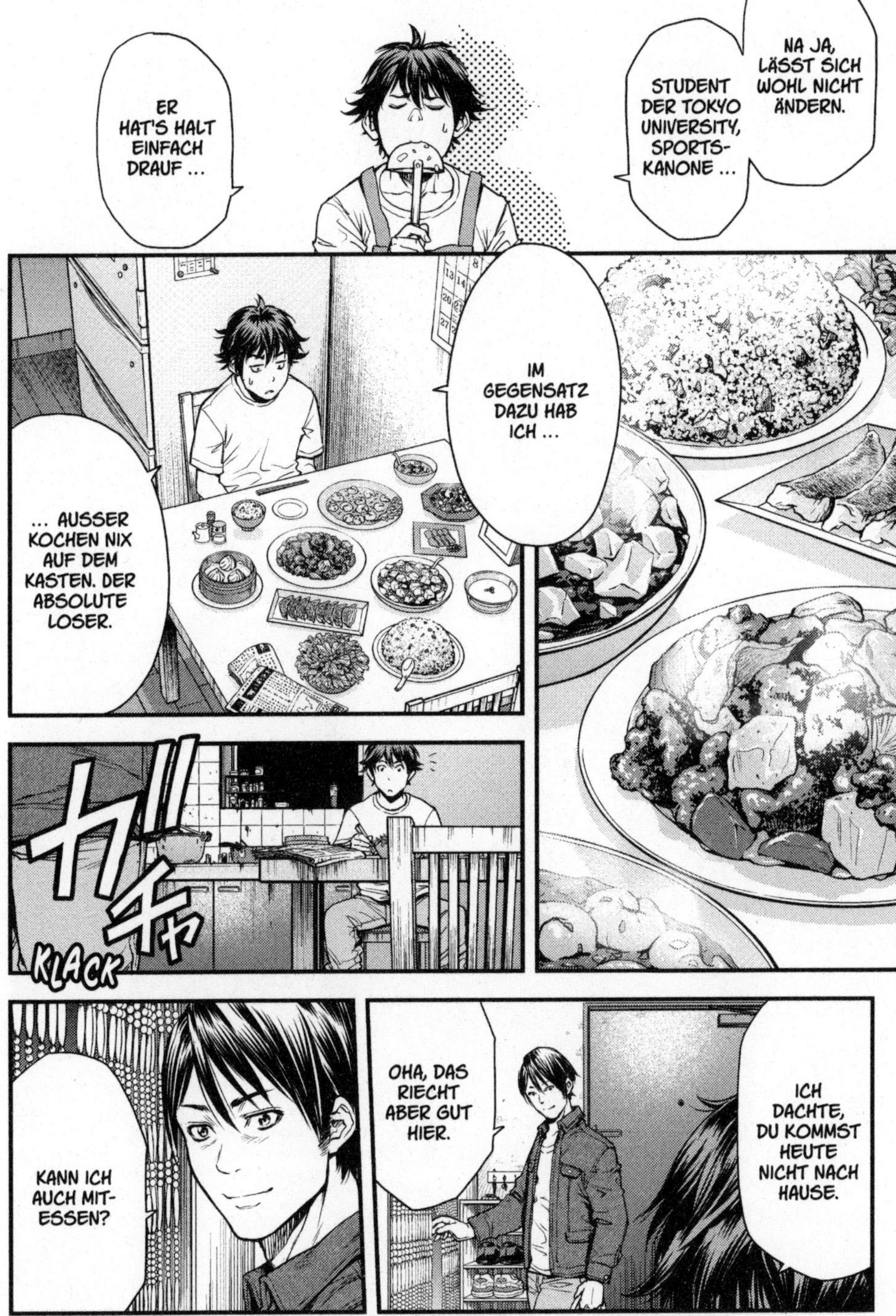
NA JA, LÄSST SICH WOHL NICHT ÄNDERN.
STUDENT DER TOKYO UNIVERSITY, SPORTS-KANONE …
ER HAT'S HALT EINFACH DRAUF …
IM GEGENSATZ DAZU HAB ICH …
… AUSSER KOCHEN NIX AUF DEM KASTEN. DER ABSOLUTE LOSER.
ガチャ
KLACK
ICH DACHTE, DU KOMMST HEUTE NICHT NACH HAUSE.
OHA, DAS RIECHT ABER GUT HIER.
KANN ICH AUCH MIT-ESSEN?

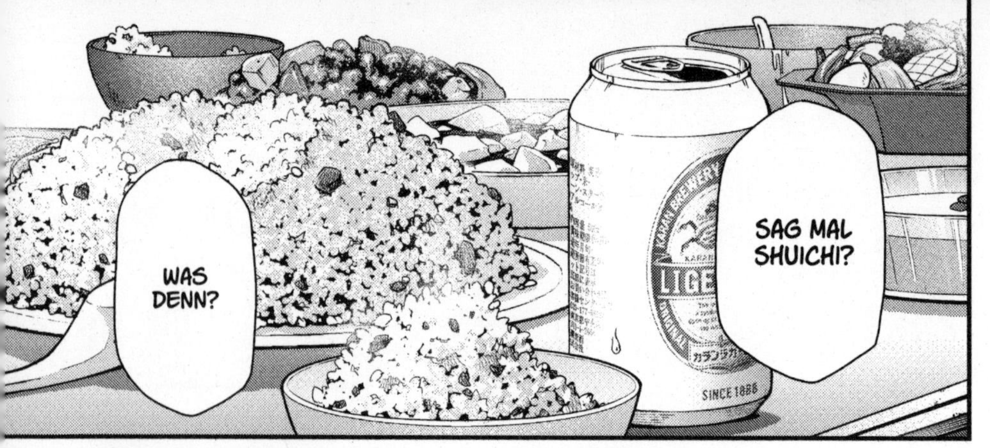

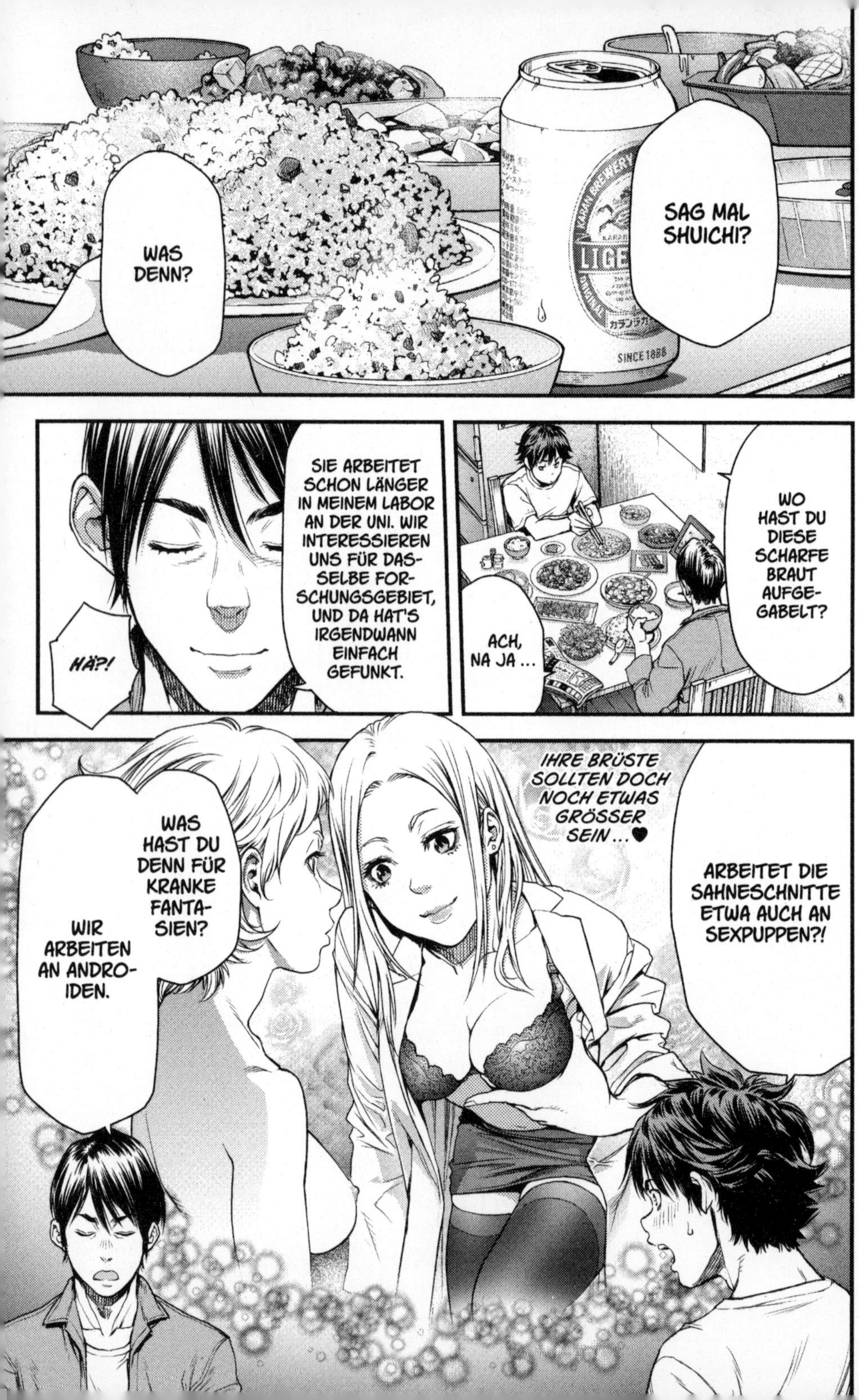

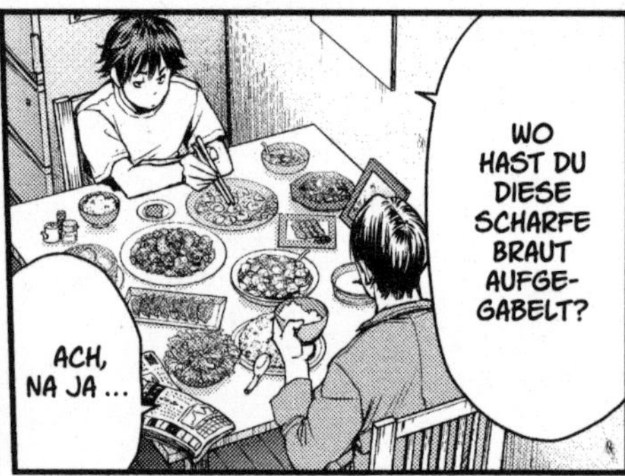

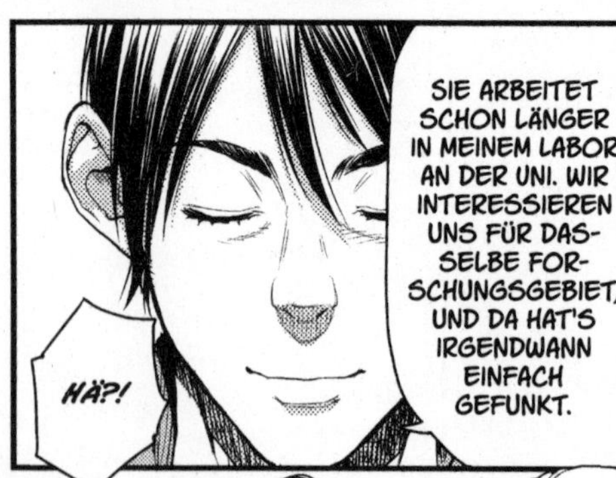

ARBEITET DIE SAHNESCHNITTE ETWA AUCH AN SEXPUPPEN?!

IHRE BRÜSTE SOLLTEN DOCH NOCH ETWAS GRÖSSER SEIN ...♥

WAS HAST DU DENN FÜR KRANKE FANTASIEN?

WIR ARBEITEN AN ANDROIDEN.

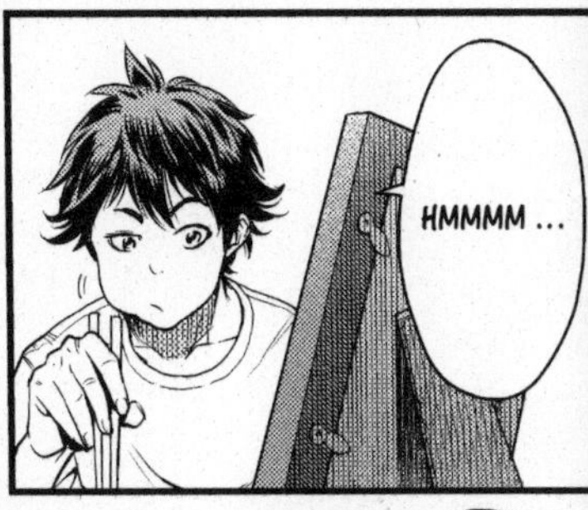
HMMMM ...

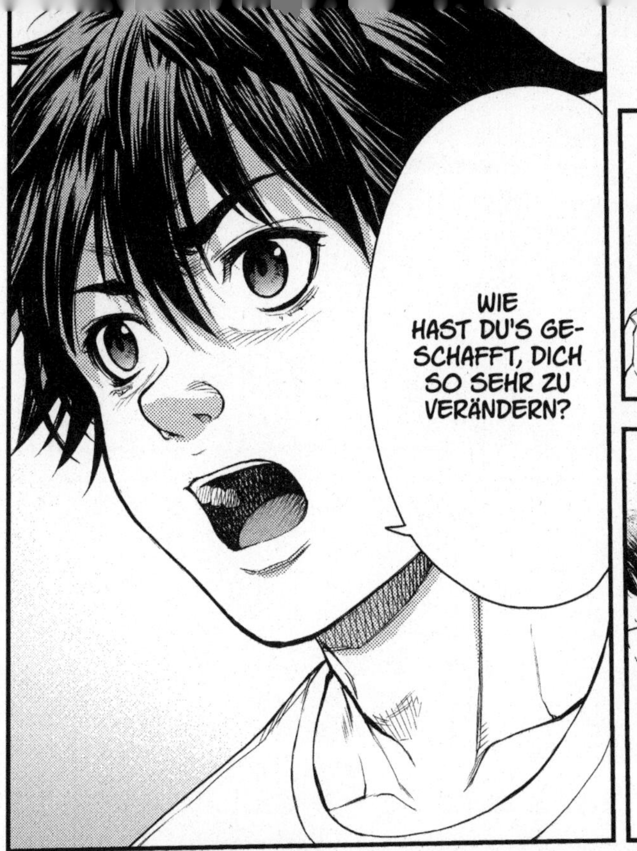
WIE HAST DU'S GE-SCHAFFT, DICH SO SEHR ZU VERÄNDERN?

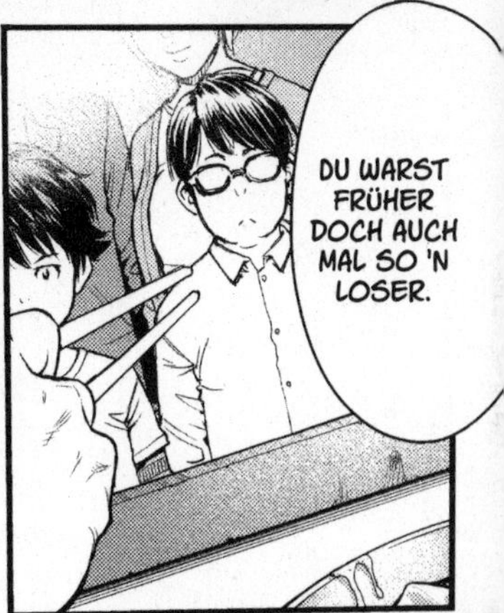
DU WARST FRÜHER DOCH AUCH MAL SO 'N LOSER.

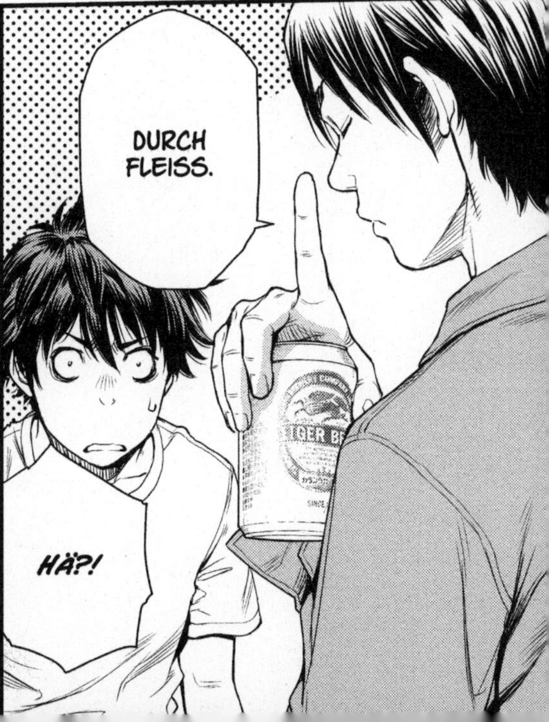
DURCH FLEISS.
HÄ?!

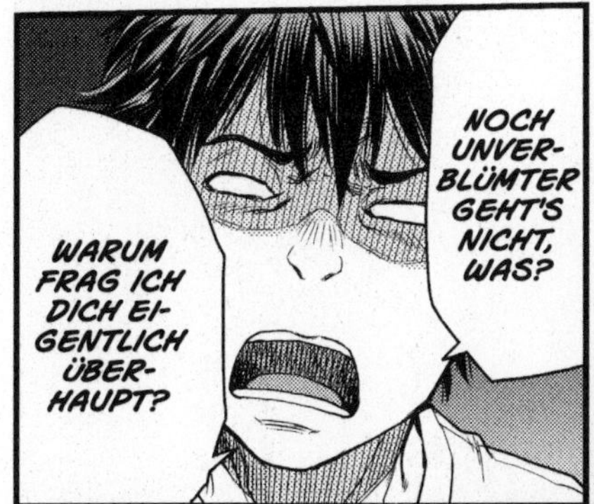
NOCH UNVER-BLÜMTER GEHT'S NICHT, WAS?
WARUM FRAG ICH DICH EI-GENTLICH ÜBER-HAUPT?

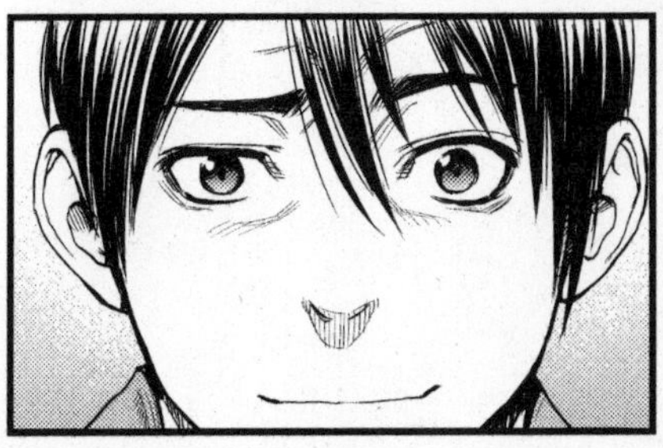

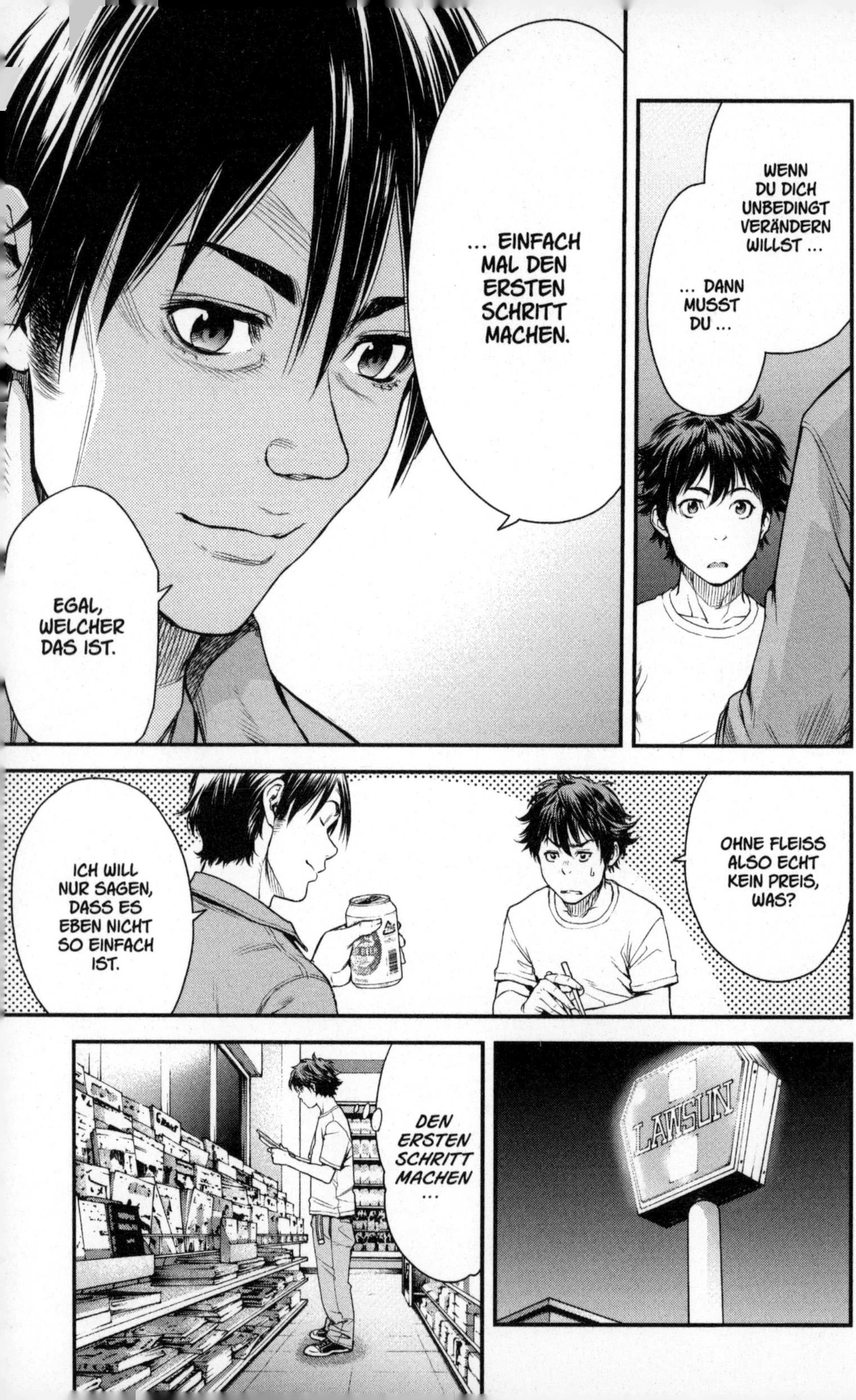

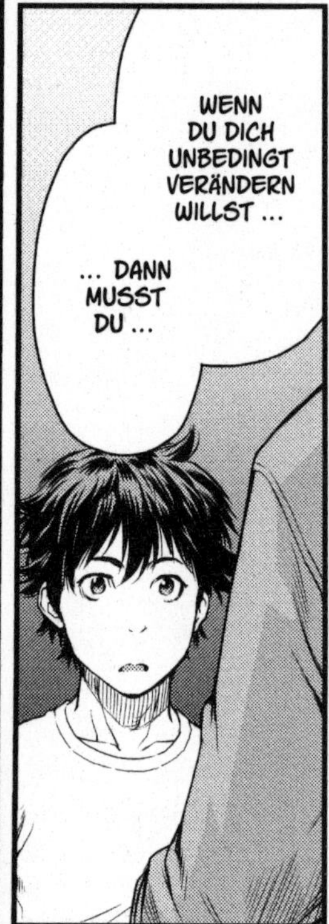

… EINFACH MAL DEN ERSTEN SCHRITT MACHEN.

EGAL, WELCHER DAS IST.

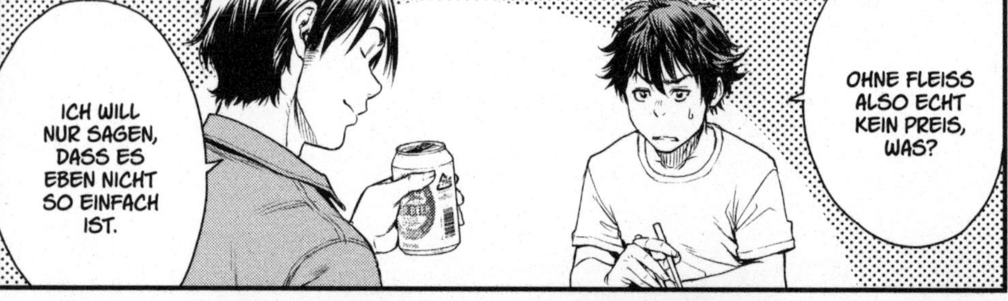

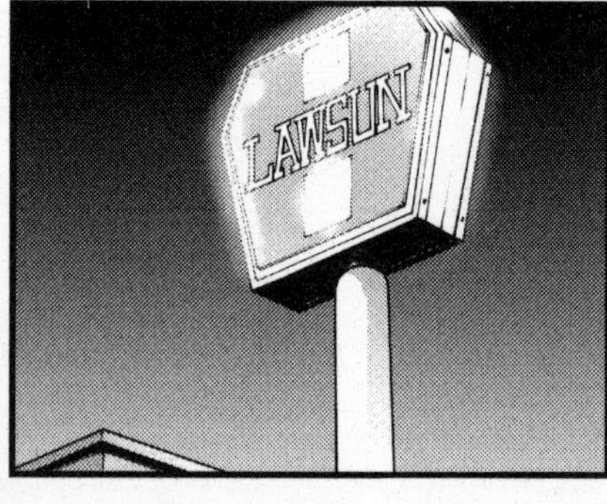

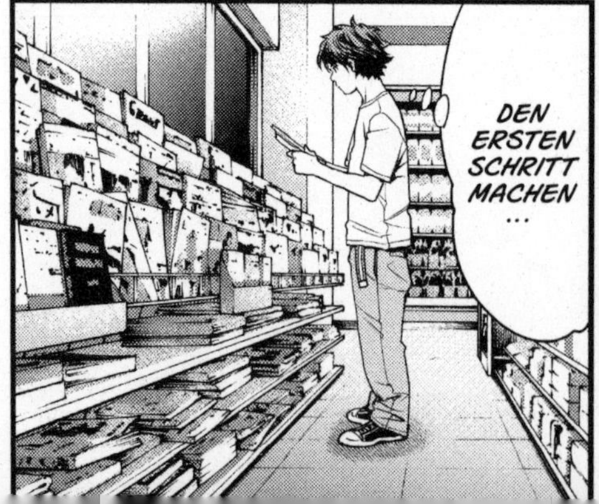

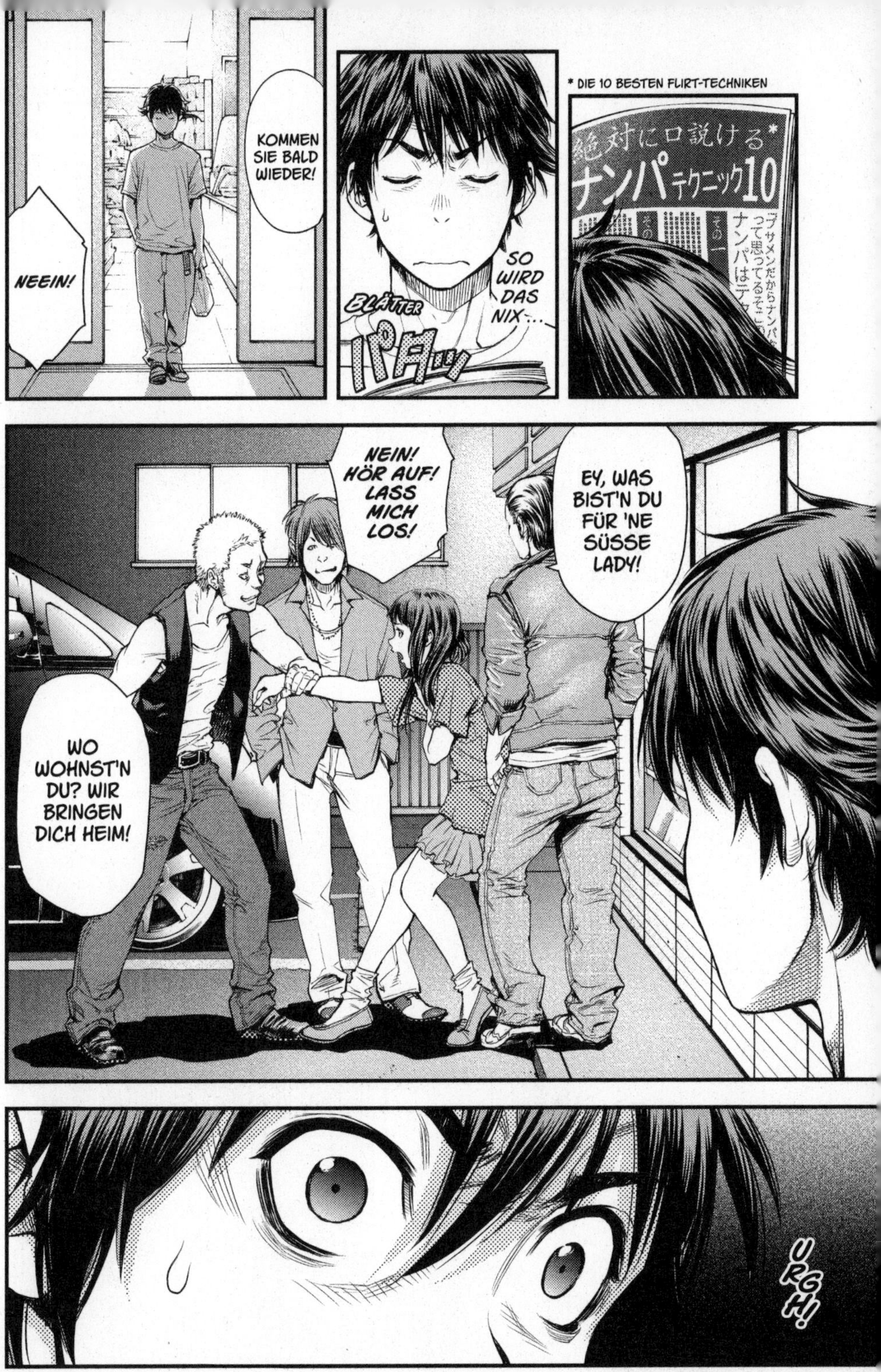

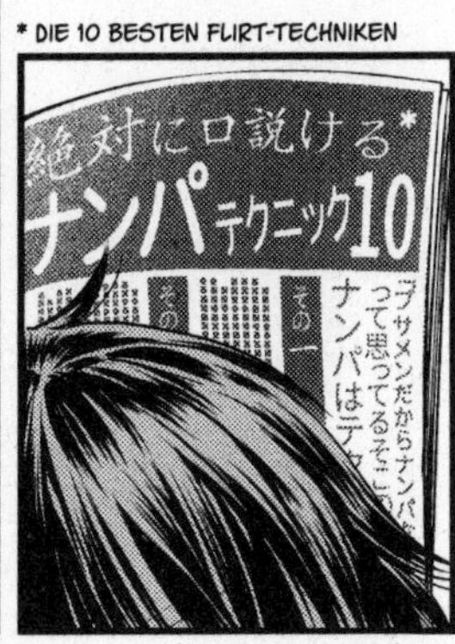

* DIE 10 BESTEN FLIRT-TECHNIKEN

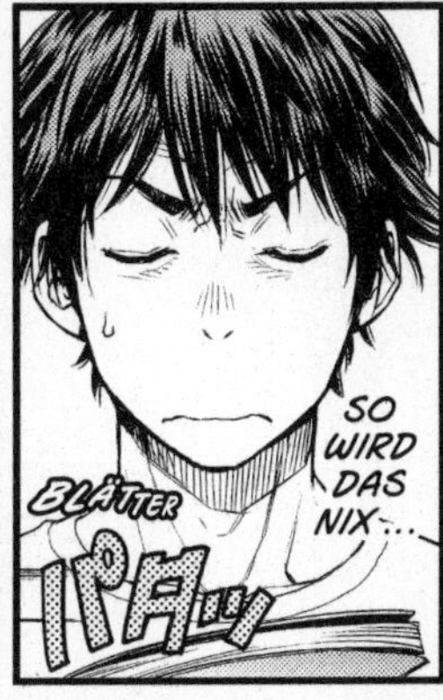

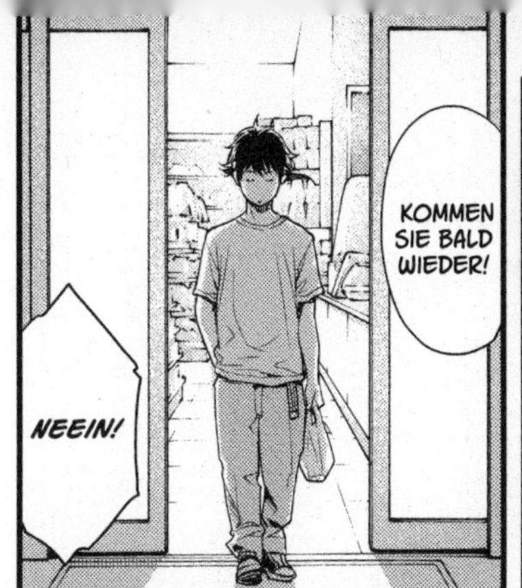

EY, WAS BIST'N DU FÜR 'NE SÜSSE LADY!

NEIN! HÖR AUF! LASS MICH LOS!

WO WOHNST'N DU? WIR BRINGEN DICH HEIM!

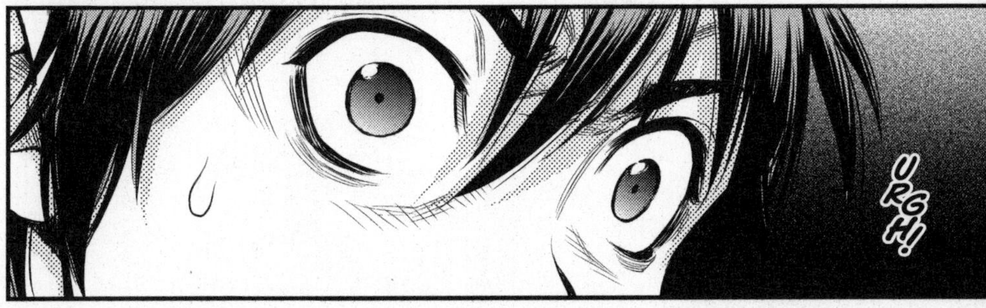

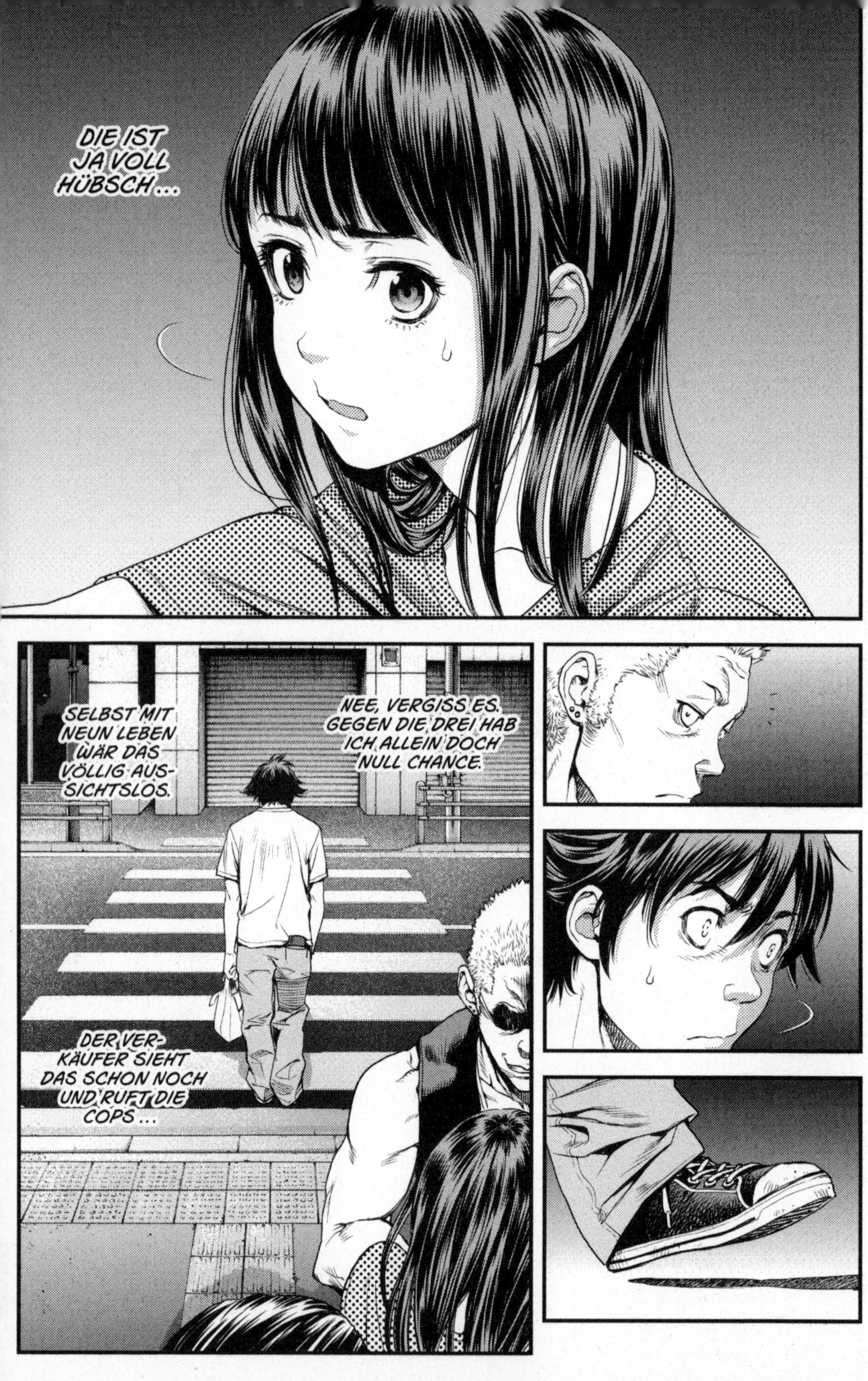

DIE IST
JA VOLL
HÜBSCH …

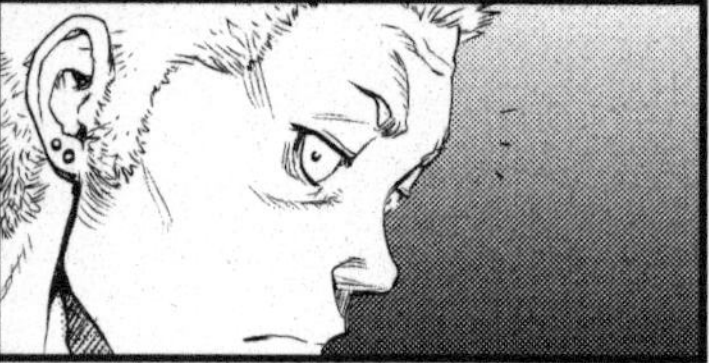

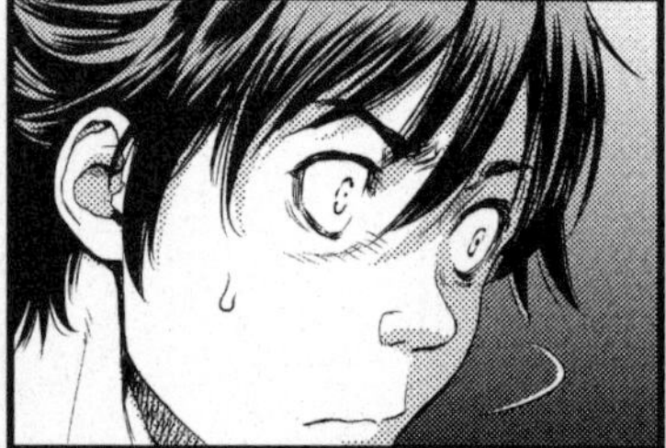

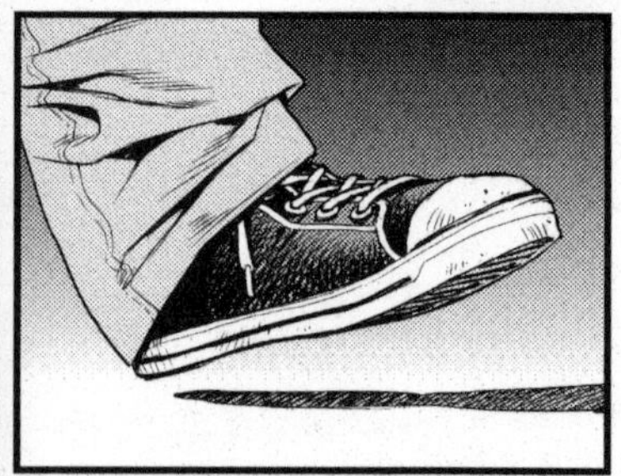

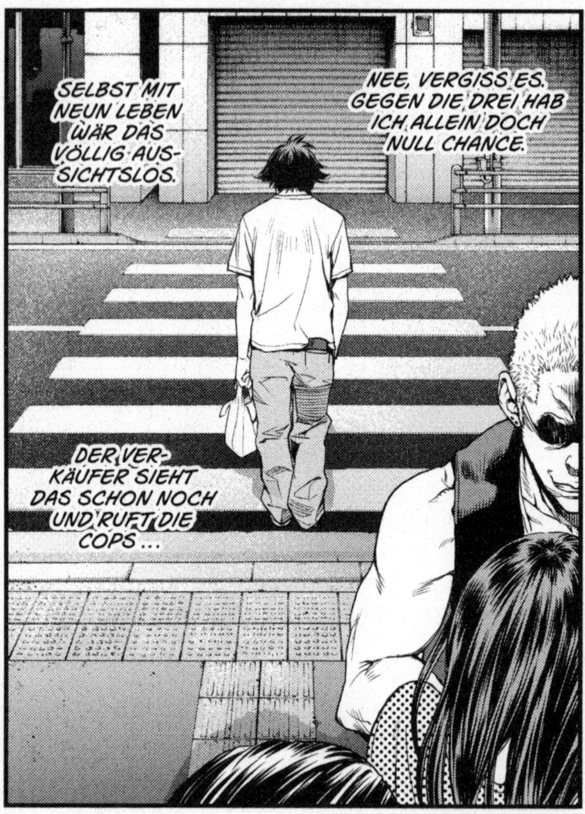

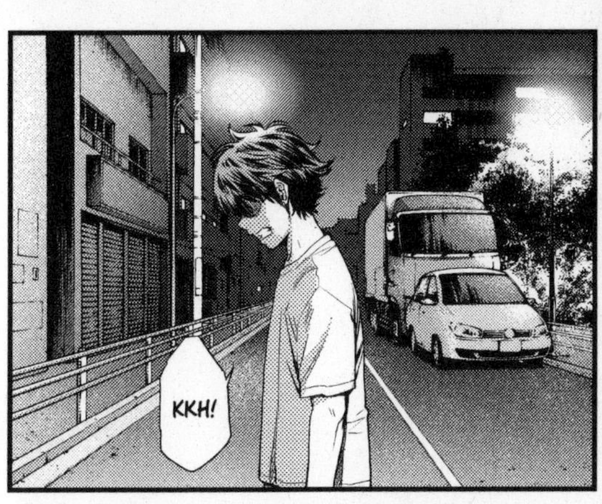
KKH!
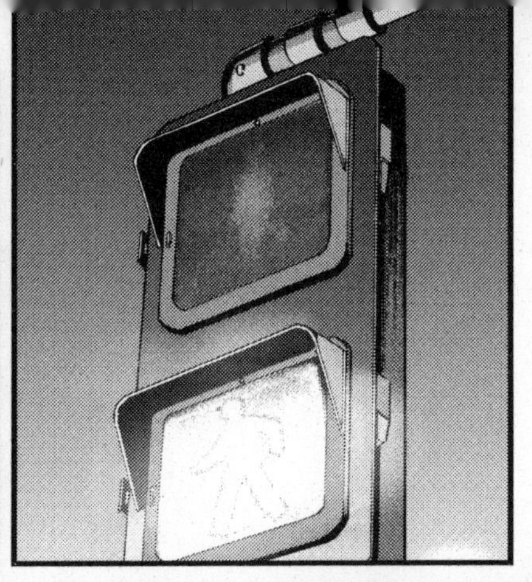
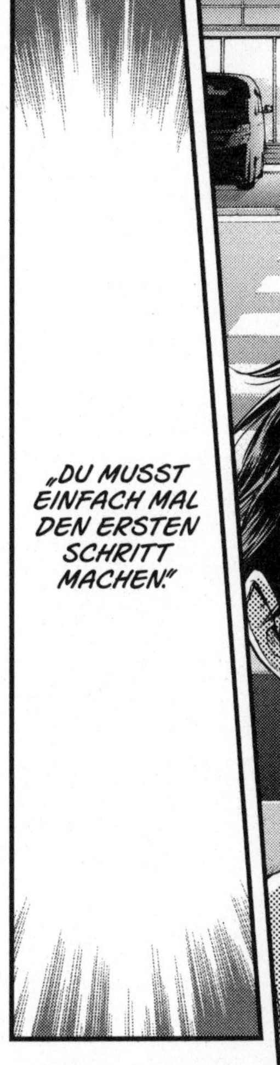
„DU MUSST
EINFACH MAL
DEN ERSTEN
SCHRITT
MACHEN."
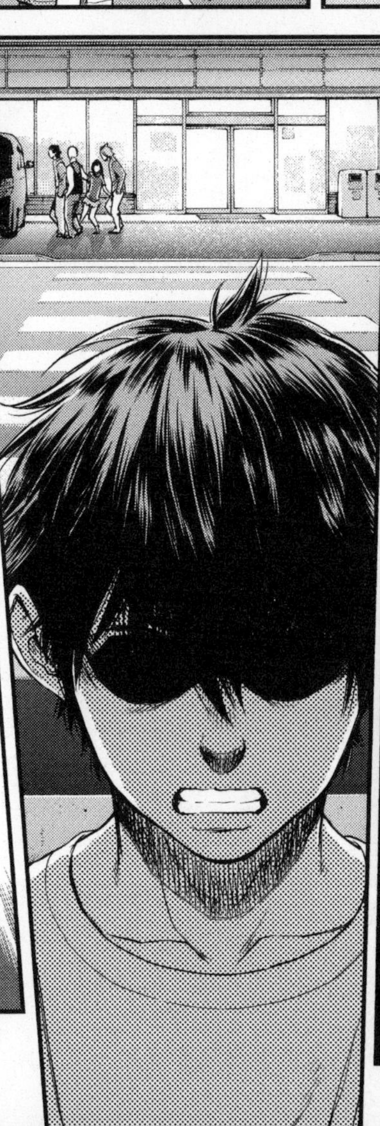
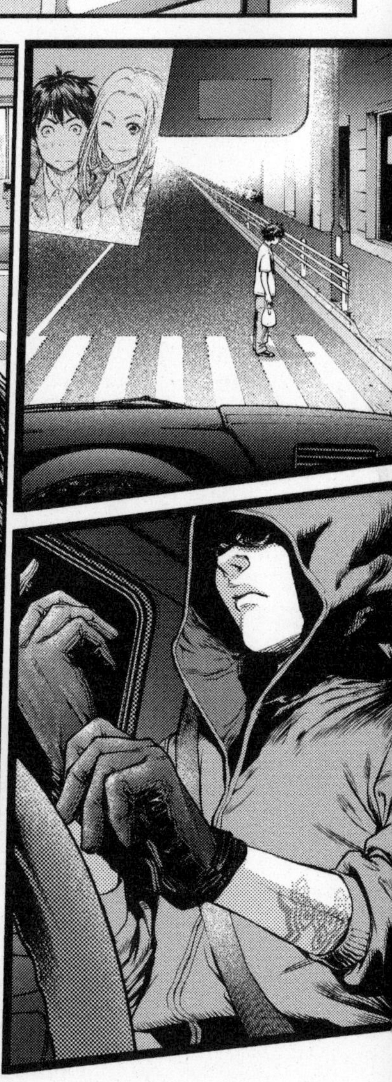

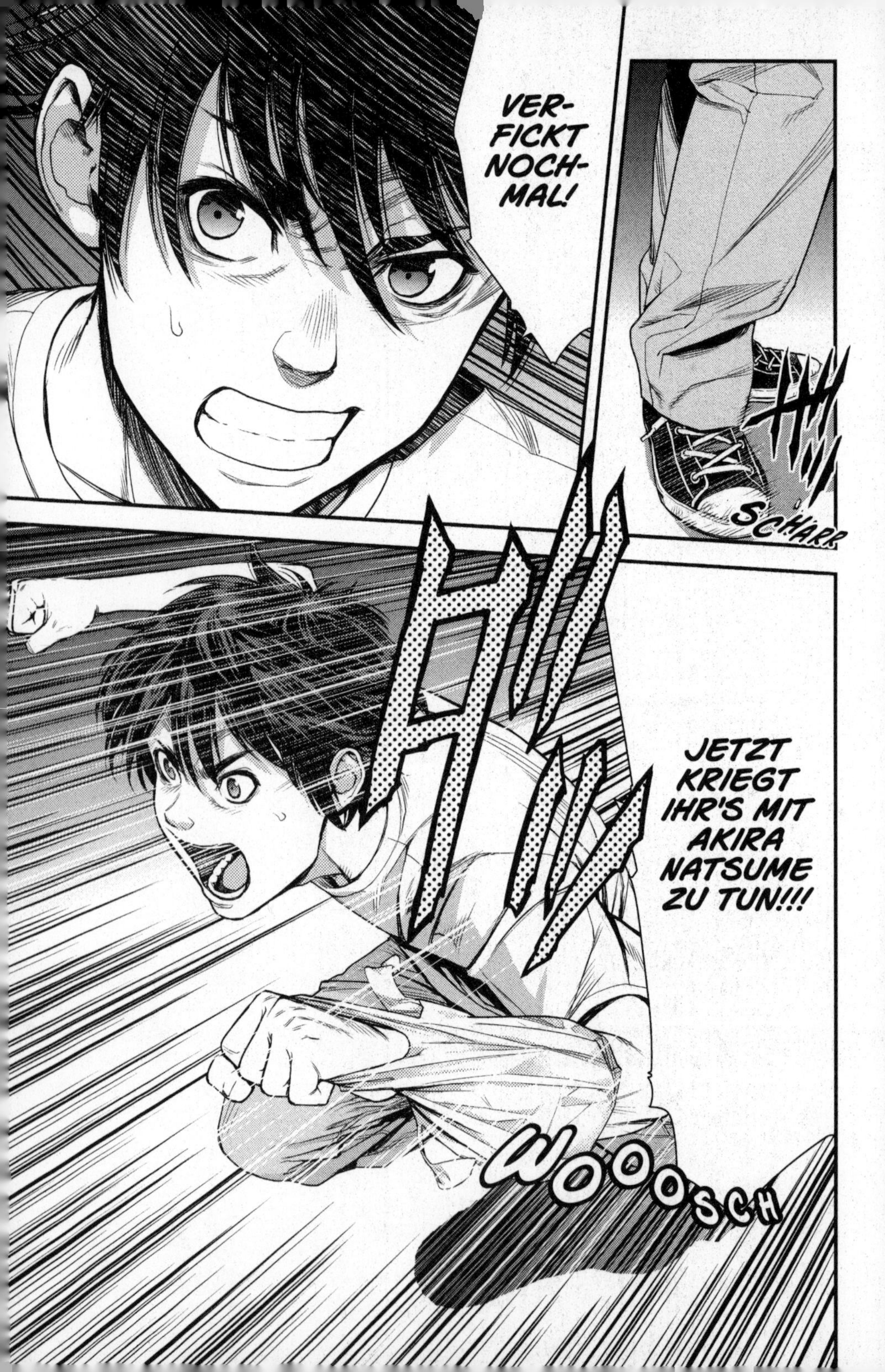
SCHARR
VERFICKT NOCHMAL!
JETZT KRIEGT IHR'S MIT AKIRA NATSUME ZU TUN!!!
WOOOSCH

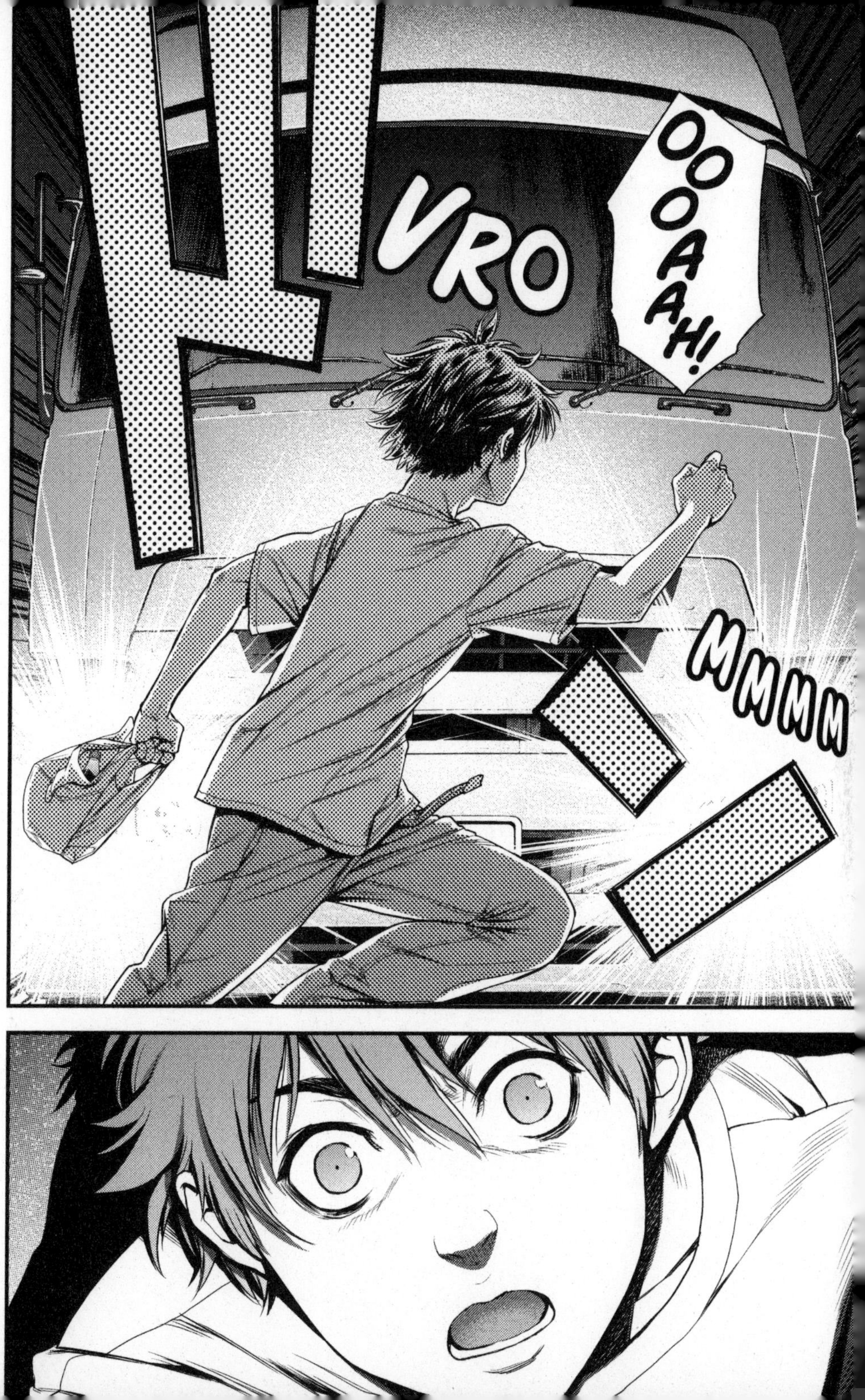

OOOAAAH!
VRO
MMMM

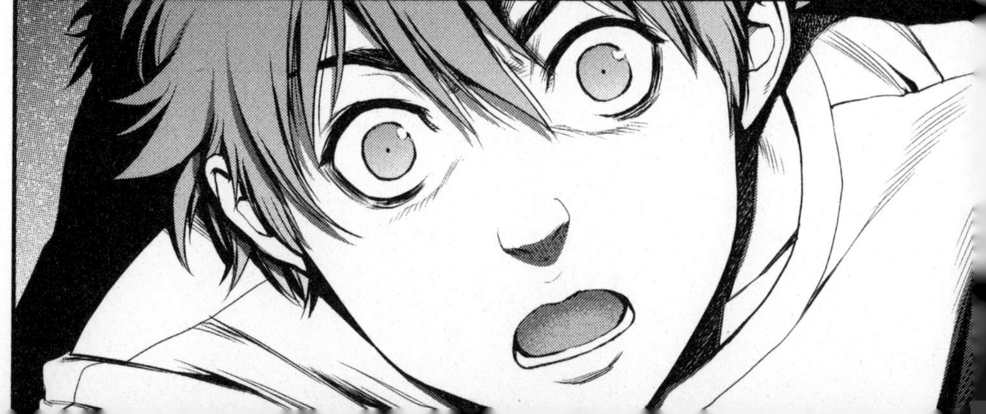

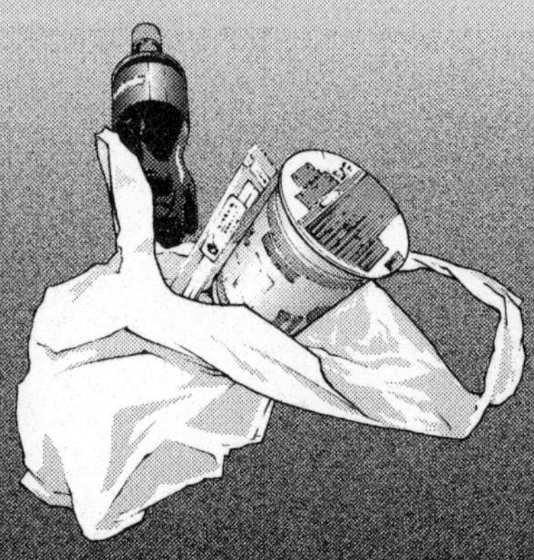

DAS IST
MEINE LETZTE
ERINNERUNG ...

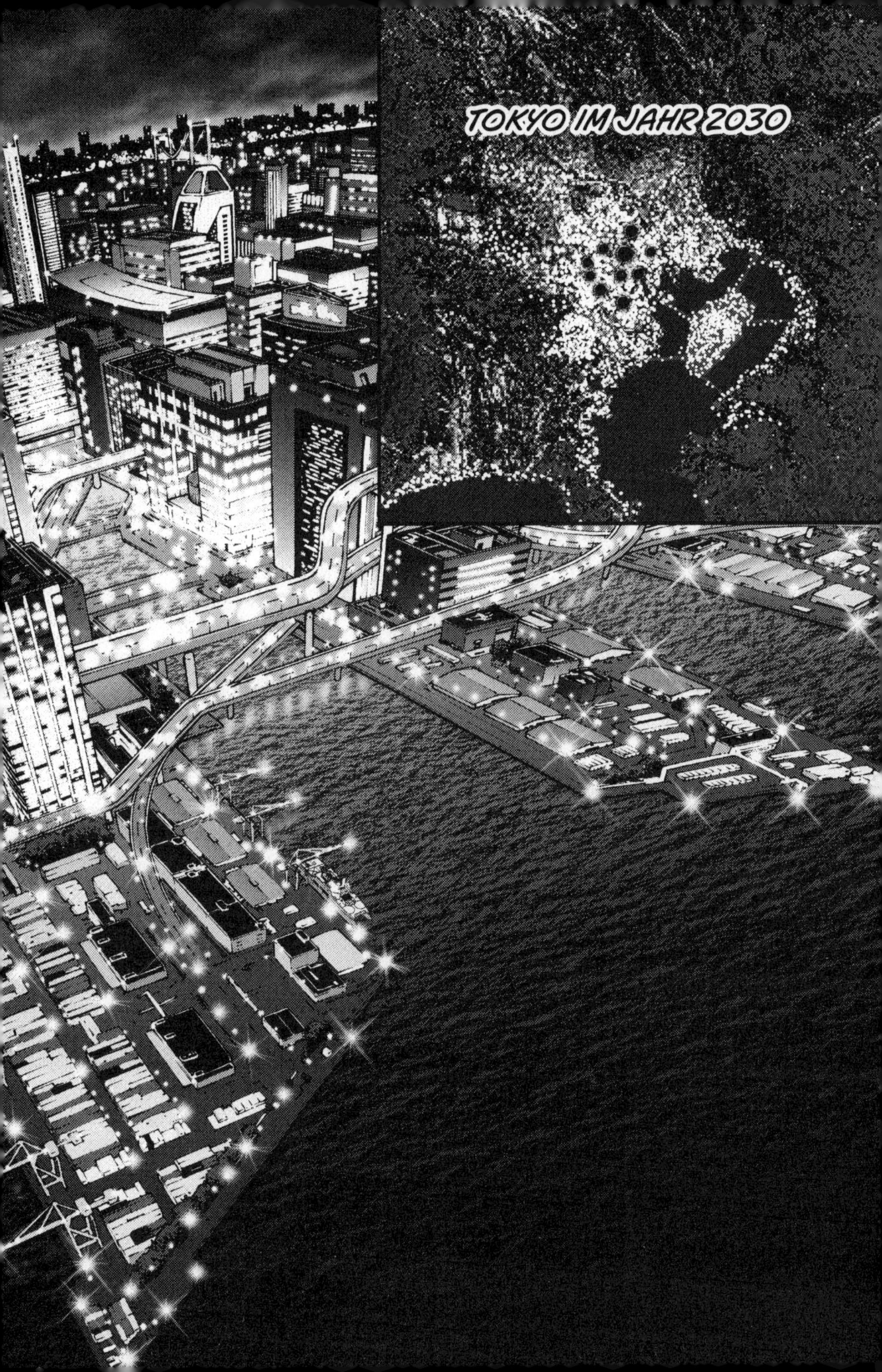
TOKYO IM JAHR 2030

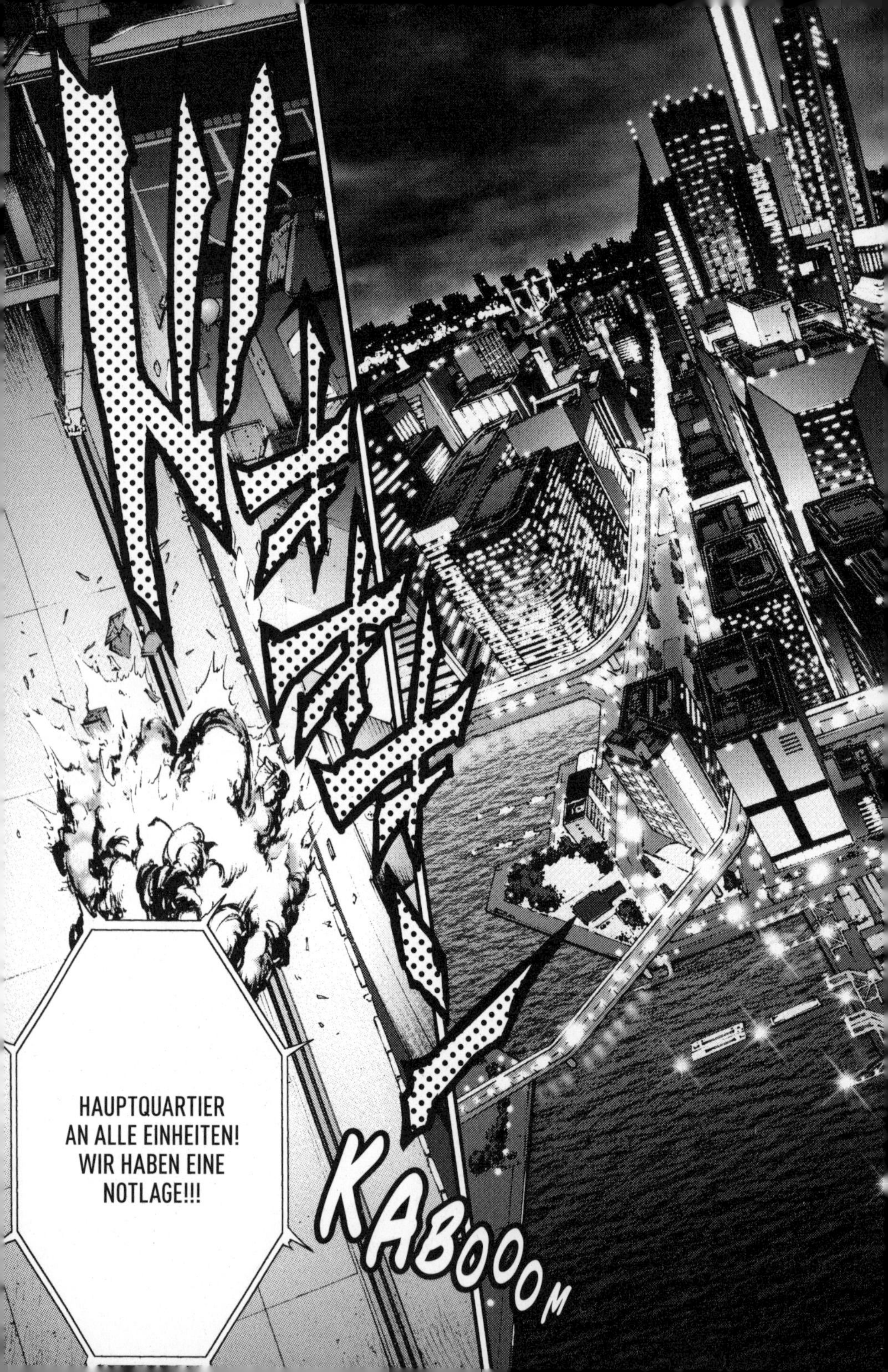
HAUPTQUARTIER AN ALLE EINHEITEN! WIR HABEN EINE NOTLAGE!!!
KABOOOM

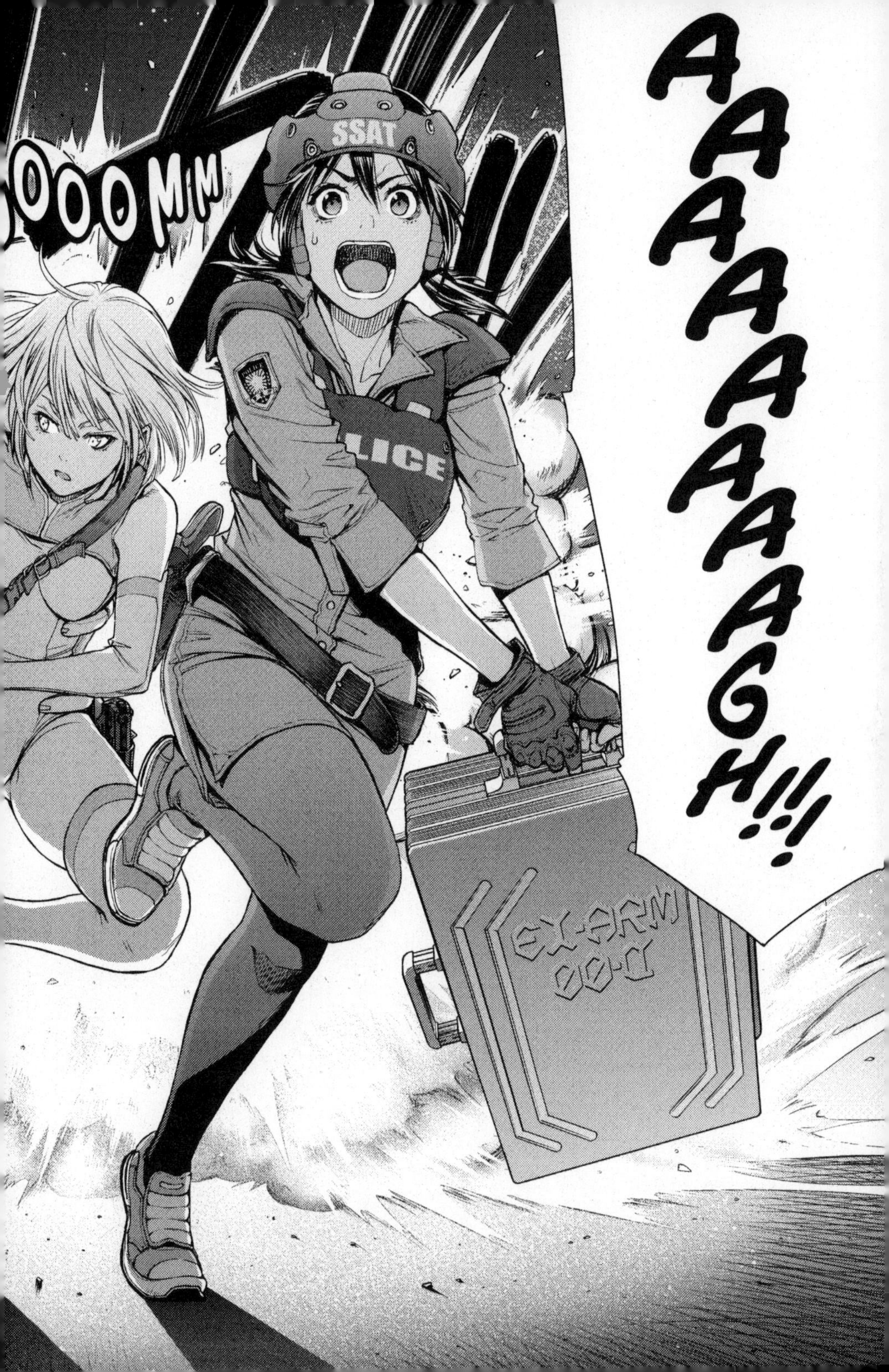
OOOMM
SSAT
LICE
EX-ARM 00-1
AAAAAAAAGH!!!

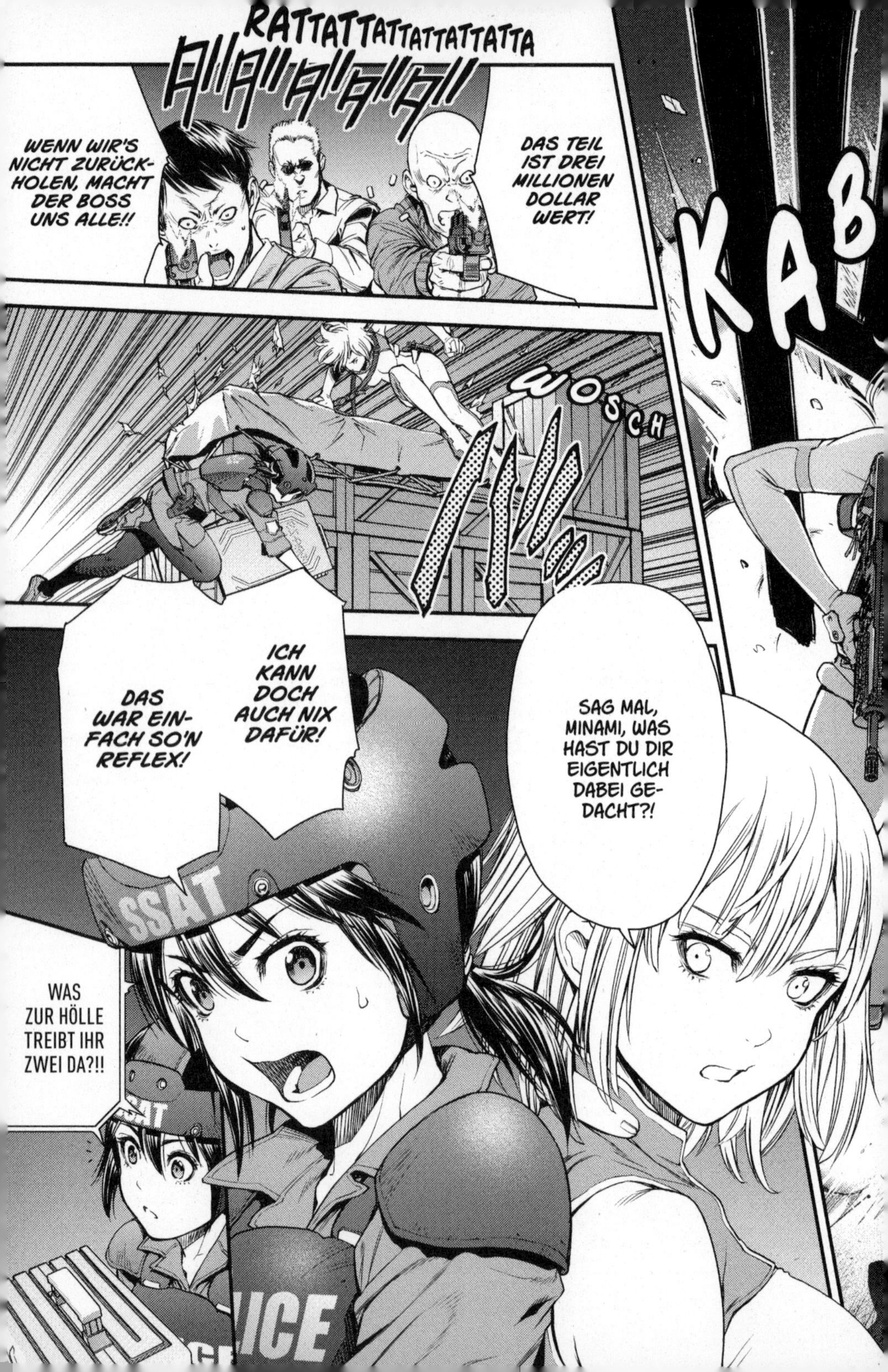
RATTATTATTATTATTATTA
WENN WIR'S NICHT ZURÜCKHOLEN, MACHT DER BOSS UNS ALLE!!
DAS TEIL IST DREI MILLIONEN DOLLAR WERT!
KAB
WOSCH
SAG MAL, MINAMI, WAS HAST DU DIR EIGENTLICH DABEI GEDACHT?!
ICH KANN DOCH AUCH NIX DAFÜR!
DAS WAR EINFACH SO'N REFLEX!
SSAT
WAS ZUR HÖLLE TREIBT IHR ZWEI DA?!!
ICE

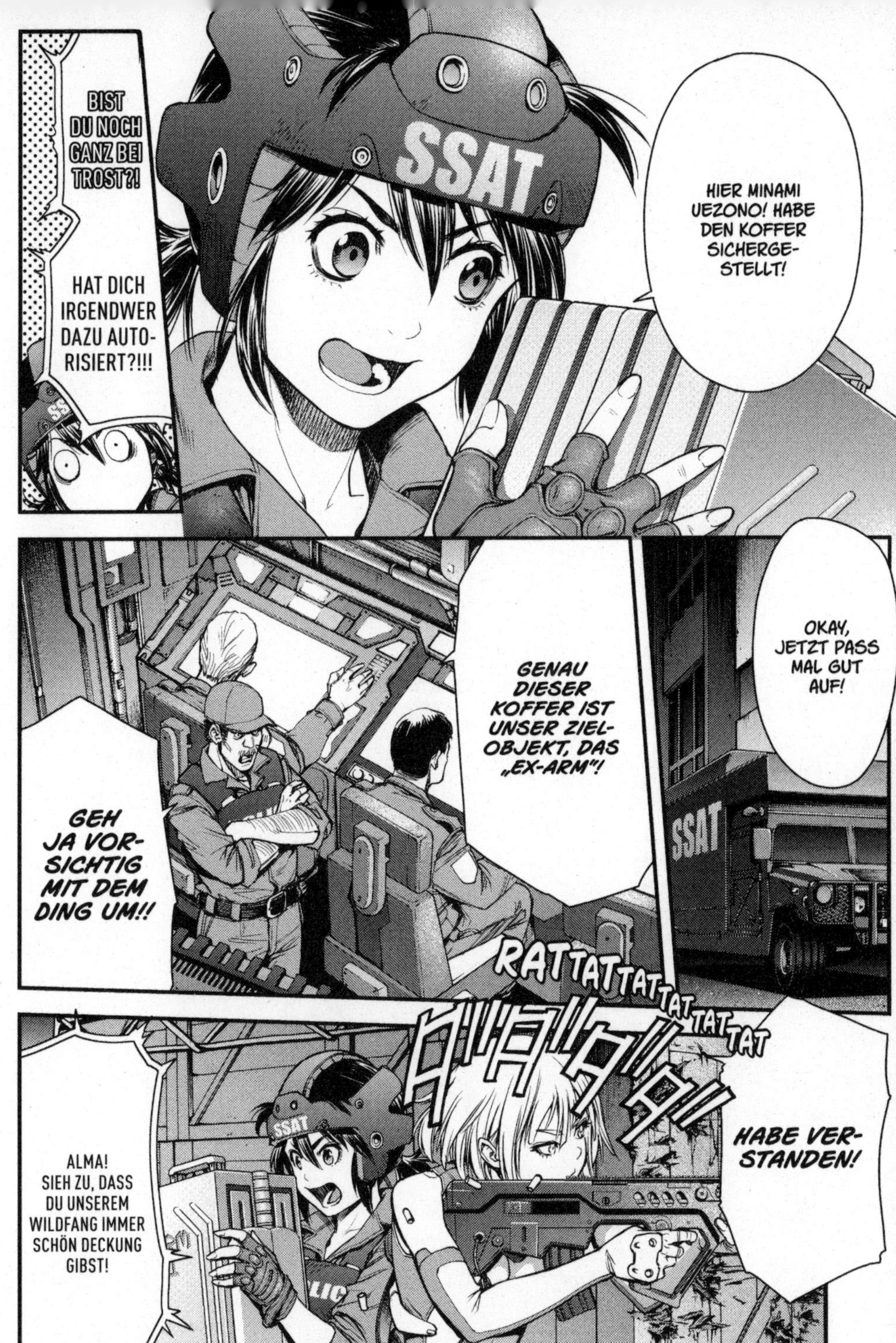
HIER MINAMI UEZONO! HABE DEN KOFFER SICHERGE-STELLT!
BIST DU NOCH GANZ BEI TROST?!
HAT DICH IRGENDWER DAZU AUTO-RISIERT?!!!
OKAY, JETZT PASS MAL GUT AUF!
GENAU DIESER KOFFER IST UNSER ZIEL-OBJEKT, DAS „EX-ARM"!
GEH JA VOR-SICHTIG MIT DEM DING UM!!
RATTATTATTATTATTAT
HABE VER-STANDEN!
ALMA! SIEH ZU, DASS DU UNSEREM WILDFANG IMMER SCHÖN DECKUNG GIBST!

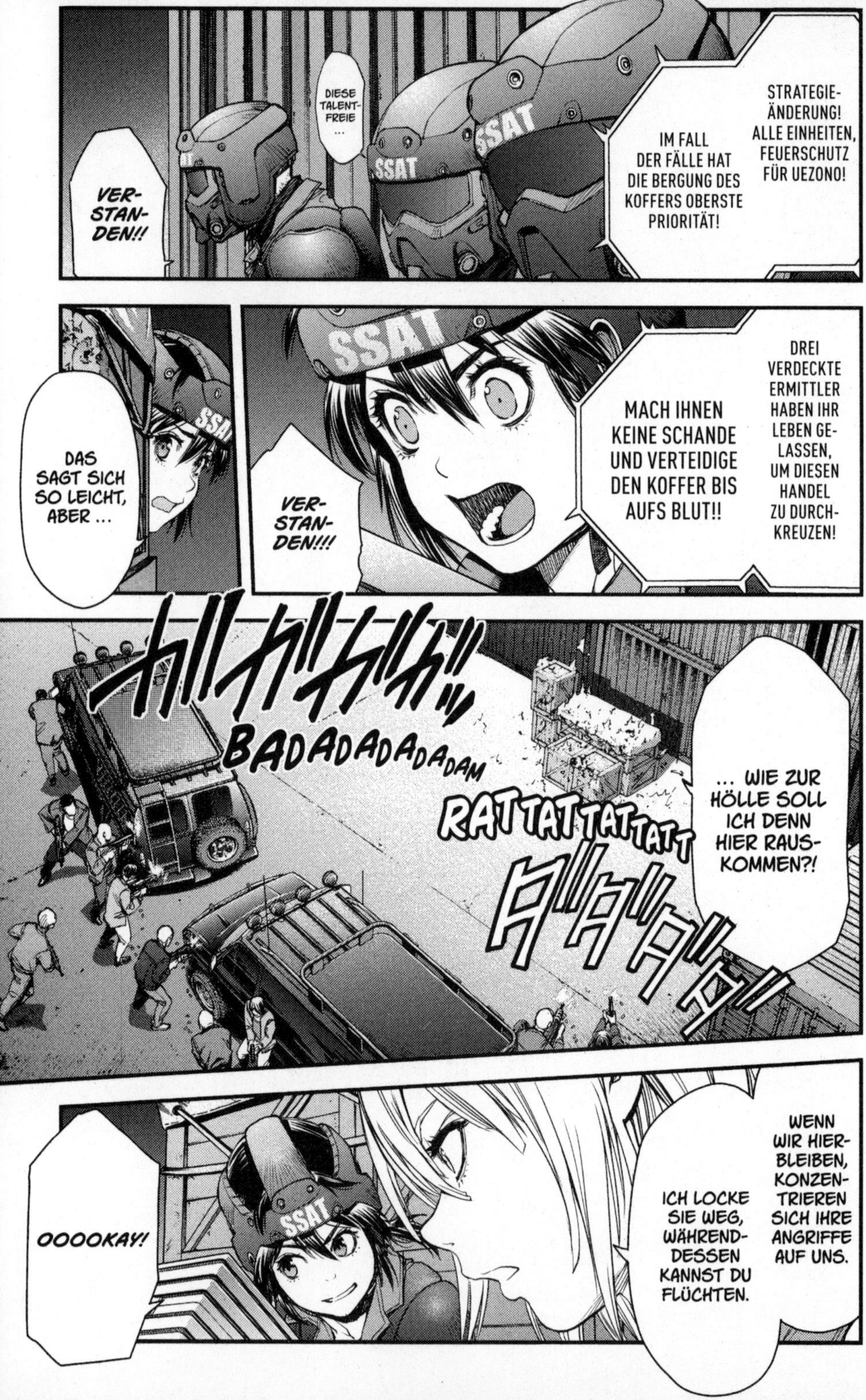

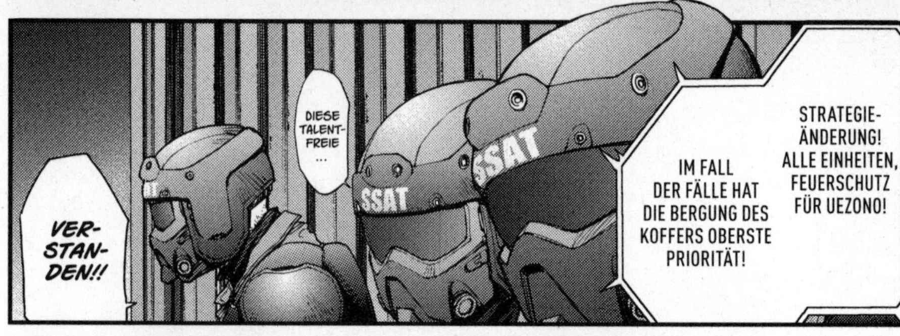

DREI VERDECKTE ERMITTLER HABEN IHR LEBEN GELASSEN, UM DIESEN HANDEL ZU DURCHKREUZEN!
MACH IHNEN KEINE SCHANDE UND VERTEIDIGE DEN KOFFER BIS AUFS BLUT!!
VERSTANDEN!!!
DAS SAGT SICH SO LEICHT, ABER …

BADADADADADAM
RATTATTATTATT
… WIE ZUR HÖLLE SOLL ICH DENN HIER RAUSKOMMEN?!

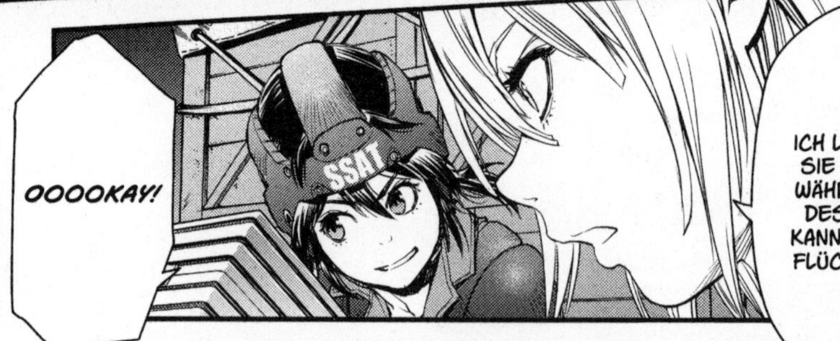

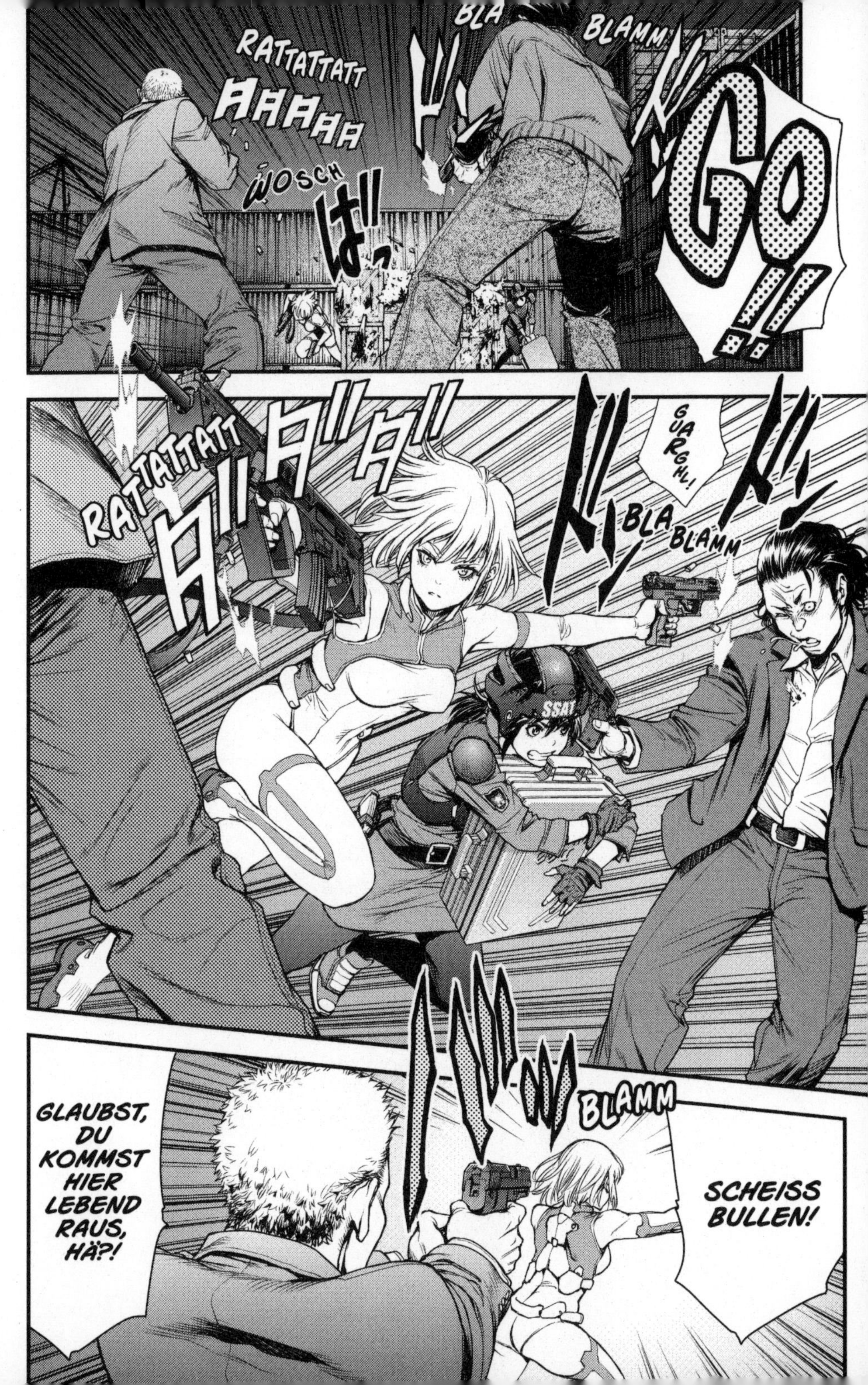
BLA
BLAMM
RATTATTATT
AAAAAA
WOSCH
GUARGHL!
BLA BLAMM
RATTATTATT
BLAMM
SCHEISS BULLEN!
GLAUBST, DU KOMMST HIER LEBEND RAUS, HÄ?!

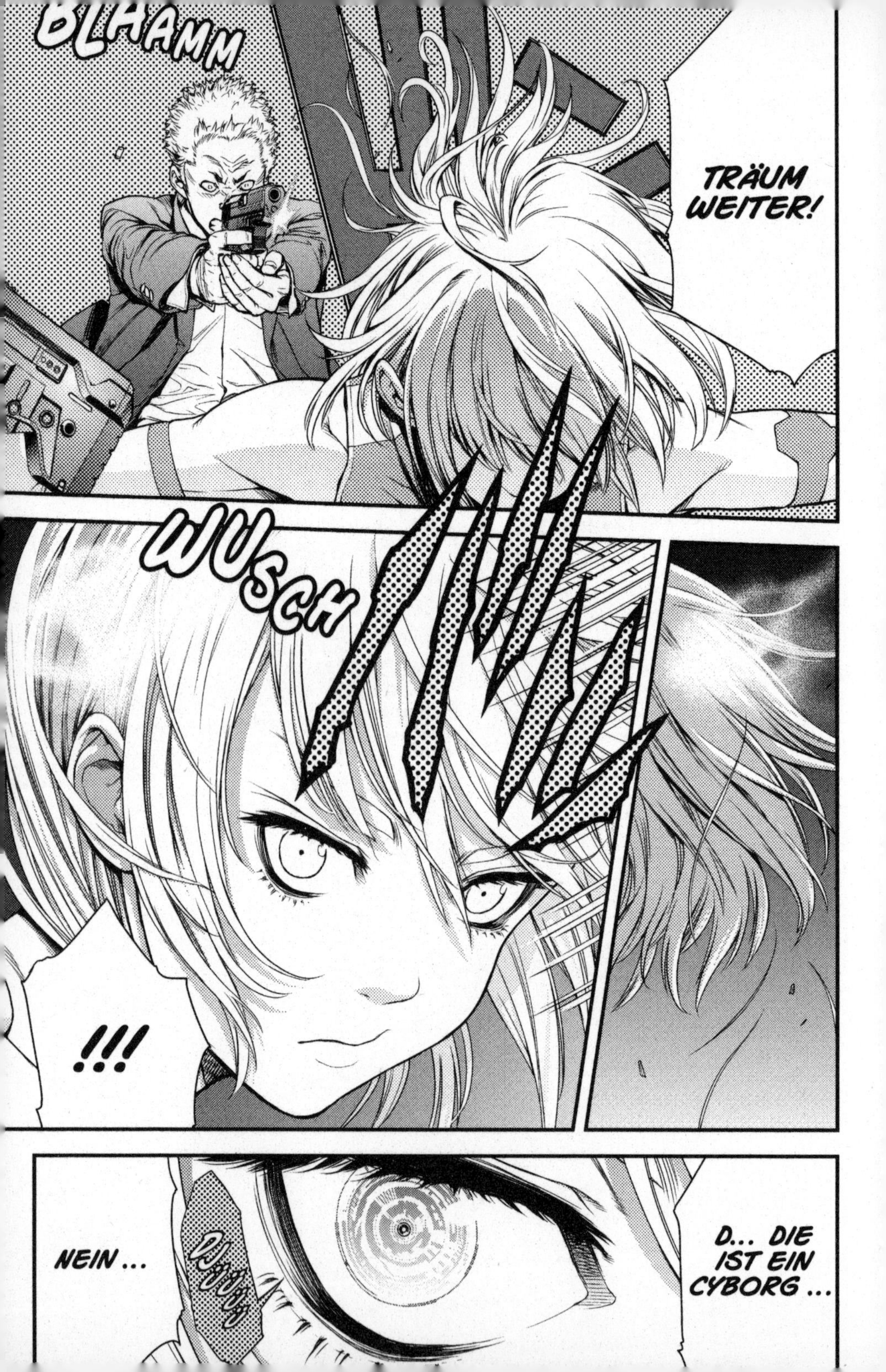

TRÄUM WEITER!

BLHAMM

WUSCH

!!!

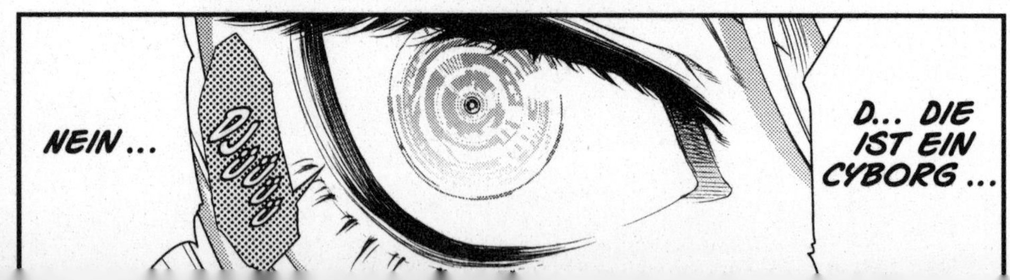

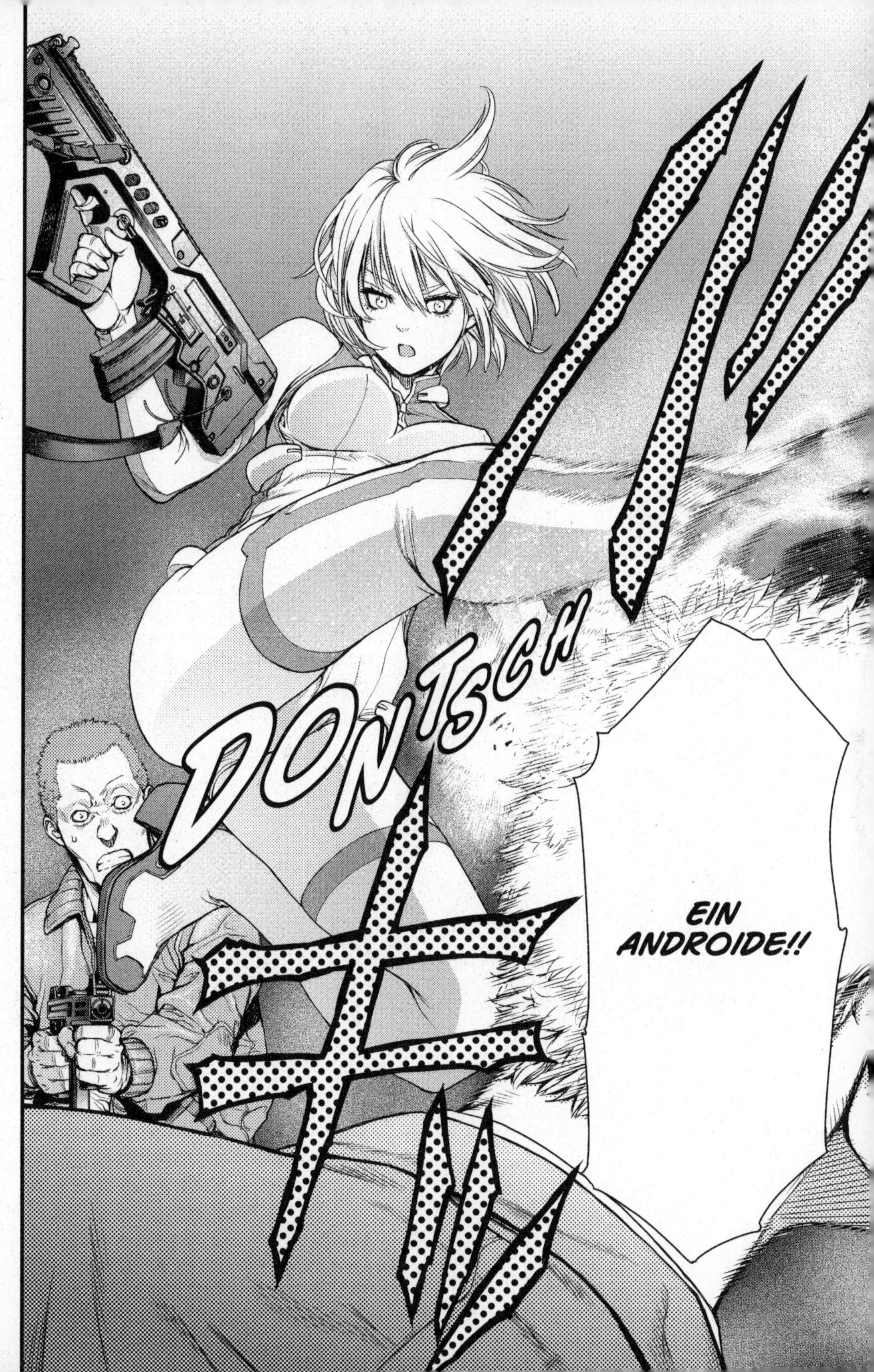
DONTSCH
EIN ANDROIDE!!

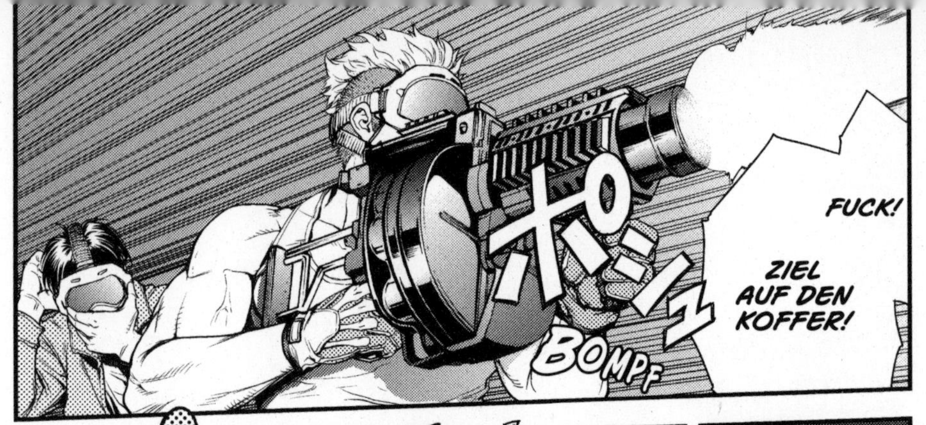

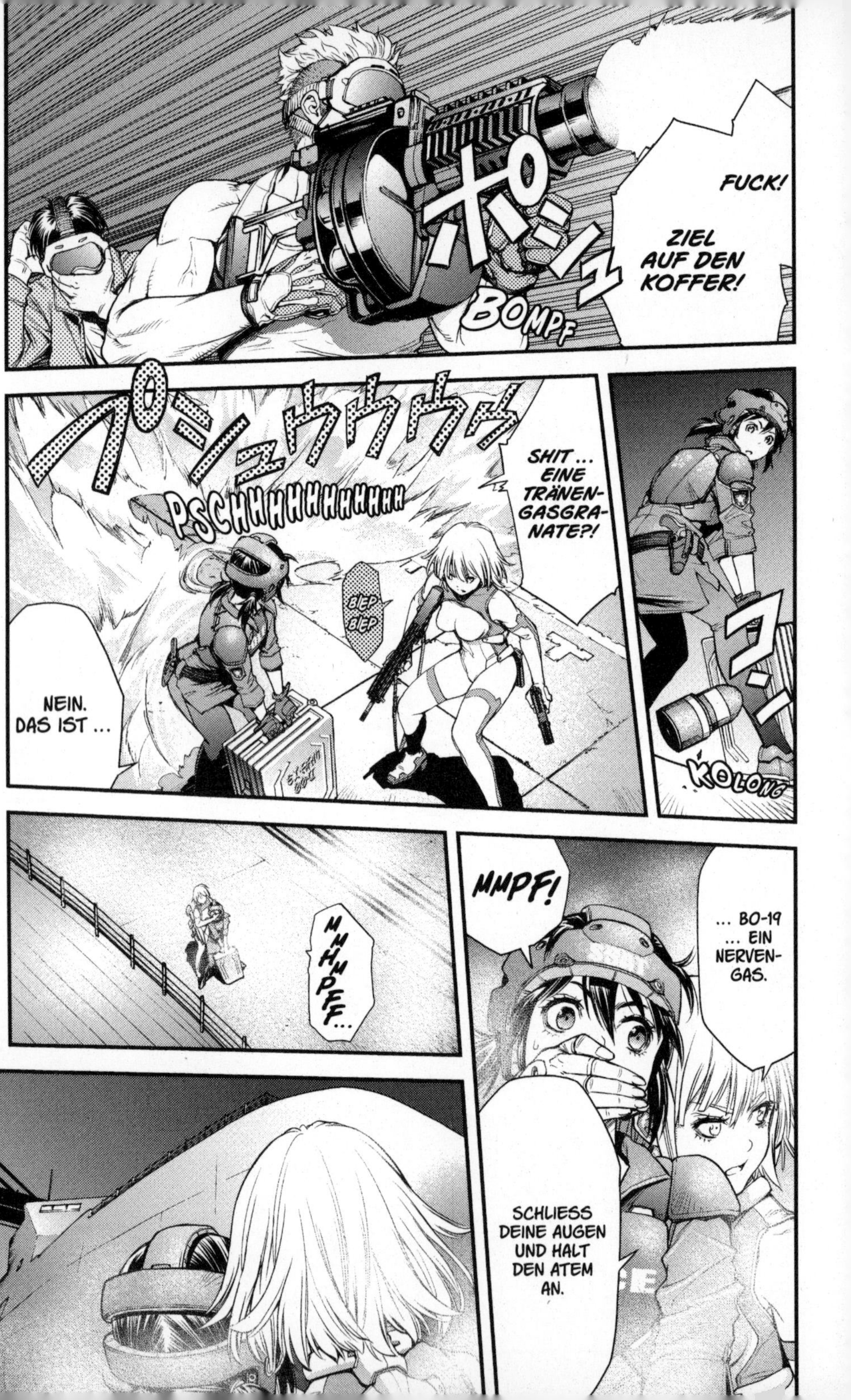

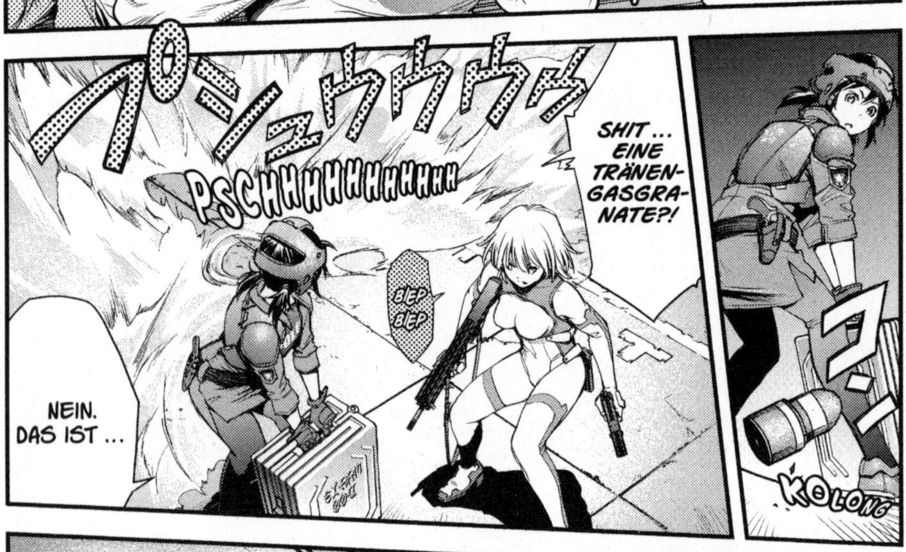

MMPF!

… BO-19 … EIN NERVEN-GAS.

MMMMPFF…

SCHLIESS DEINE AUGEN UND HALT DEN ATEM AN.

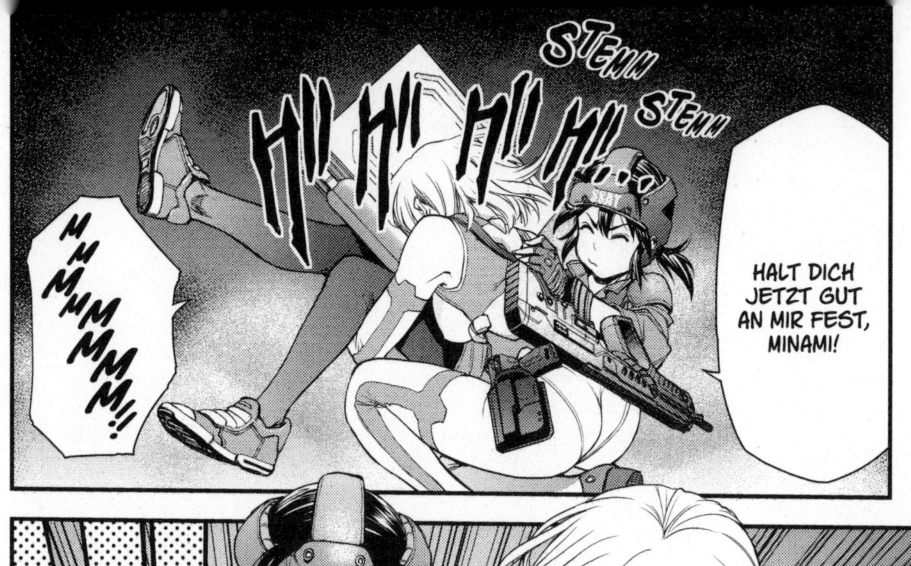
HALT DICH JETZT GUT AN MIR FEST, MINAMI!
STEMM STEMM
MMMMMMMMM!!
WOMMP

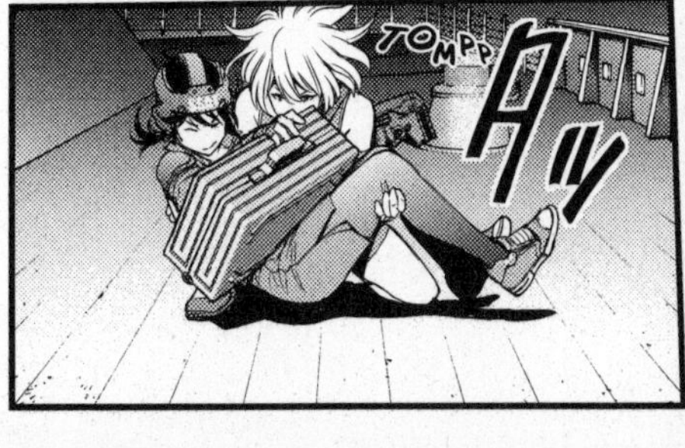
TOMPP

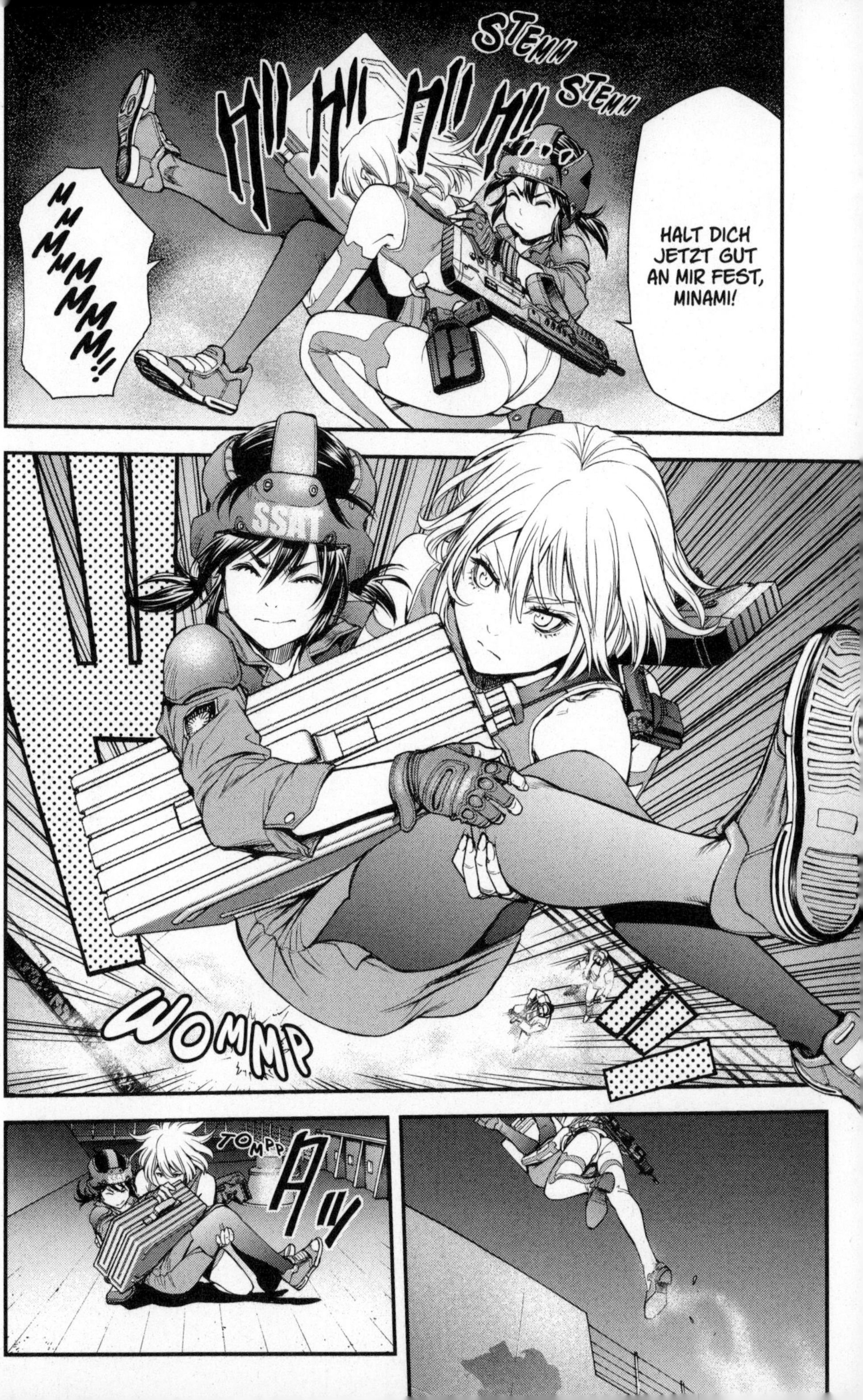

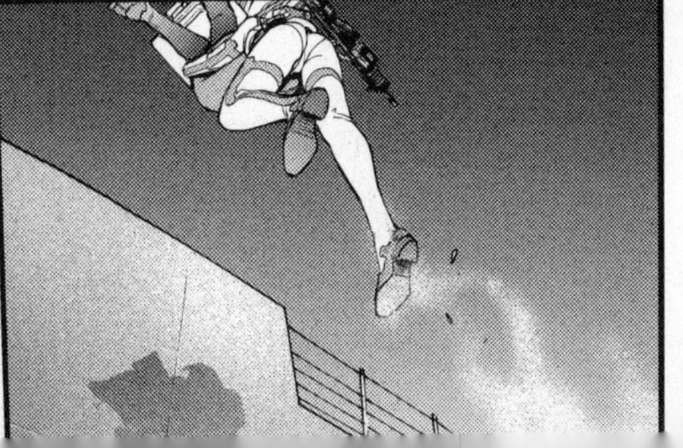

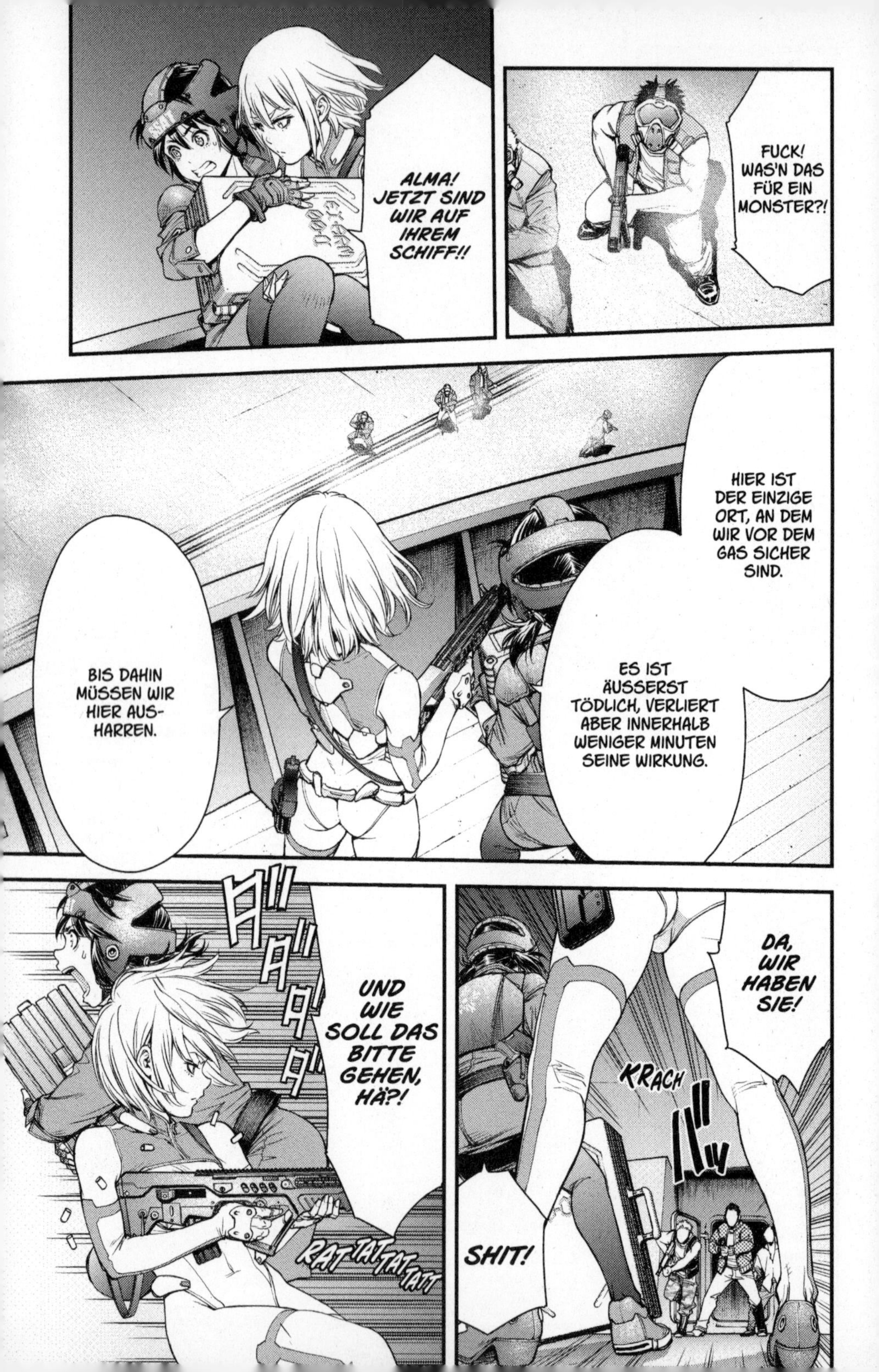

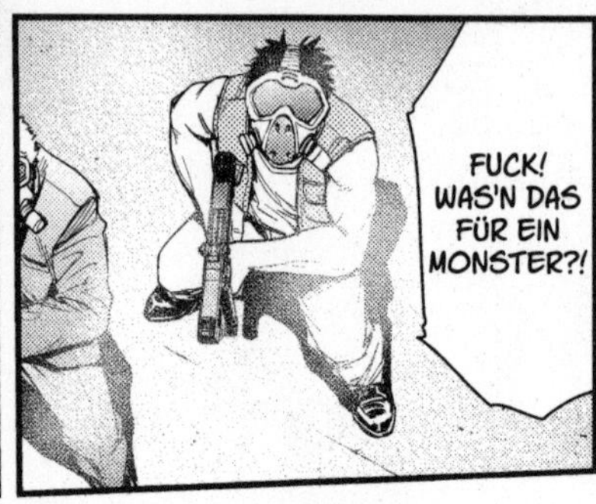

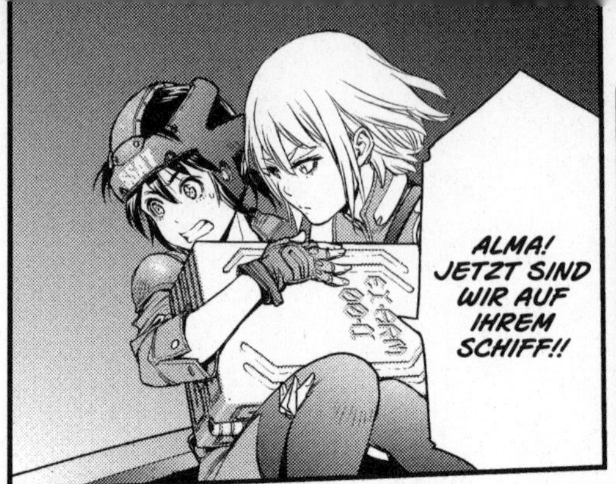

HIER IST DER EINZIGE ORT, AN DEM WIR VOR DEM GAS SICHER SIND.

ES IST ÄUSSERST TÖDLICH, VERLIERT ABER INNERHALB WENIGER MINUTEN SEINE WIRKUNG.

BIS DAHIN MÜSSEN WIR HIER AUS-HARREN.

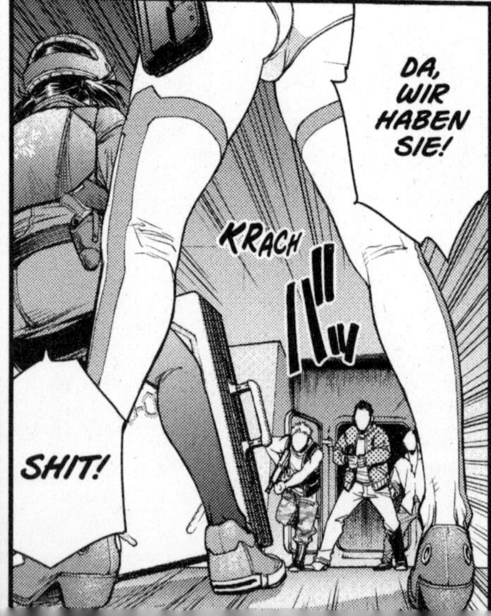

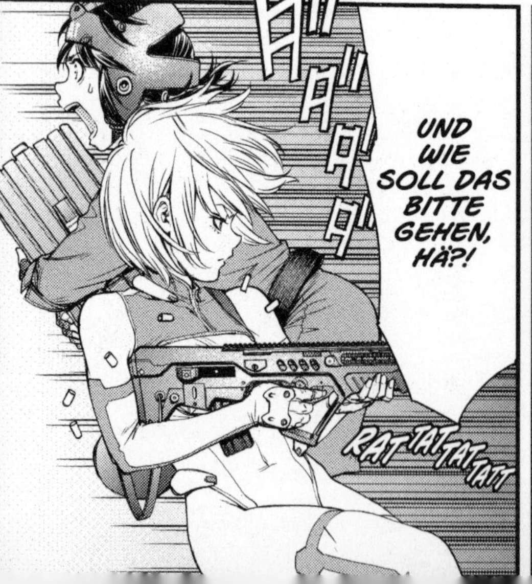

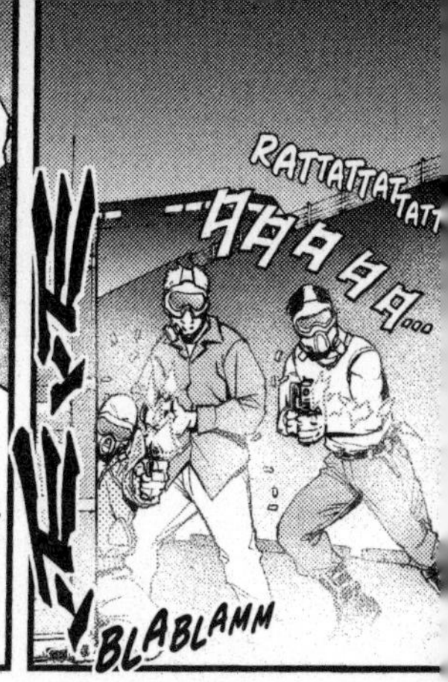
RATTATTATTATTATT
BLABLAMM
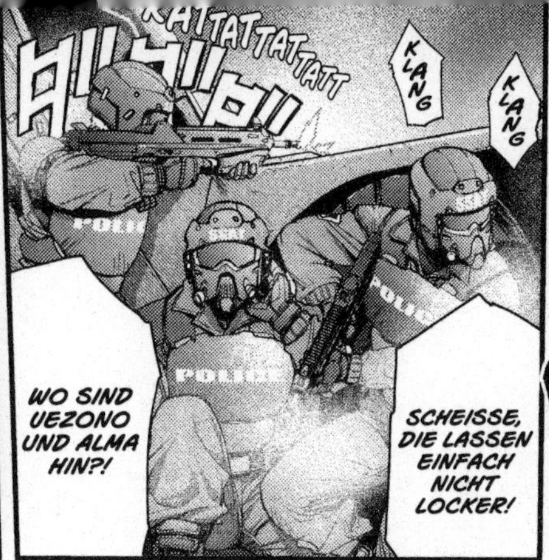
RATTATTATTATT
KLANG
KLANG
SCHEISSE, DIE LASSEN EINFACH NICHT LOCKER!
WO SIND UEZONO UND ALMA HIN?!
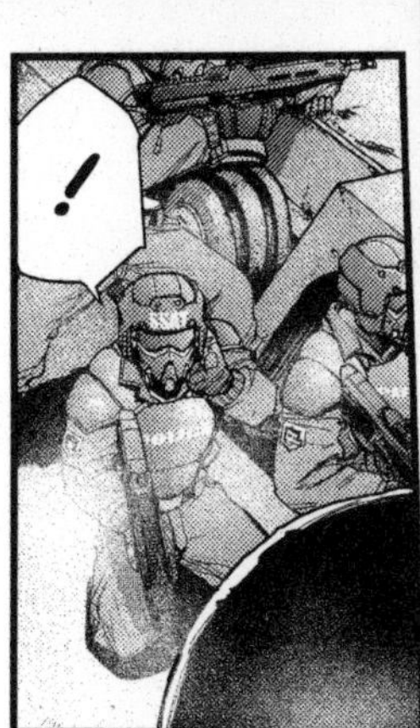
!
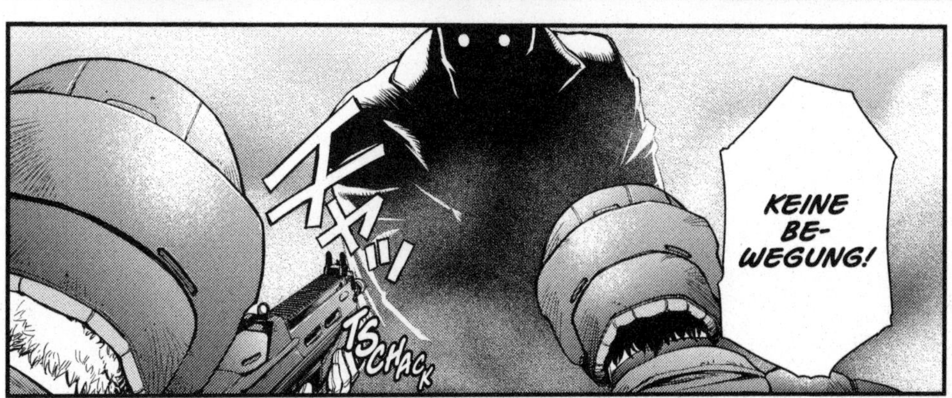
KEINE BE-WEGUNG!
TSCHACK
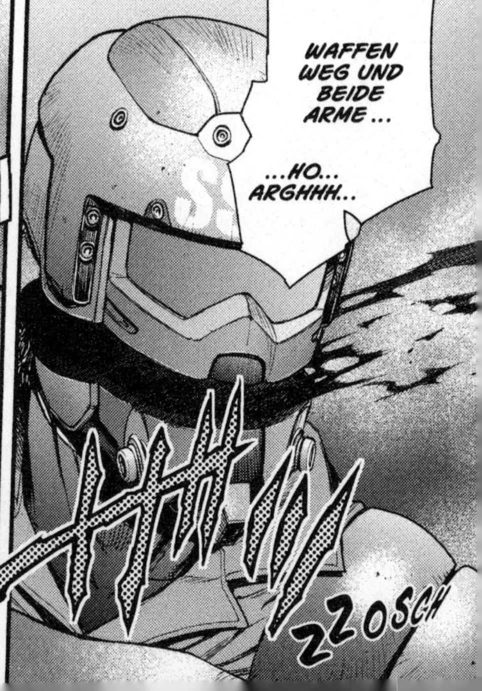
WAFFEN WEG UND BEIDE ARME ...
...HO... ARGHHH...
ZZOSCH
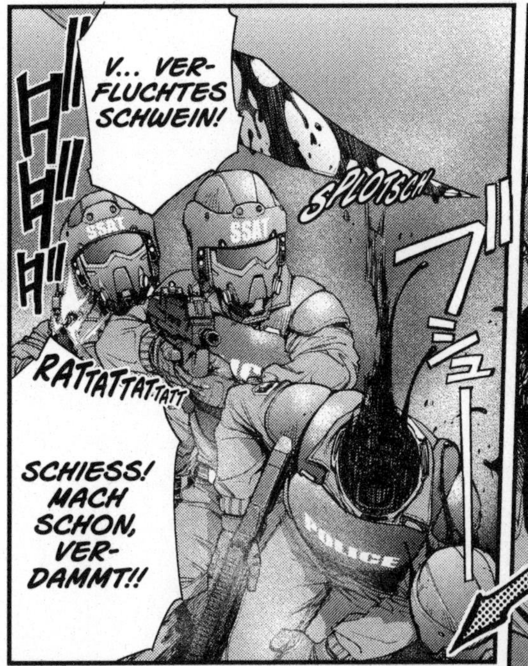
V... VER-FLUCHTES SCHWEIN!
SPLOTSCH
RATTATTATTATT
SCHIESS! MACH SCHON, VER-DAMMT!!

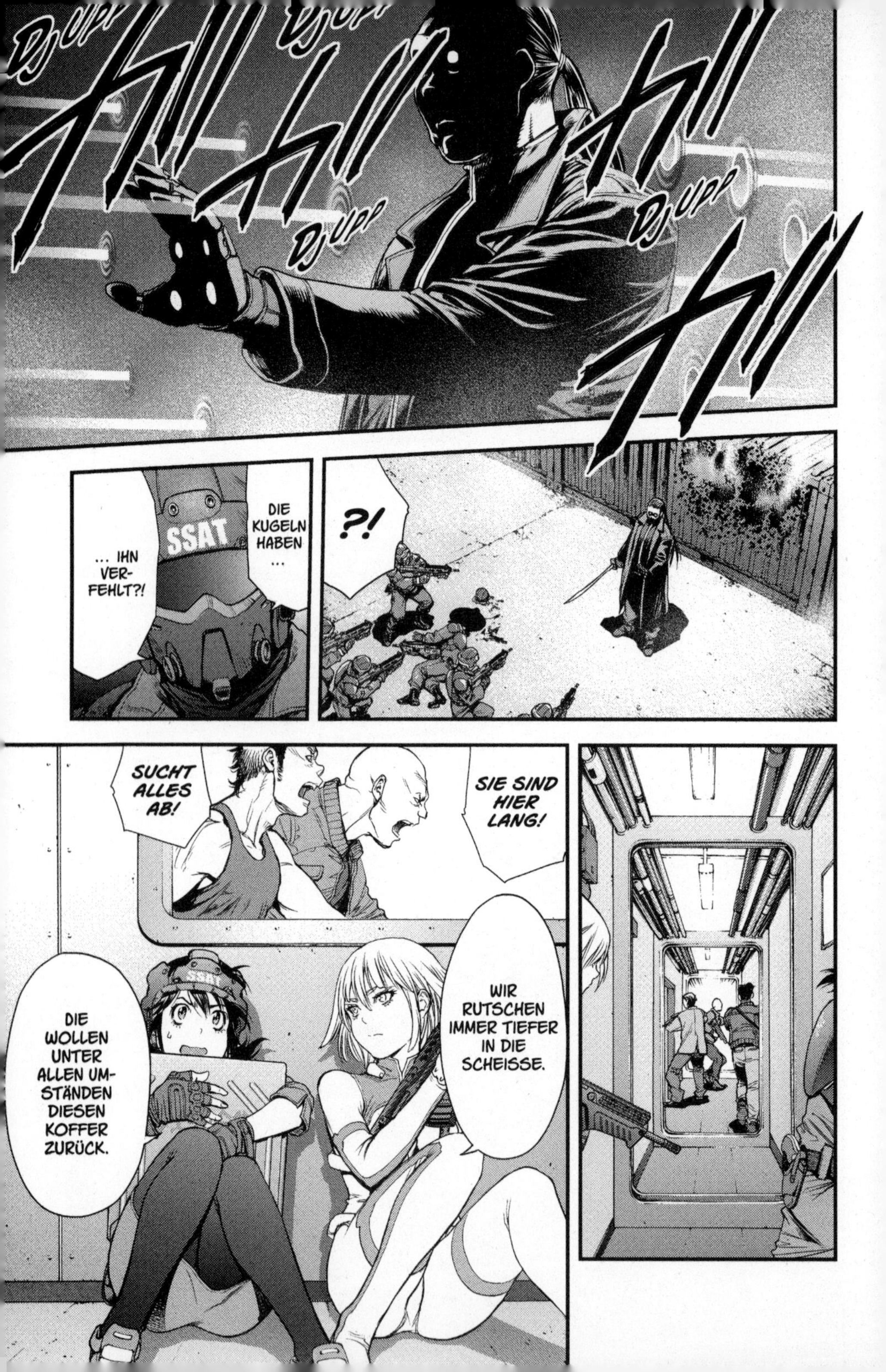

DJUPP
DJUPP
DJUPP
DJUPP

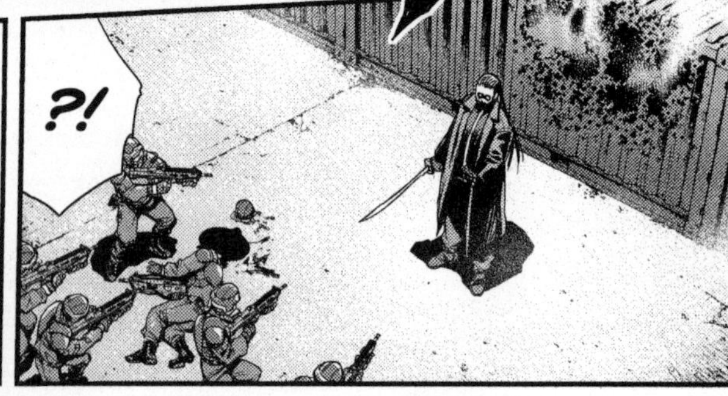

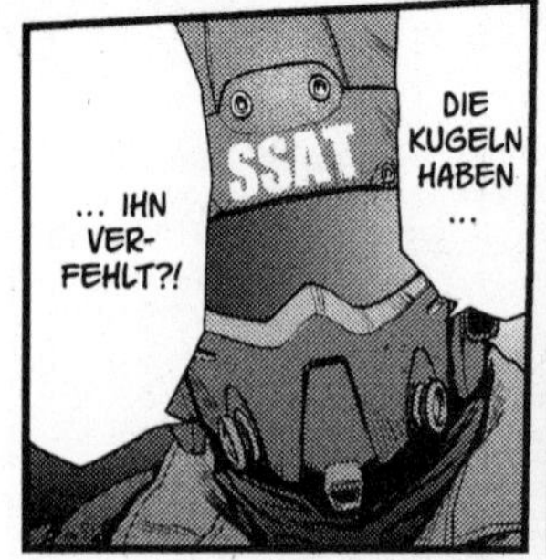

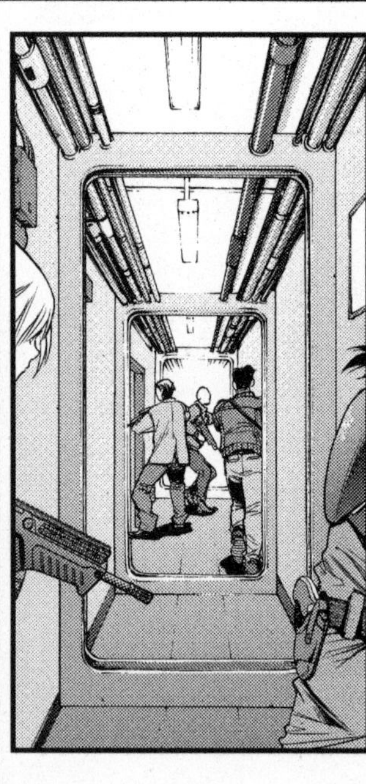

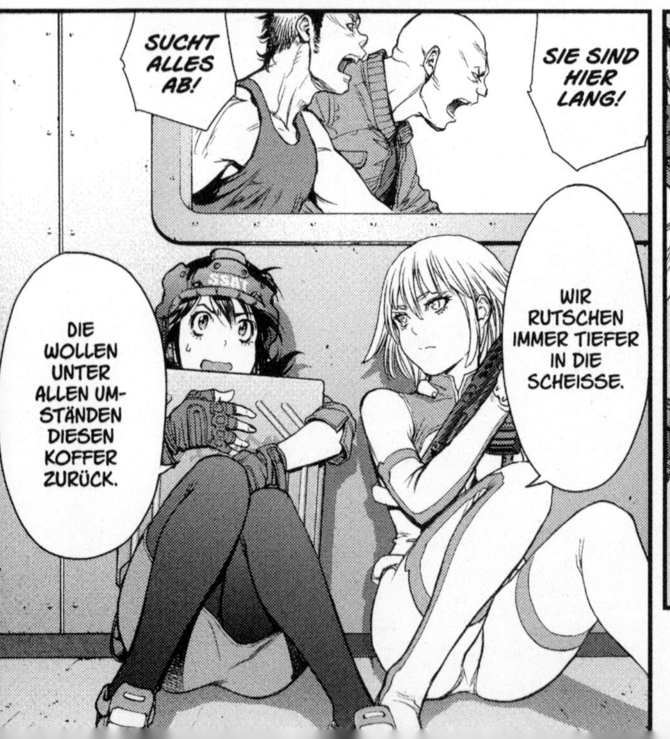

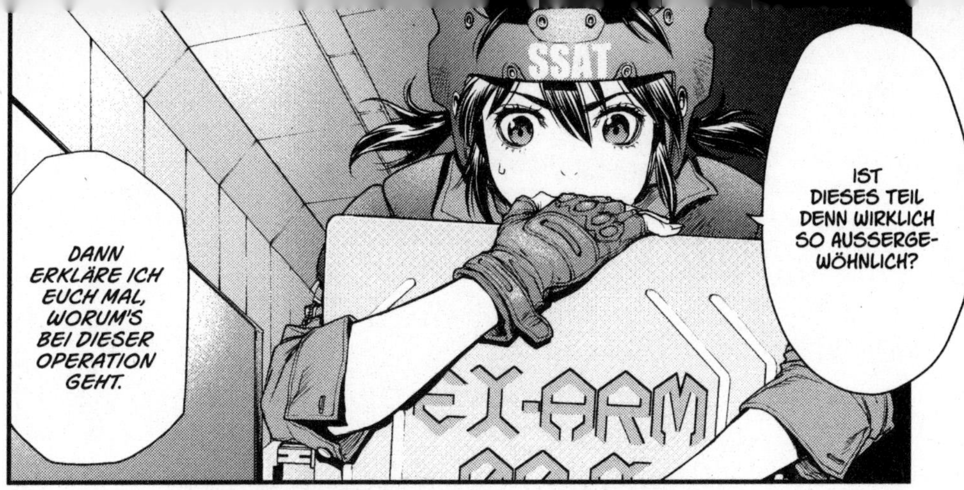
SSAT
IST DIESES TEIL DENN WIRKLICH SO AUSSERGE-WÖHNLICH?
DANN ERKLÄRE ICH EUCH MAL, WORUM'S BEI DIESER OPERATION GEHT.
EX-ARM

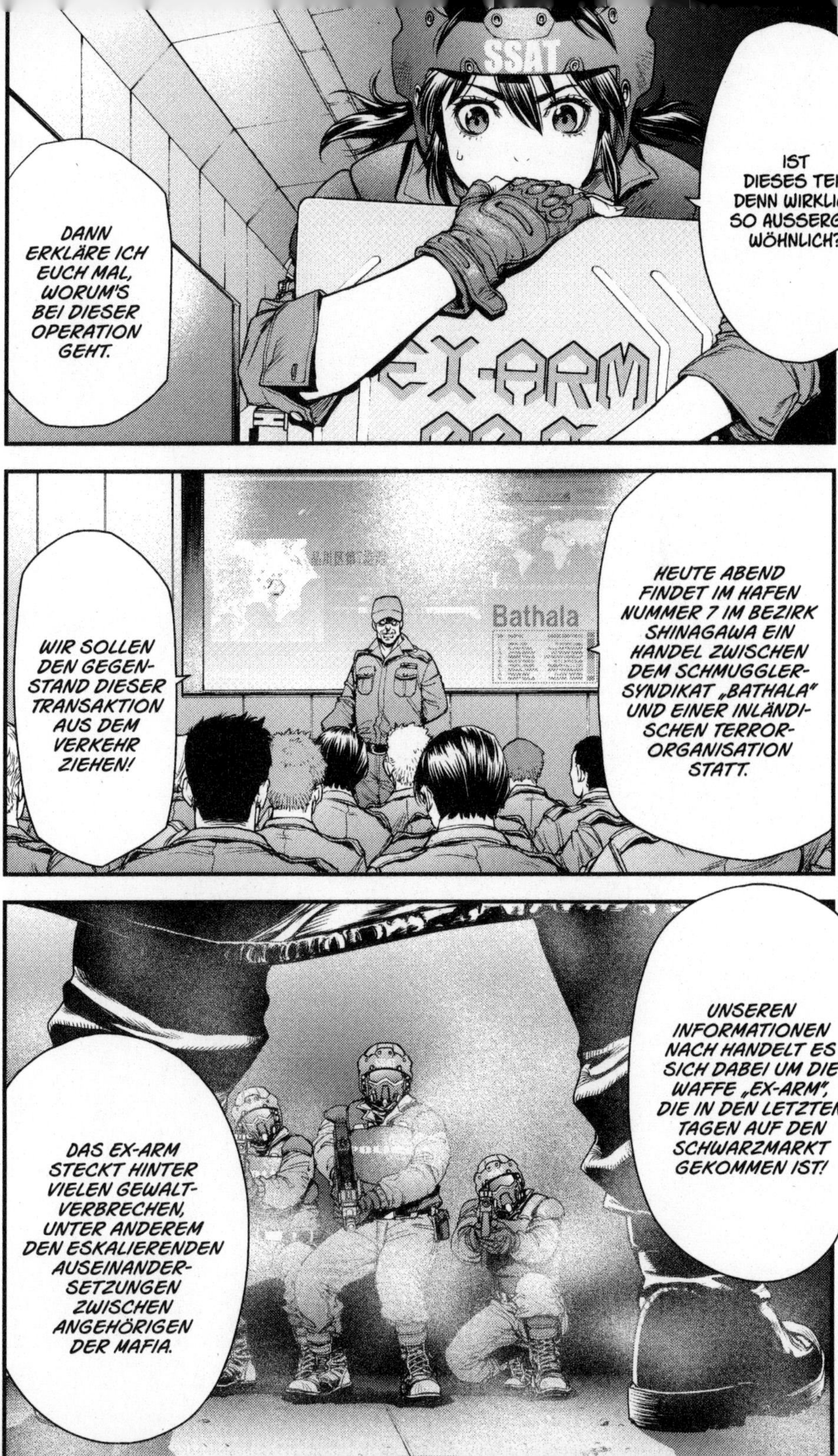

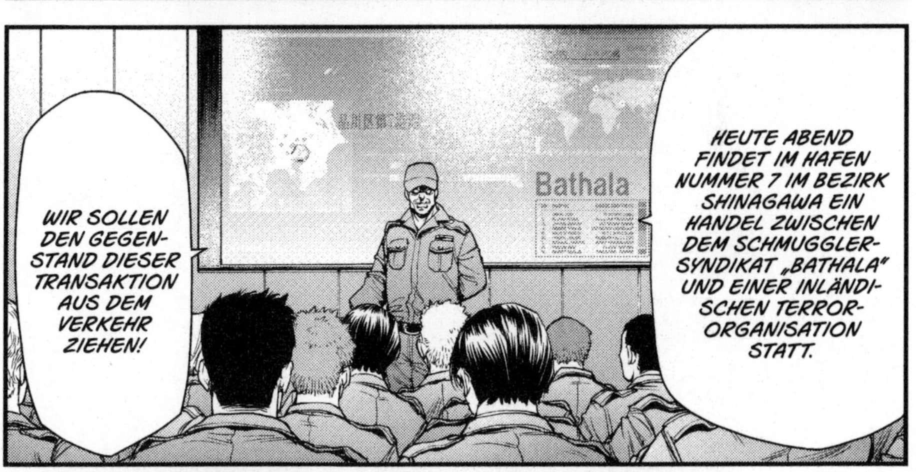
Bathala
HEUTE ABEND FINDET IM HAFEN NUMMER 7 IM BEZIRK SHINAGAWA EIN HANDEL ZWISCHEN DEM SCHMUGGLER-SYNDIKAT „BATHALA" UND EINER INLÄNDI-SCHEN TERROR-ORGANISATION STATT.
WIR SOLLEN DEN GEGEN-STAND DIESER TRANSAKTION AUS DEM VERKEHR ZIEHEN!

UNSEREN INFORMATIONEN NACH HANDELT ES SICH DABEI UM DIE WAFFE „EX-ARM", DIE IN DEN LETZTEN TAGEN AUF DEN SCHWARZMARKT GEKOMMEN IST!
DAS EX-ARM STECKT HINTER VIELEN GEWALT-VERBRECHEN, UNTER ANDEREM DEN ESKALIERENDEN AUSEINANDER-SETZUNGEN ZWISCHEN ANGEHÖRIGEN DER MAFIA.

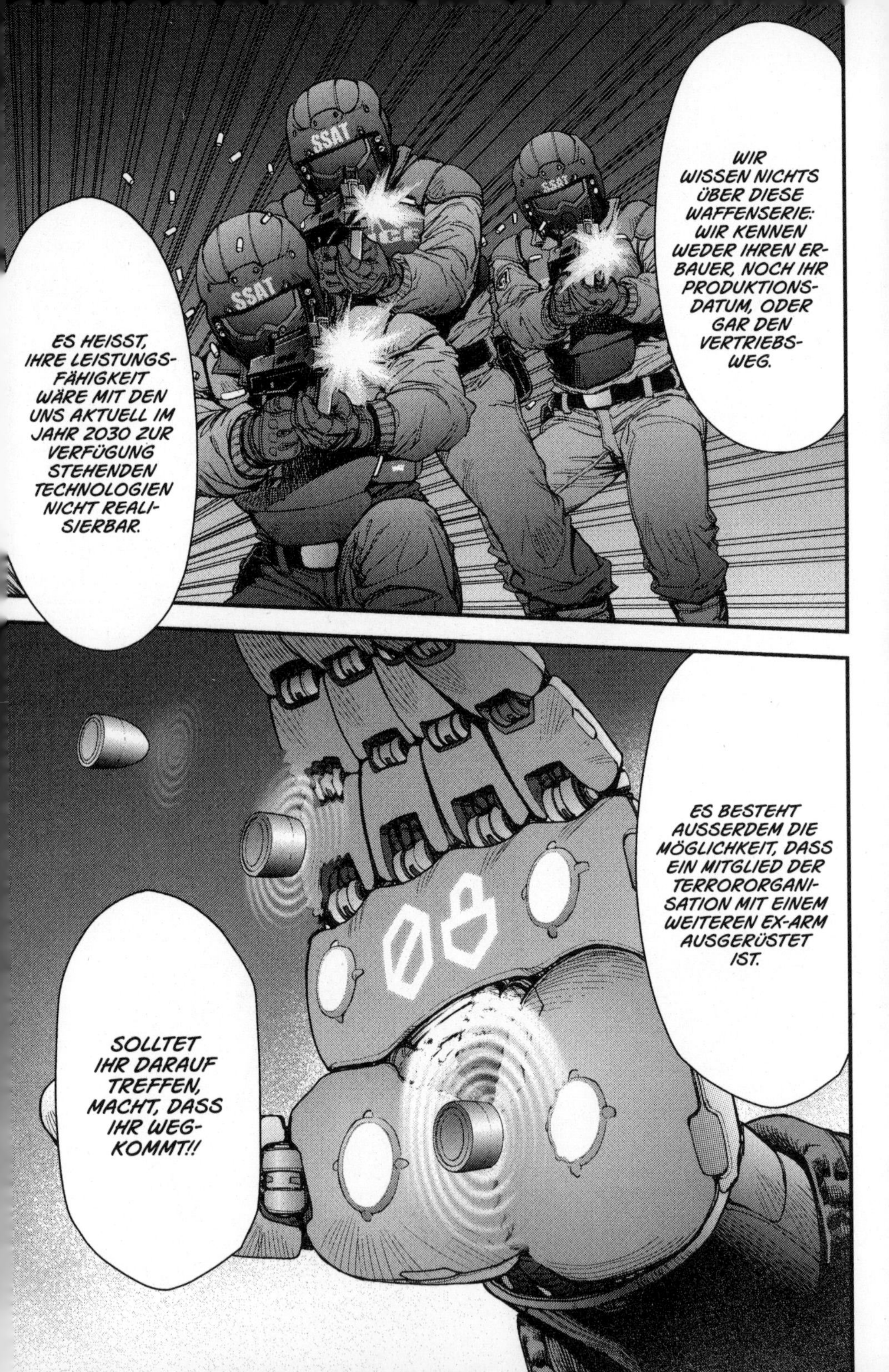
WIR WISSEN NICHTS ÜBER DIESE WAFFENSERIE: WIR KENNEN WEDER IHREN ERBAUER, NOCH IHR PRODUKTIONSDATUM, ODER GAR DEN VERTRIEBSWEG.
SSAT
SSAT
SSAT
ES HEISST, IHRE LEISTUNGSFÄHIGKEIT WÄRE MIT DEN UNS AKTUELL IM JAHR 2030 ZUR VERFÜGUNG STEHENDEN TECHNOLOGIEN NICHT REALISIERBAR.
ES BESTEHT AUSSERDEM DIE MÖGLICHKEIT, DASS EIN MITGLIED DER TERRORORGANISATION MIT EINEM WEITEREN EX-ARM AUSGERÜSTET IST.
08
SOLLTET IHR DARAUF TREFFEN, MACHT, DASS IHR WEGKOMMT!!

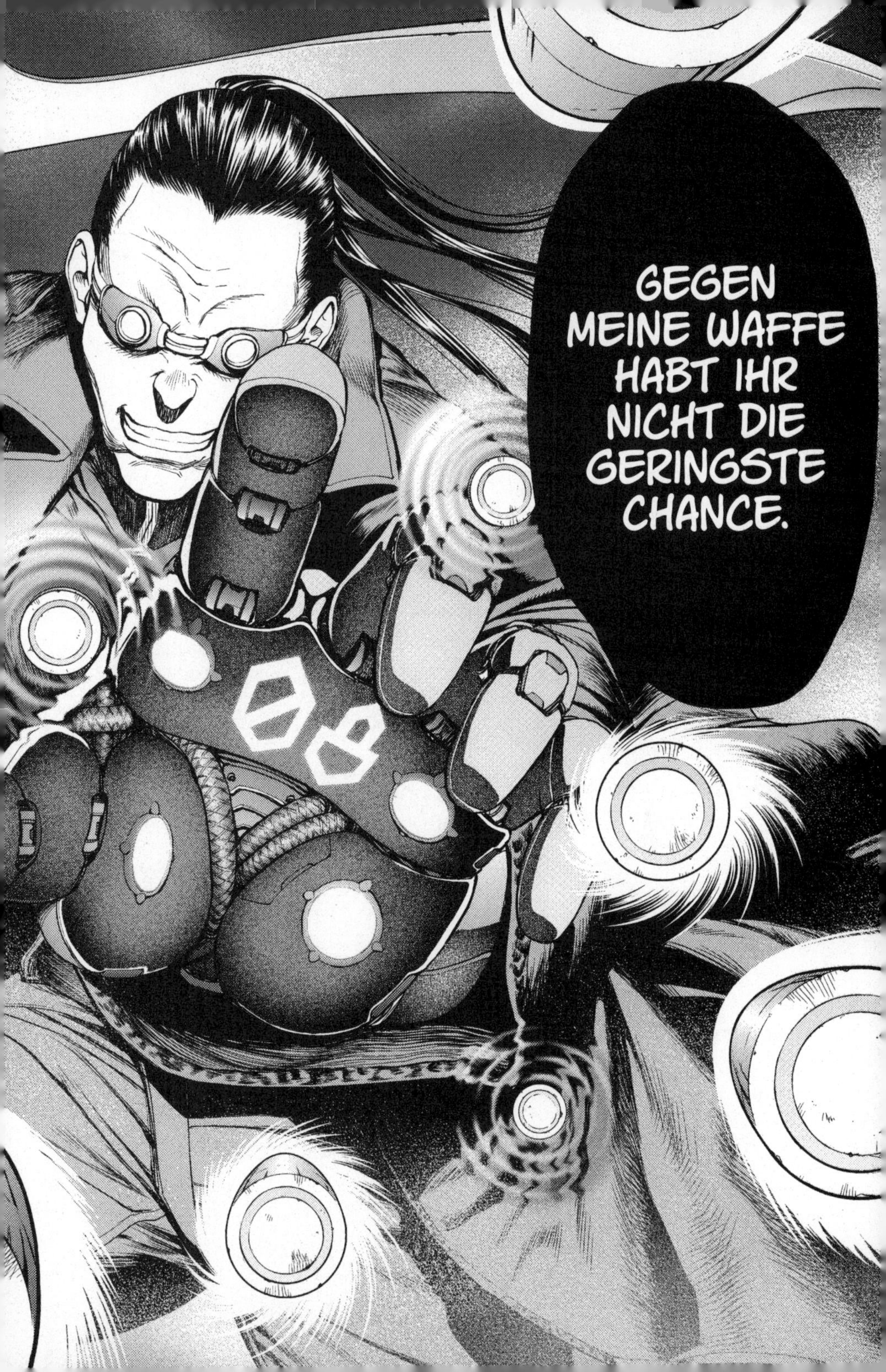
GEGEN MEINE WAFFE HABT IHR NICHT DIE GERINGSTE CHANCE.

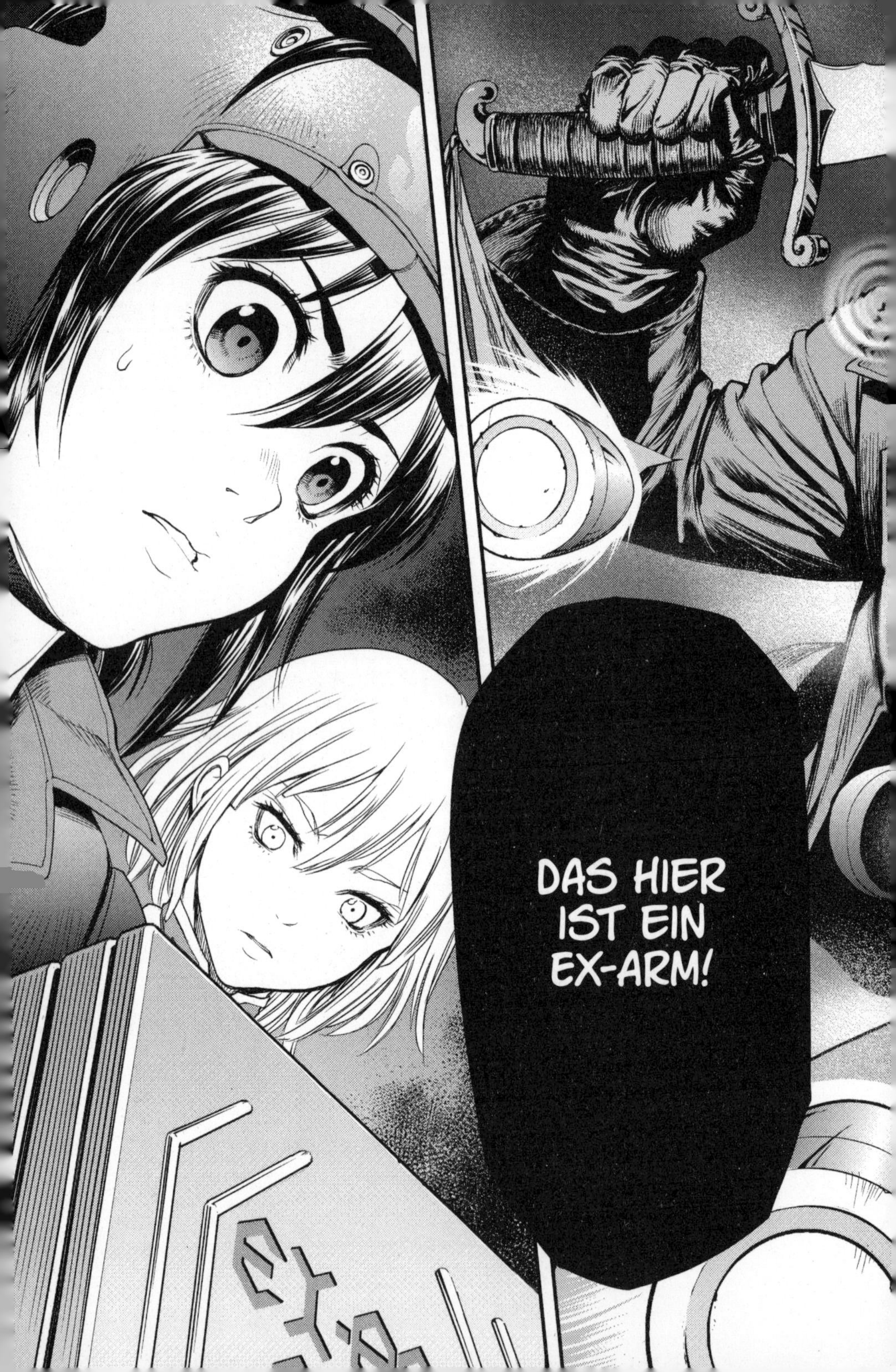
DAS HIER
IST EIN
EX-ARM!

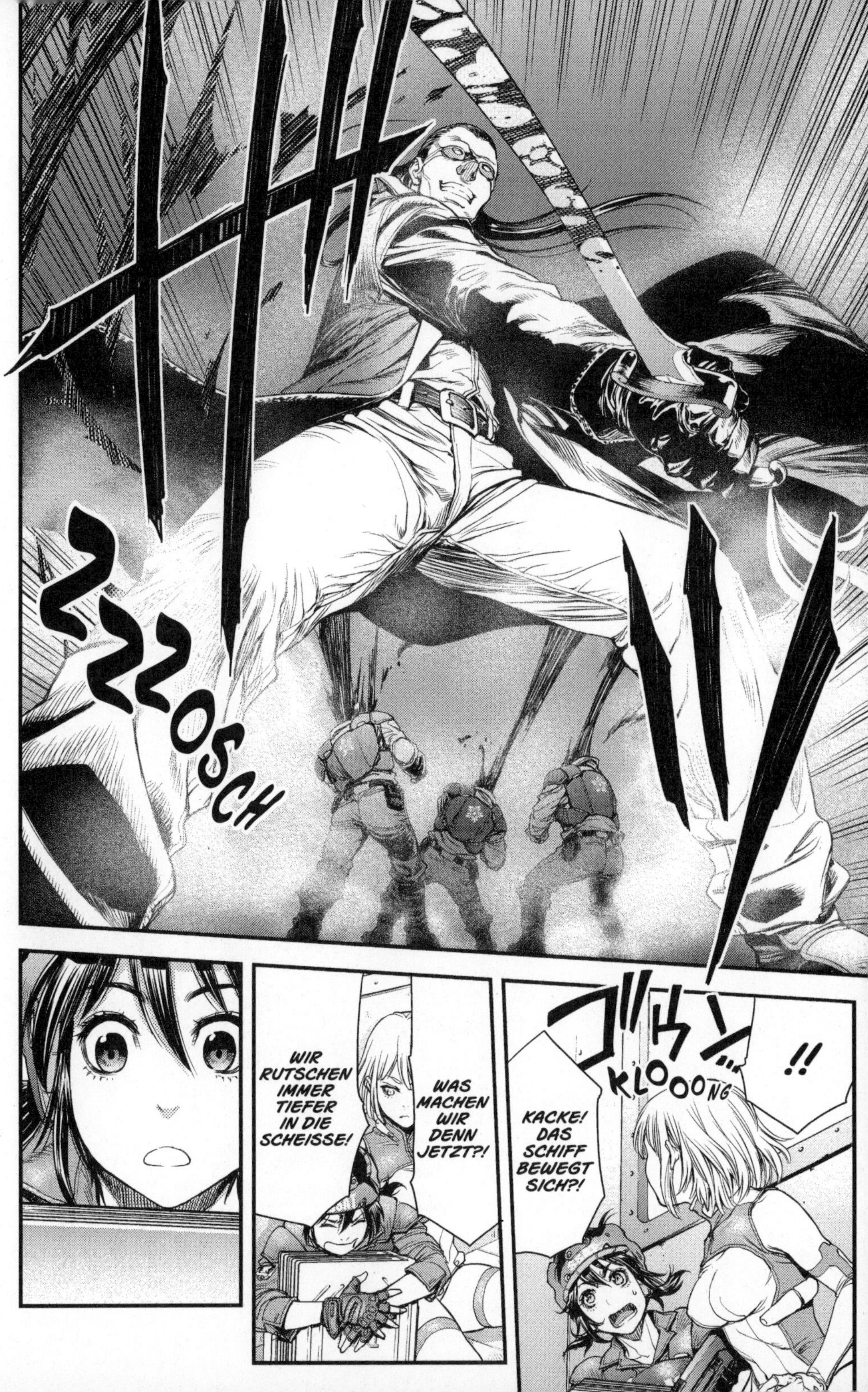
ZZZOSCH
ゴトン
KLOOONG
!!
KACKE! DAS SCHIFF BEWEGT SICH?!
WAS MACHEN WIR DENN JETZT?!
WIR RUTSCHEN IMMER TIEFER IN DIE SCHEISSE!

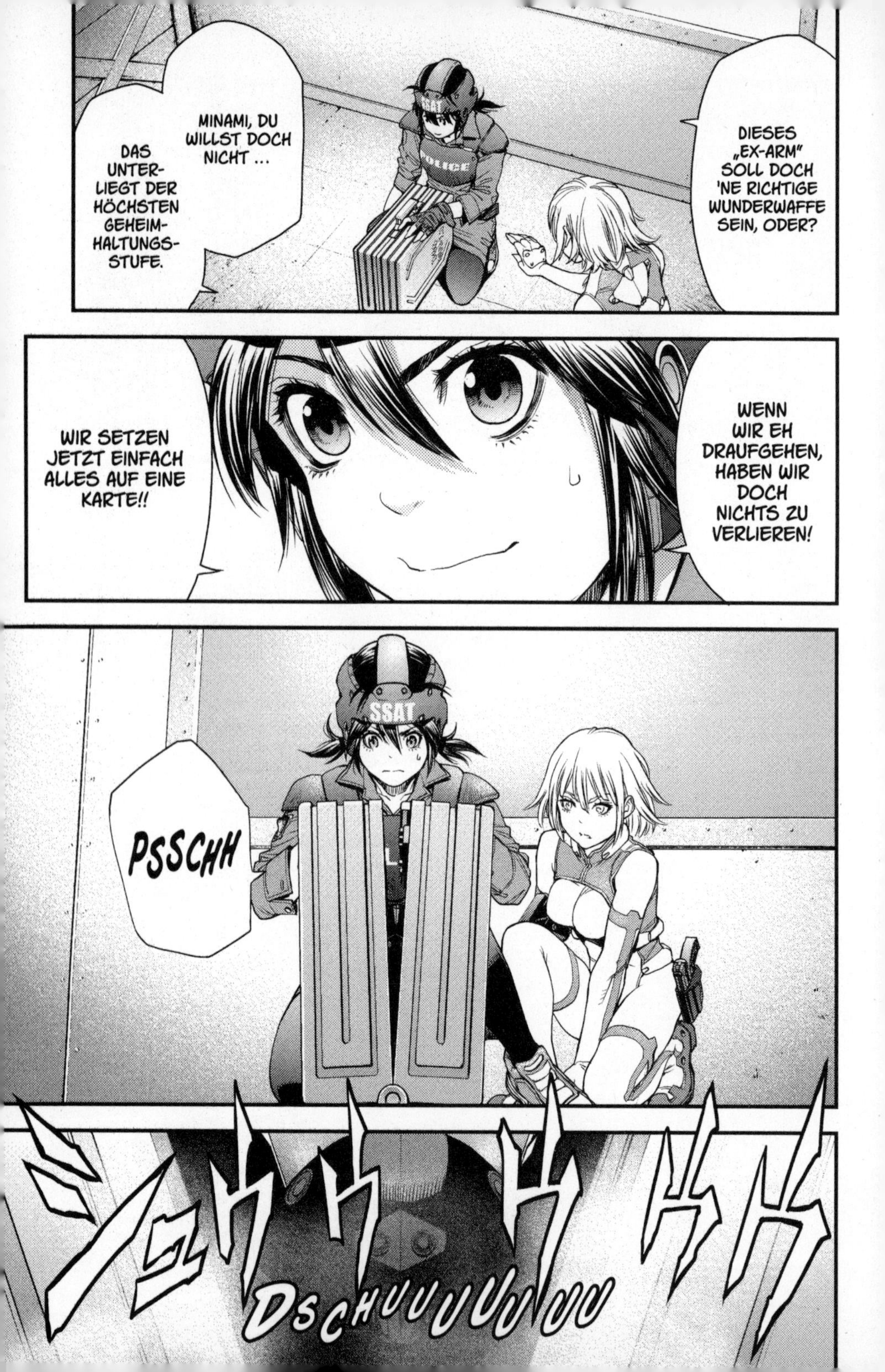

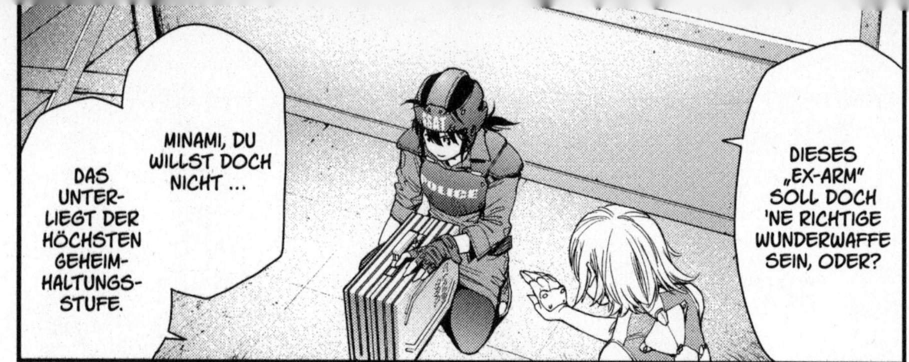

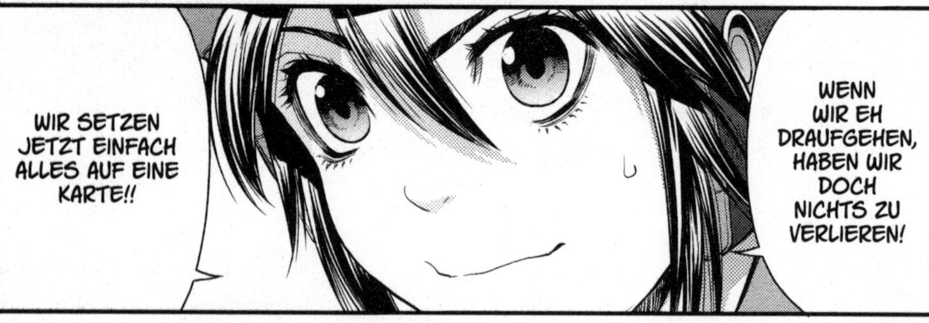

PSSCHH

DSCHUUUUUUUUU

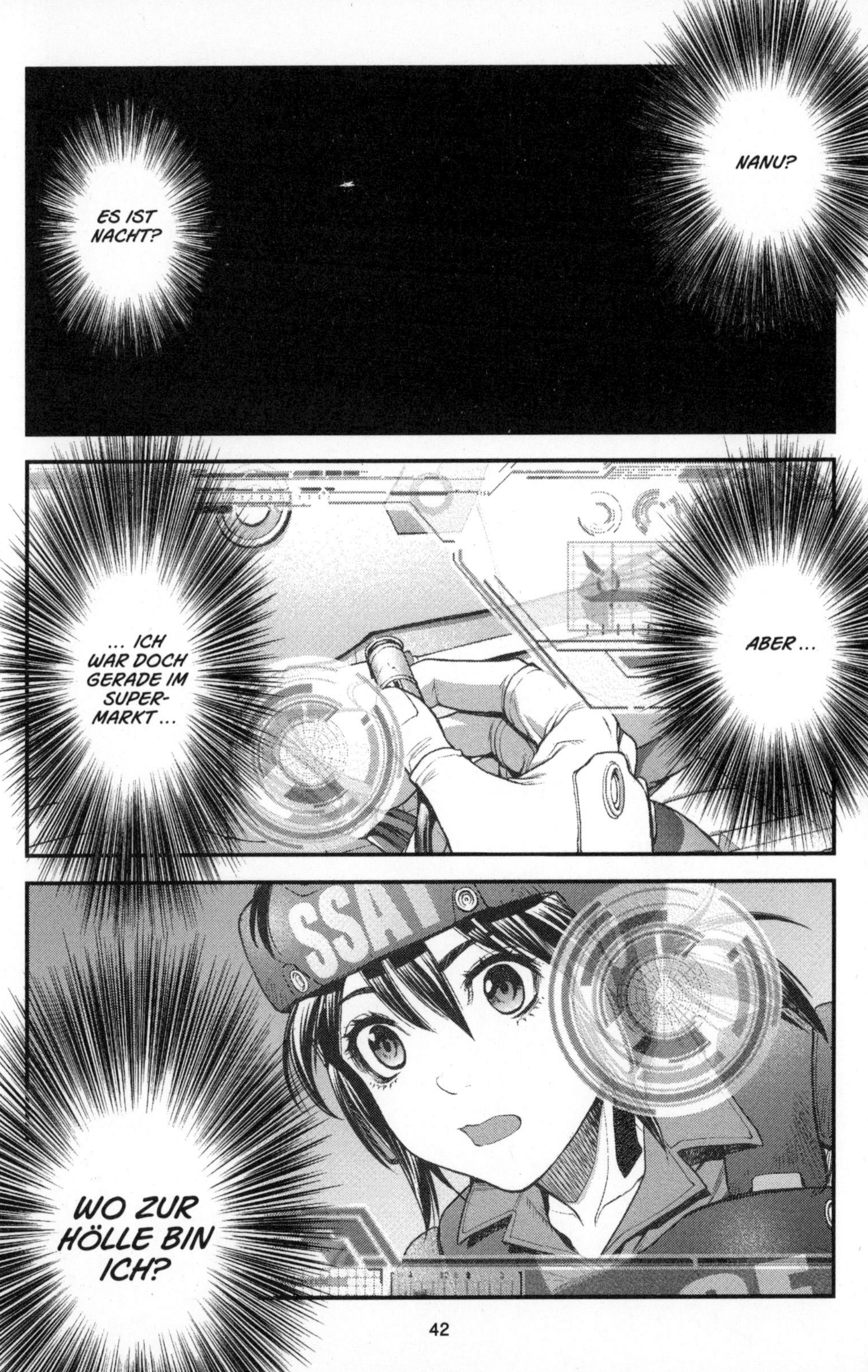
NANU?
ES IST NACHT?
ABER ...
... ICH WAR DOCH GERADE IM SUPER-MARKT ...
SSAT
WO ZUR HÖLLE BIN ICH?

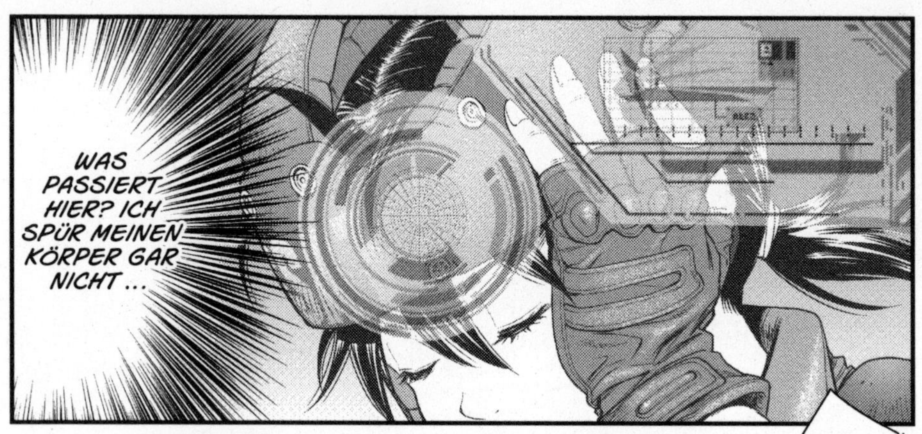
WAS PASSIERT HIER? ICH SPÜR MEINEN KÖRPER GAR NICHT …

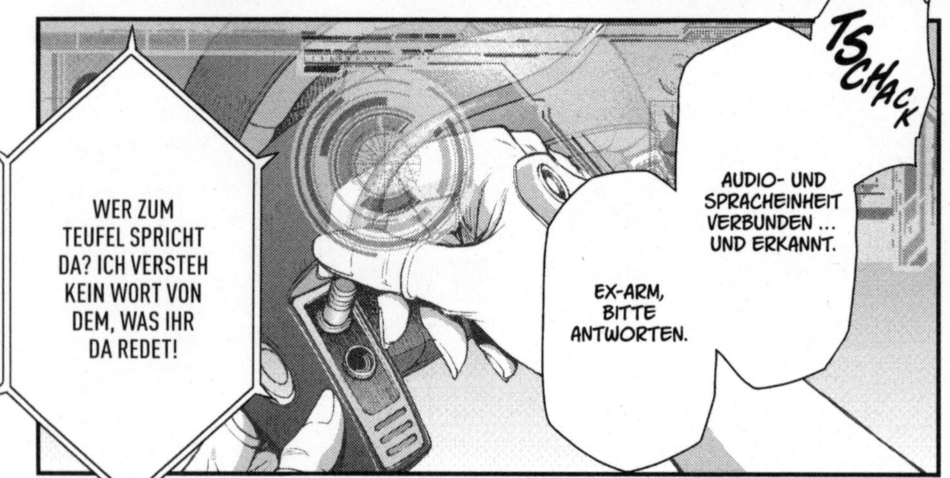
TSCHACK
AUDIO- UND SPRACHEINHEIT VERBUNDEN … UND ERKANNT.
EX-ARM, BITTE ANTWORTEN.
WER ZUM TEUFEL SPRICHT DA? ICH VERSTEH KEIN WORT VON DEM, WAS IHR DA REDET!

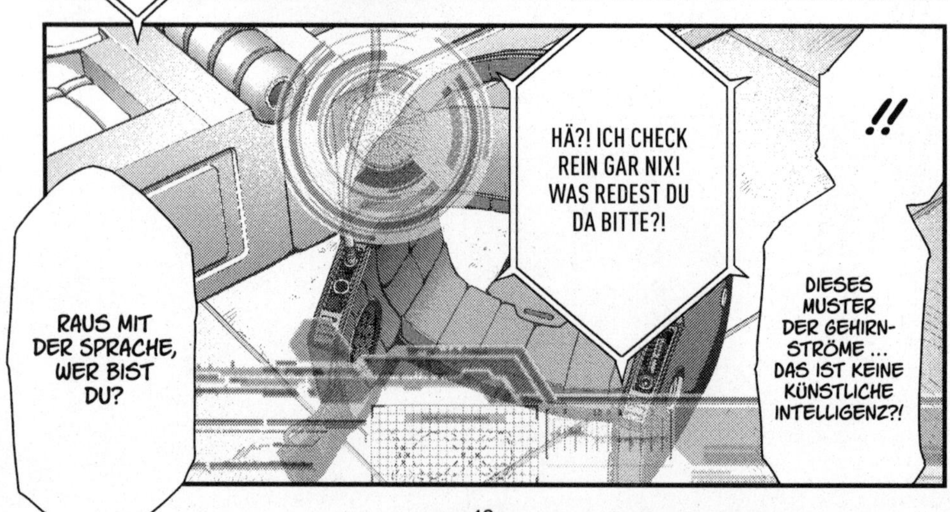
!!
DIESES MUSTER DER GEHIRN-STRÖME … DAS IST KEINE KÜNSTLICHE INTELLIGENZ?!
HÄ?! ICH CHECK REIN GAR NIX! WAS REDEST DU DA BITTE?!
RAUS MIT DER SPRACHE, WER BIST DU?

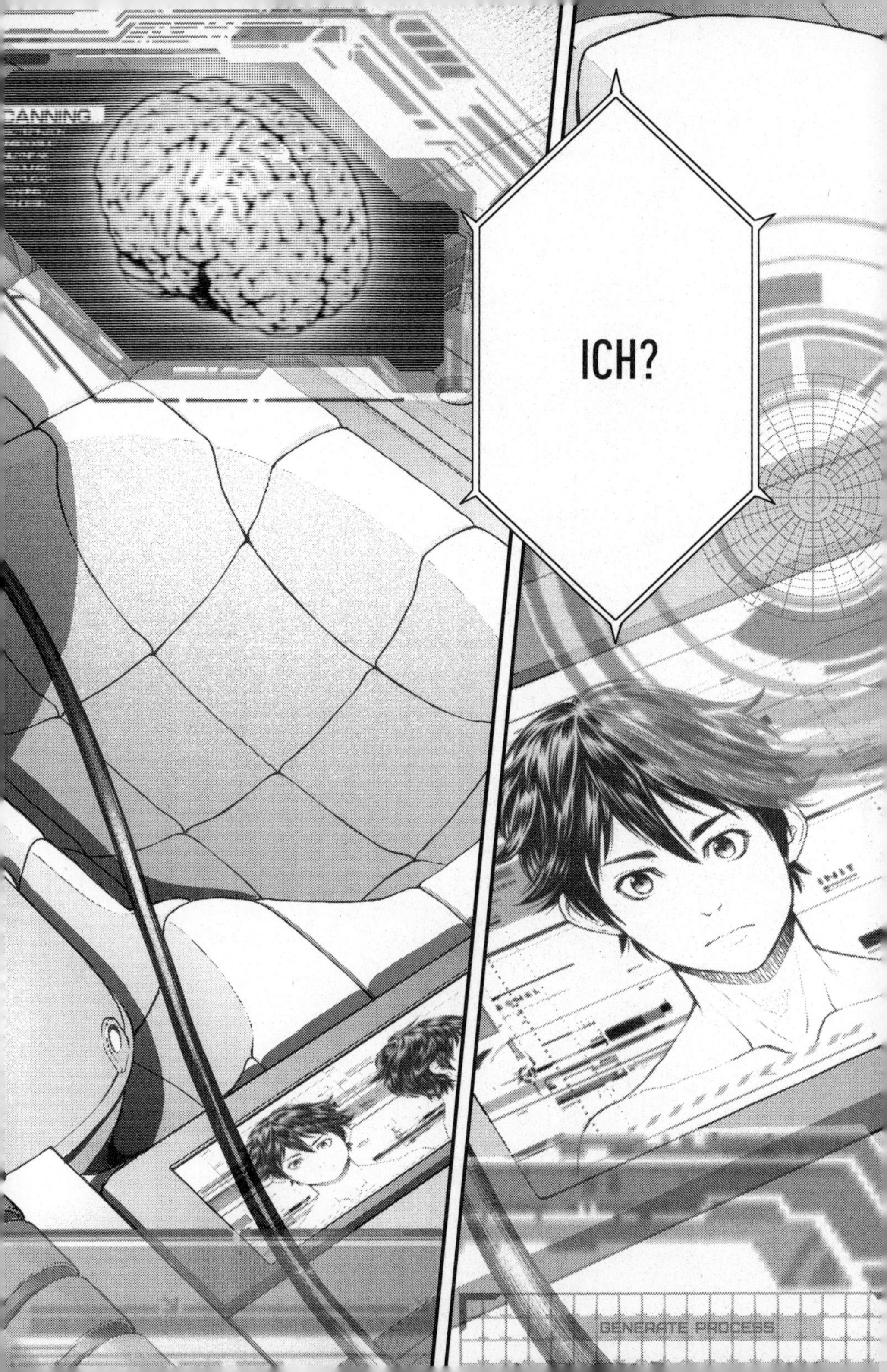
ICH?
GENERATE PROCESS

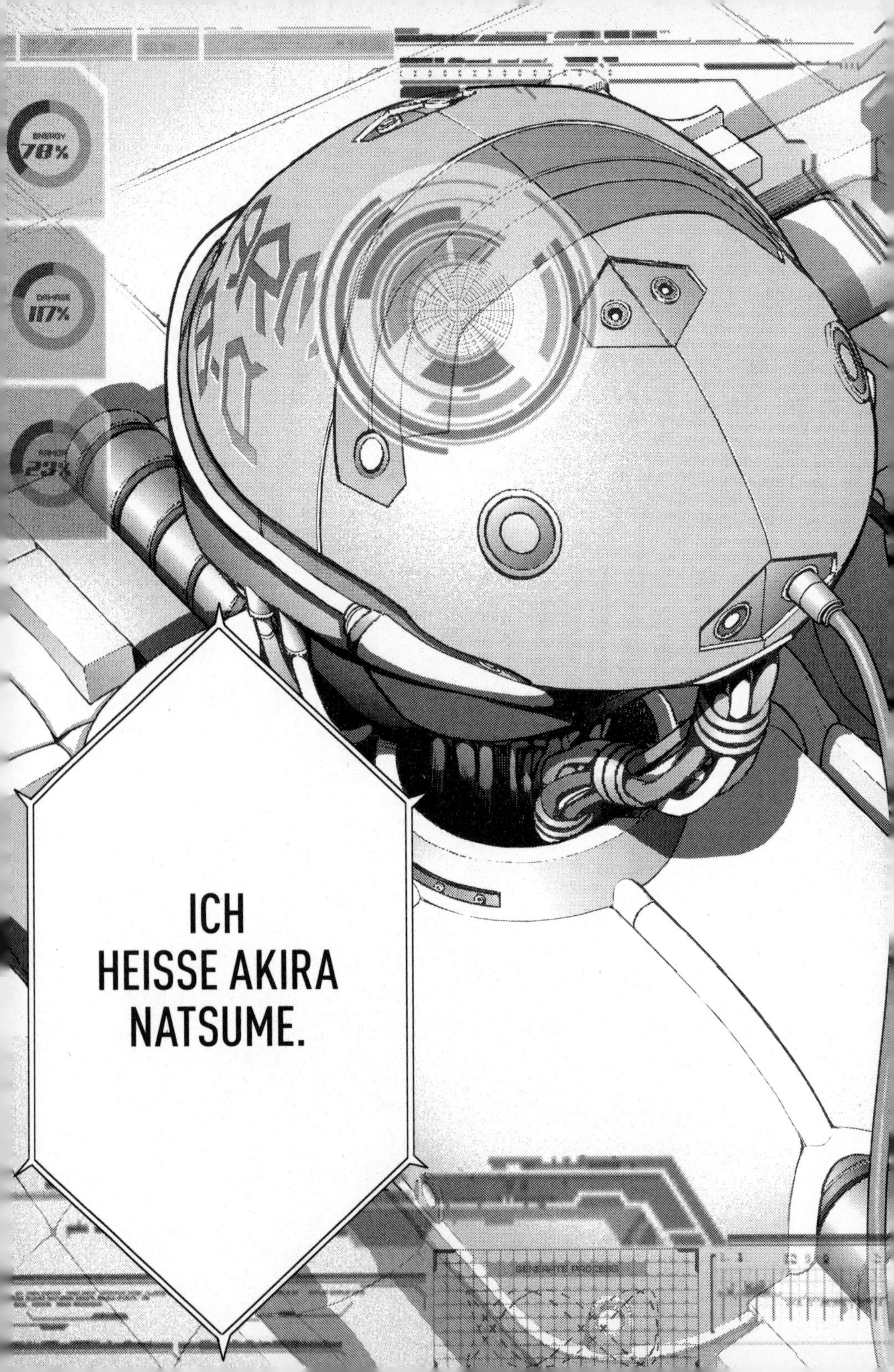
ENERGY
78%
DAMAGE
117%
23%
ICH HEISSE AKIRA NATSUME.

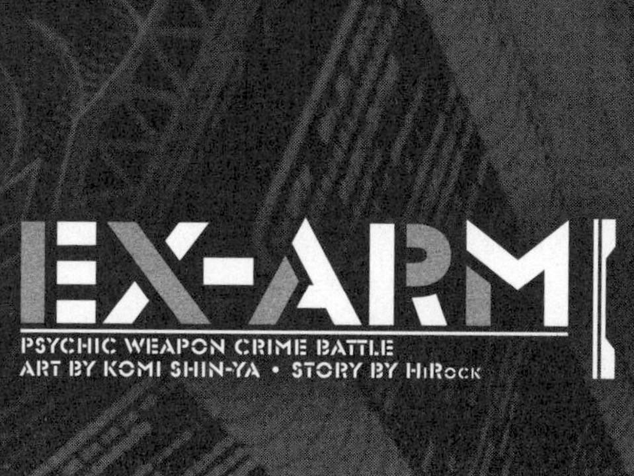
EX-ARM
PSYCHIC WEAPON CRIME BATTLE
ART BY KOMI SHIN-YA • STORY BY HiRock

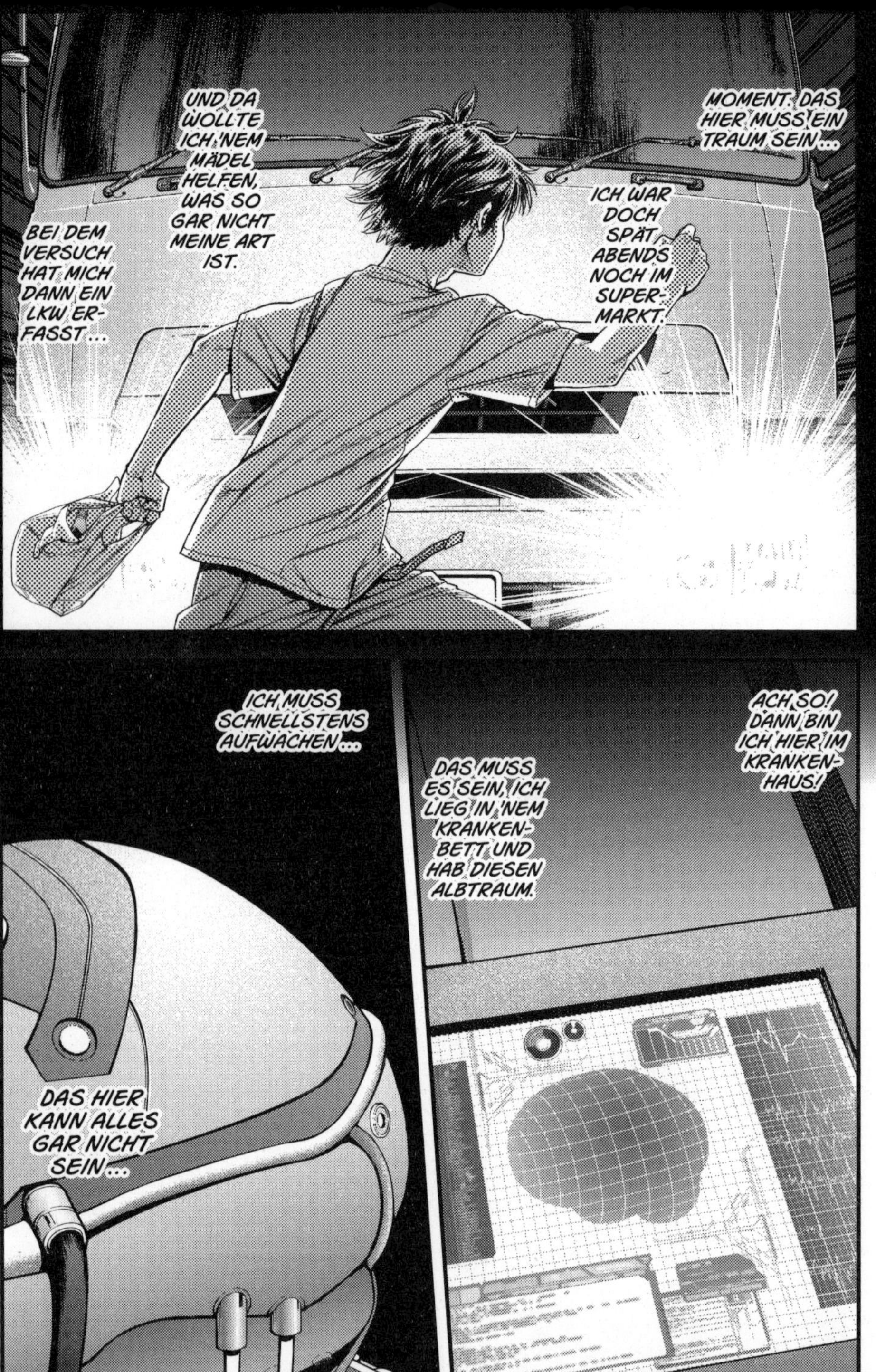

MOMENT. DAS HIER MUSS EIN TRAUM SEIN …
ICH WAR DOCH SPÄT ABENDS NOCH IM SUPERMARKT.
UND DA WOLLTE ICH 'NEM MÄDEL HELFEN, WAS SO GAR NICHT MEINE ART IST.
BEI DEM VERSUCH HAT MICH DANN EIN LKW ERFASST …
ACH SO! DANN BIN ICH HIER IM KRANKENHAUS!
DAS MUSS ES SEIN, ICH LIEG IN 'NEM KRANKENBETT UND HAB DIESEN ALBTRAUM.
ICH MUSS SCHNELLSTENS AUFWACHEN …
DAS HIER KANN ALLES GAR NICHT SEIN …

BATTLE 002 | PARA-TECHNOLOGIE

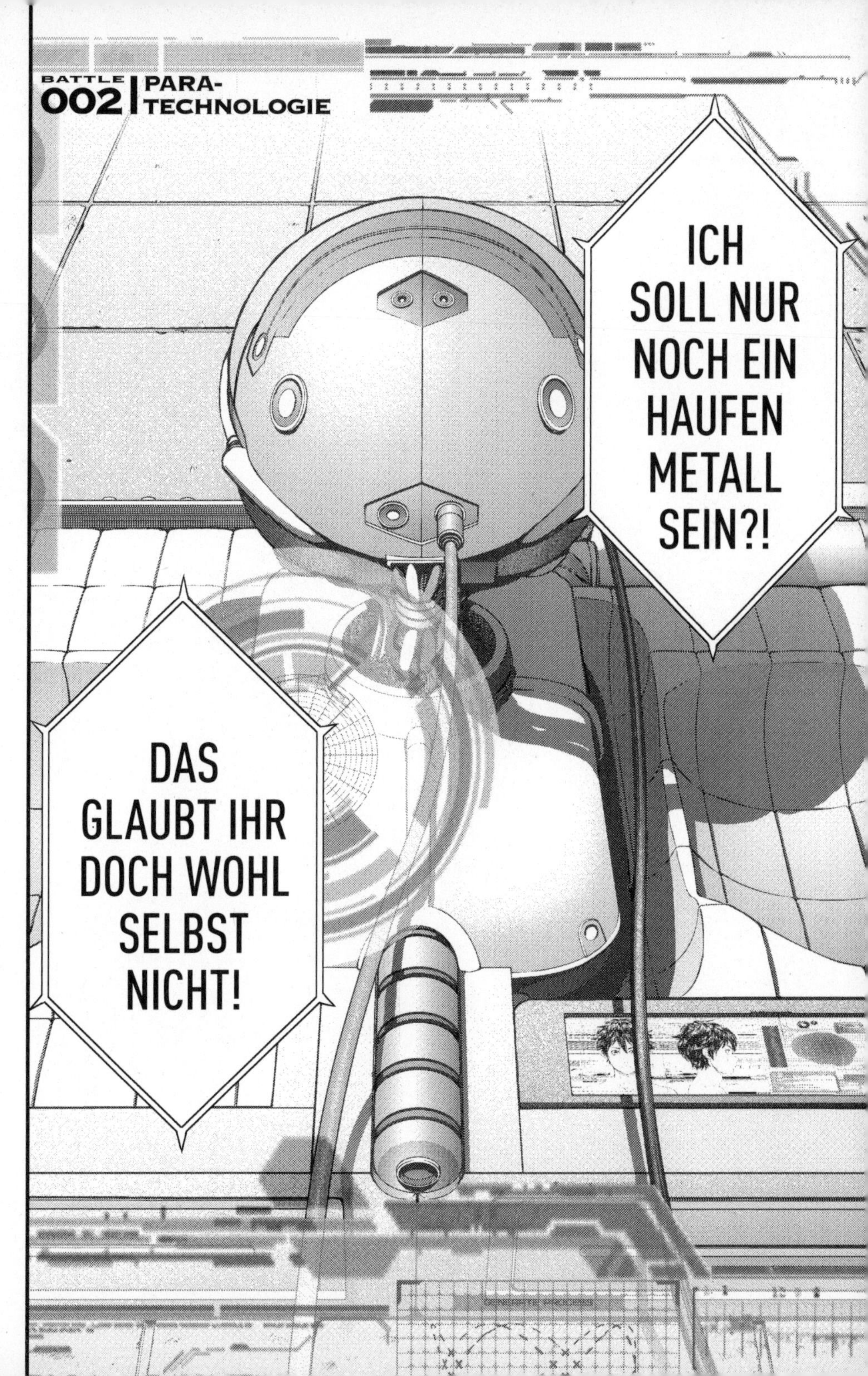
BATTLE 002 | PARA-TECHNOLOGIE
ICH SOLL NUR NOCH EIN HAUFEN METALL SEIN?!
DAS GLAUBT IHR DOCH WOHL SELBST NICHT!

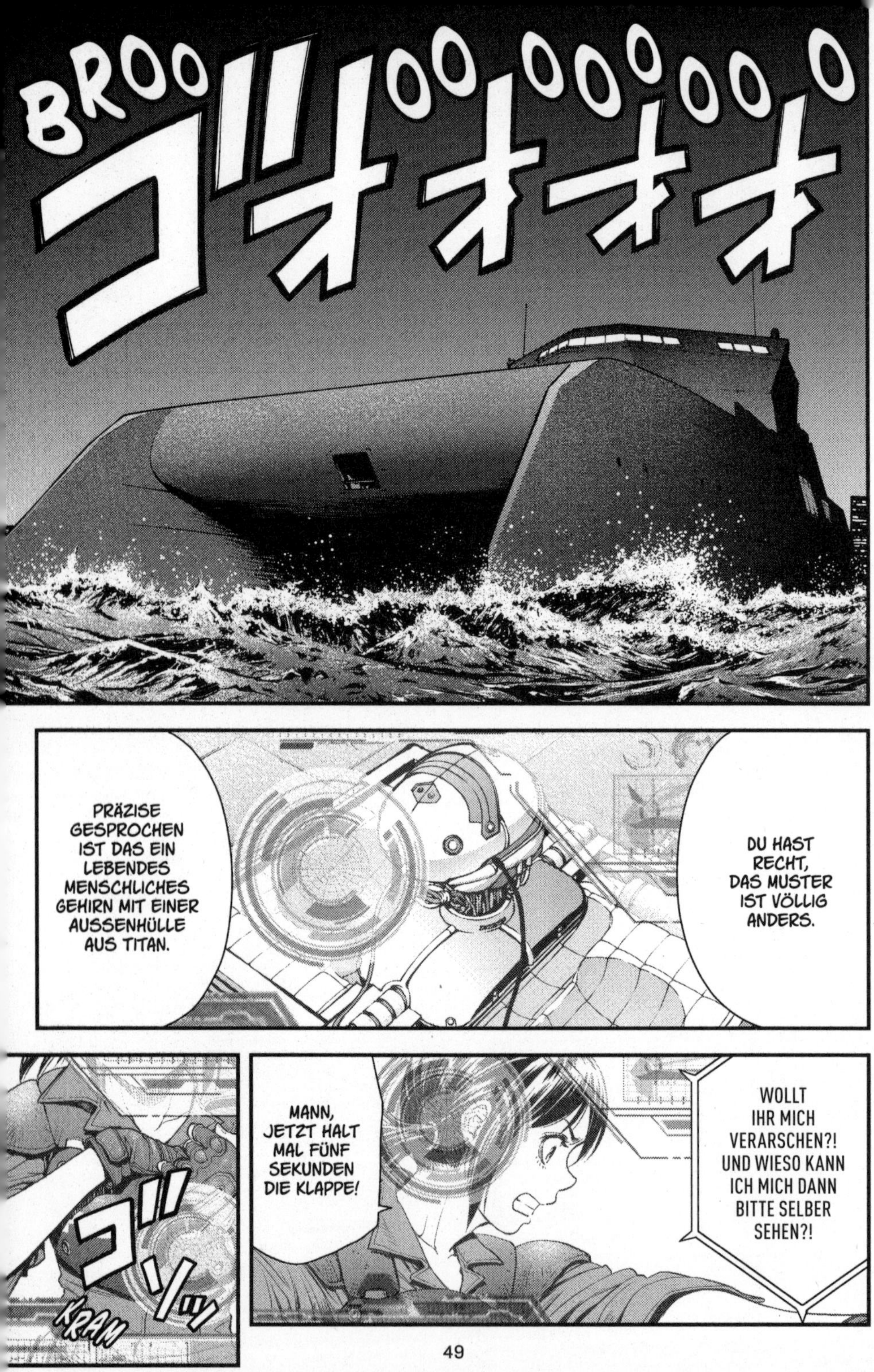

BROOOOOOOOOO
ゴオオオオ

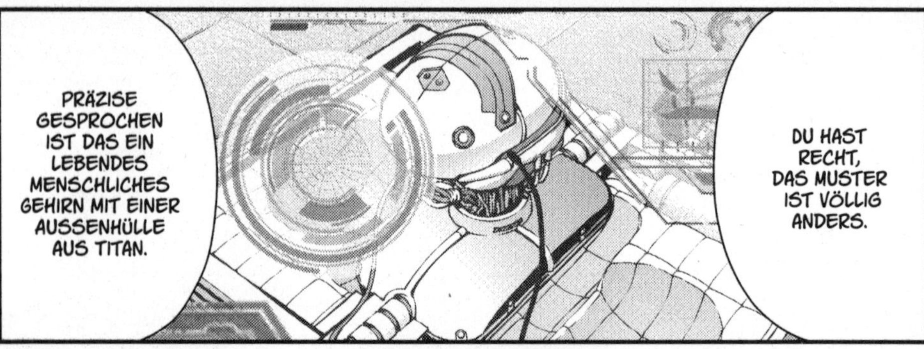

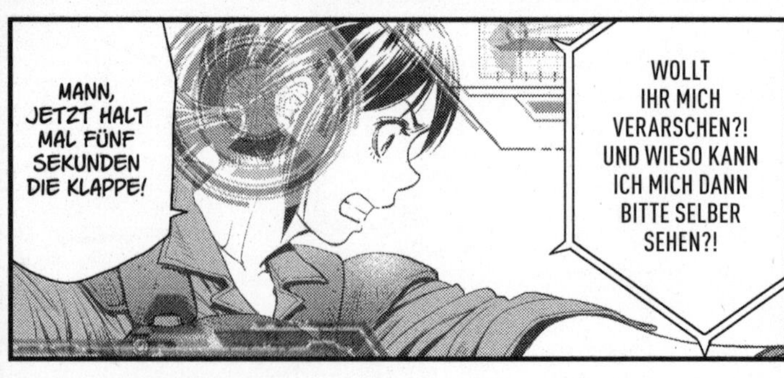

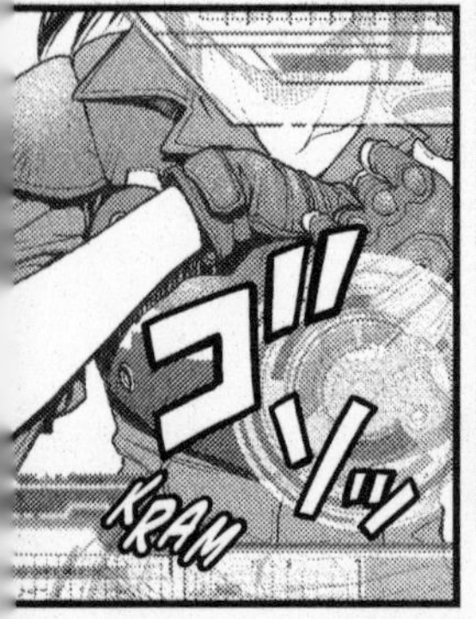

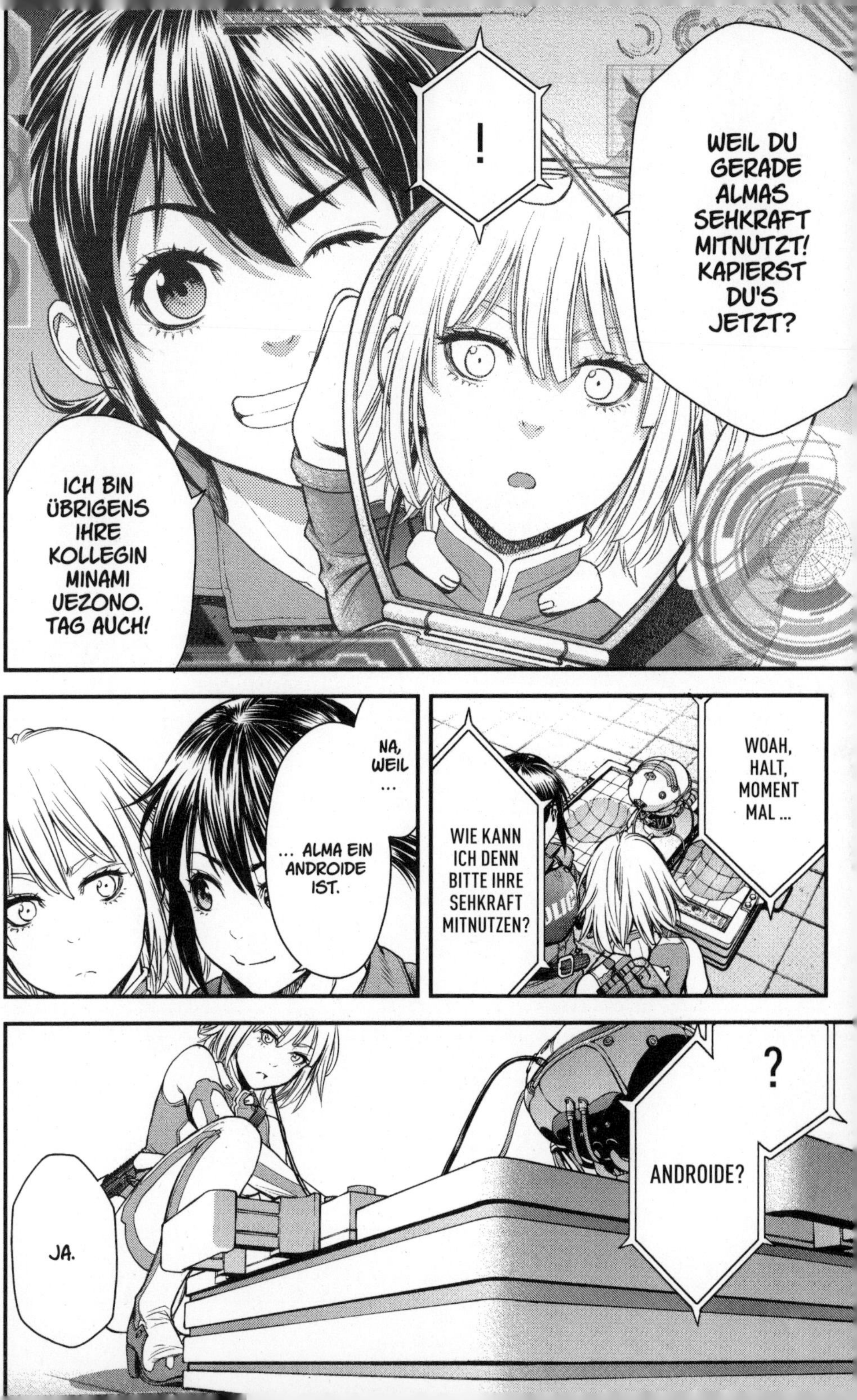

WEIL DU GERADE ALMAS SEHKRAFT MITNUTZT! KAPIERST DU'S JETZT?
!
ICH BIN ÜBRIGENS IHRE KOLLEGIN MINAMI UEZONO. TAG AUCH!

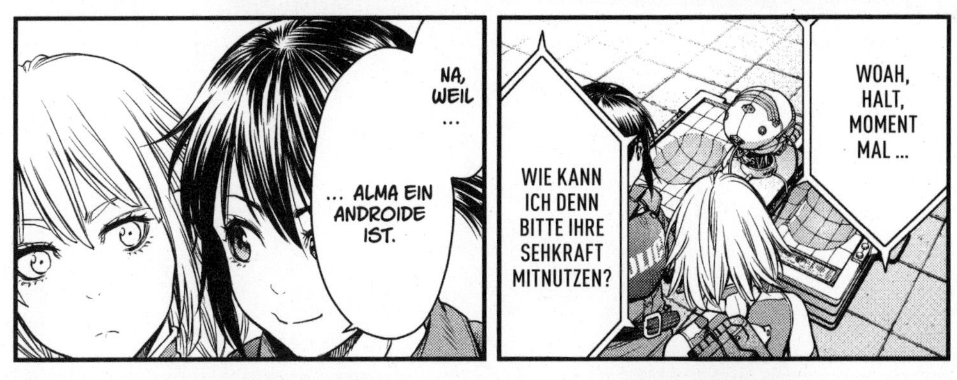

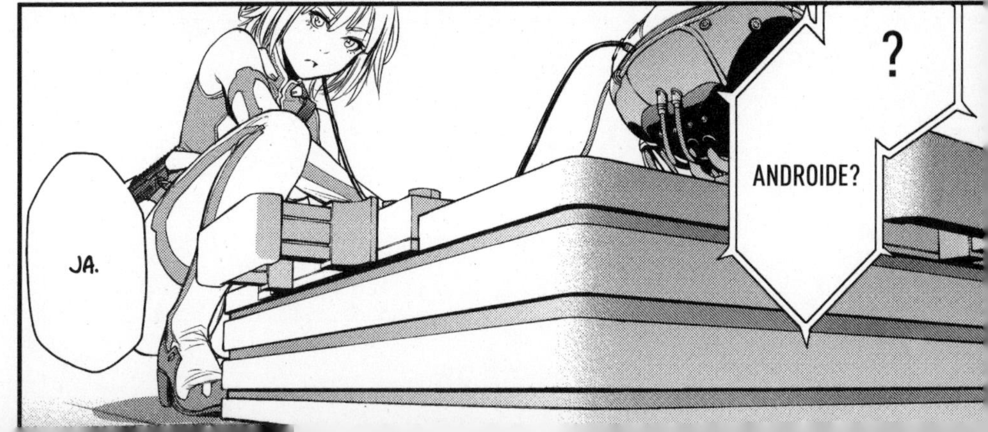

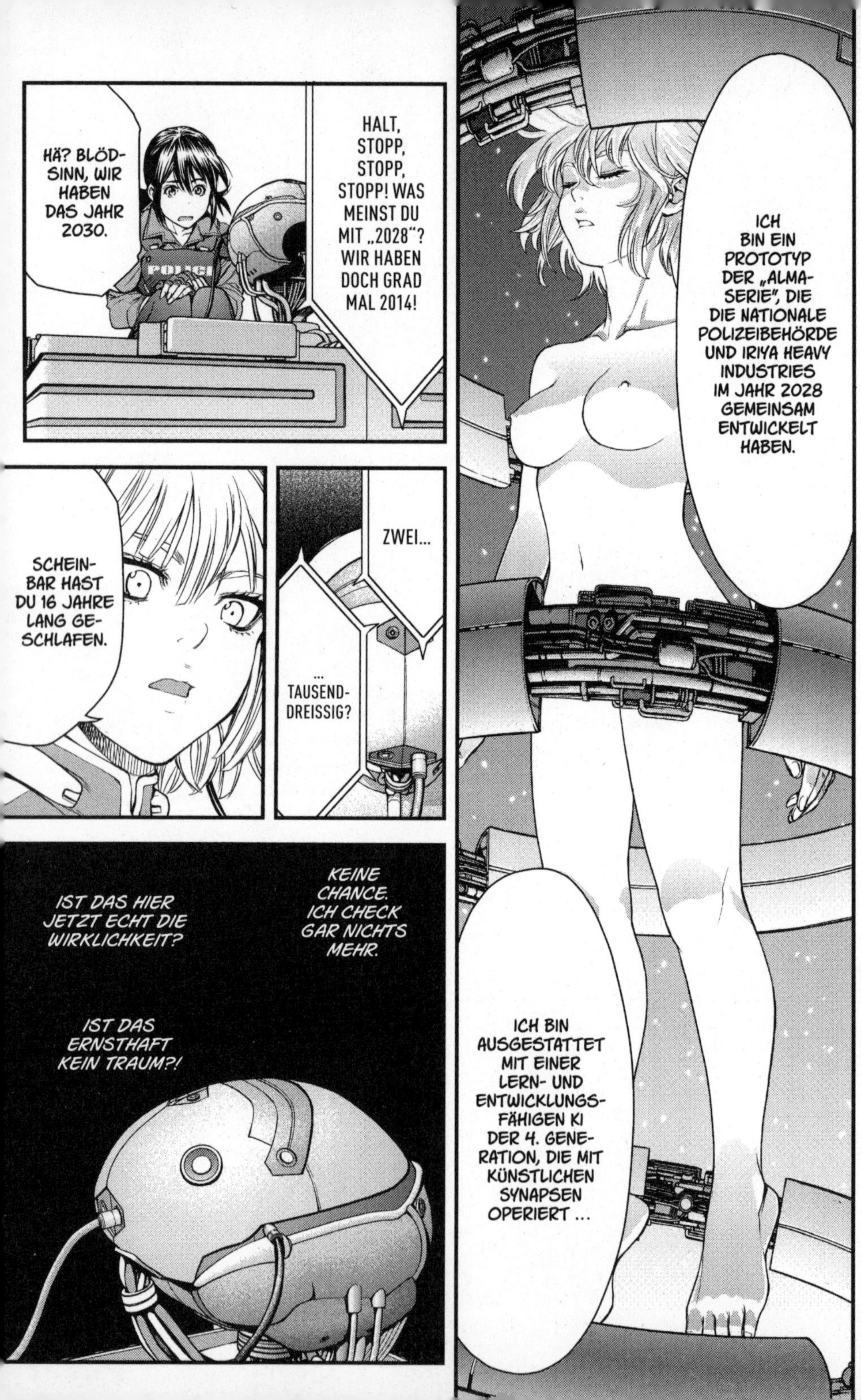

ICH BIN EIN PROTOTYP DER „ALMA-SERIE“, DIE DIE NATIONALE POLIZEIBEHÖRDE UND IRIYA HEAVY INDUSTRIES IM JAHR 2028 GEMEINSAM ENTWICKELT HABEN.

ICH BIN AUSGESTATTET MIT EINER LERN- UND ENTWICKLUNGS-FÄHIGEN KI DER 4. GENE-RATION, DIE MIT KÜNSTLICHEN SYNAPSEN OPERIERT …

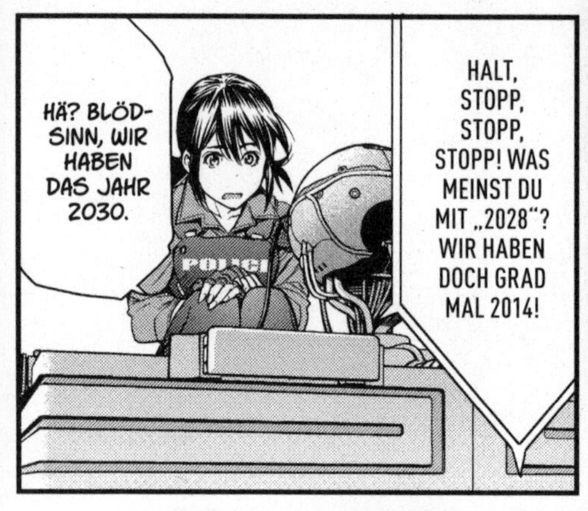

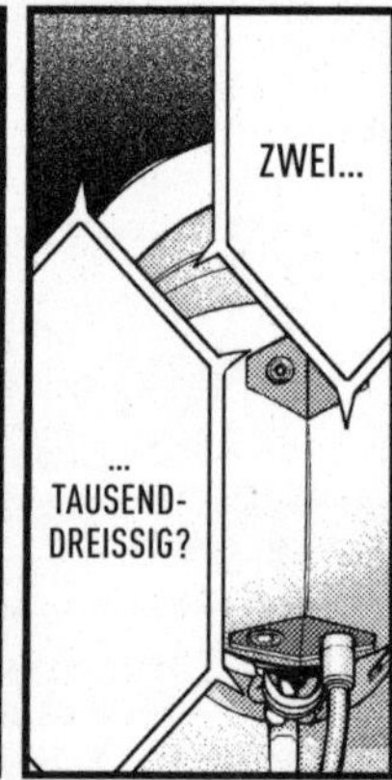

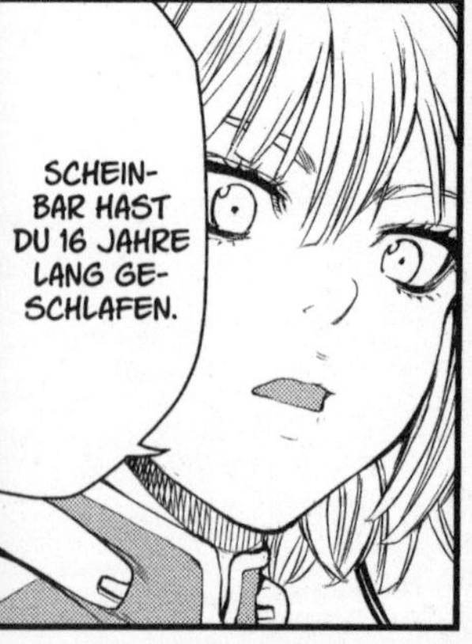

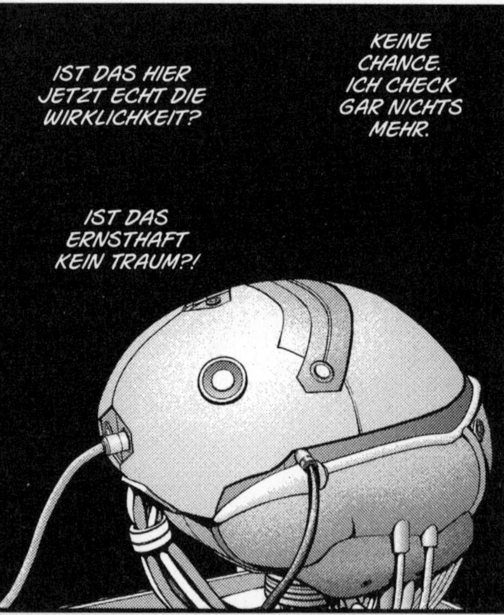

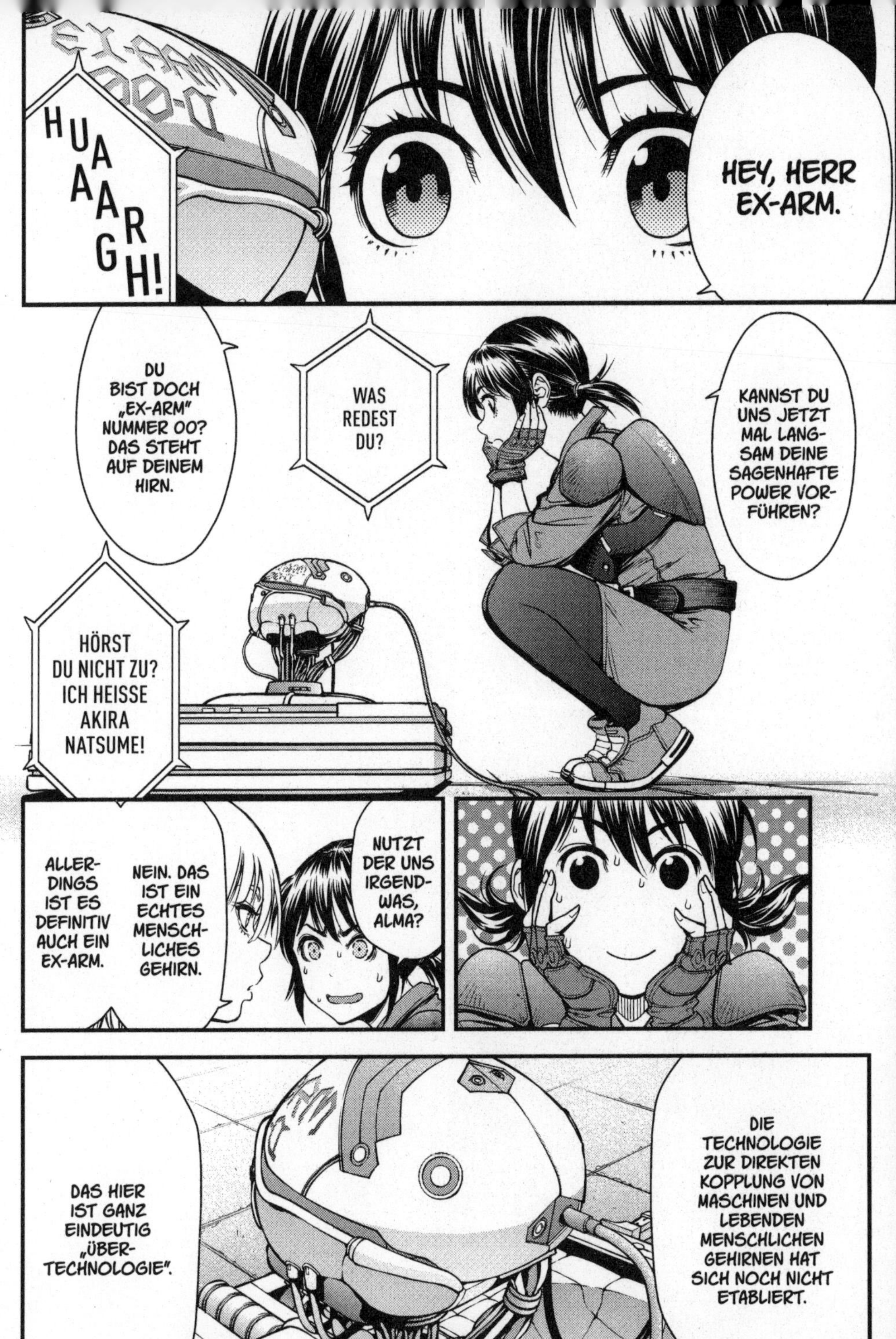
HEY, HERR EX-ARM.
HUAAARGH!
KANNST DU UNS JETZT MAL LANGSAM DEINE SAGENHAFTE POWER VORFÜHREN?
WAS REDEST DU?
DU BIST DOCH „EX-ARM" NUMMER 00? DAS STEHT AUF DEINEM HIRN.
HÖRST DU NICHT ZU? ICH HEISSE AKIRA NATSUME!
NUTZT DER UNS IRGENDWAS, ALMA?
NEIN. DAS IST EIN ECHTES MENSCHLICHES GEHIRN.
ALLERDINGS IST ES DEFINITIV AUCH EIN EX-ARM.
DIE TECHNOLOGIE ZUR DIREKTEN KOPPLUNG VON MASCHINEN UND LEBENDEN MENSCHLICHEN GEHIRNEN HAT SICH NOCH NICHT ETABLIERT.
DAS HIER IST GANZ EINDEUTIG „ÜBERTECHNOLOGIE".

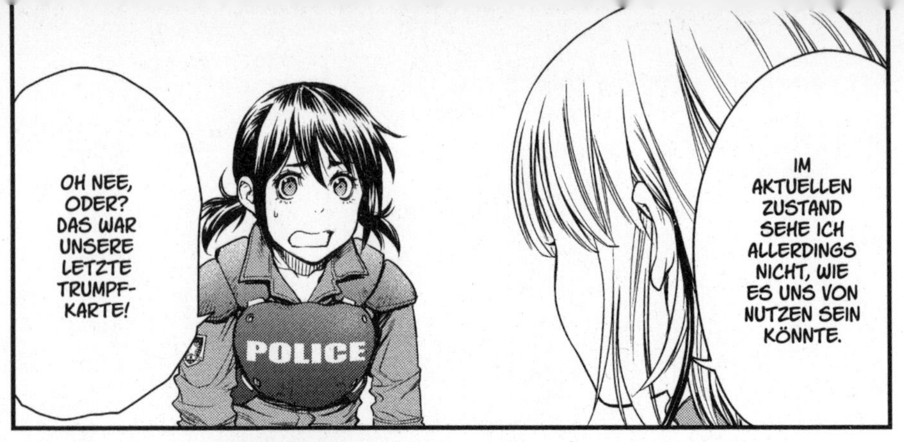
IM AKTUELLEN ZUSTAND SEHE ICH ALLERDINGS NICHT, WIE ES UNS VON NUTZEN SEIN KÖNNTE.
OH NEE, ODER? DAS WAR UNSERE LETZTE TRUMPF-KARTE!

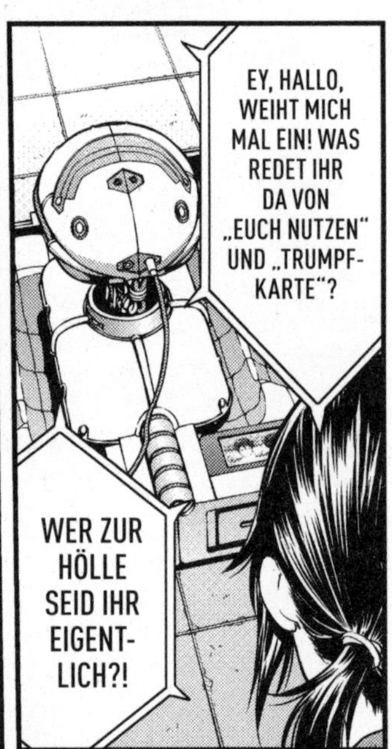
EY, HALLO, WEIHT MICH MAL EIN! WAS REDET IHR DA VON „EUCH NUTZEN“ UND „TRUMPF-KARTE“?
WER ZUR HÖLLE SEID IHR EIGENT-LICH?!

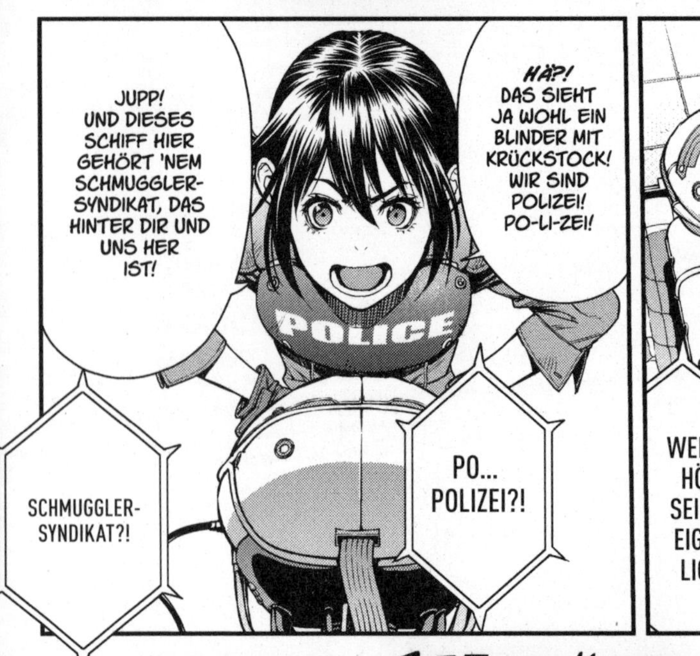
HÄ?! DAS SIEHT JA WOHL EIN BLINDER MIT KRÜCKSTOCK! WIR SIND POLIZEI! PO-LI-ZEI!
PO... POLIZEI?!
JUPP! UND DIESES SCHIFF HIER GEHÖRT 'NEM SCHMUGGLER-SYNDIKAT, DAS HINTER DIR UND UNS HER IST!
SCHMUGGLER-SYNDIKAT?!

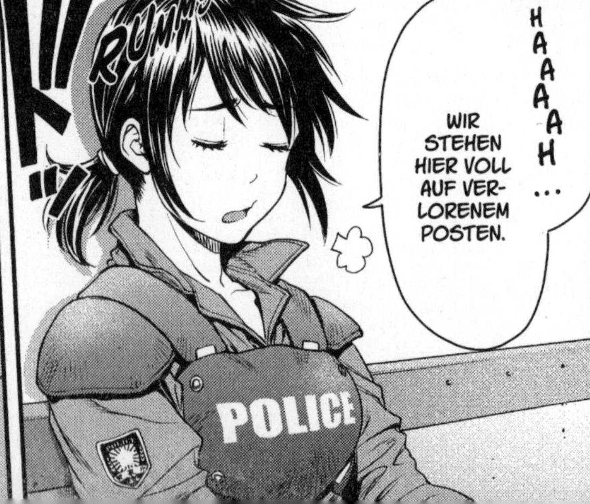
HAAAAH ...
WIR STEHEN HIER VOLL AUF VER-LORENEM POSTEN.
RUMMS

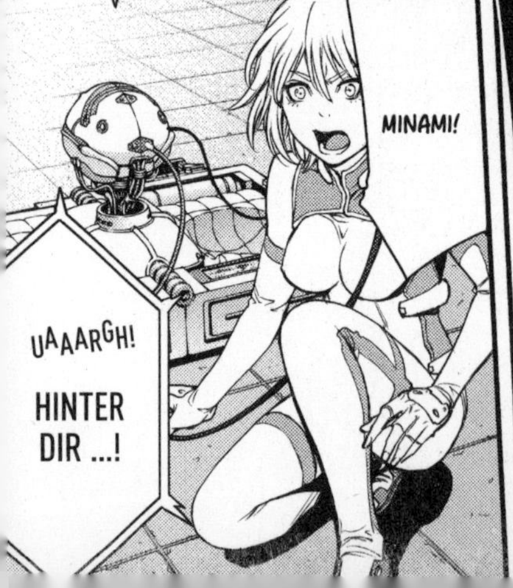
MINAMI!
UAAARGH!
HINTER DIR ...!

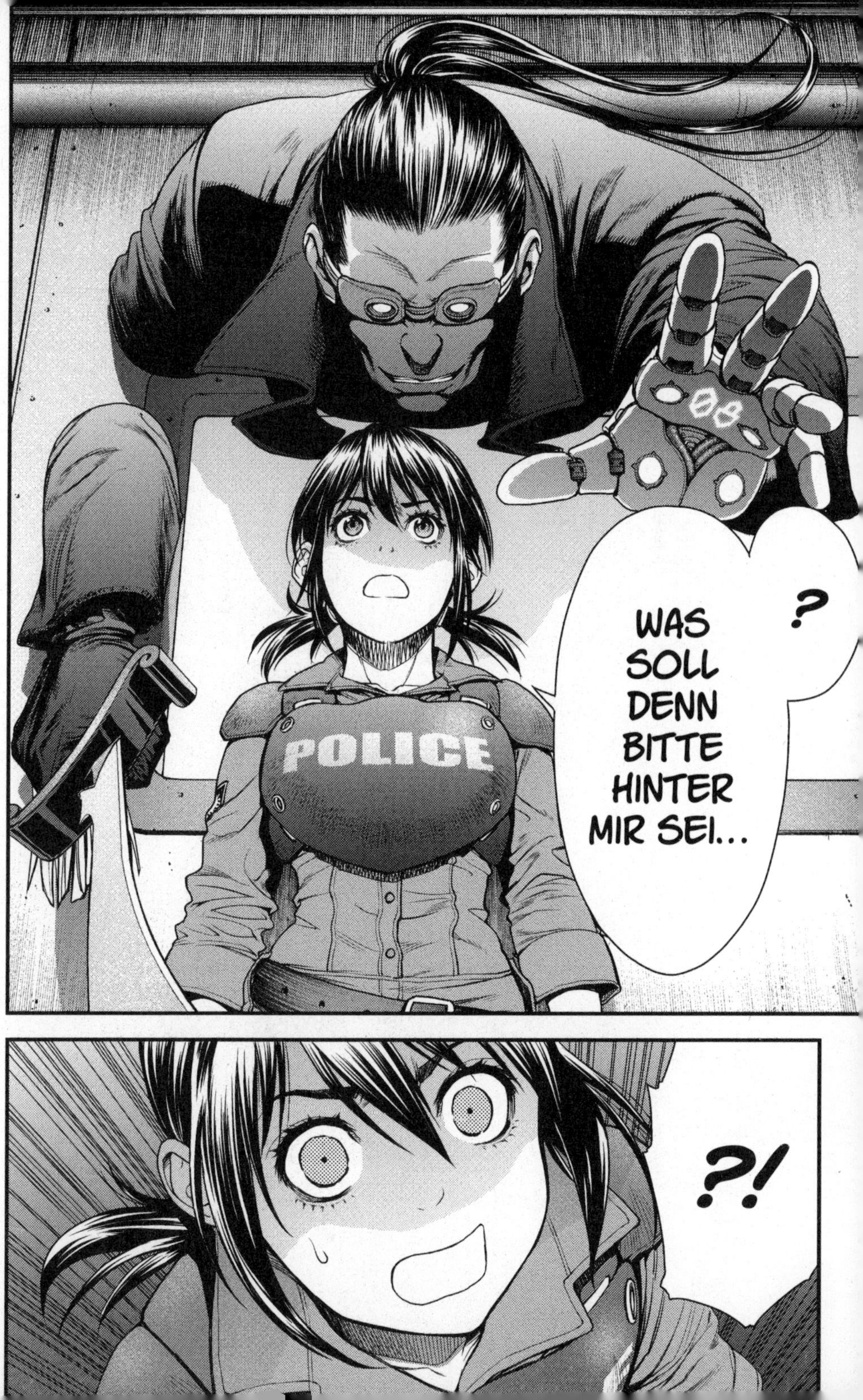

?

WAS SOLL DENN BITTE HINTER MIR SEI...

POLICE

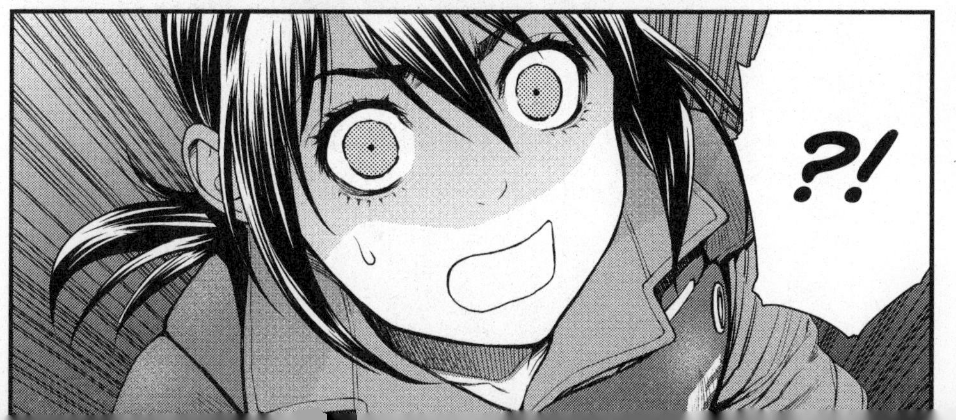

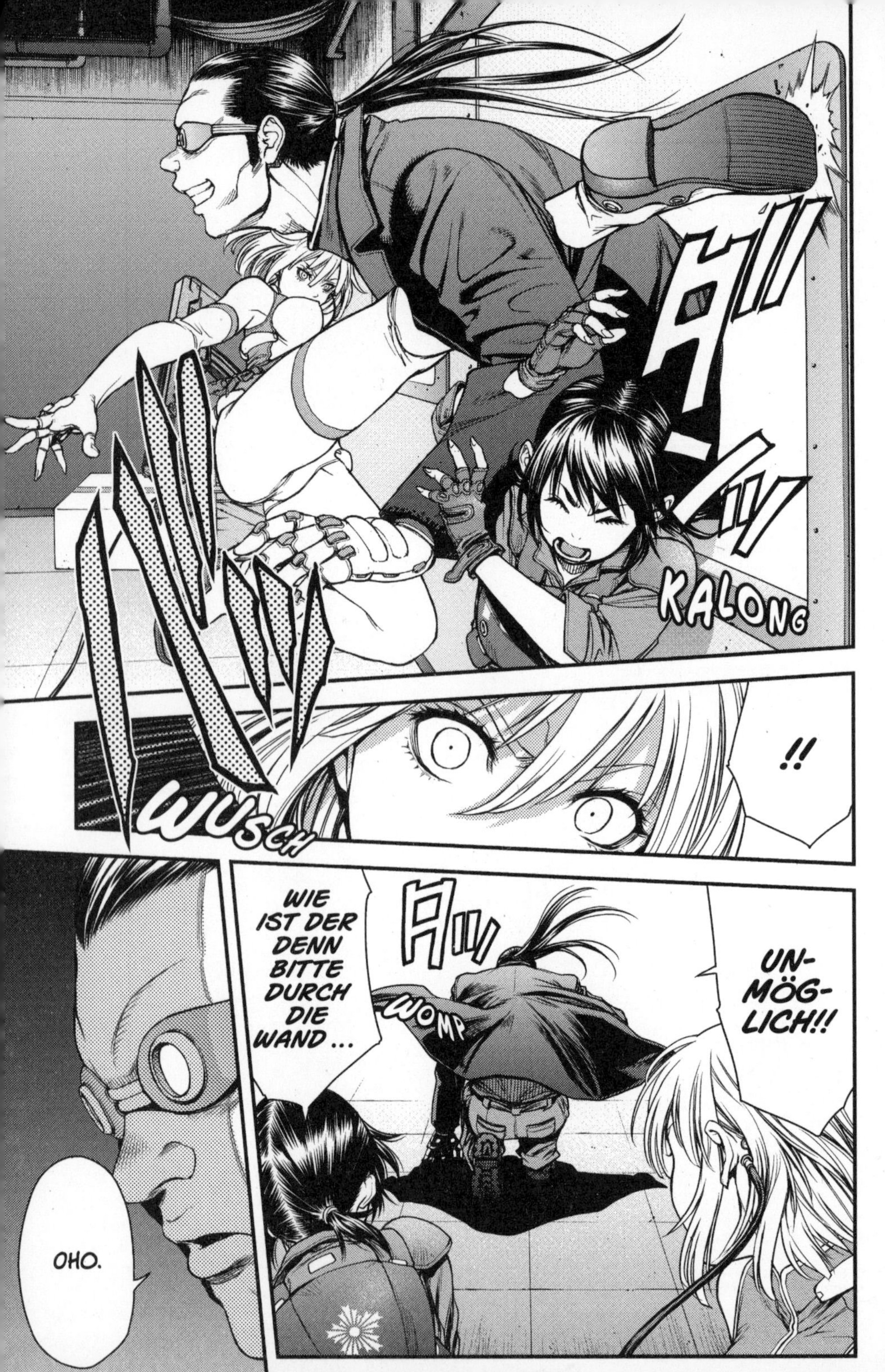
KALONG
WUSCH
!!
UN-
MÖG-
LICH!!
WOMP
WIE
IST DER
DENN
BITTE
DURCH
DIE
WAND ...
OHO.

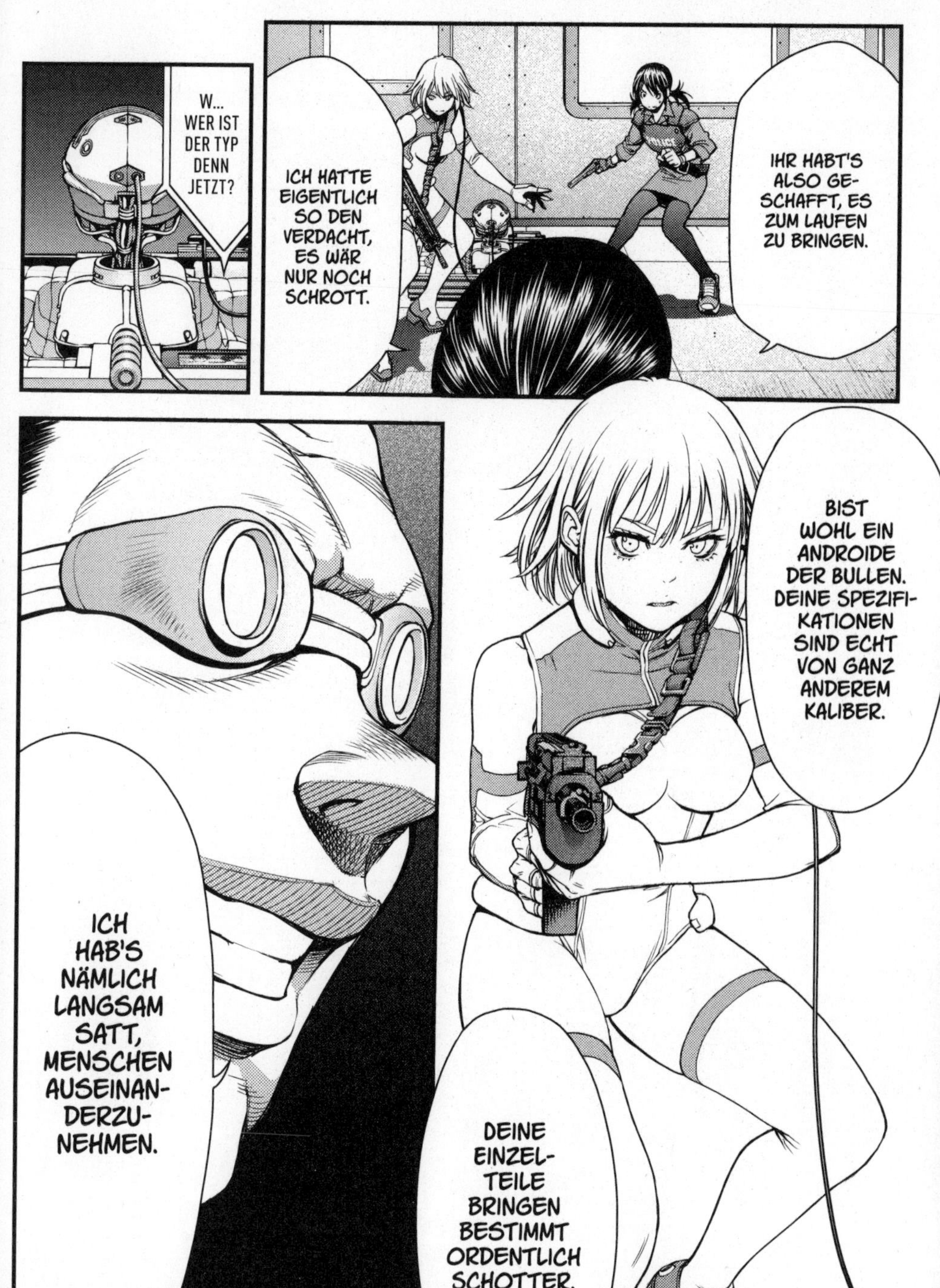
IHR HABT'S ALSO GE-SCHAFFT, ES ZUM LAUFEN ZU BRINGEN.
ICH HATTE EIGENTLICH SO DEN VERDACHT, ES WÄR NUR NOCH SCHROTT.
W... WER IST DER TYP DENN JETZT?
BIST WOHL EIN ANDROIDE DER BULLEN. DEINE SPEZIFI-KATIONEN SIND ECHT VON GANZ ANDEREM KALIBER.
DEINE EINZEL-TEILE BRINGEN BESTIMMT ORDENTLICH SCHOTTER.
ICH HAB'S NÄMLICH LANGSAM SATT, MENSCHEN AUSEINAN-DERZU-NEHMEN.

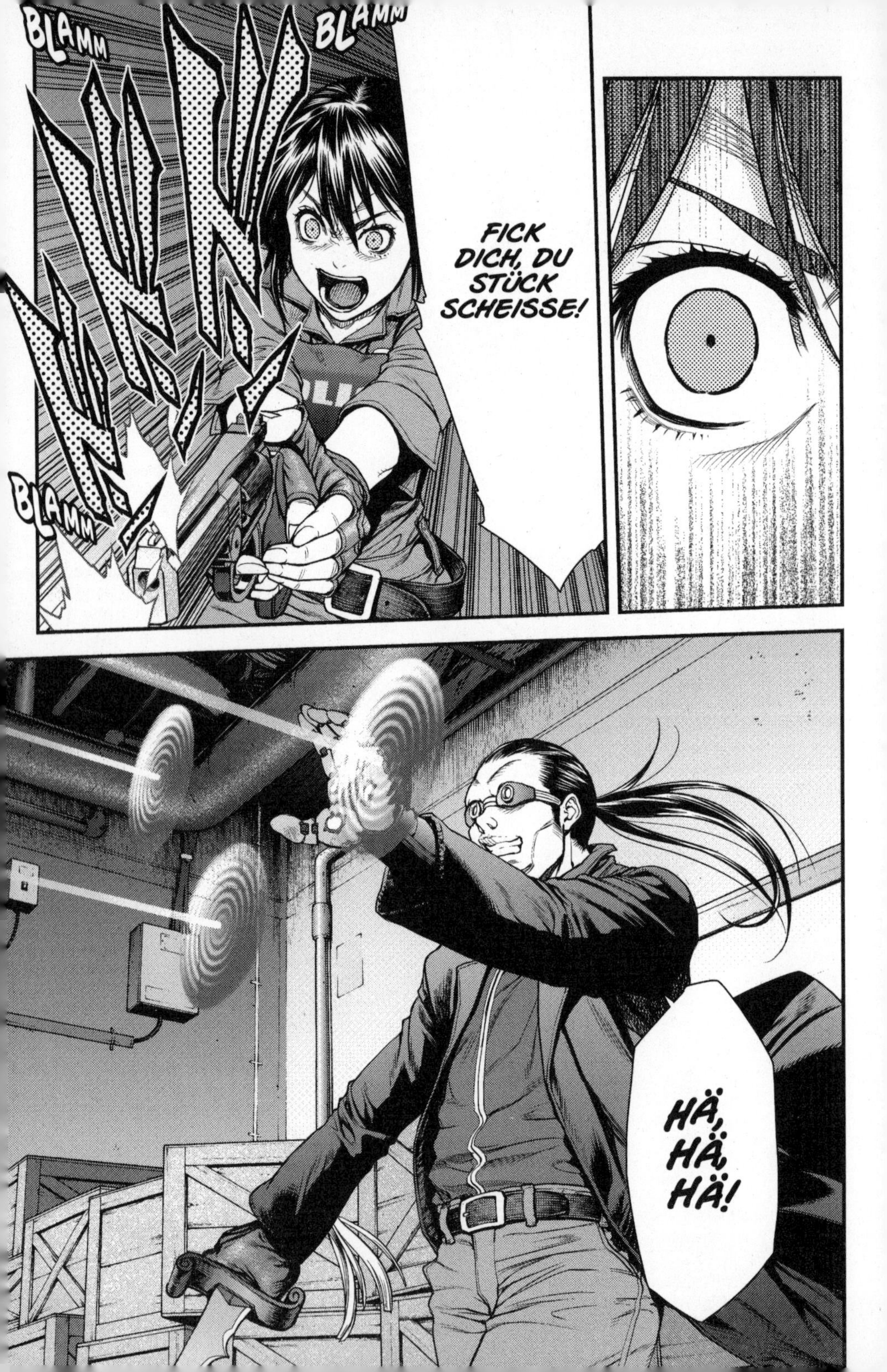

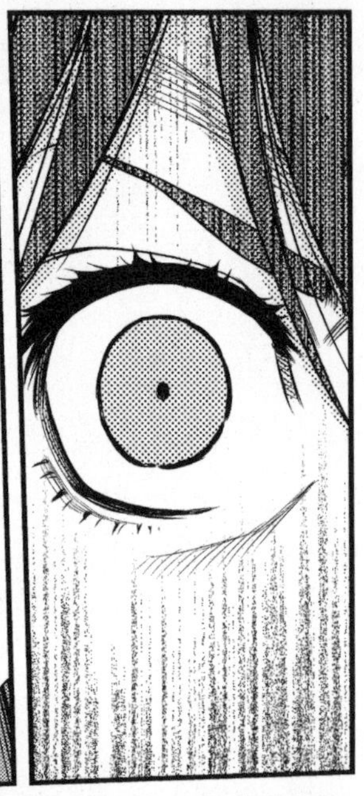

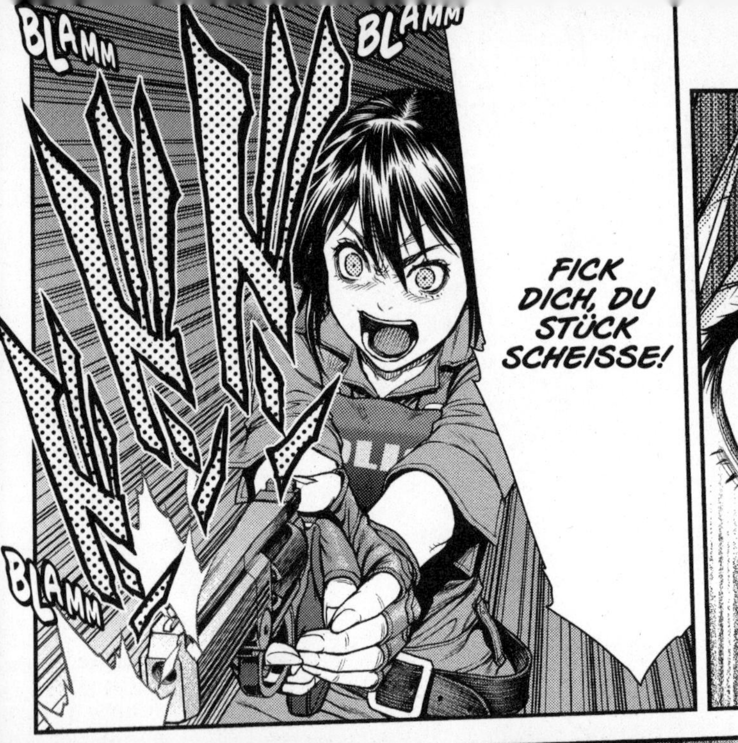
BLAMM
BLAMM
FICK DICH, DU STÜCK SCHEISSE!
BLAMM

HÄ, HÄ, HÄ!

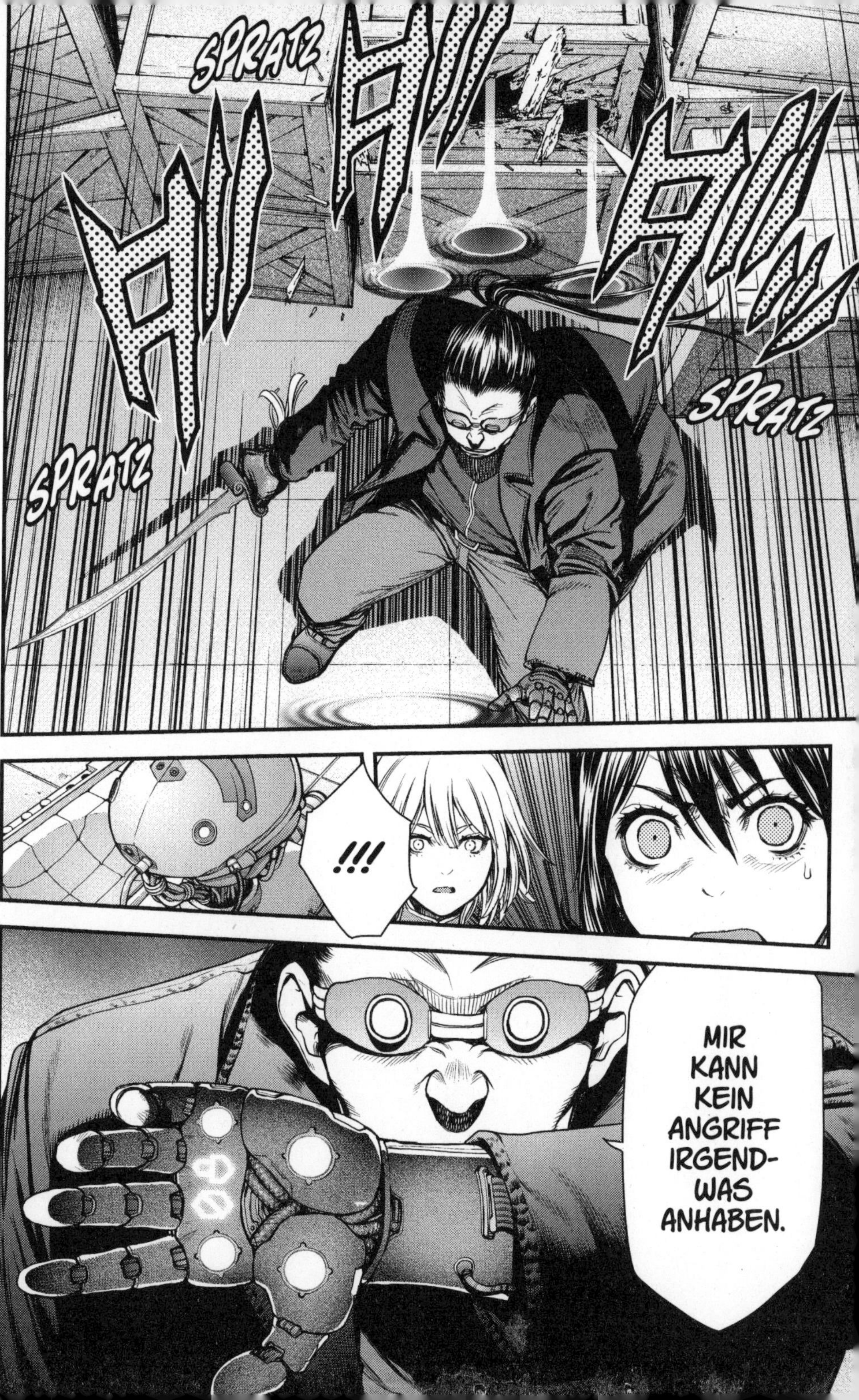

SPRATZ
SPRATZ
SPRATZ

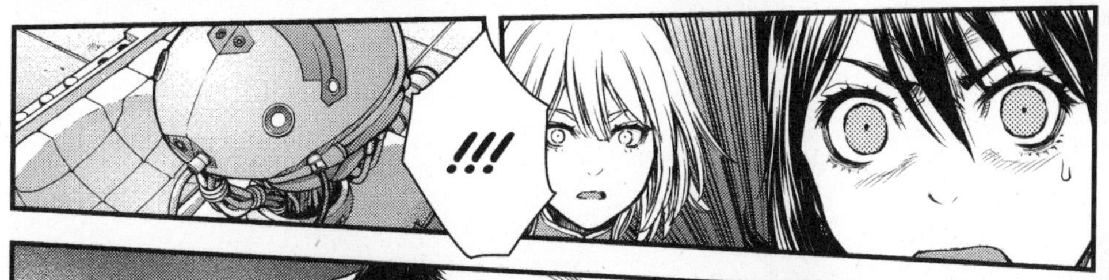
!!!

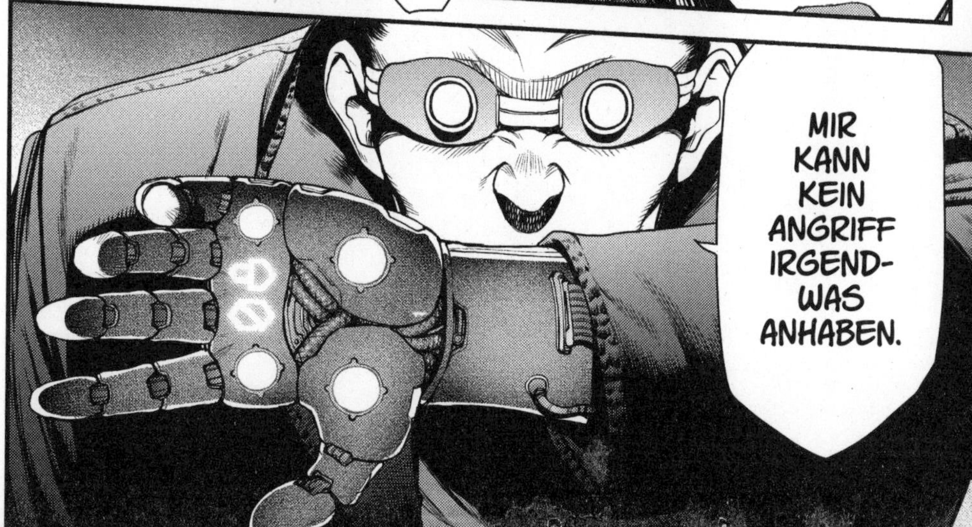
MIR KANN KEIN ANGRIFF IRGEND-WAS ANHABEN.

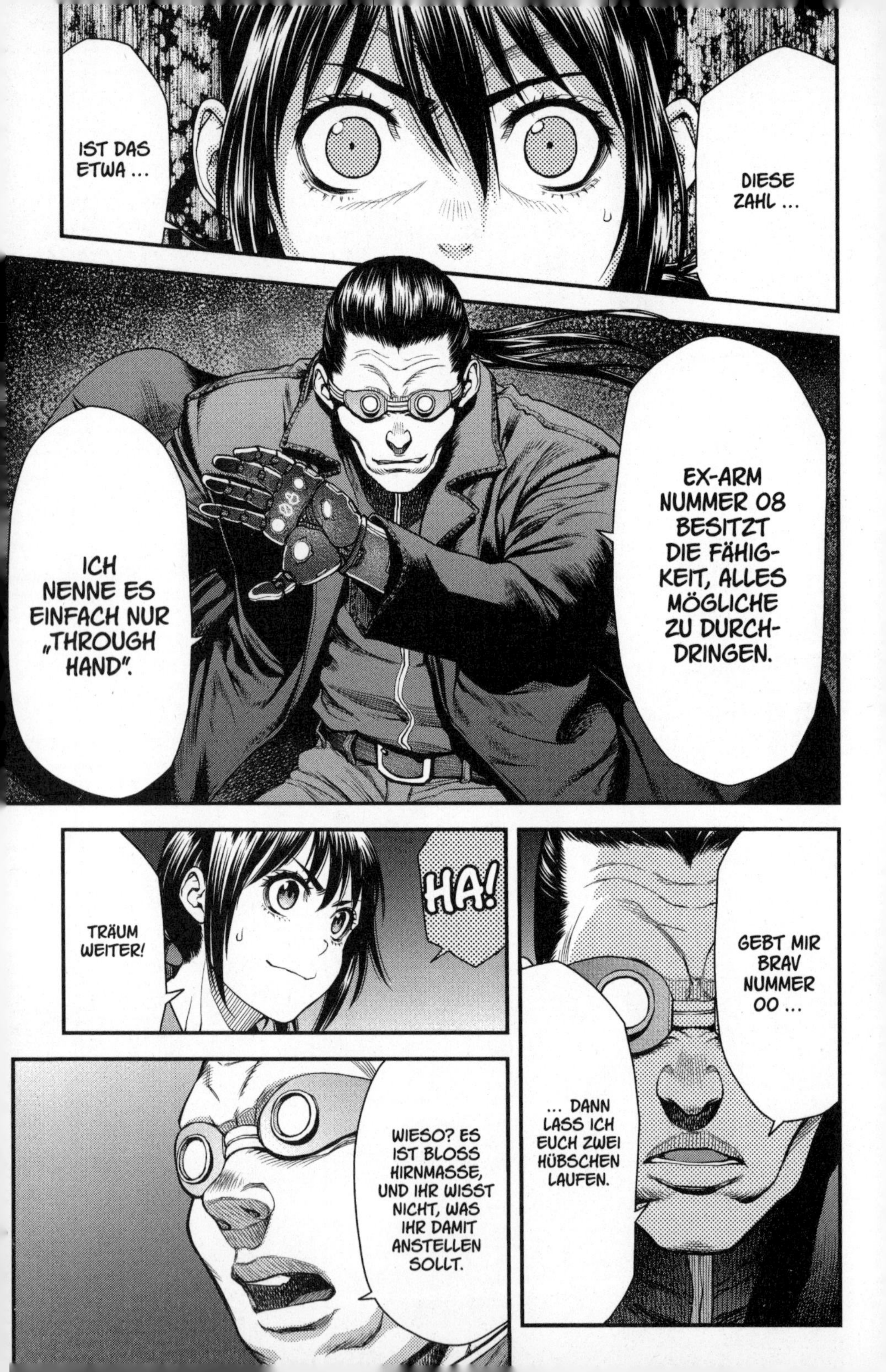

DIESE ZAHL …

IST DAS ETWA …

EX-ARM NUMMER 08 BESITZT DIE FÄHIGKEIT, ALLES MÖGLICHE ZU DURCHDRINGEN.

ICH NENNE ES EINFACH NUR „THROUGH HAND".

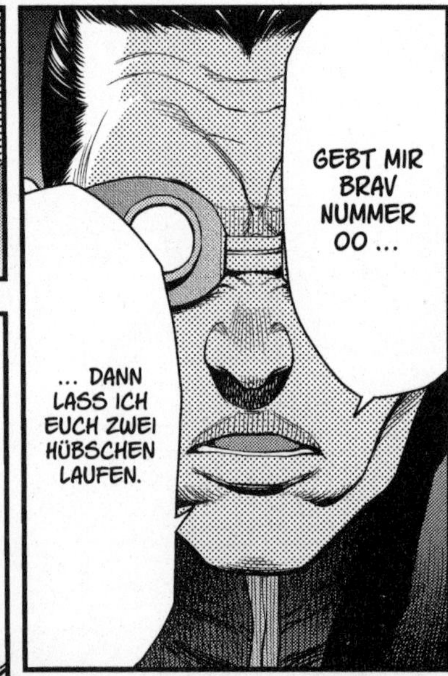

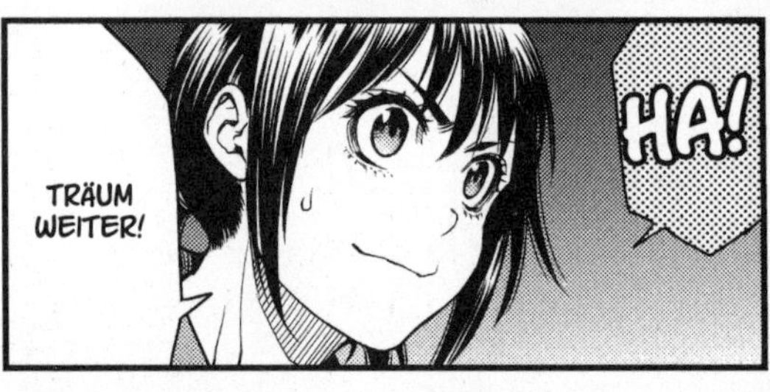

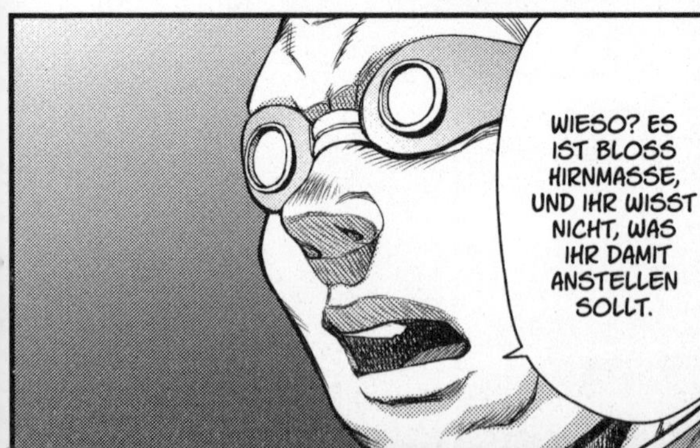

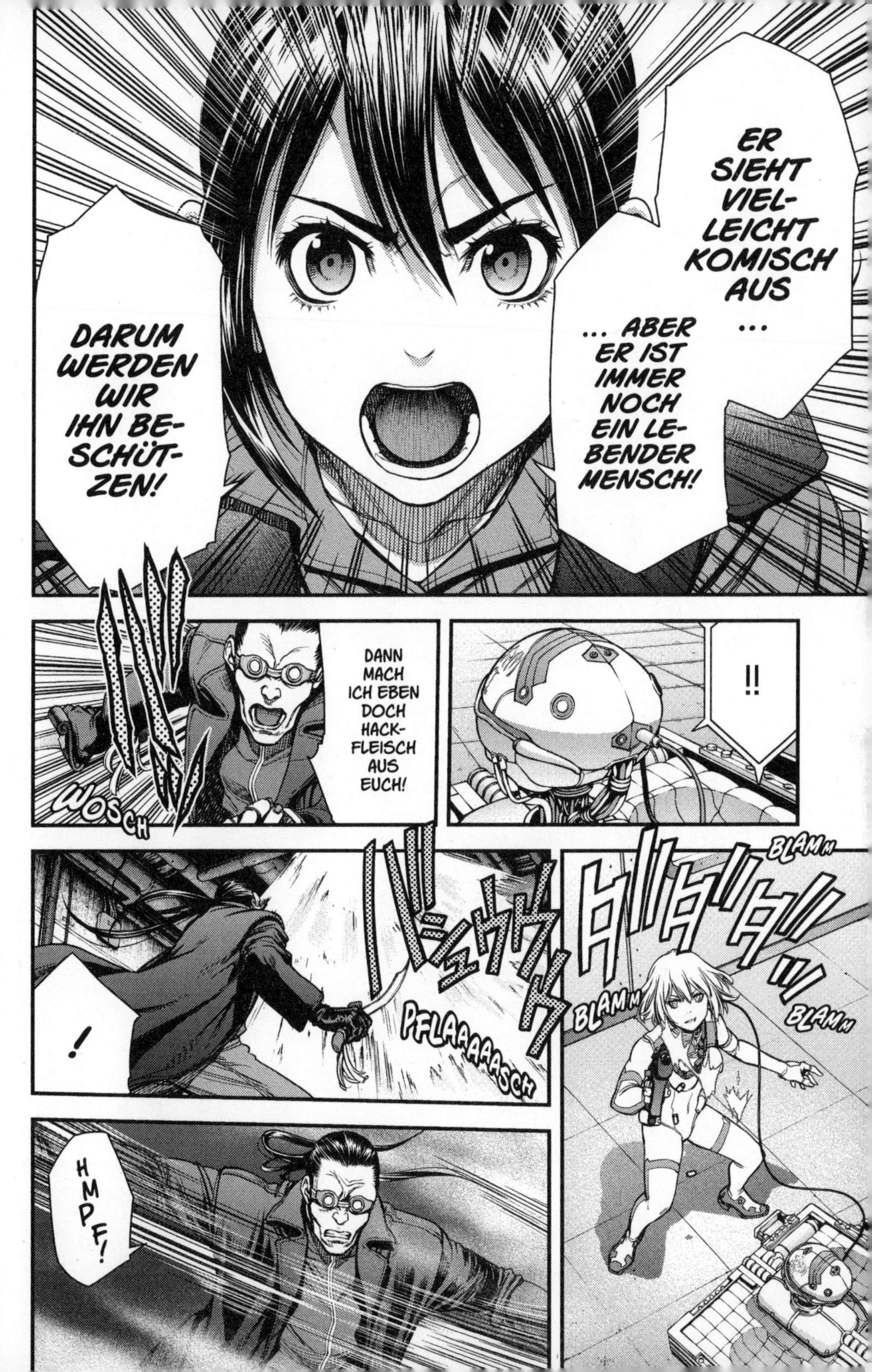
ER SIEHT VIEL-LEICHT KOMISCH AUS ...
... ABER ER IST IMMER NOCH EIN LE-BENDER MENSCH!
DARUM WERDEN WIR IHN BE-SCHÜT-ZEN!
!!
DANN MACH ICH EBEN DOCH HACK-FLEISCH AUS EUCH!
WOSCH
BLAMM
BLAMM
BLAMM
PFLAAAAAASCH
!
HMPF!

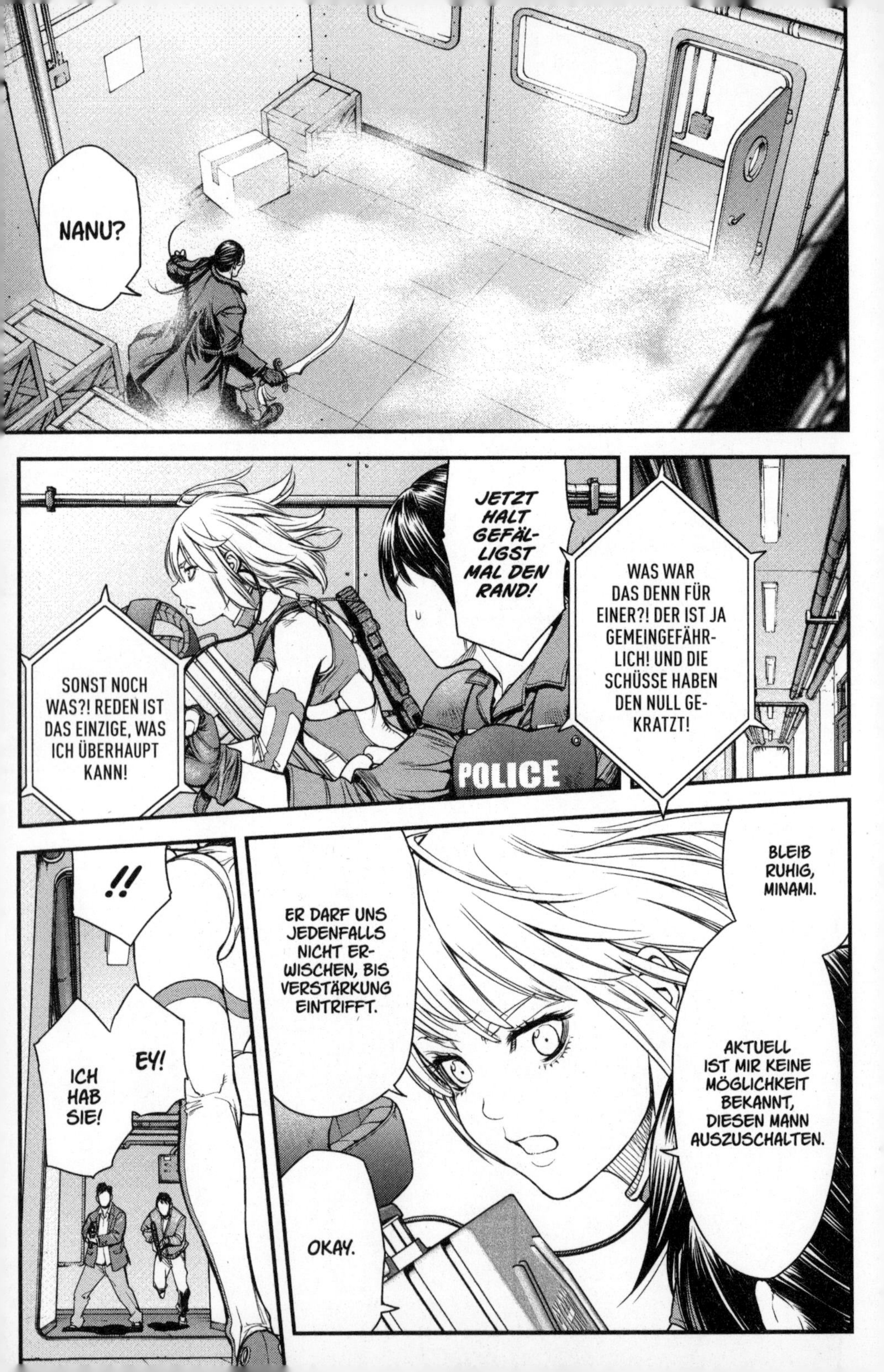

NANU?

WAS WAR DAS DENN FÜR EINER?! DER IST JA GEMEINGEFÄHRLICH! UND DIE SCHÜSSE HABEN DEN NULL GEKRATZT!

JETZT HALT GEFÄLLIGST MAL DEN RAND!

SONST NOCH WAS?! REDEN IST DAS EINZIGE, WAS ICH ÜBERHAUPT KANN!

POLICE

BLEIB RUHIG, MINAMI.

AKTUELL IST MIR KEINE MÖGLICHKEIT BEKANNT, DIESEN MANN AUSZUSCHALTEN.

ER DARF UNS JEDENFALLS NICHT ERWISCHEN, BIS VERSTÄRKUNG EINTRIFFT.

OKAY.

!!

EY!

ICH HAB SIE!

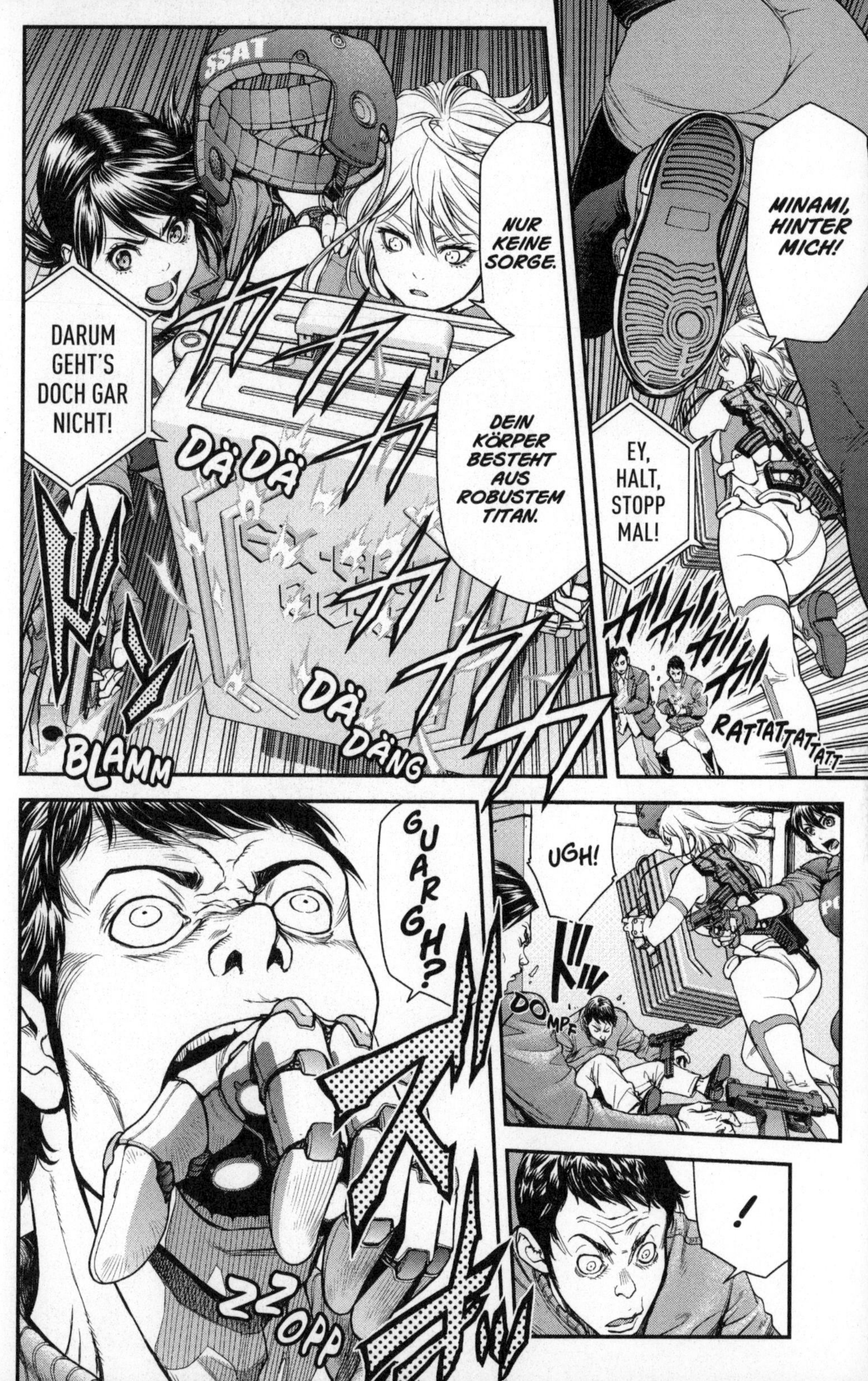
MINAMI, HINTER MICH!
EY, HALT, STOPP MAL!
RATTATTATTATT
NUR KEINE SORGE.
DEIN KÖRPER BESTEHT AUS ROBUSTEM TITAN.
DARUM GEHT'S DOCH GAR NICHT!
DÄ DÄ
DÄ DÄNG
BLAMM
UGH!
DOMPF
GUARGH?
ZZOPP
!

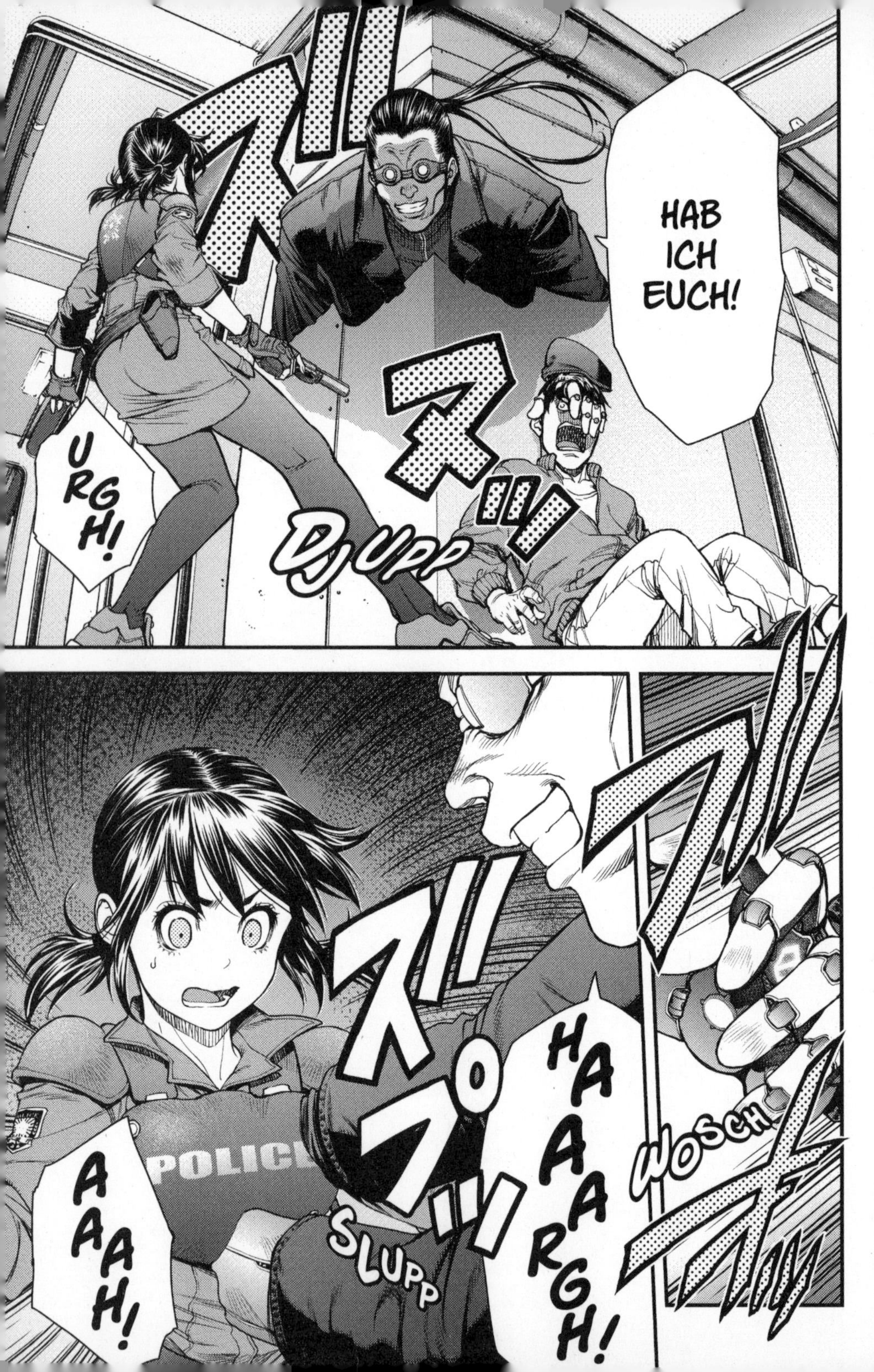
HAB ICH EUCH!
URGH!
DJUPP
HAAAAARGH!
WOSCH
AAAH!
SLUPP

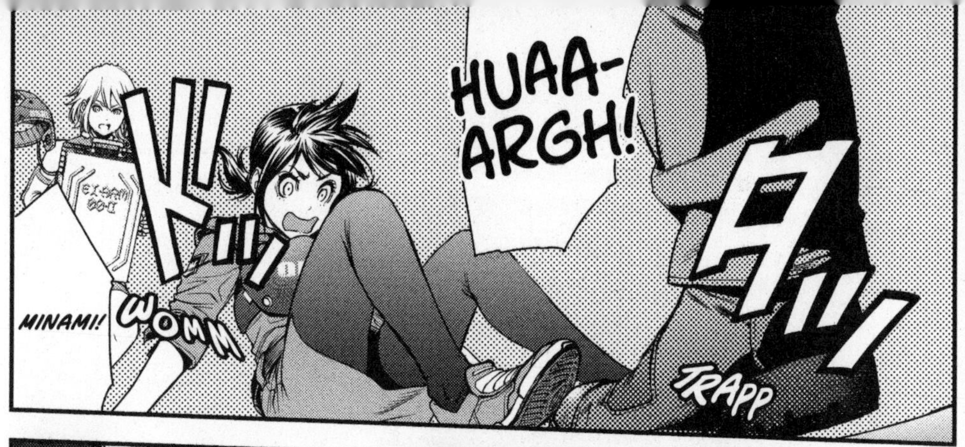
HUAA-
ARGH!
MINAMI!
WOMM
TRAPP

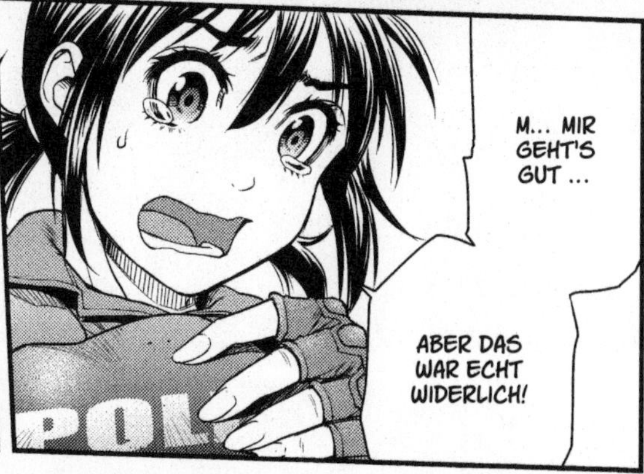
M… MIR GEHT'S GUT …
ABER DAS WAR ECHT WIDERLICH!

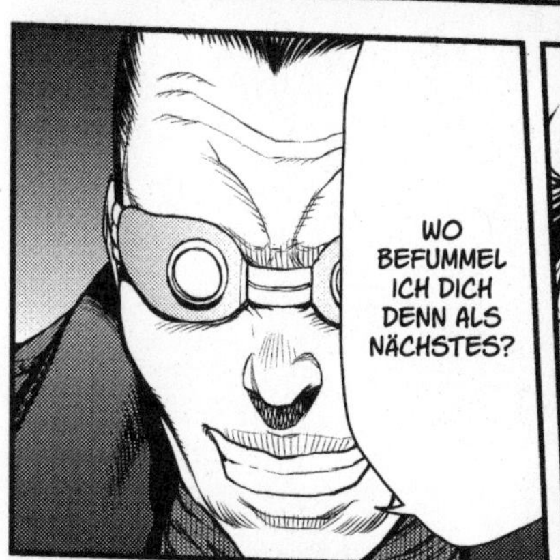
WO BEFUMMEL ICH DICH DENN ALS NÄCHSTES?

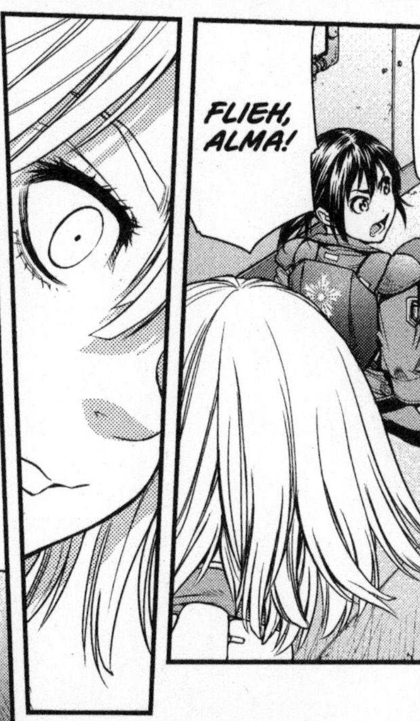
MINAMI, SCHNELL!
FLIEH, ALMA!

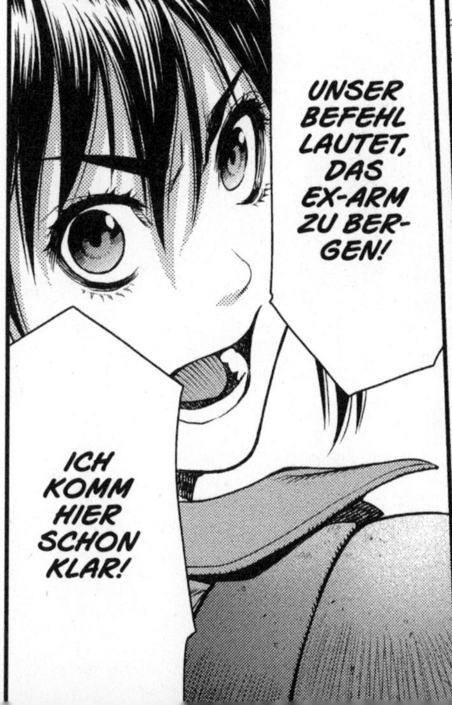
UNSER BEFEHL LAUTET, DAS EX-ARM ZU BER-GEN!
ICH KOMM HIER SCHON KLAR!

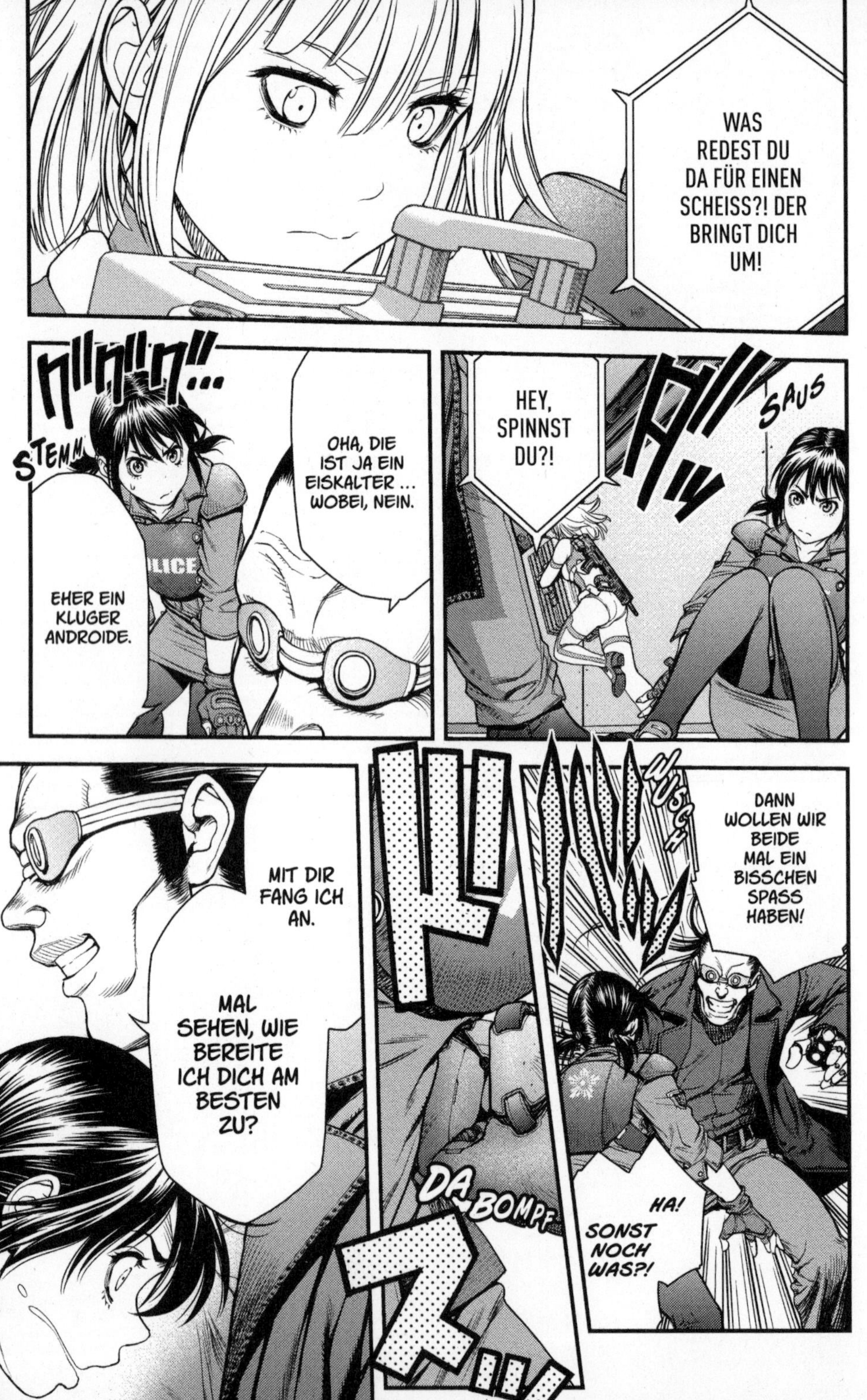
WAS REDEST DU DA FÜR EINEN SCHEISS?! DER BRINGT DICH UM!
SAUS
HEY, SPINNST DU?!
OHA, DIE IST JA EIN EISKALTER … WOBEI, NEIN.
STEMM
EHER EIN KLUGER ANDROIDE.
DANN WOLLEN WIR BEIDE MAL EIN BISSCHEN SPASS HABEN!
WUSCH
HA! SONST NOCH WAS?!
BOMPF
MIT DIR FANG ICH AN.
MAL SEHEN, WIE BEREITE ICH DICH AM BESTEN ZU?

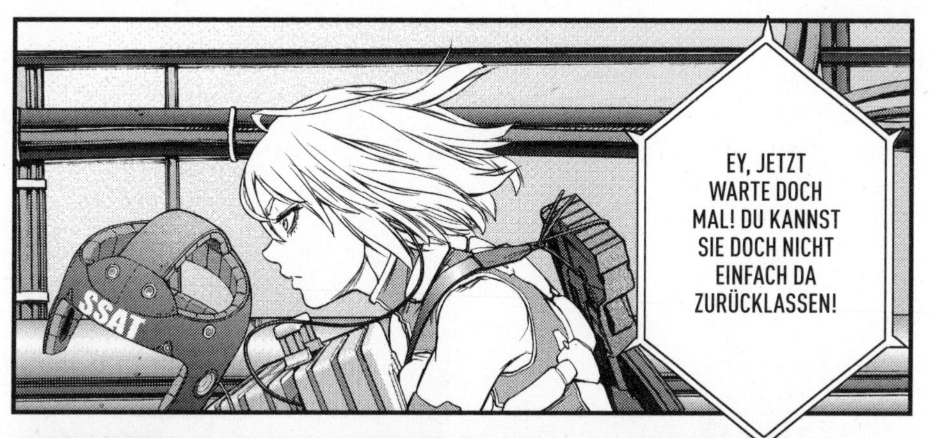
EY, JETZT WARTE DOCH MAL! DU KANNST SIE DOCH NICHT EINFACH DA ZURÜCKLASSEN!

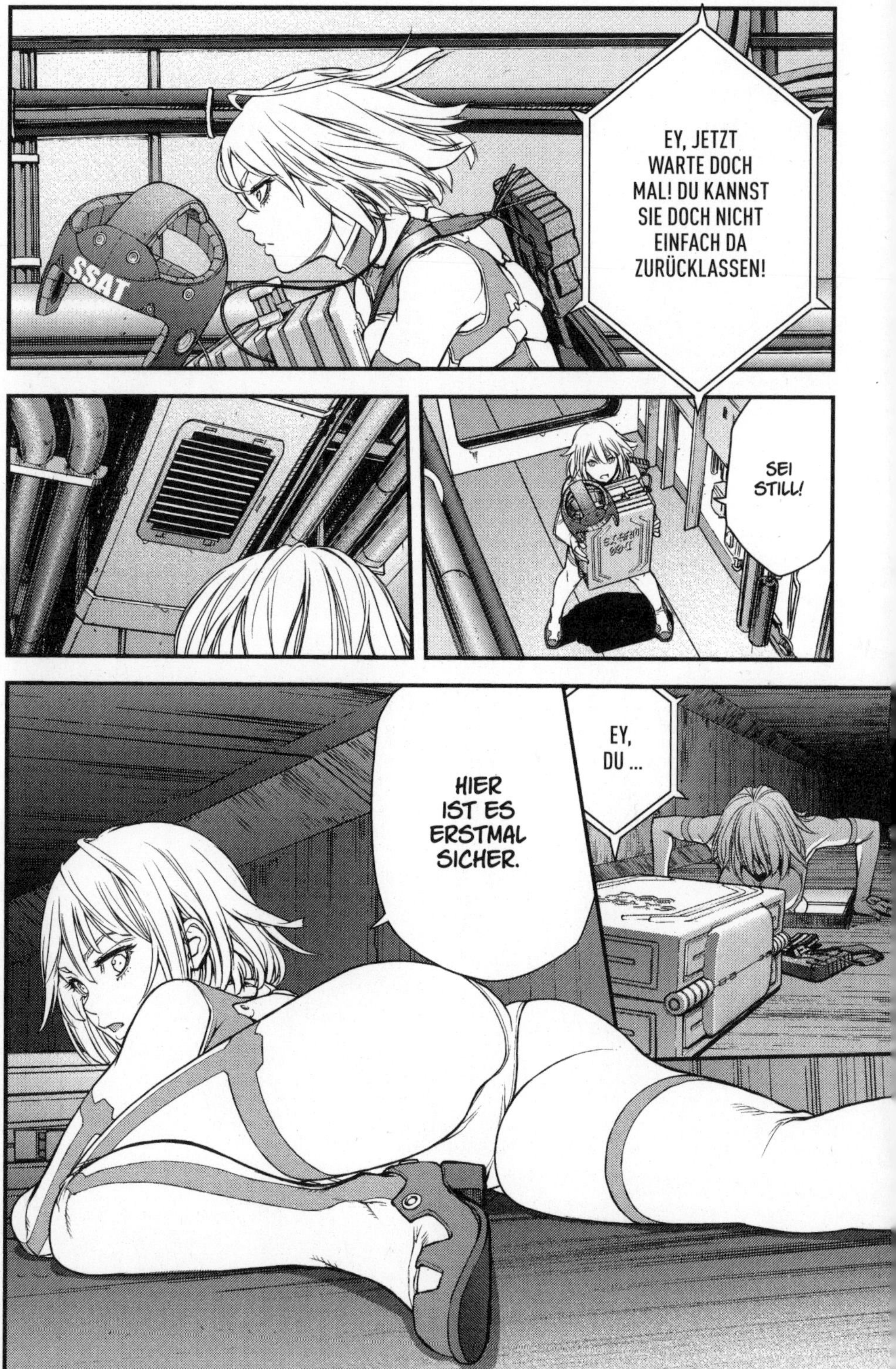

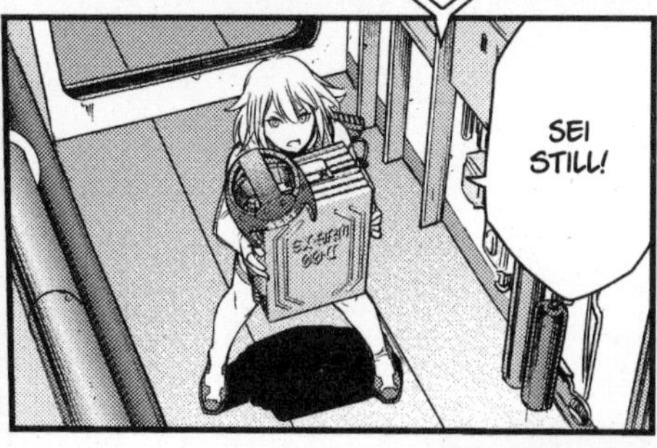
SEI STILL!

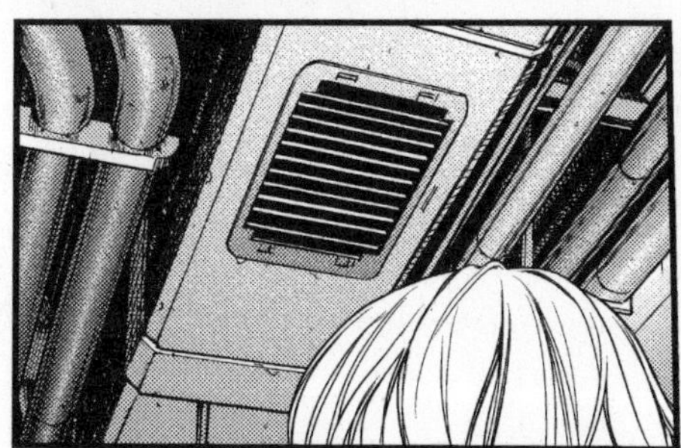

EY, DU ...
HIER IST ES ERSTMAL SICHER.

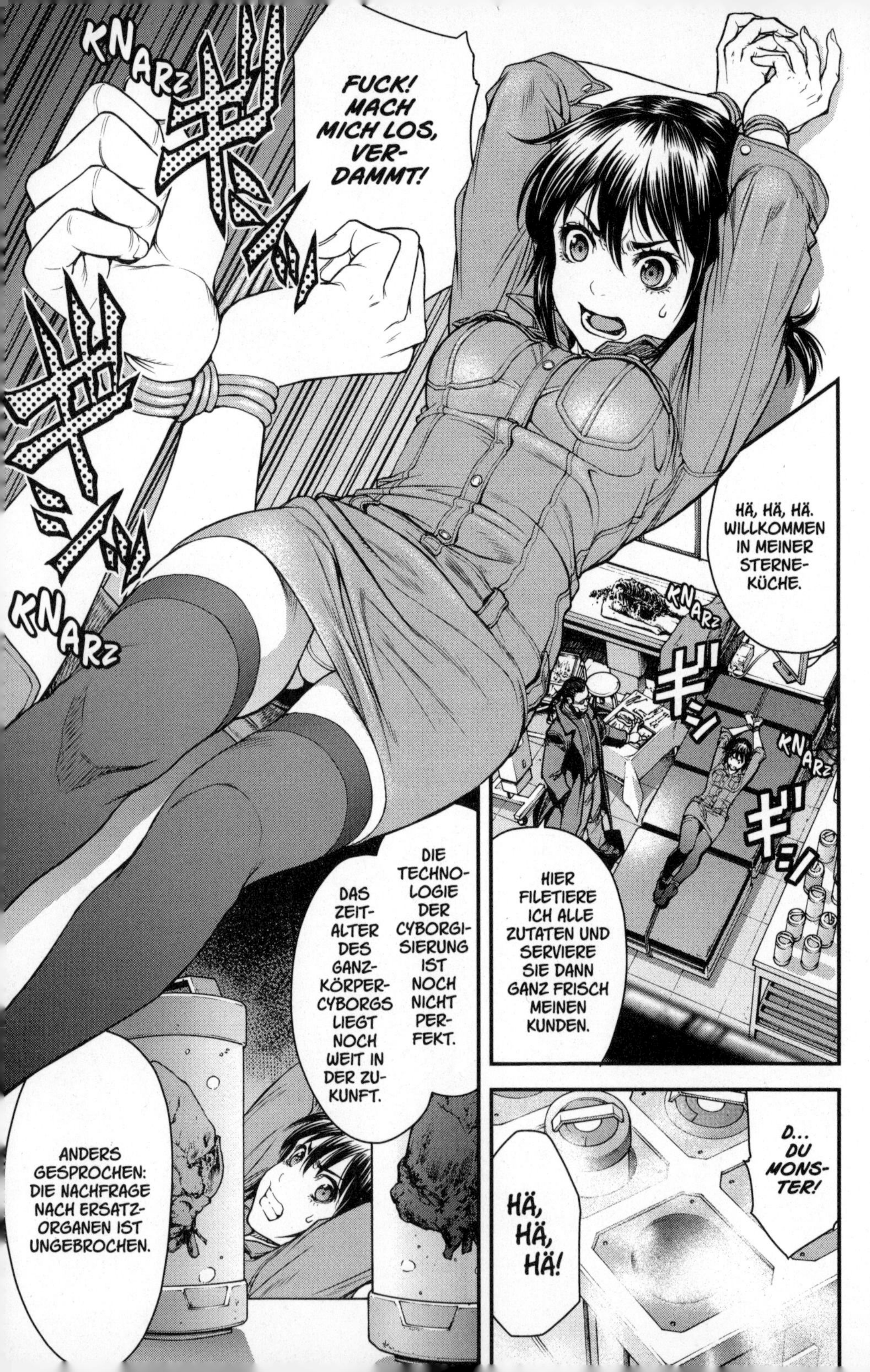
KNARZ
FUCK! MACH MICH LOS, VER-DAMMT!
KNARZ
HÄ, HÄ, HÄ. WILLKOMMEN IN MEINER STERNE-KÜCHE.
KNARZ
KNARZ
HIER FILETIERE ICH ALLE ZUTATEN UND SERVIERE SIE DANN GANZ FRISCH MEINEN KUNDEN.
DIE TECHNO-LOGIE DER CYBORGI-SIERUNG IST NOCH NICHT PER-FEKT.
DAS ZEIT-ALTER DES GANZ-KÖRPER-CYBORGS LIEGT NOCH WEIT IN DER ZU-KUNFT.
D... DU MONS-TER!
HÄ, HÄ, HÄ!
ANDERS GESPROCHEN: DIE NACHFRAGE NACH ERSATZ-ORGANEN IST UNGEBROCHEN.

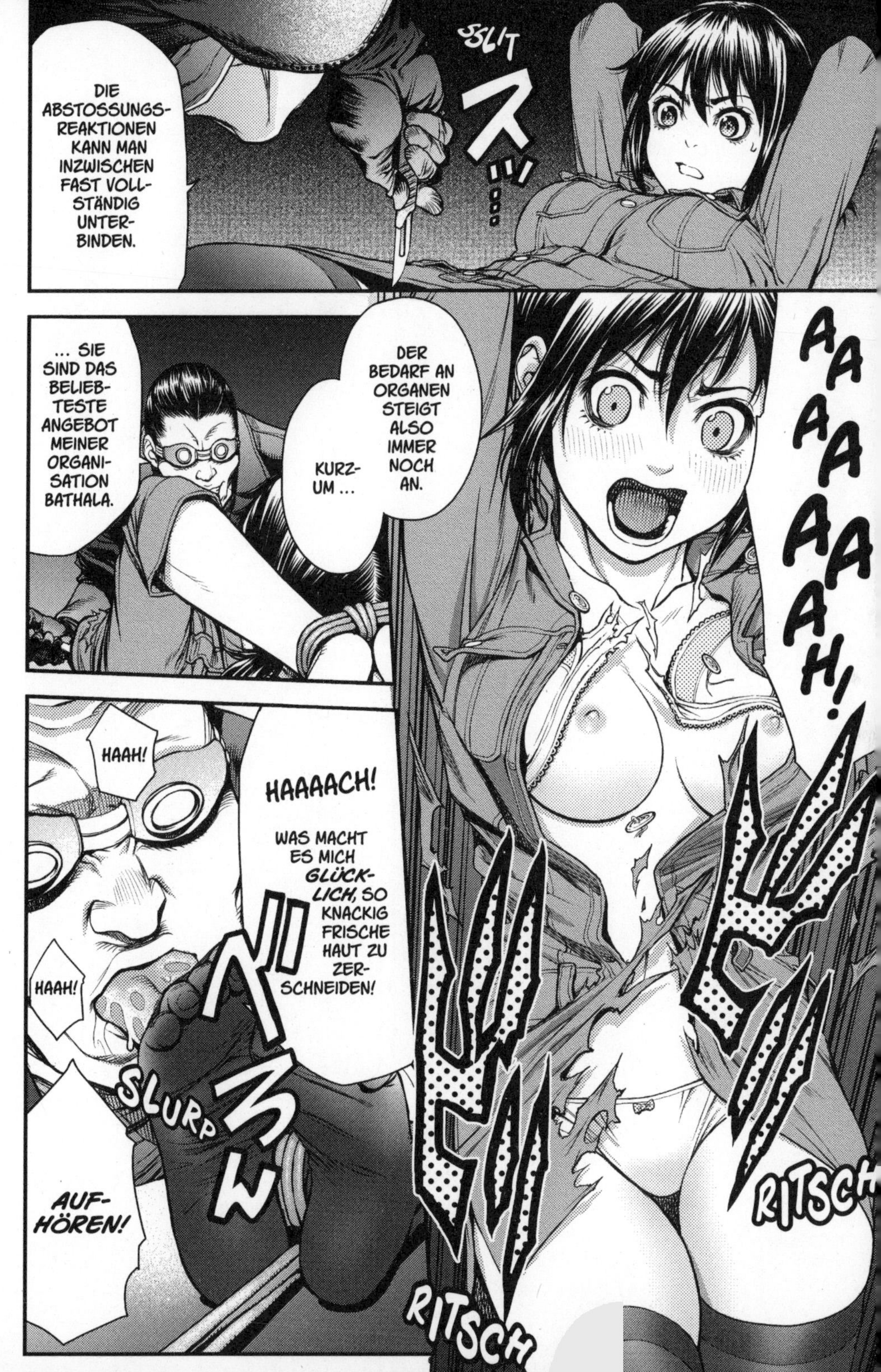
SSLIT
DIE ABSTOSSUNGS-REAKTIONEN KANN MAN INZWISCHEN FAST VOLLSTÄNDIG UNTERBINDEN.
AAAAAAAH!
DER BEDARF AN ORGANEN STEIGT ALSO IMMER NOCH AN.
KURZUM …
… SIE SIND DAS BELIEBTESTE ANGEBOT MEINER ORGANISATION BATHALA.
RITSCH
HAAAACH!
WAS MACHT ES MICH *GLÜCKLICH*, SO KNACKIG FRISCHE HAUT ZU ZERSCHNEIDEN!
HAAH!
HAAH!
SLURP
AUFHÖREN!
RITSCH

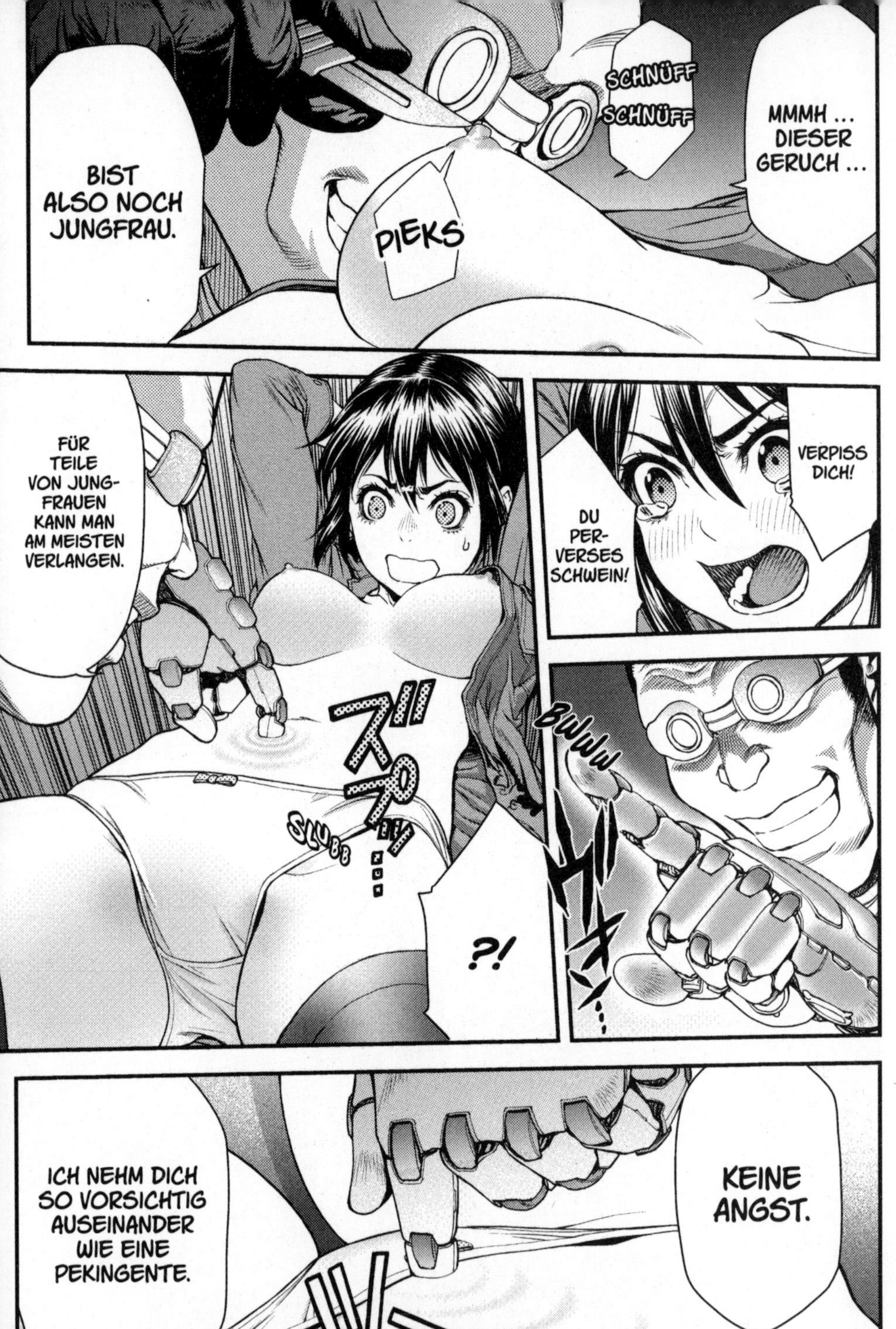
MMMH ... DIESER GERUCH ...
SCHNÜFF
SCHNÜFF
PIEKS
BIST ALSO NOCH JUNGFRAU.
VERPISS DICH!
DU PERVERSES SCHWEIN!
FÜR TEILE VON JUNGFRAUEN KANN MAN AM MEISTEN VERLANGEN.
BWWW
?!
SLUBB
KEINE ANGST.
ICH NEHM DICH SO VORSICHTIG AUSEINANDER WIE EINE PEKINGENTE.
ZZUPP

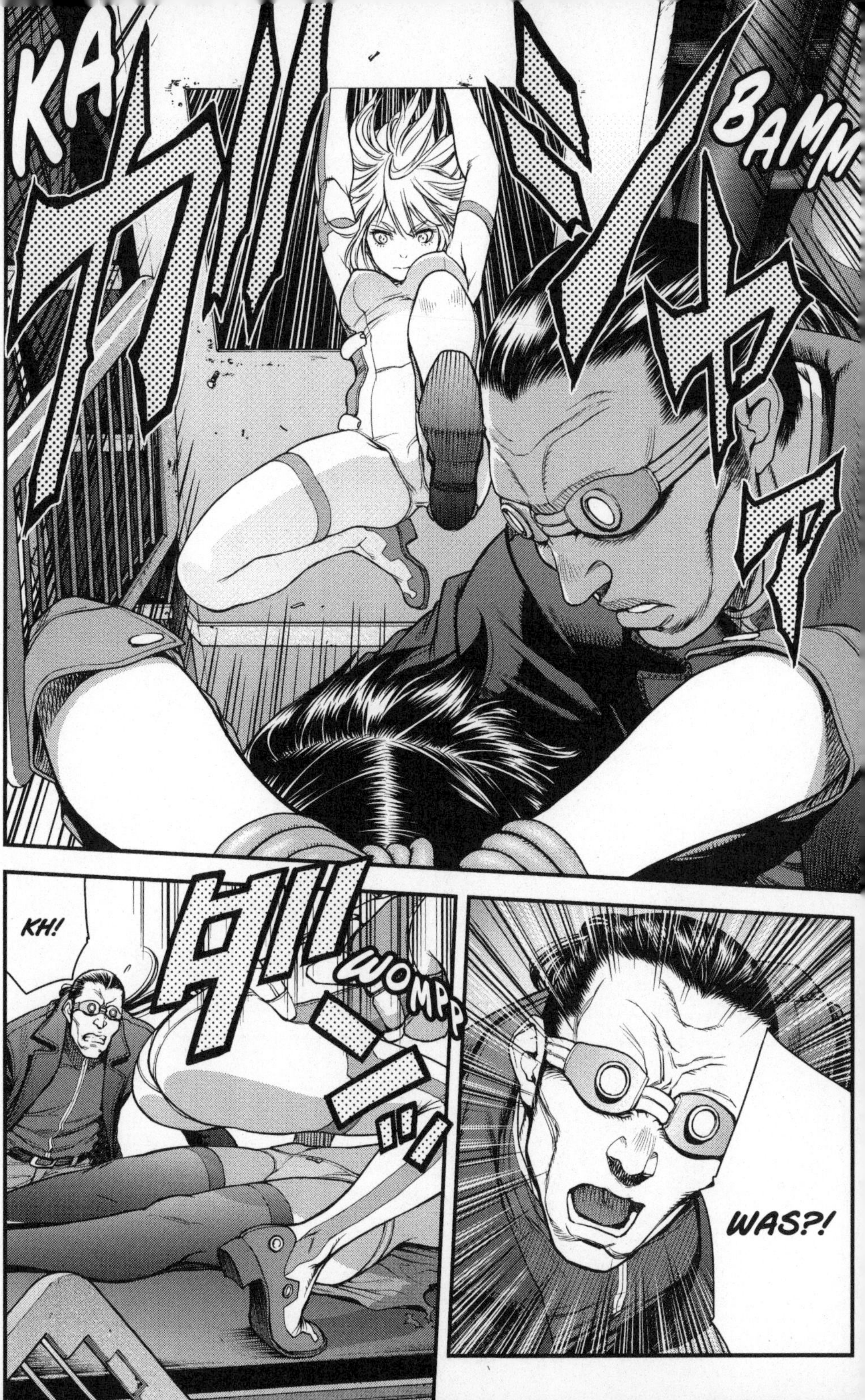

BAMM
KA

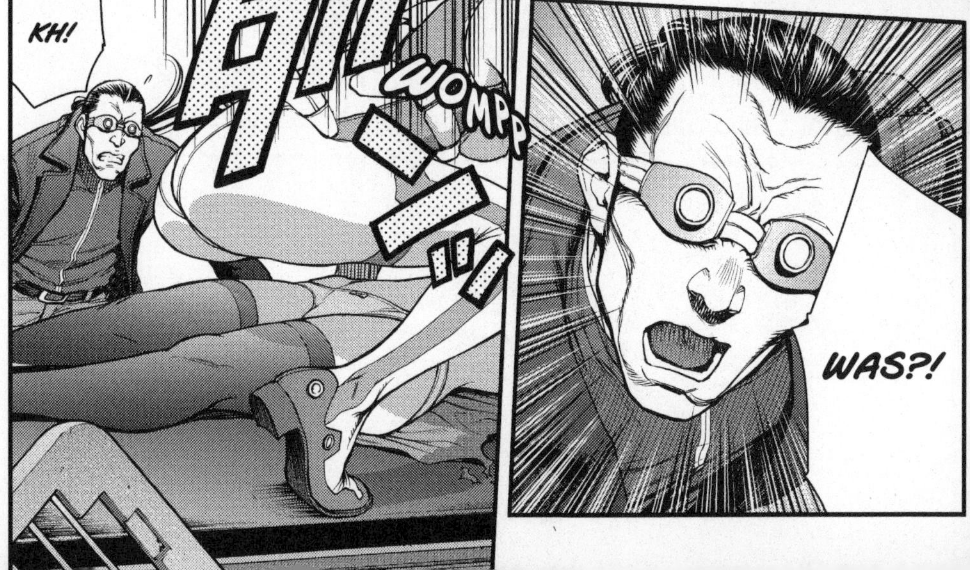
WAS?!
KH!
WOMPP

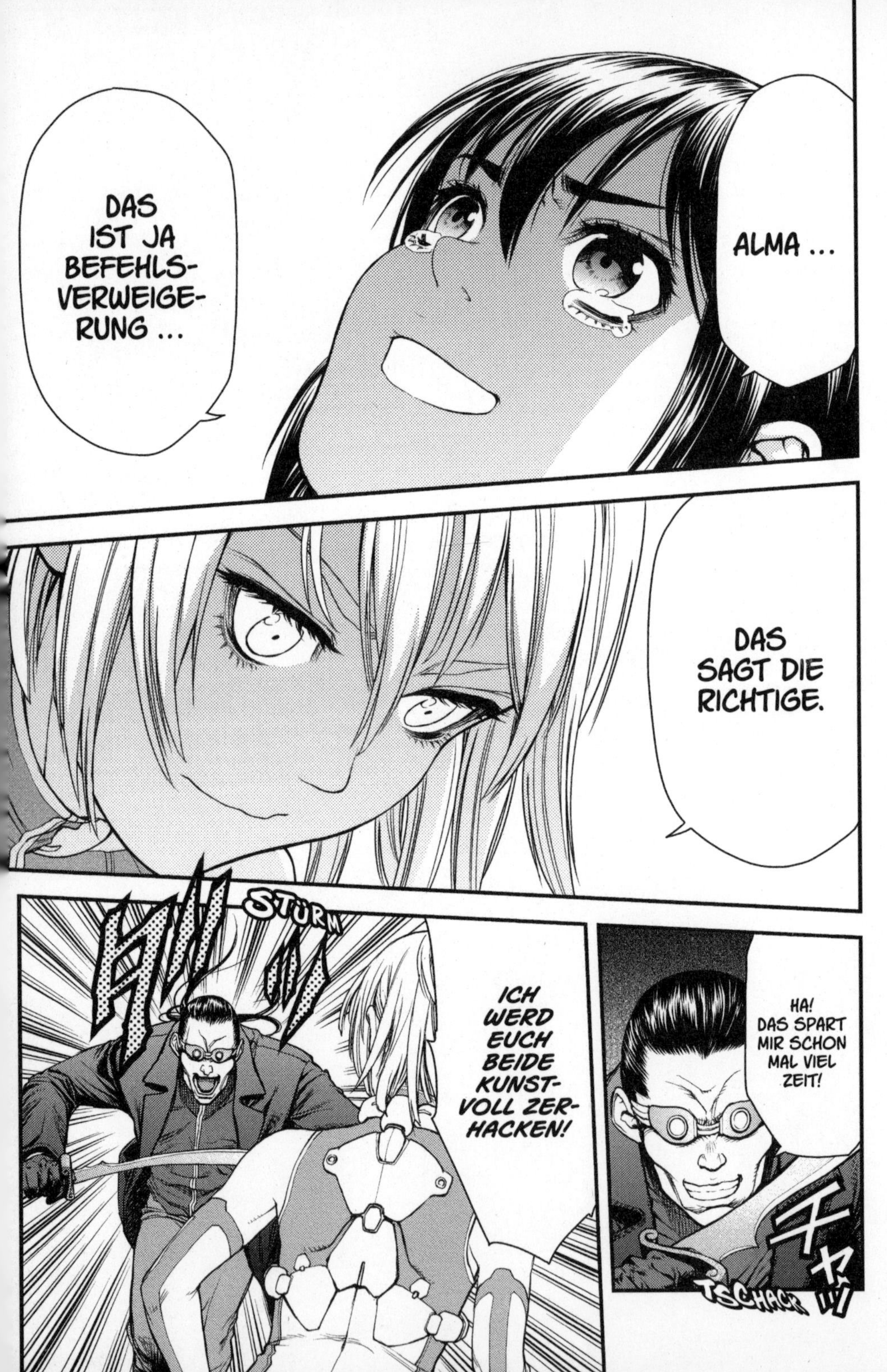
ALMA …
DAS IST JA BEFEHLS-VERWEIGE-RUNG …
DAS SAGT DIE RICHTIGE.
HA! DAS SPART MIR SCHON MAL VIEL ZEIT!
TSCHACK
ICH WERD EUCH BEIDE KUNST-VOLL ZER-HACKEN!
STÜRM

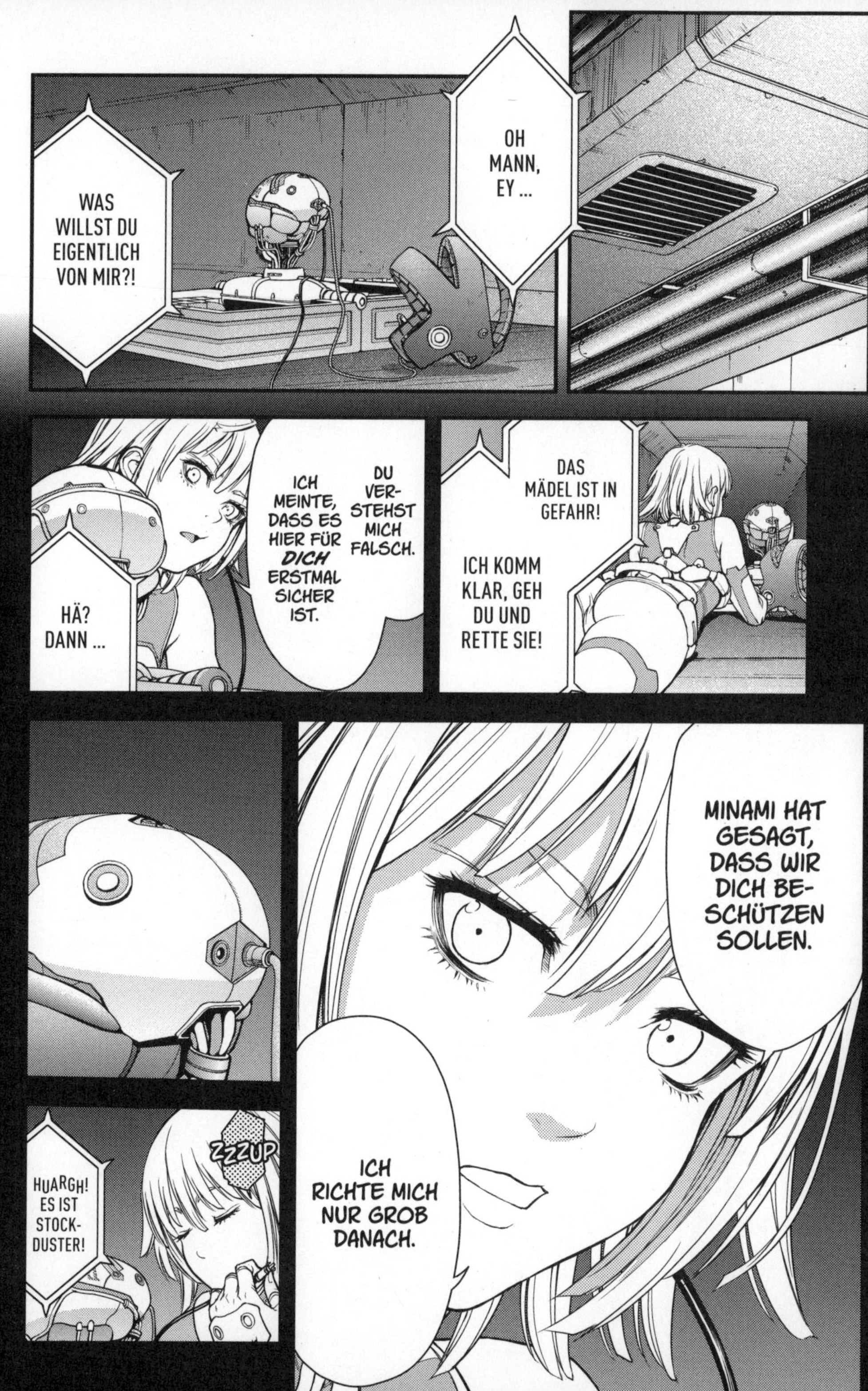
OH MANN, EY ...
WAS WILLST DU EIGENTLICH VON MIR?!
DAS MÄDEL IST IN GEFAHR!
ICH KOMM KLAR, GEH DU UND RETTE SIE!
DU VER-STEHST MICH FALSCH.
ICH MEINTE, DASS ES HIER FÜR *DICH* ERSTMAL SICHER IST.
HÄ? DANN ...
MINAMI HAT GESAGT, DASS WIR DICH BE-SCHÜTZEN SOLLEN.
ICH RICHTE MICH NUR GROB DANACH.
ZZZUP
HUARGH! ES IST STOCK-DUSTER!

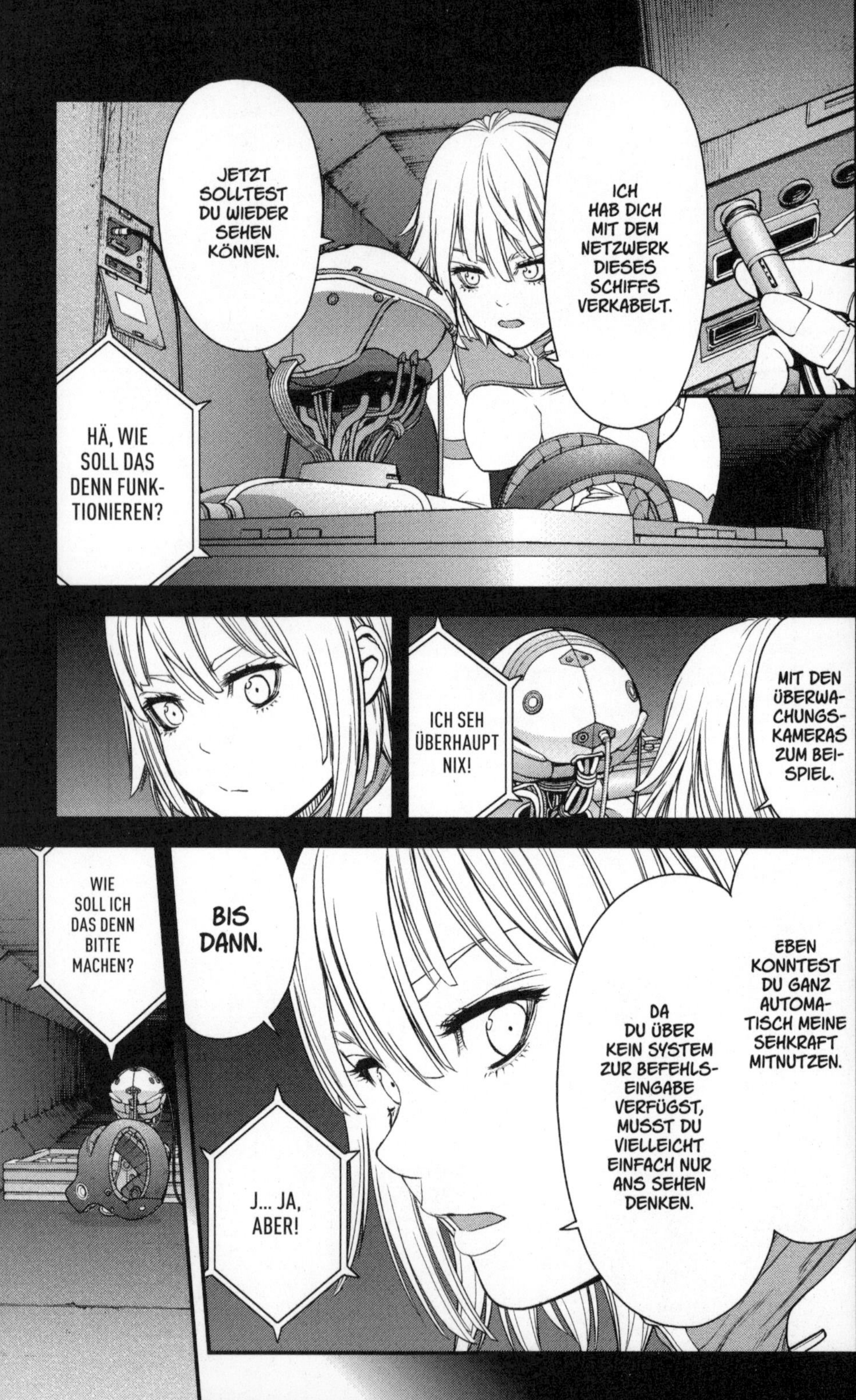
ICH HAB DICH MIT DEM NETZWERK DIESES SCHIFFS VERKABELT.
JETZT SOLLTEST DU WIEDER SEHEN KÖNNEN.
HÄ, WIE SOLL DAS DENN FUNKTIONIEREN?
MIT DEN ÜBERWACHUNGSKAMERAS ZUM BEISPIEL.
ICH SEH ÜBERHAUPT NIX!
EBEN KONNTEST DU GANZ AUTOMATISCH MEINE SEHKRAFT MITNUTZEN.
DA DU ÜBER KEIN SYSTEM ZUR BEFEHLSEINGABE VERFÜGST, MUSST DU VIELLEICHT EINFACH NUR ANS SEHEN DENKEN.
J... JA, ABER!
BIS DANN.
WIE SOLL ICH DAS DENN BITTE MACHEN?

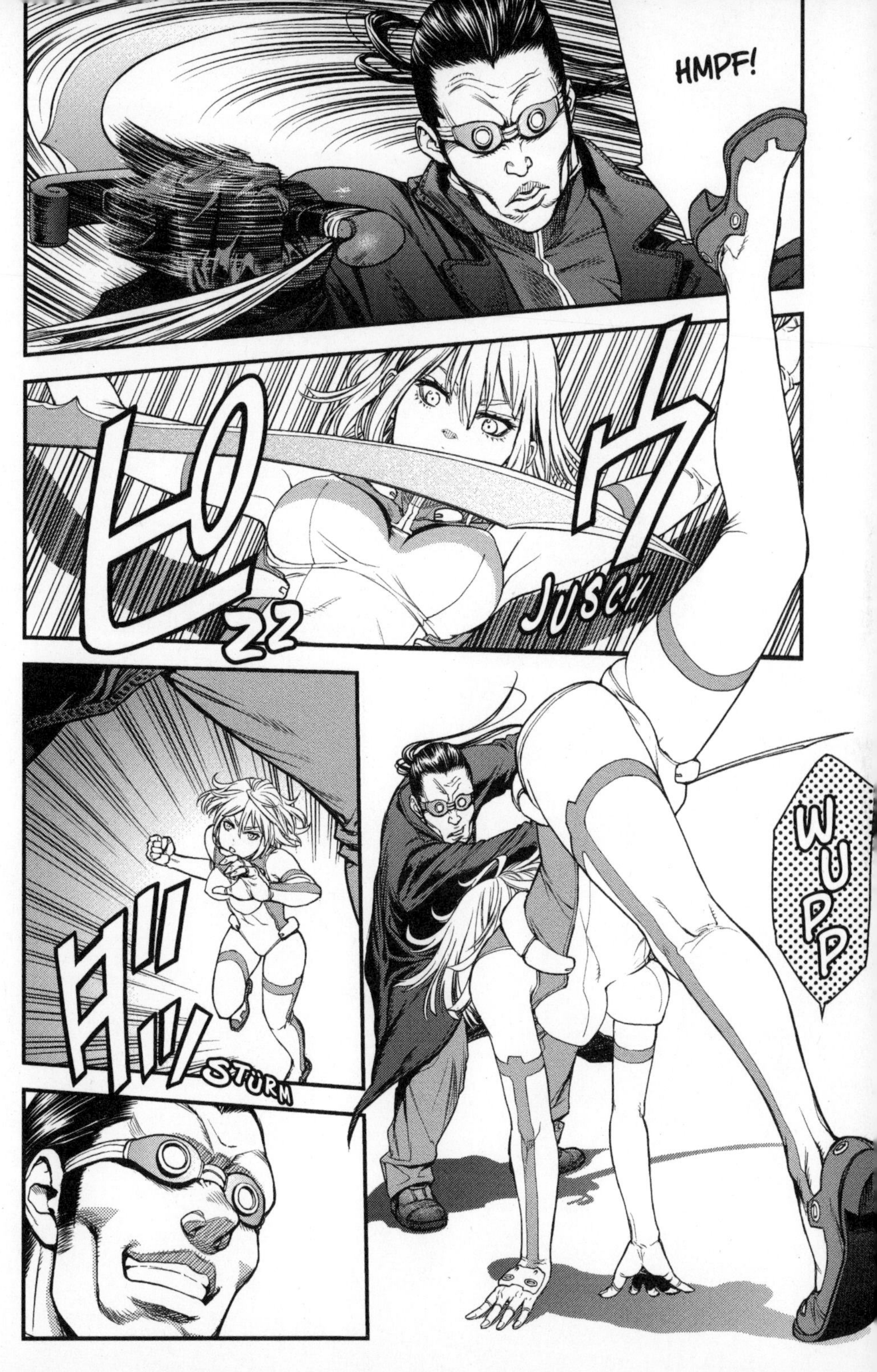
HMPF!
JUSCH
WUPP
STÜRM

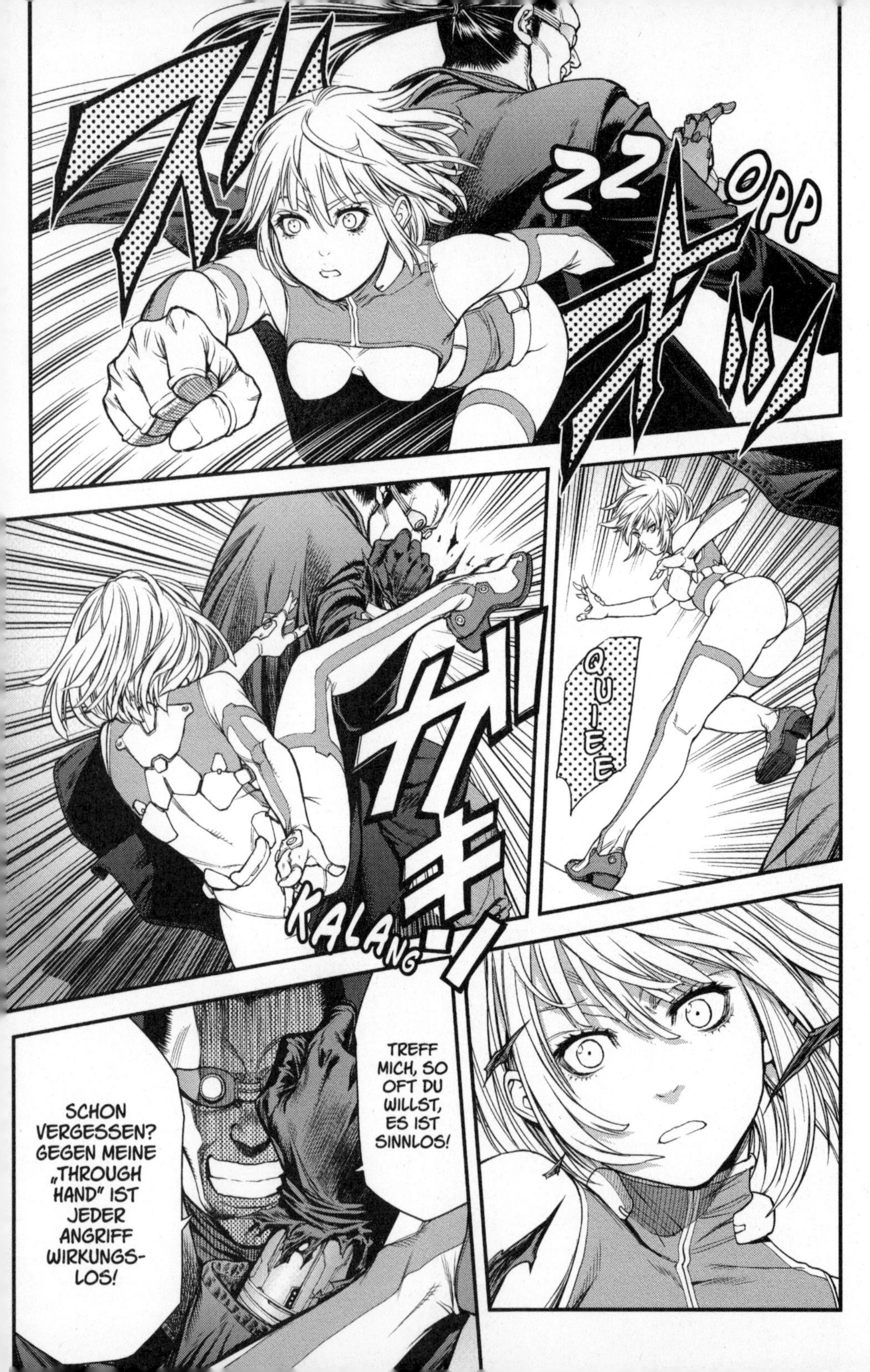
ZZLOPP
QUIEE
KALANG
TREFF MICH, SO OFT DU WILLST, ES IST SINNLOS!
SCHON VERGESSEN? GEGEN MEINE „THROUGH HAND" IST JEDER ANGRIFF WIRKUNGS-LOS!

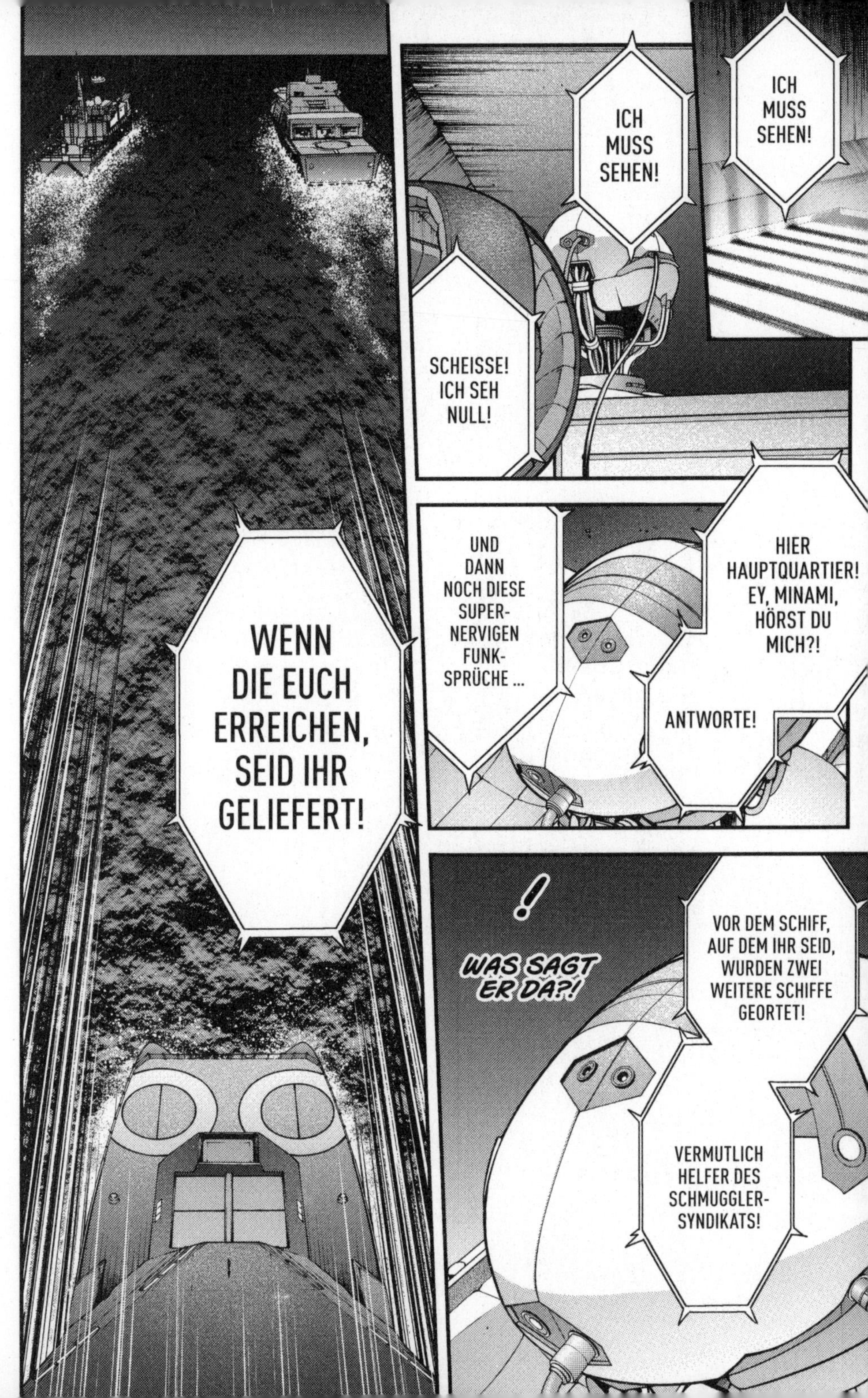
ICH MUSS SEHEN!
ICH MUSS SEHEN!
SCHEISSE! ICH SEH NULL!
HIER HAUPTQUARTIER! EY, MINAMI, HÖRST DU MICH?!
ANTWORTE!
UND DANN NOCH DIESE SUPER-NERVIGEN FUNK-SPRÜCHE …
VOR DEM SCHIFF, AUF DEM IHR SEID, WURDEN ZWEI WEITERE SCHIFFE GEORTET!
VERMUTLICH HELFER DES SCHMUGGLER-SYNDIKATS!
!
WAS SAGT ER DA?!
WENN DIE EUCH ERREICHEN, SEID IHR GELIEFERT!

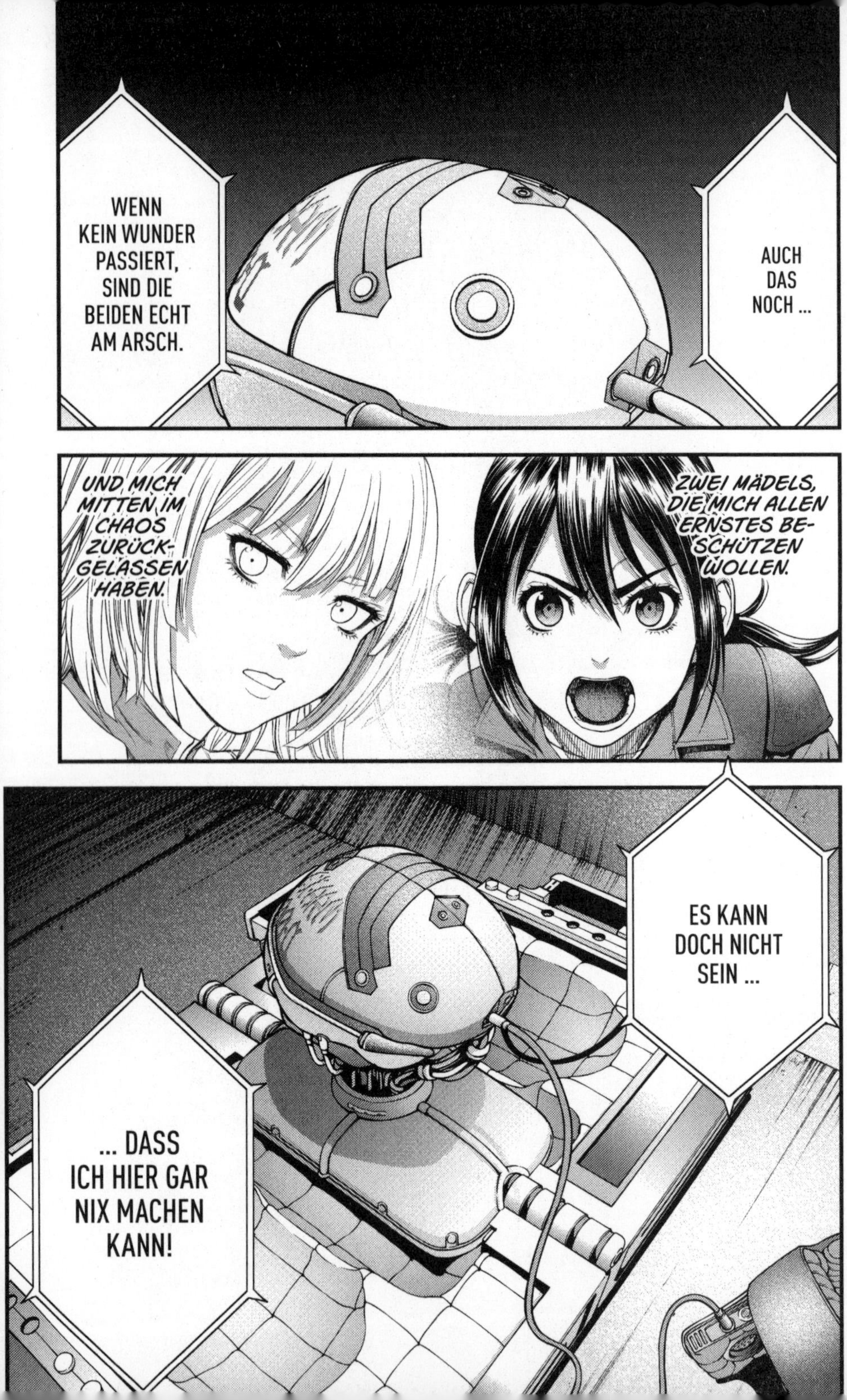

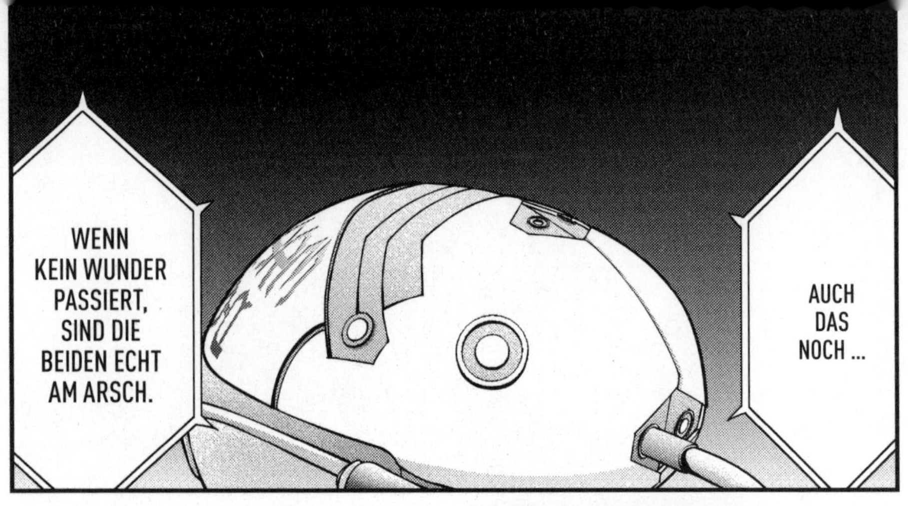

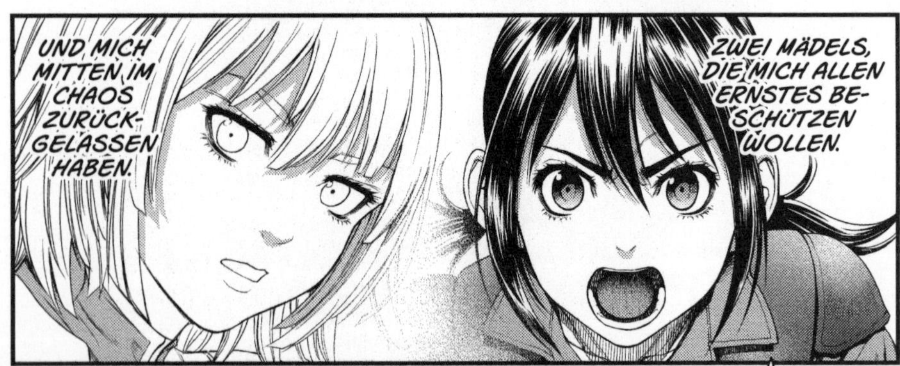

ES KANN DOCH NICHT SEIN ...

... DASS ICH HIER GAR NIX MACHEN KANN!

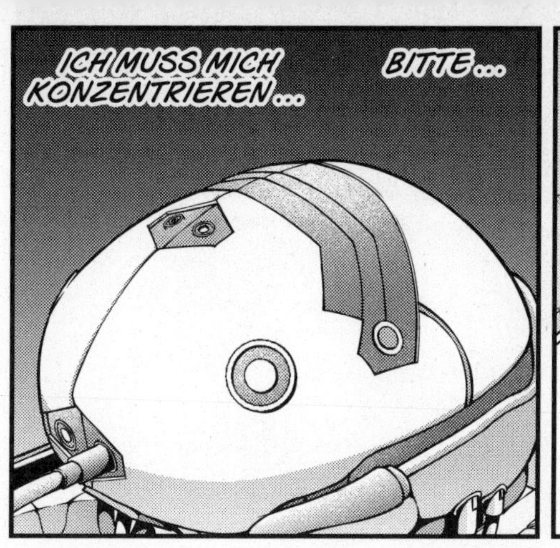
ICH MUSS MICH KONZENTRIEREN ...
BITTE ...

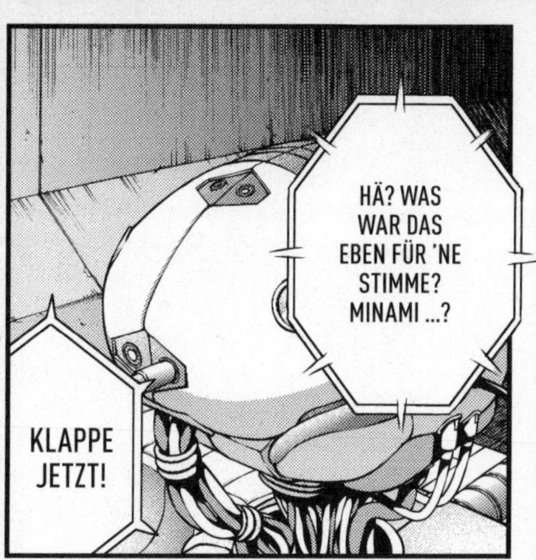
HÄ? WAS WAR DAS EBEN FÜR 'NE STIMME? MINAMI ...?
KLAPPE JETZT!

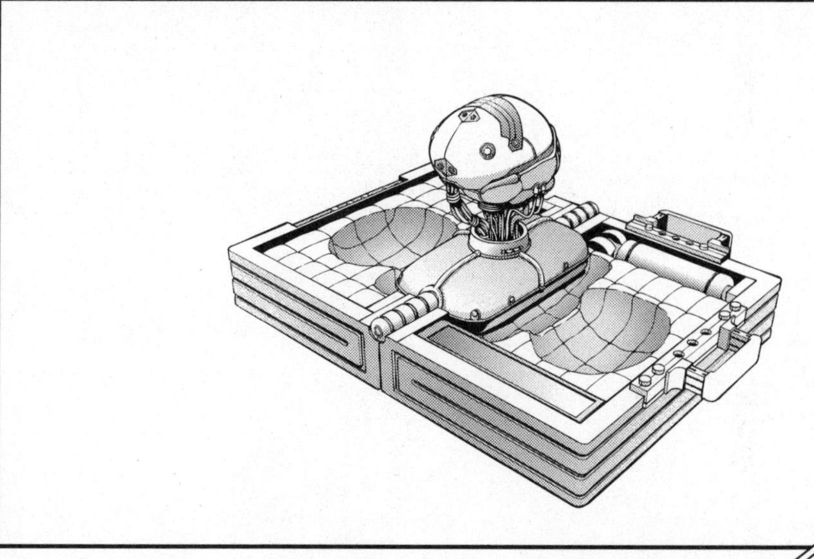

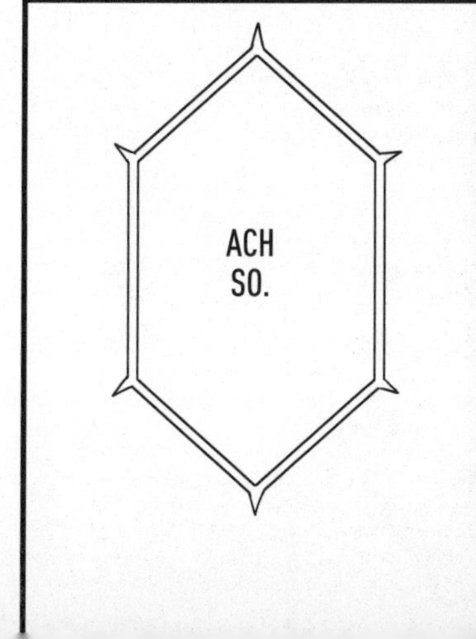
ACH SO.

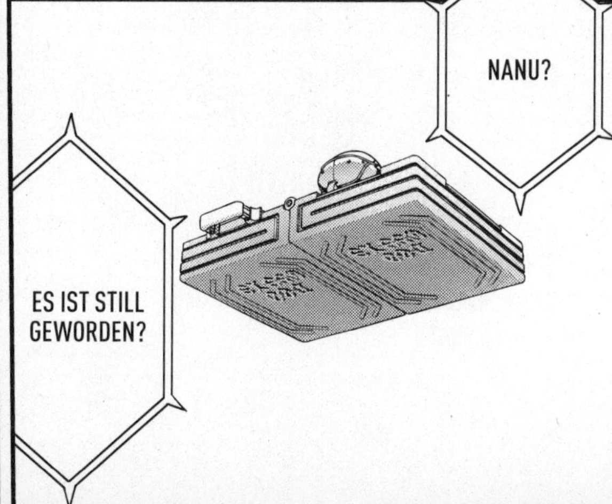
NANU?
ES IST STILL GEWORDEN?

ICH MUSS EINFACH NUR DARAN DENKEN ...

... ES ZU MACHEN?

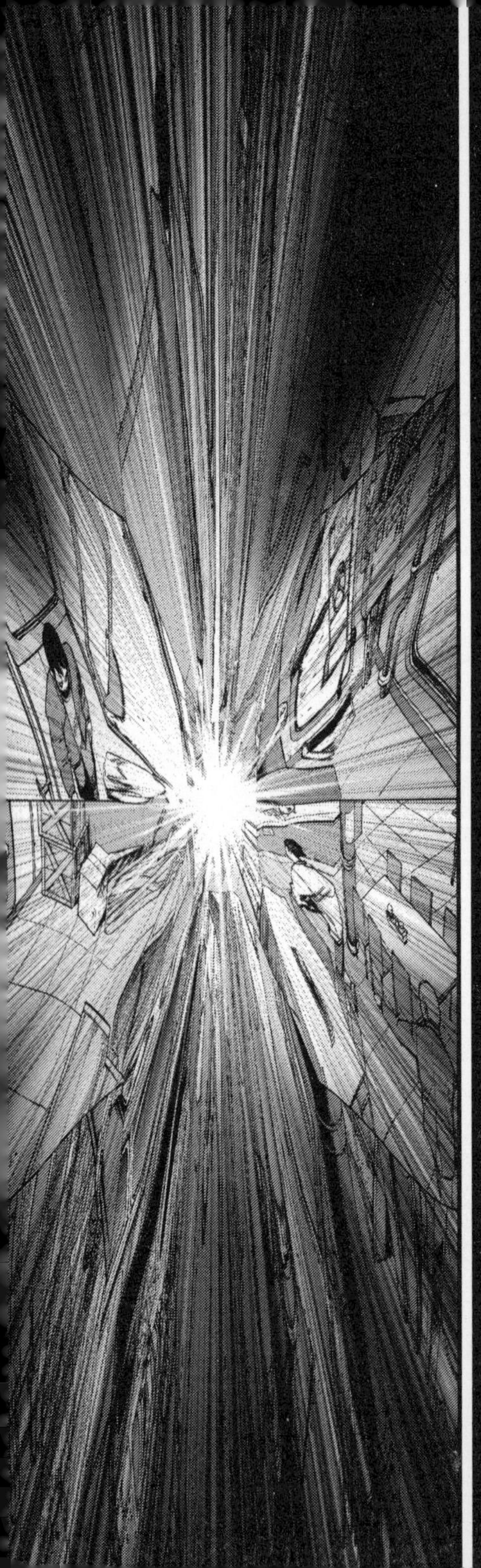

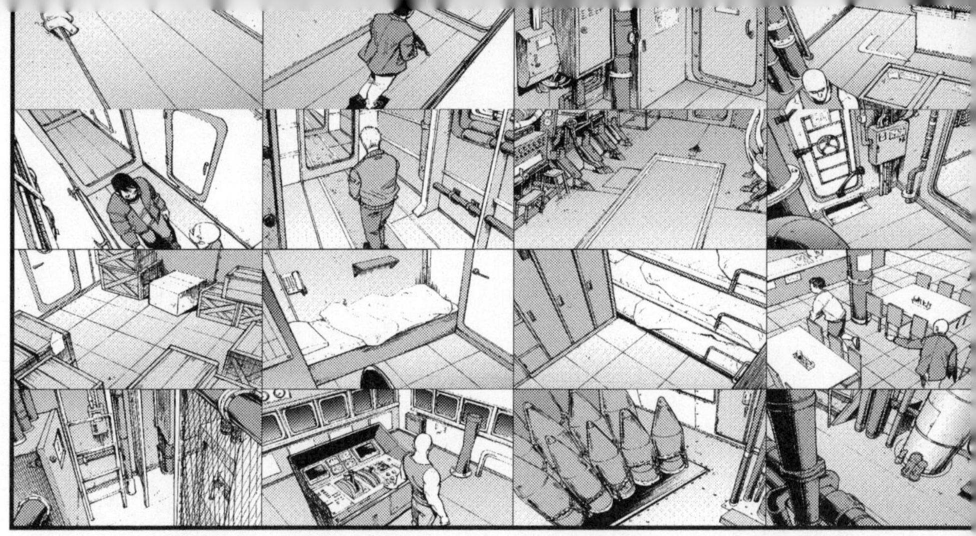

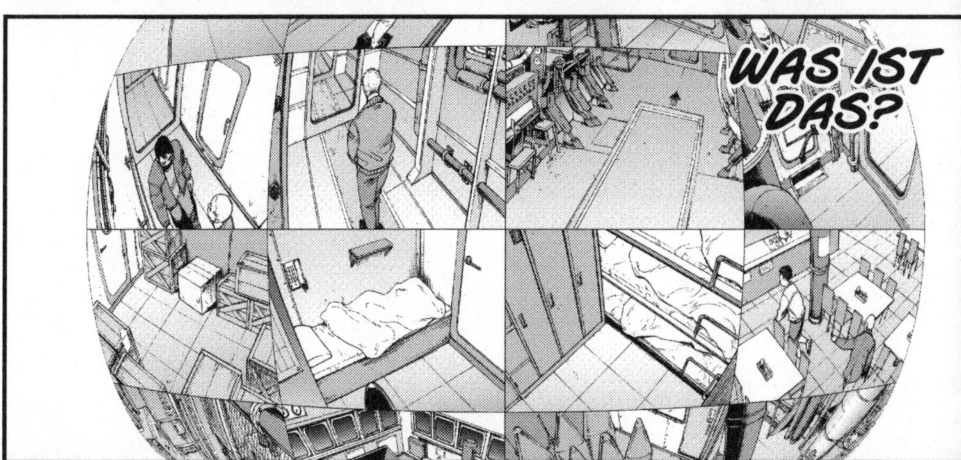
WAS IST DAS?

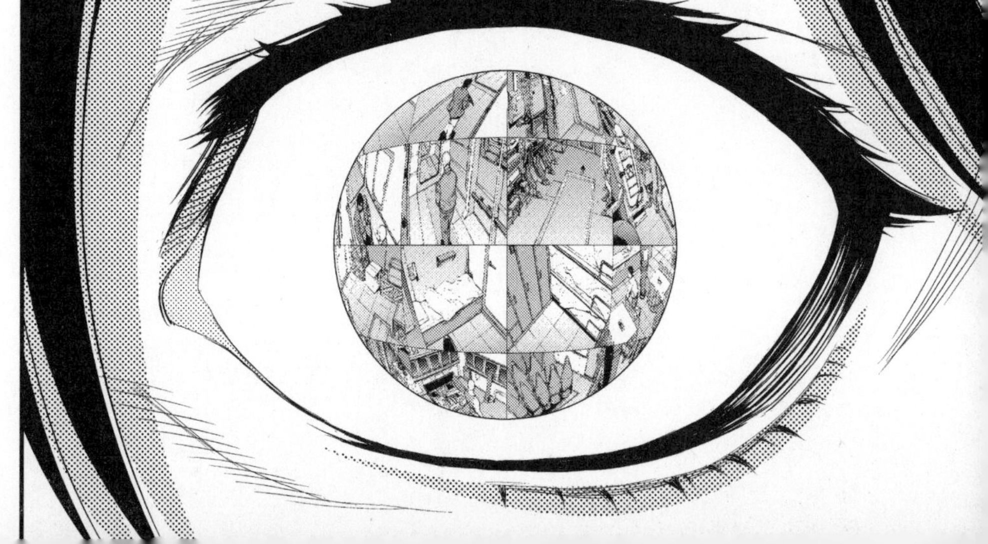

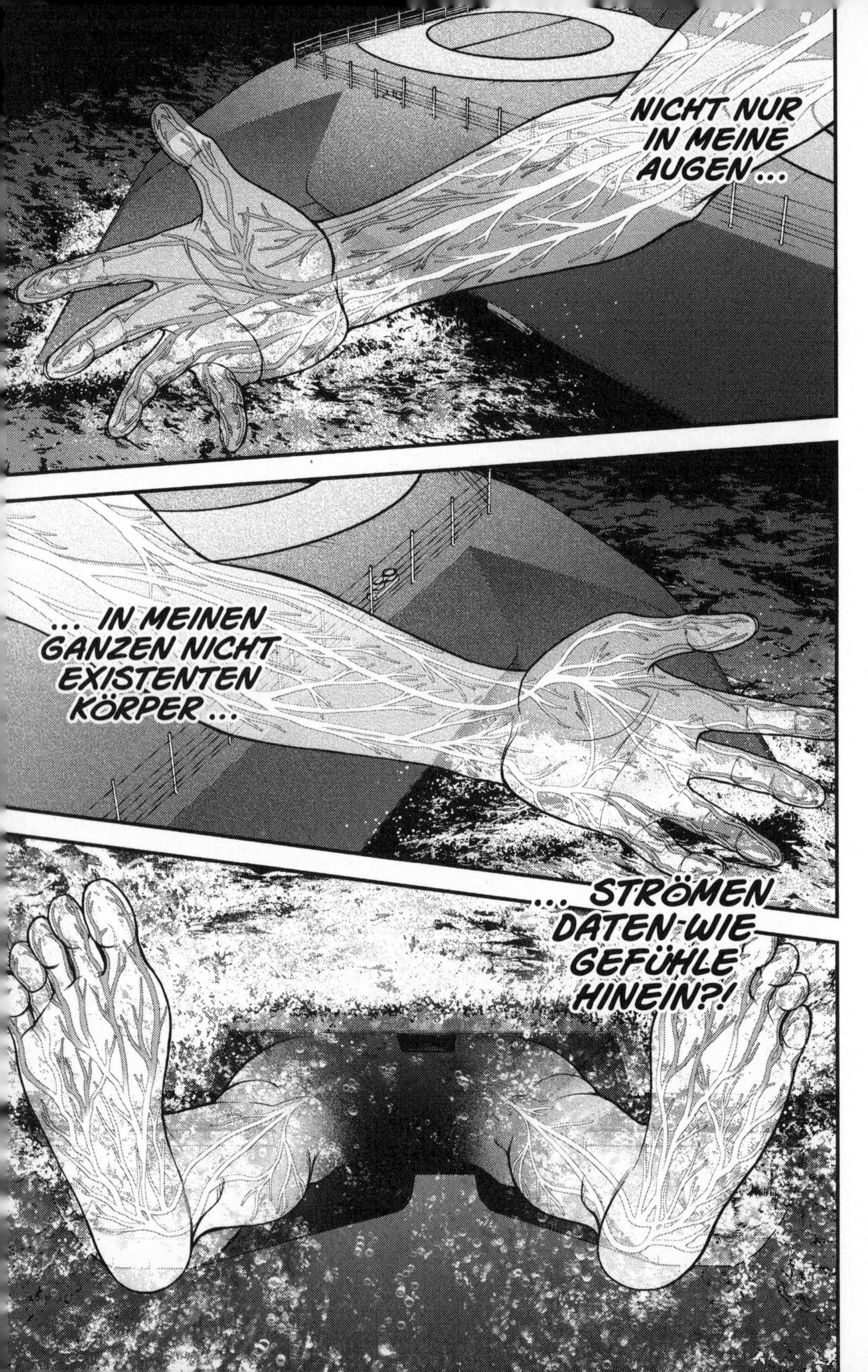
NICHT NUR IN MEINE AUGEN ...
... IN MEINEN GANZEN NICHT EXISTENTEN KÖRPER ...
... STRÖMEN DATEN-WIE GEFÜHLE HINEIN?!

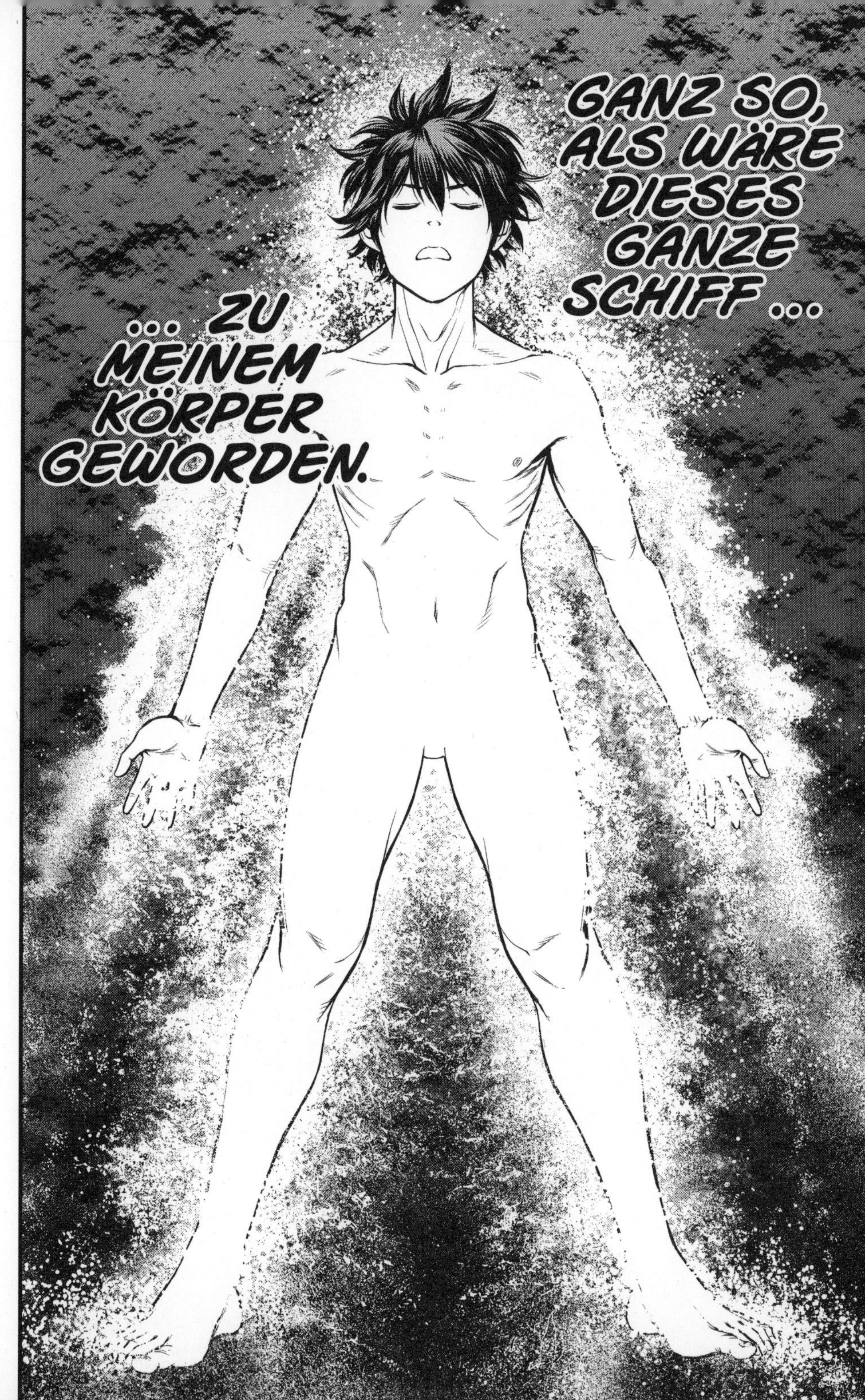
GANZ SO, ALS WÄRE DIESES GANZE SCHIFF ...
... ZU MEINEM KÖRPER GEWORDEN.

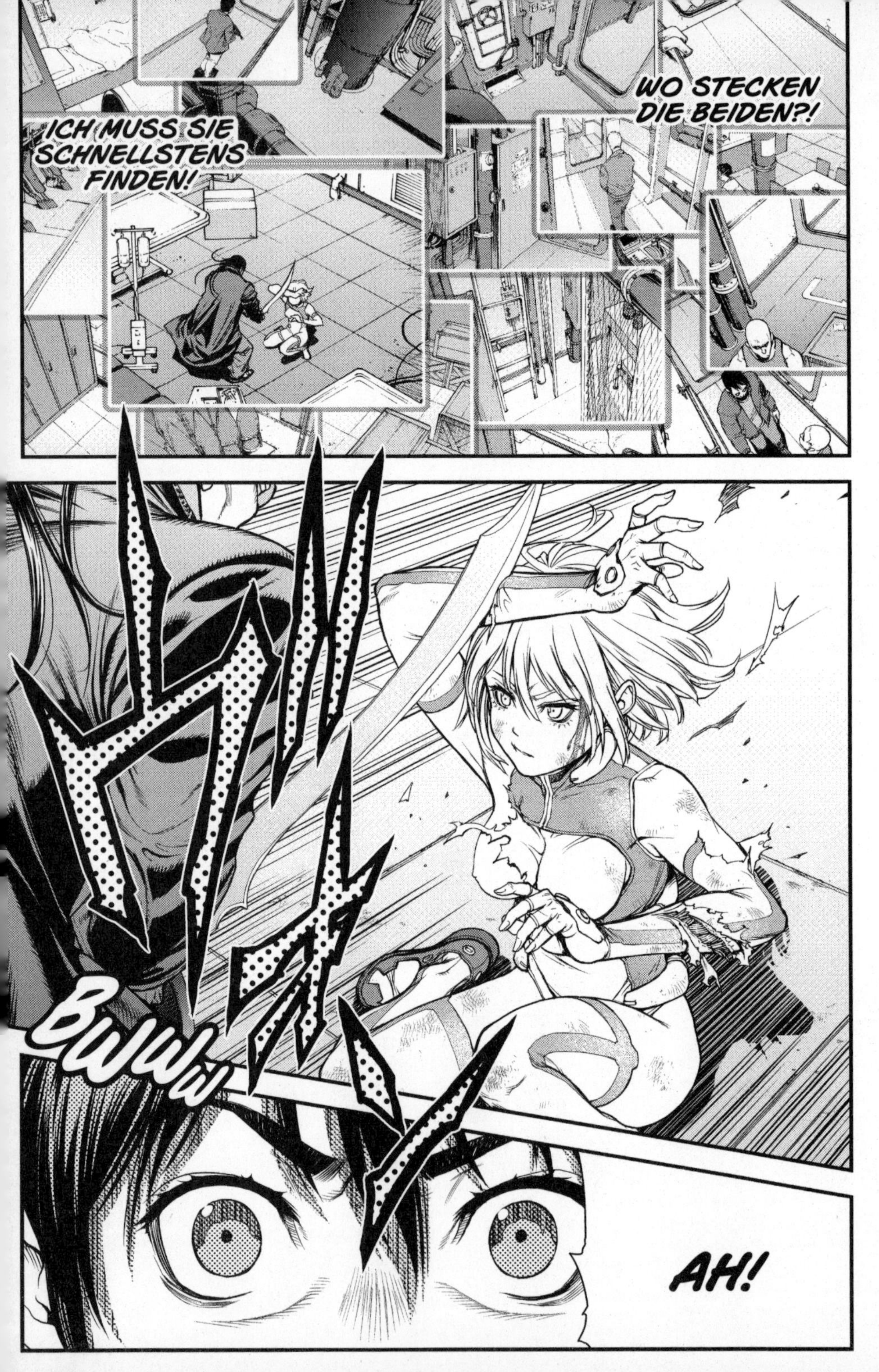
WO STECKEN DIE BEIDEN?!
ICH MUSS SIE SCHNELLSTENS FINDEN!
BWUH
AH!

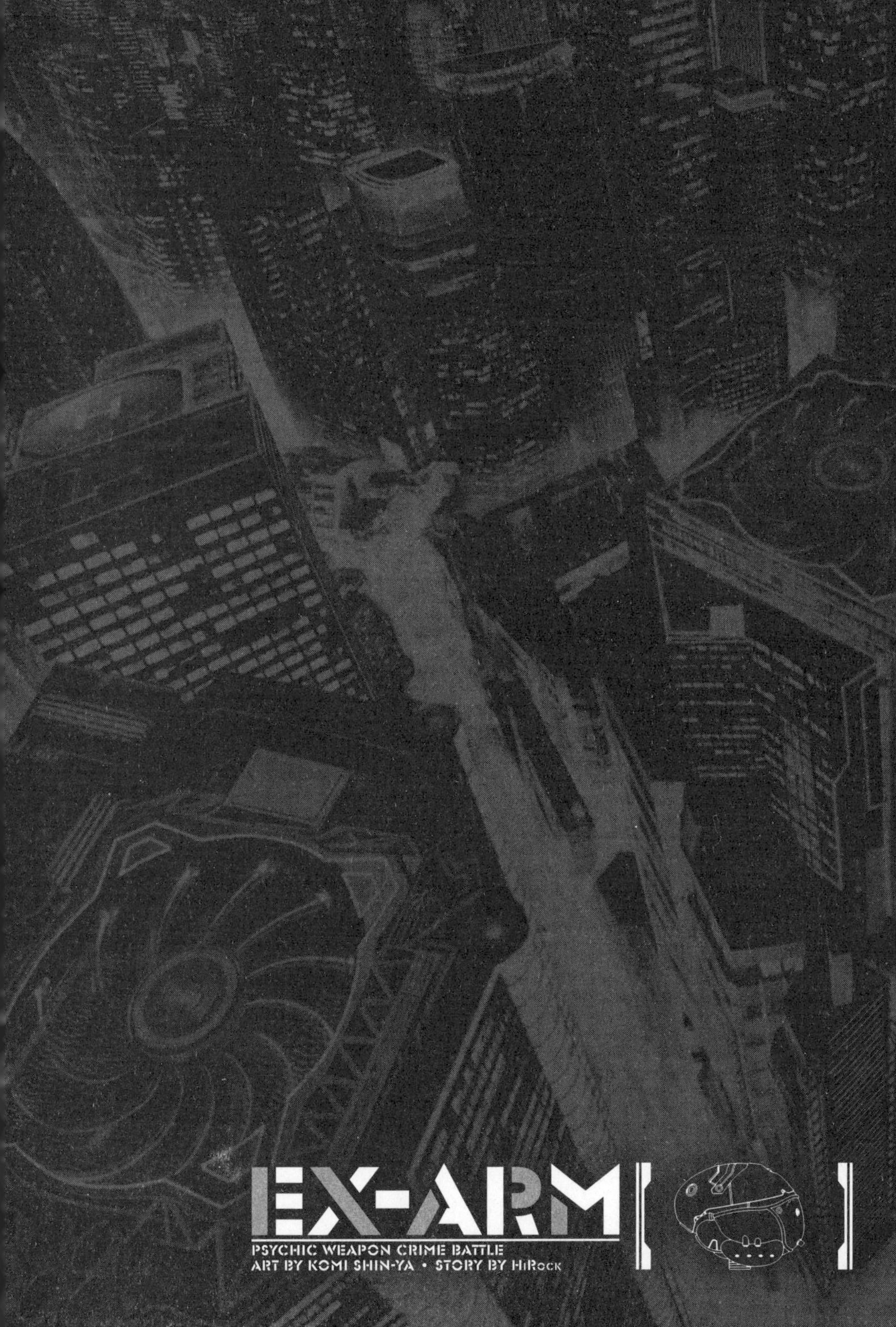
EX-ARM
PSYCHIC WEAPON CRIME BATTLE
ART BY KOMI SHIN-YA • STORY BY HiRock

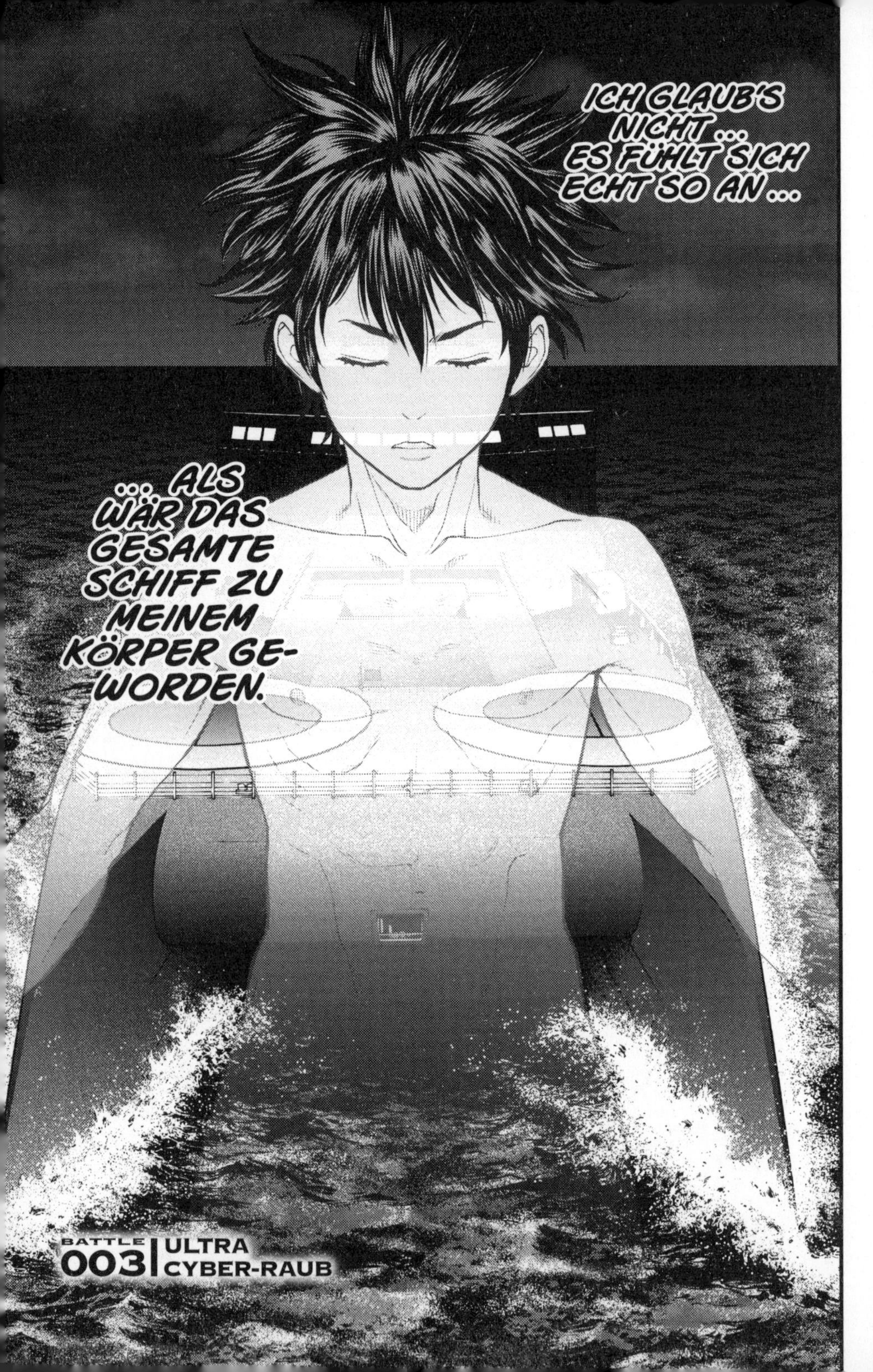
ICH GLAUB'S NICHT ...
ES FÜHLT SICH ECHT SO AN ...
... ALS WÄR DAS GESAMTE SCHIFF ZU MEINEM KÖRPER GE-WORDEN.
BATTLE 003 ULTRA CYBER-RAUB

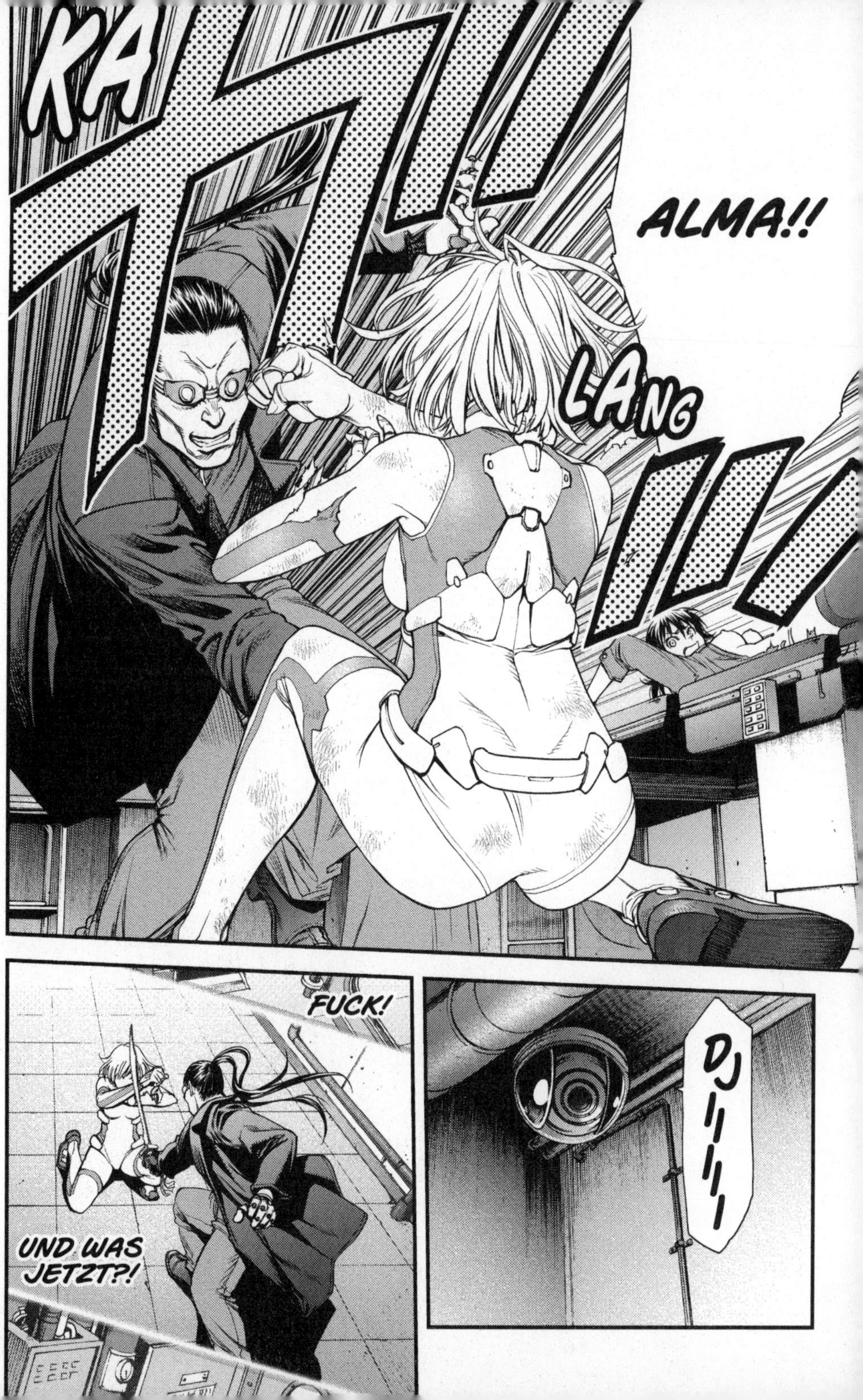

KA

ALMA!!

LANG

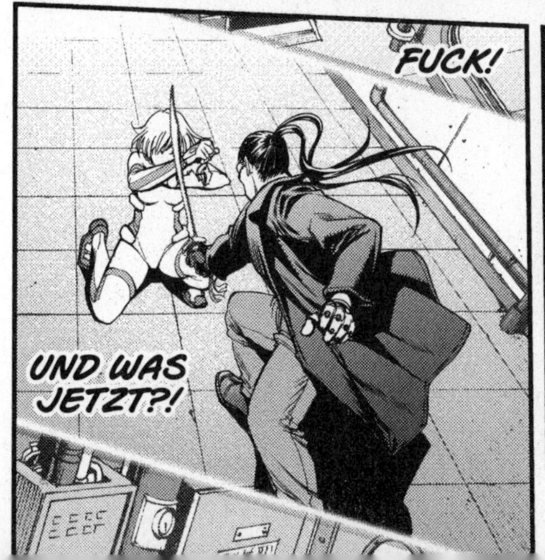

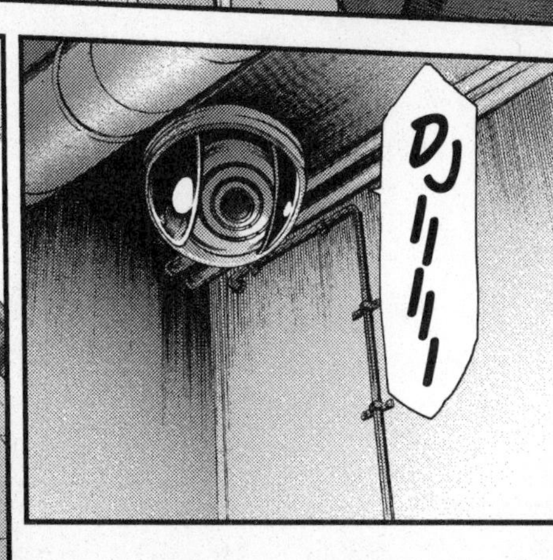

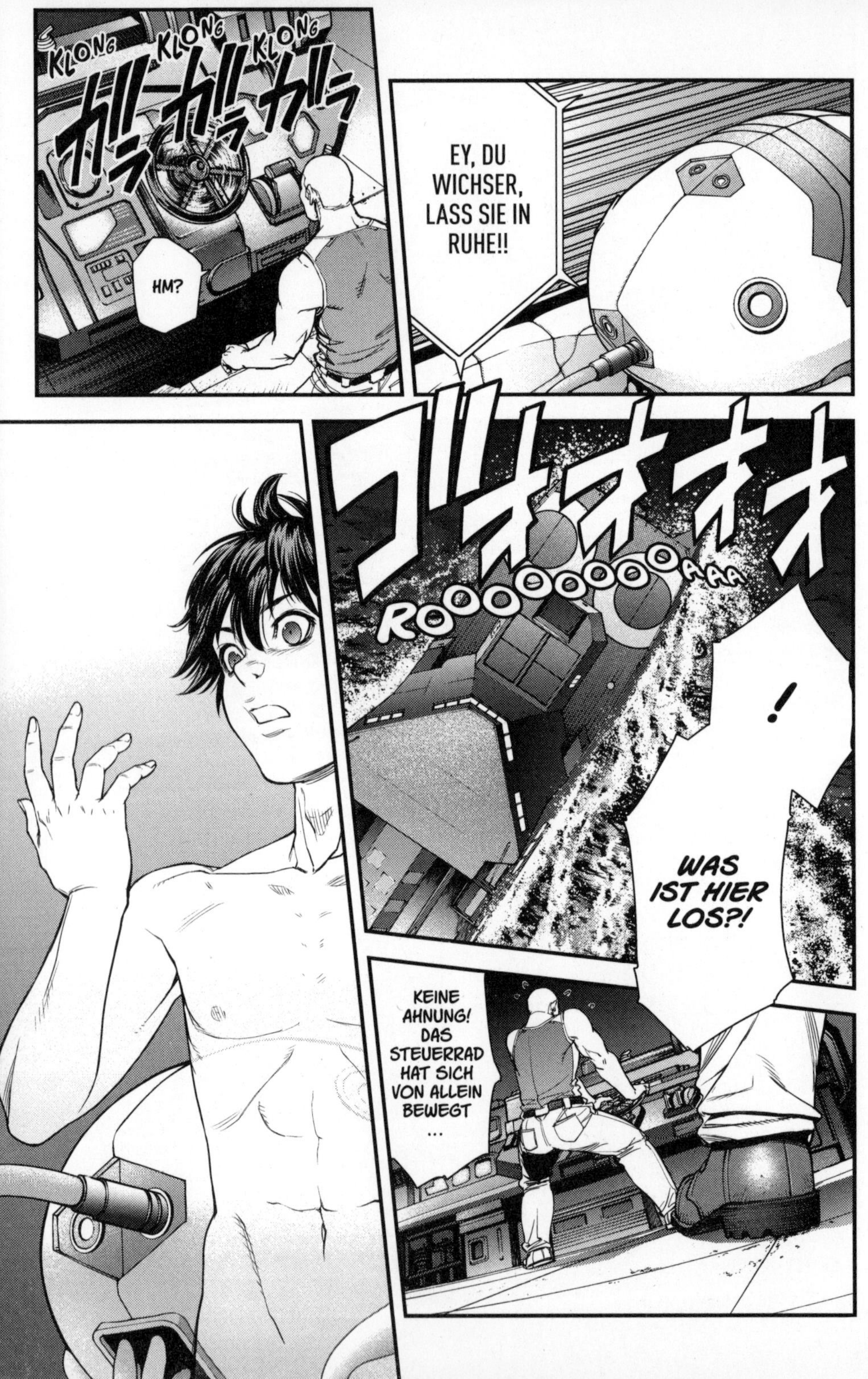
KLONG KLONG KLONG
カ"ラカ"ラカ"ラ
HM?
EY, DU WICHSER, LASS SIE IN RUHE!!
ゴオオオオ
ROOOOOOOOAAA
!
WAS IST HIER LOS?!
KEINE AHNUNG! DAS STEUERRAD HAT SICH VON ALLEIN BEWEGT ...

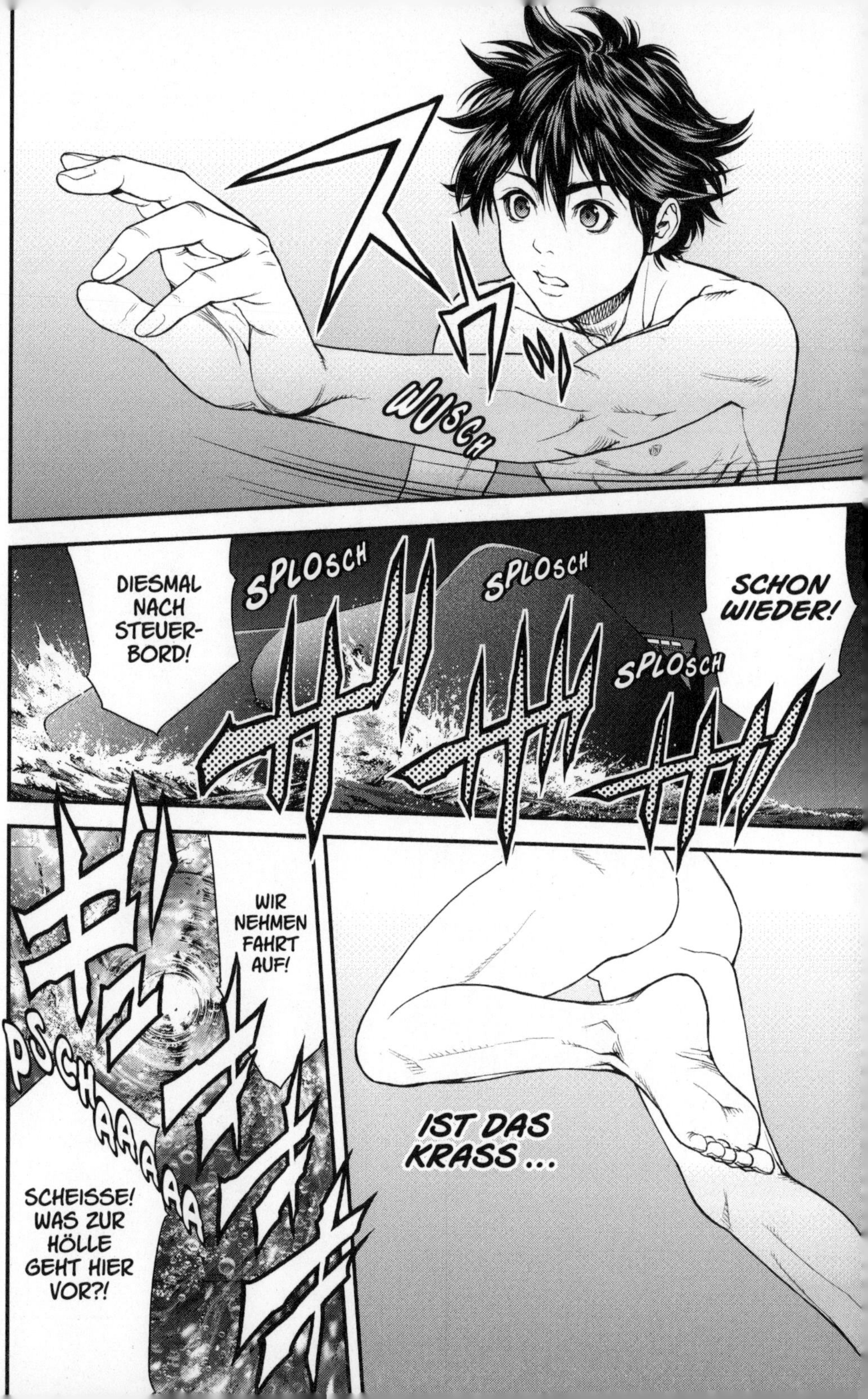

WUSCH
SCHON WIEDER!
SPLOSCH
SPLOSCH
SPLOSCH
DIESMAL NACH STEUER-BORD!
IST DAS KRASS ...
WIR NEHMEN FAHRT AUF!
PSCHAAAAAA
SCHEISSE! WAS ZUR HÖLLE GEHT HIER VOR?!

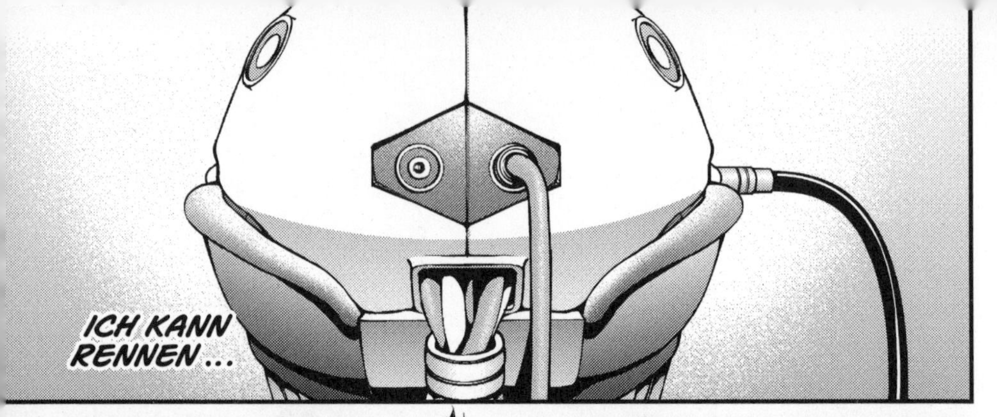

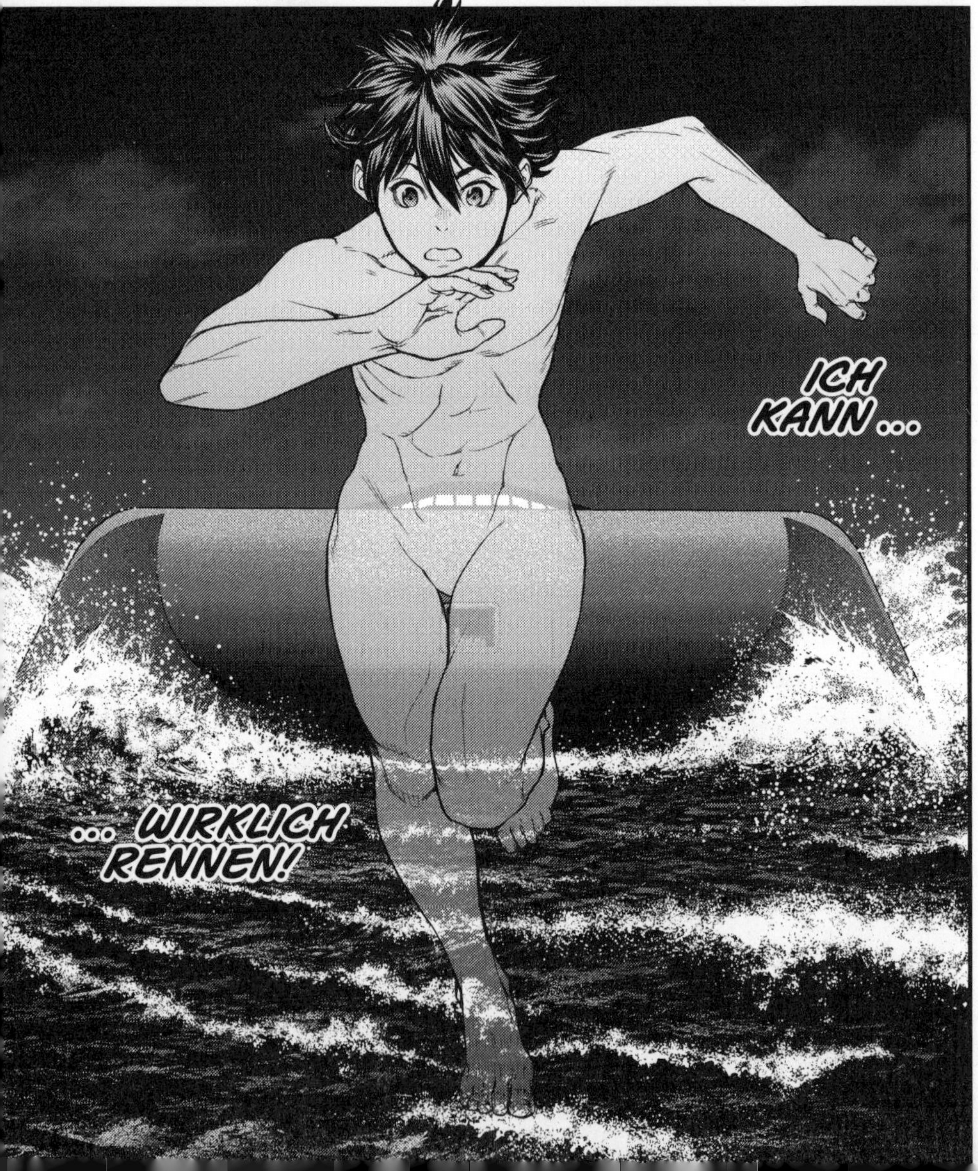

ICH KANN ...

... WIRKLICH RENNEN!

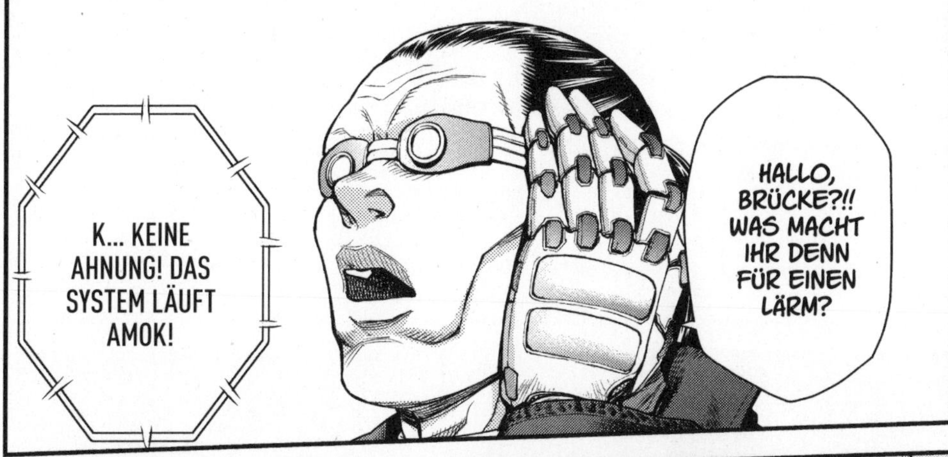
HALLO, BRÜCKE?!! WAS MACHT IHR DENN FÜR EINEN LÄRM?
K... KEINE AHNUNG! DAS SYSTEM LÄUFT AMOK!

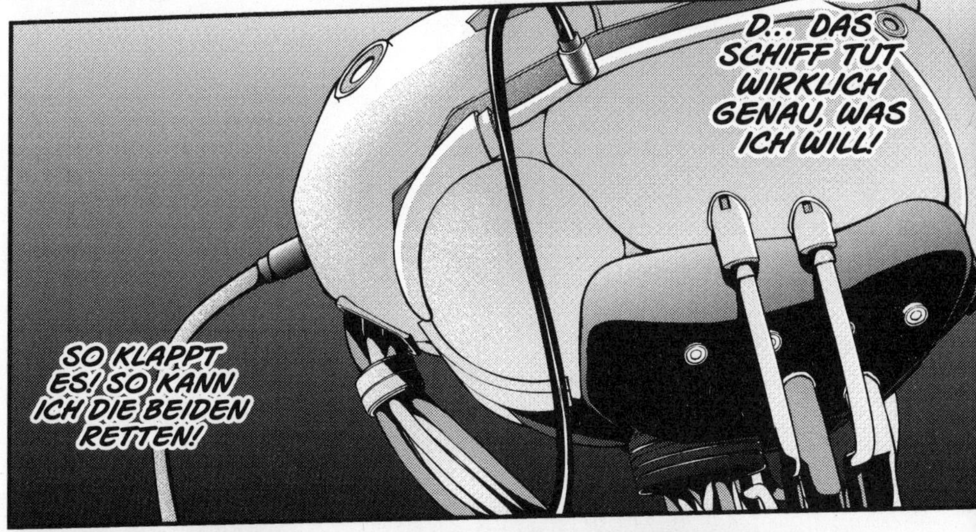
D... DAS SCHIFF TUT WIRKLICH GENAU, WAS ICH WILL!
SO KLAPPT ES! SO KANN ICH DIE BEIDEN RETTEN!

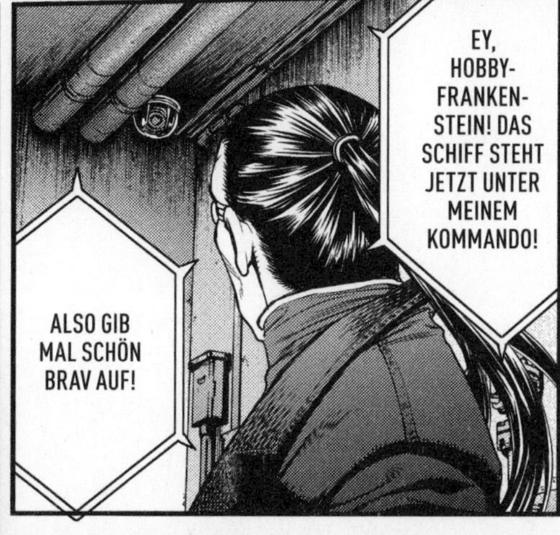
EY, HOBBY-FRANKEN-STEIN! DAS SCHIFF STEHT JETZT UNTER MEINEM KOMMANDO!
ALSO GIB MAL SCHÖN BRAV AUF!

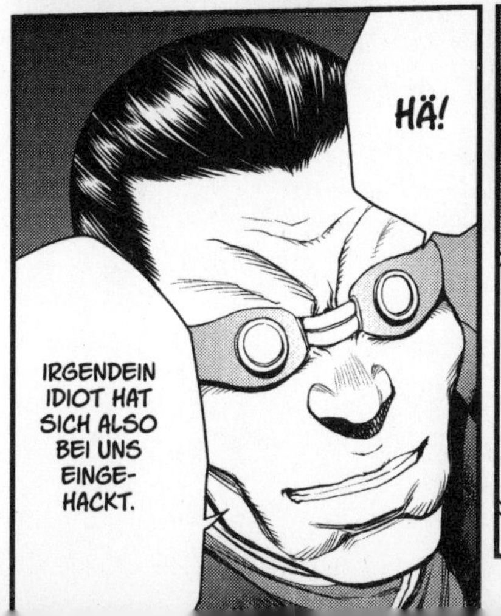
HÄ!
IRGENDEIN IDIOT HAT SICH ALSO BEI UNS EINGE-HACKT.

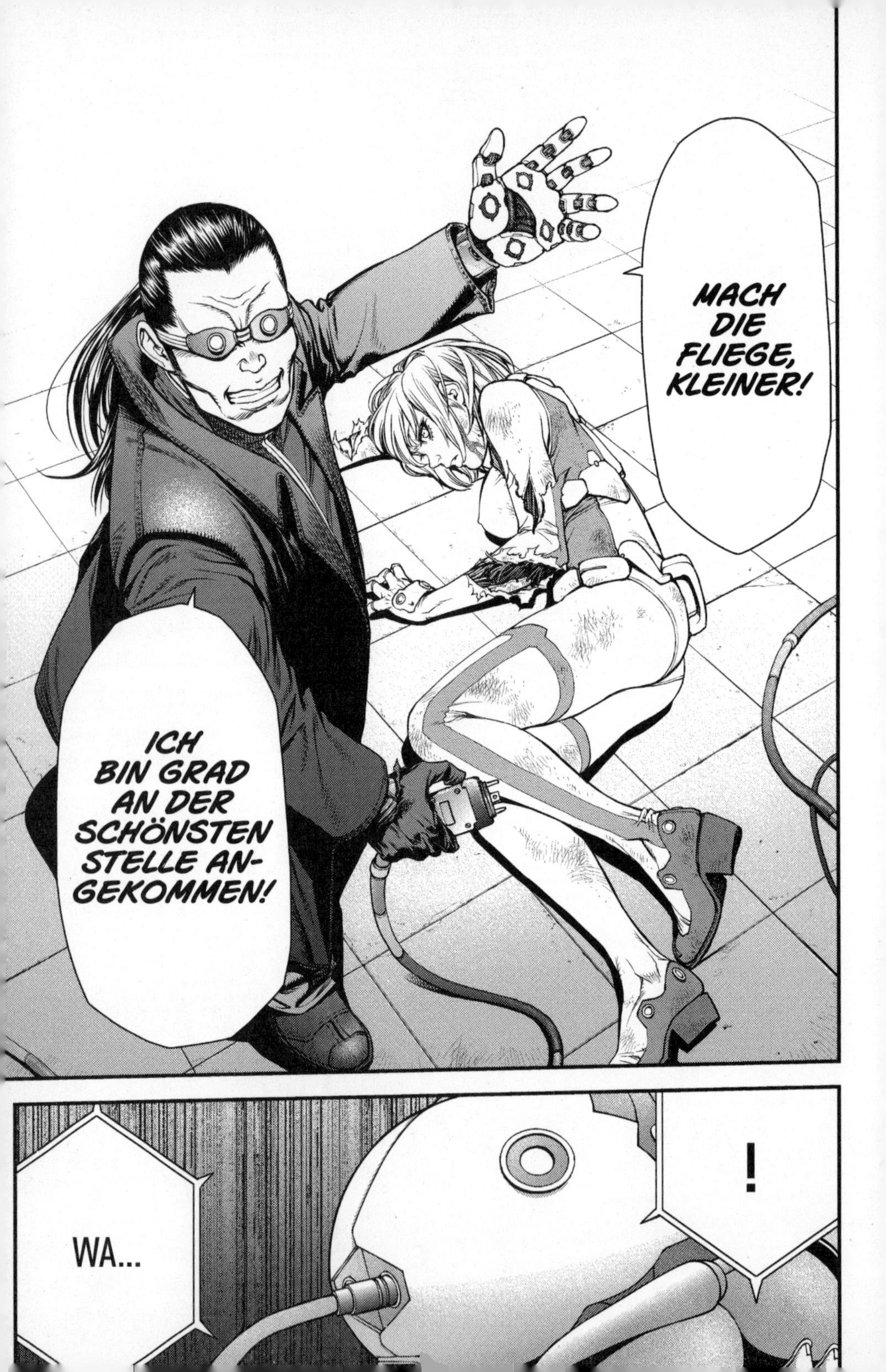

MACH DIE FLIEGE, KLEINER!

ICH BIN GRAD AN DER SCHÖNSTEN STELLE ANGEKOMMEN!

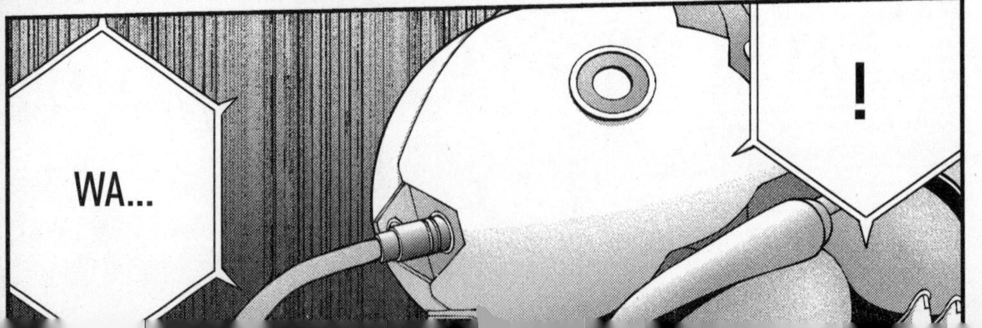

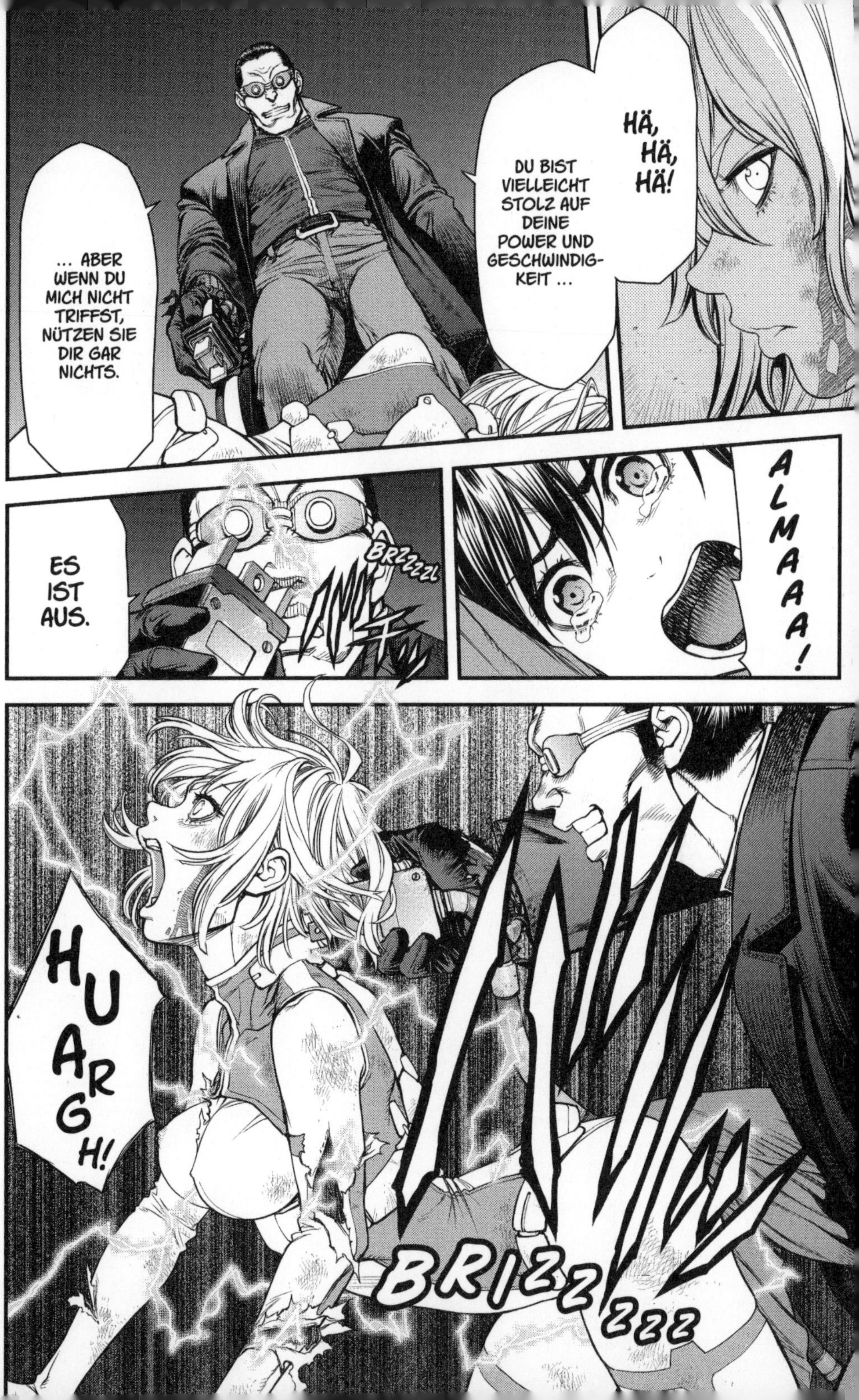

HÄ, HÄ, HÄ!
DU BIST VIELLEICHT STOLZ AUF DEINE POWER UND GESCHWINDIG-KEIT …
… ABER WENN DU MICH NICHT TRIFFST, NÜTZEN SIE DIR GAR NICHTS.
ALMAAAA!
BRZZZZL
ES IST AUS.
BRIZZZZZZ
HUARGH!

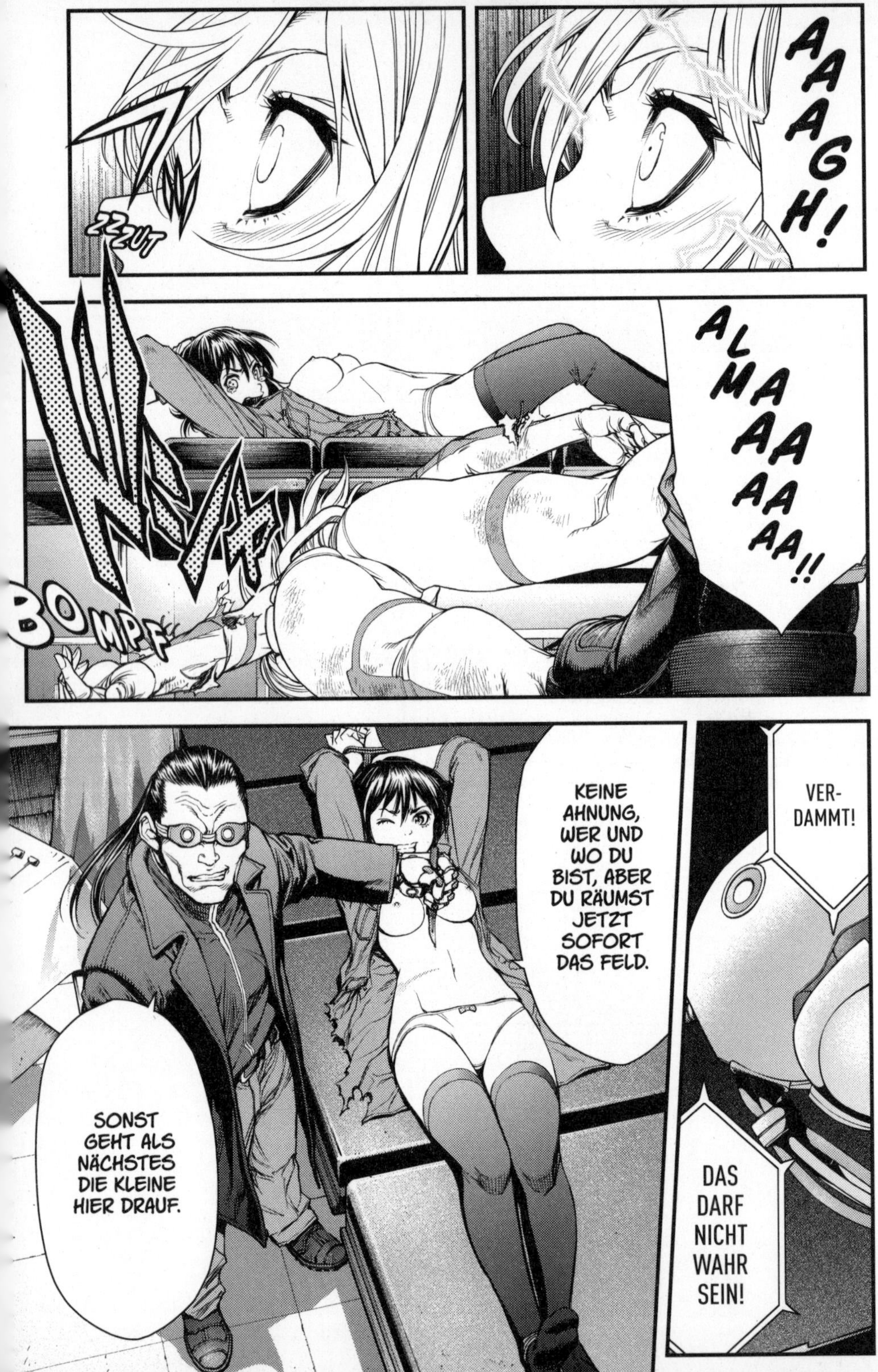

ZZZUT
AAAAGH!
ALMAAAAAAAAA!!
BOMPF
VER-DAMMT!
KEINE AHNUNG, WER UND WO DU BIST, ABER DU RÄUMST JETZT SOFORT DAS FELD.
DAS DARF NICHT WAHR SEIN!
SONST GEHT ALS NÄCHSTES DIE KLEINE HIER DRAUF.

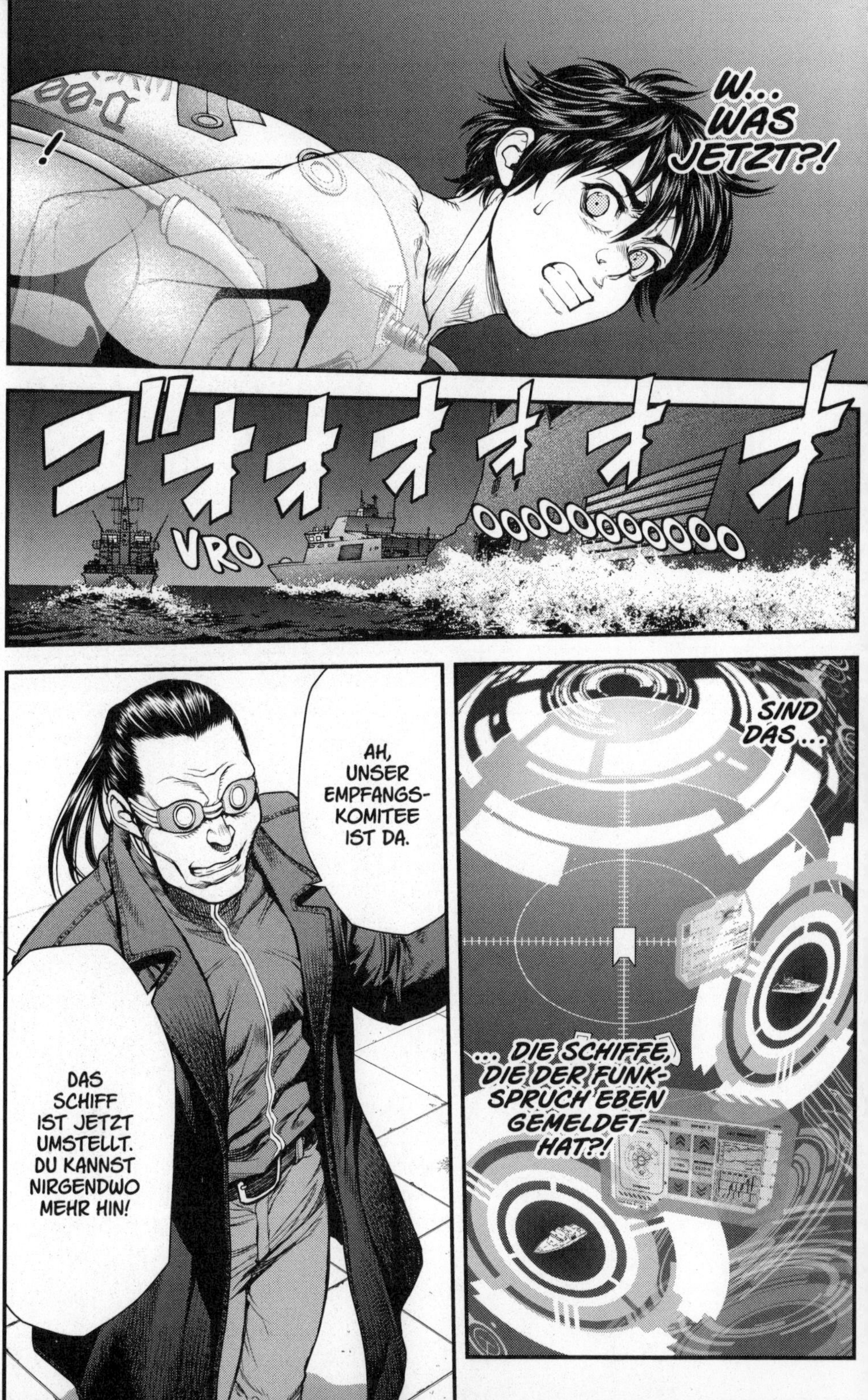

W... WAS JETZT?!

!

ゴオオオオオオ

VRO

OOOOOOOOOOO

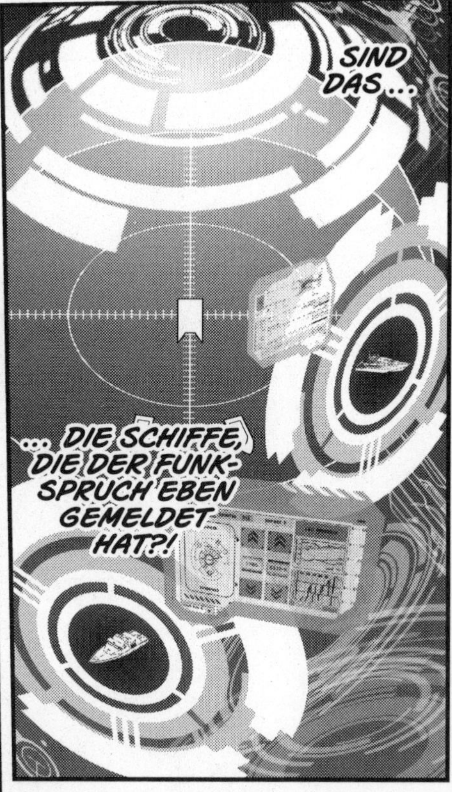

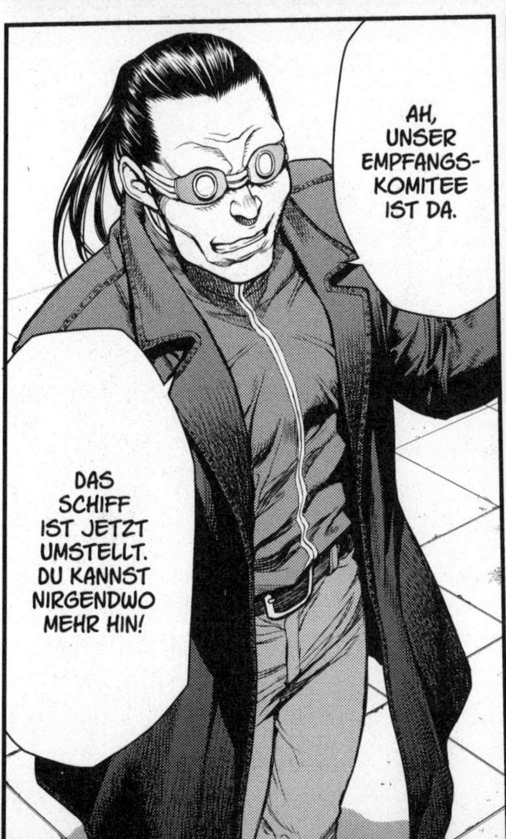

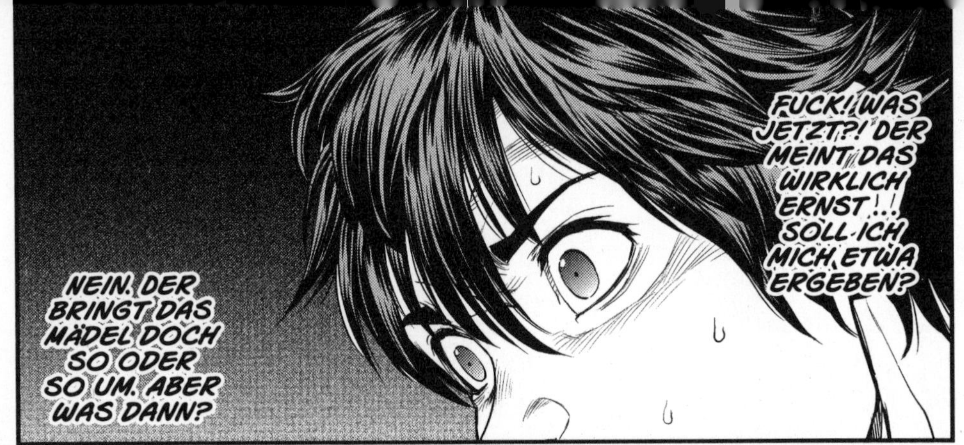
FUCK! WAS JETZT?! DER MEINT DAS WIRKLICH ERNST ... SOLL ICH MICH ETWA ERGEBEN?
NEIN. DER BRINGT DAS MÄDEL DOCH SO ODER SO UM. ABER WAS DANN?

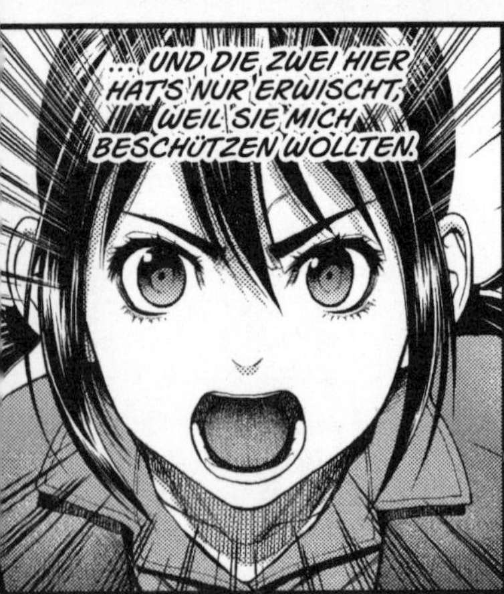
... UND DIE ZWEI HIER HAT'S NUR ERWISCHT, WEIL SIE MICH BESCHÜTZEN WOLLTEN.

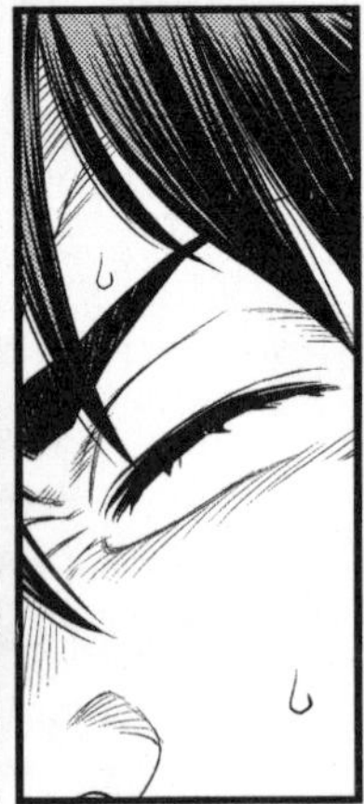

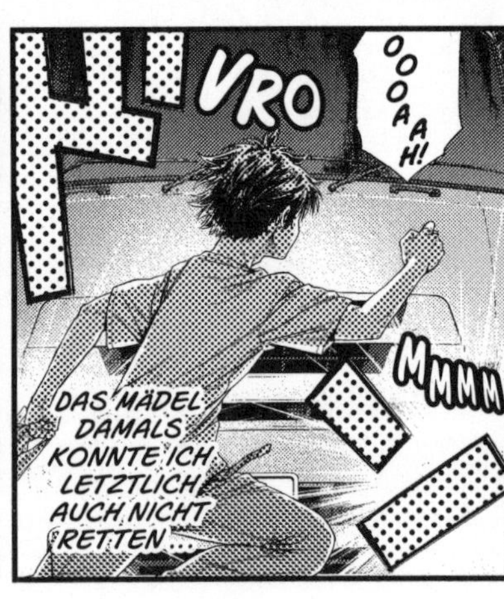
OOOAAH!
VRO
MMMM
DAS MÄDEL DAMALS KONNTE ICH LETZTLICH AUCH NICHT RETTEN ...

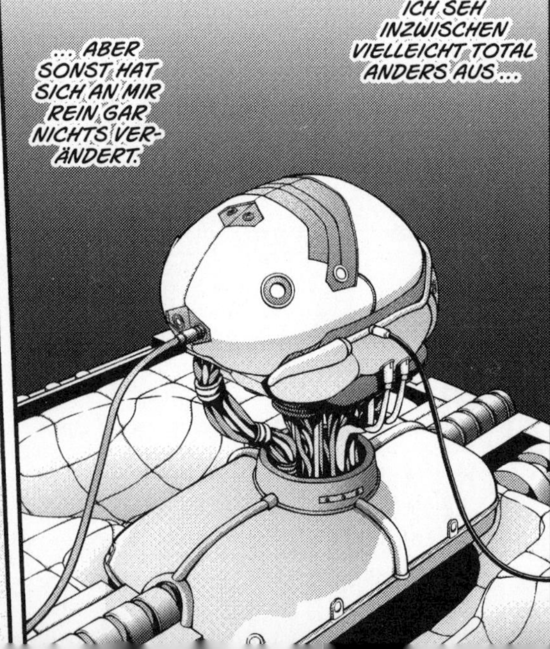
ICH SEH INZWISCHEN VIELLEICHT TOTAL ANDERS AUS ...
... ABER SONST HAT SICH AN MIR REIN GAR NICHTS VERÄNDERT.

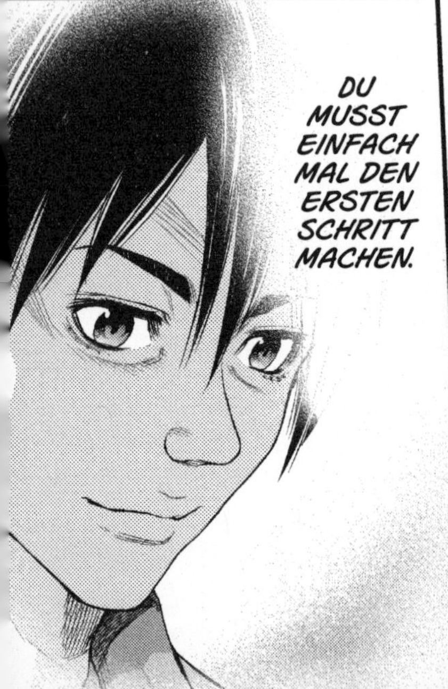
DU MUSST EINFACH MAL DEN ERSTEN SCHRITT MACHEN.

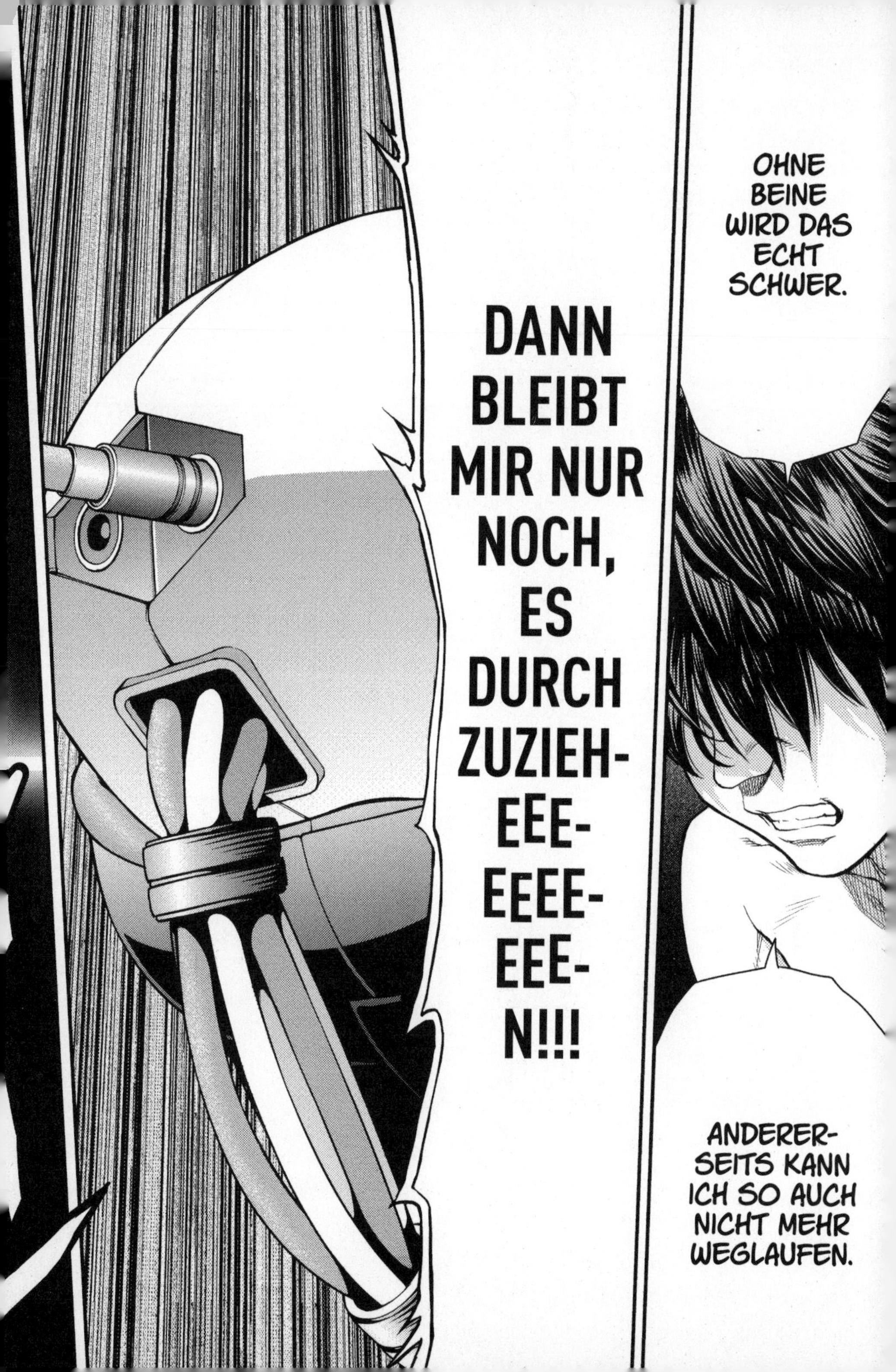

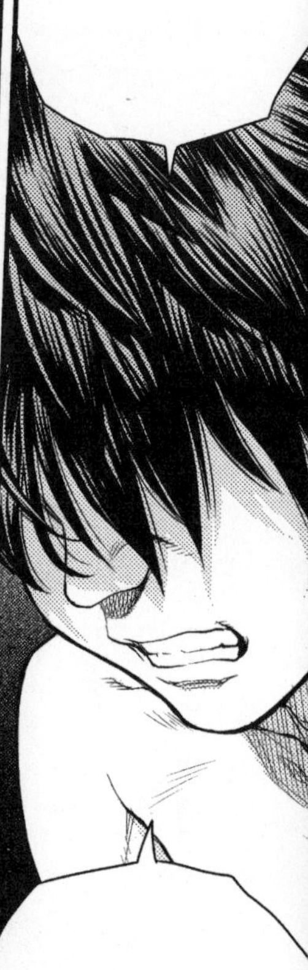
OHNE BEINE WIRD DAS ECHT SCHWER.
ANDERERSEITS KANN ICH SO AUCH NICHT MEHR WEGLAUFEN.
DANN BLEIBT MIR NUR NOCH, ES DURCHZUZIEH-EEE-EEEE-EEE-N!!!

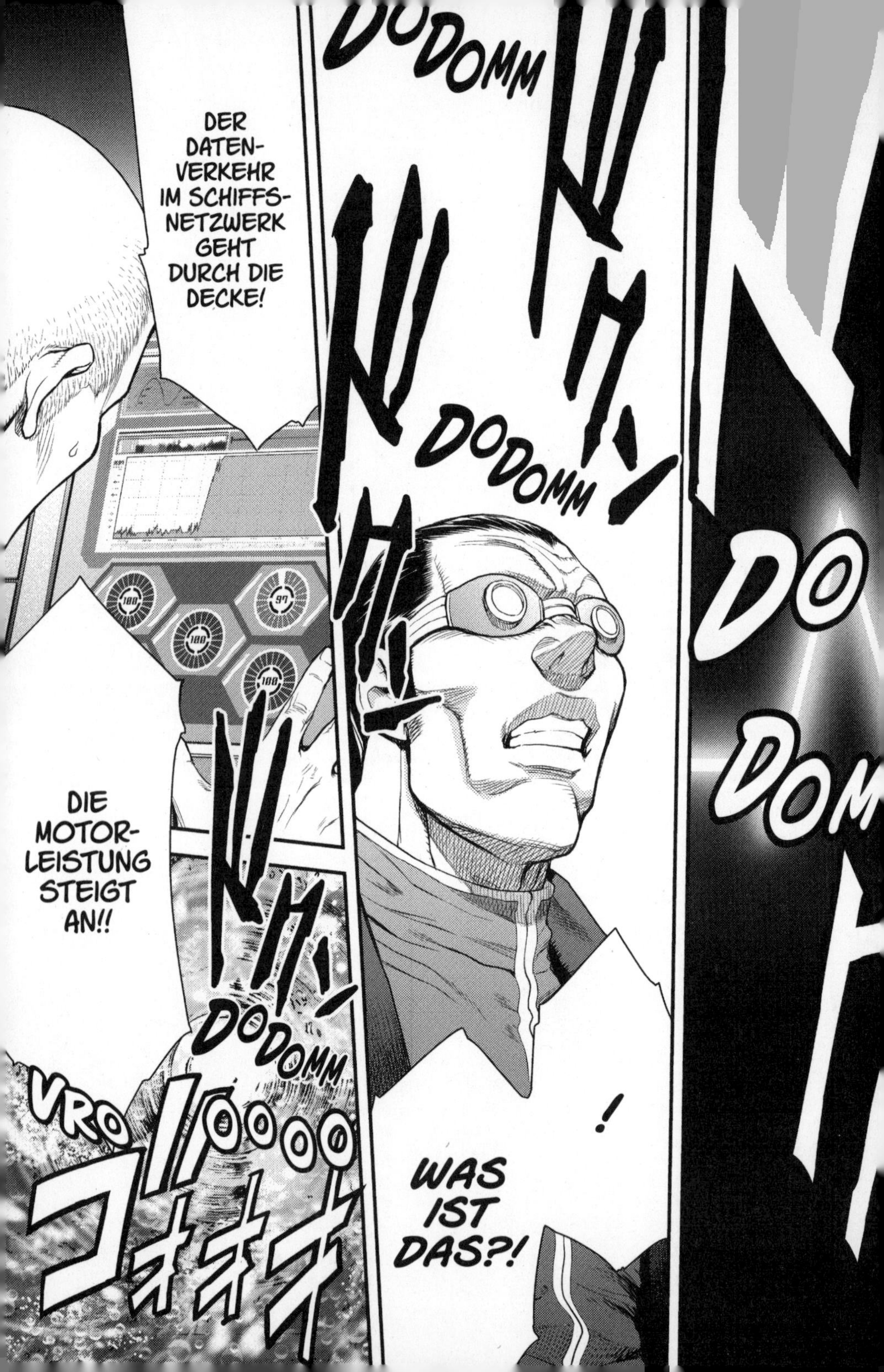

DODOMM
DODOMM
DO
DOM
!
WAS IST DAS?!
DER DATENVERKEHR IM SCHIFFSNETZWERK GEHT DURCH DIE DECKE!
DIE MOTORLEISTUNG STEIGT AN!!
DODOMM
VROOOOO
コォォォ

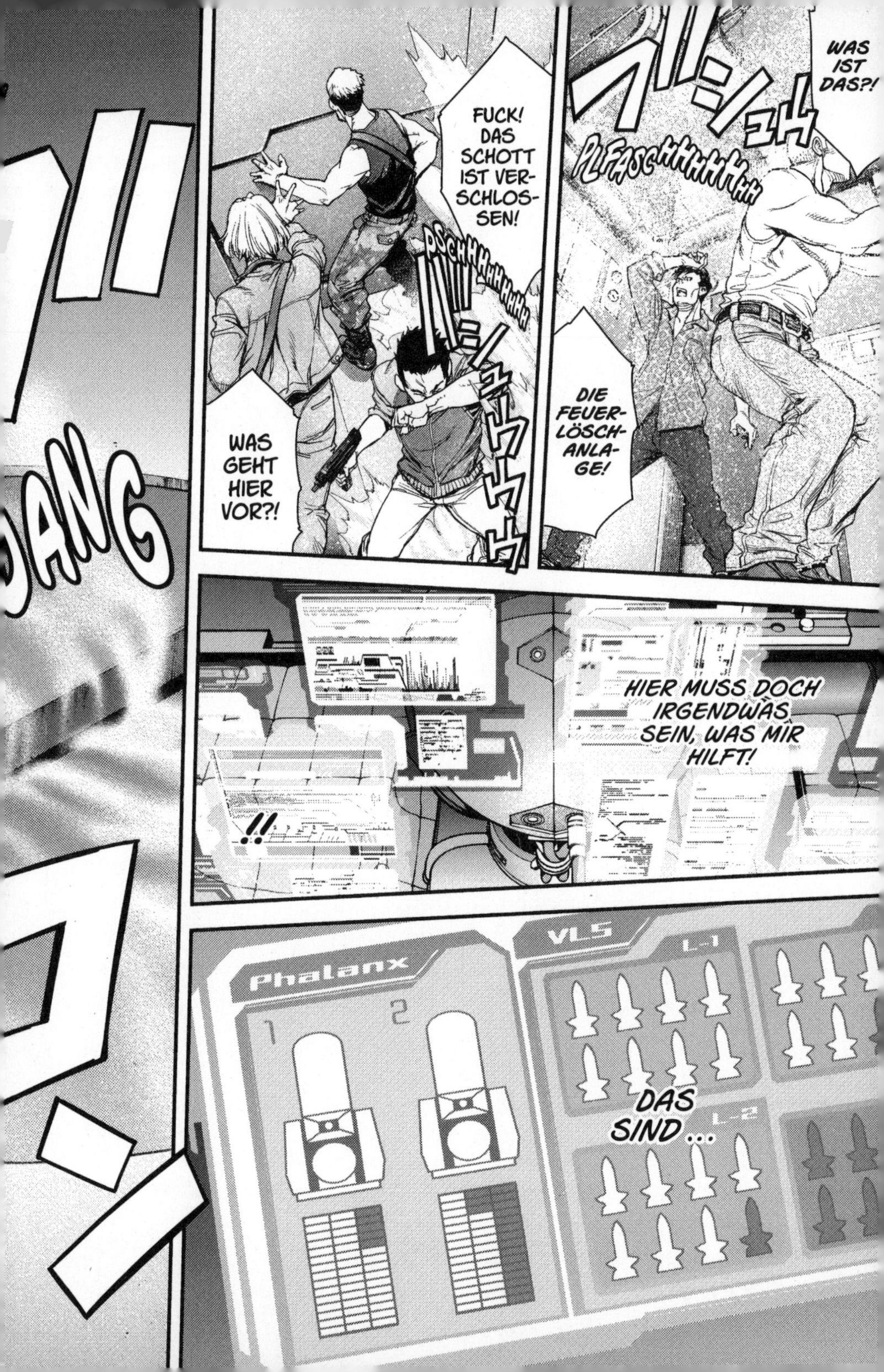
WAS IST DAS?!
PLFASCHHHHHHHHH
DIE FEUERLÖSCHANLAGE!
FUCK! DAS SCHOTT IST VERSCHLOSSEN!
PSCHHHHHHHHHH
WAS GEHT HIER VOR?!
DANG
HIER MUSS DOCH IRGENDWAS SEIN, WAS MIR HILFT!
!!
VLS
Phalanx
DAS SIND ...

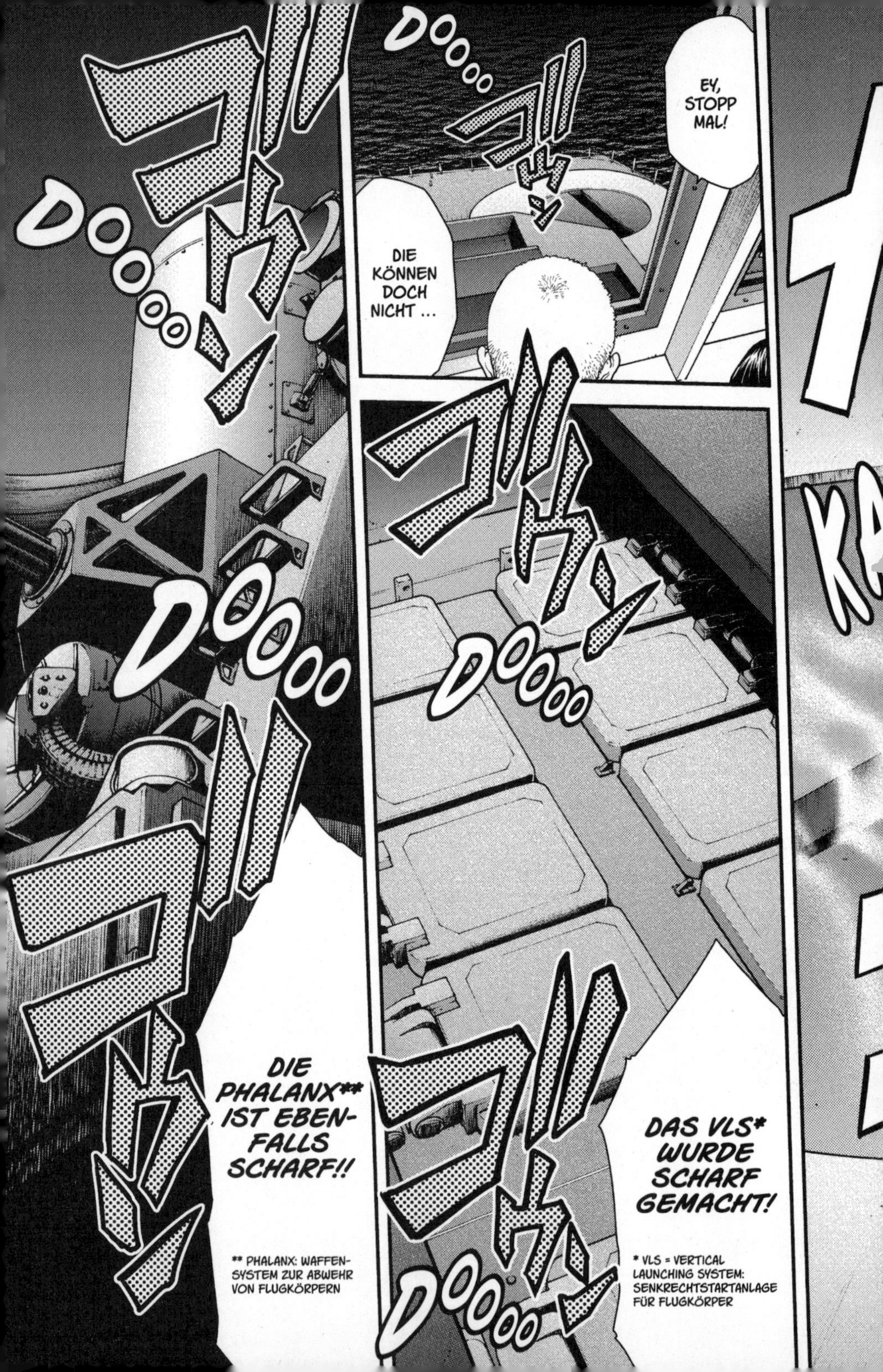
EY, STOPP MAL!
DOooo
DIE KÖNNEN DOCH NICHT ...
DOoooo
DOoooo
DOoooo
DAS VLS* WURDE SCHARF GEMACHT!
DIE PHALANX** IST EBENFALLS SCHARF!!
DOooo
* VLS = VERTICAL LAUNCHING SYSTEM: SENKRECHTSTARTANLAGE FÜR FLUGKÖRPER
** PHALANX: WAFFENSYSTEM ZUR ABWEHR VON FLUGKÖRPERN

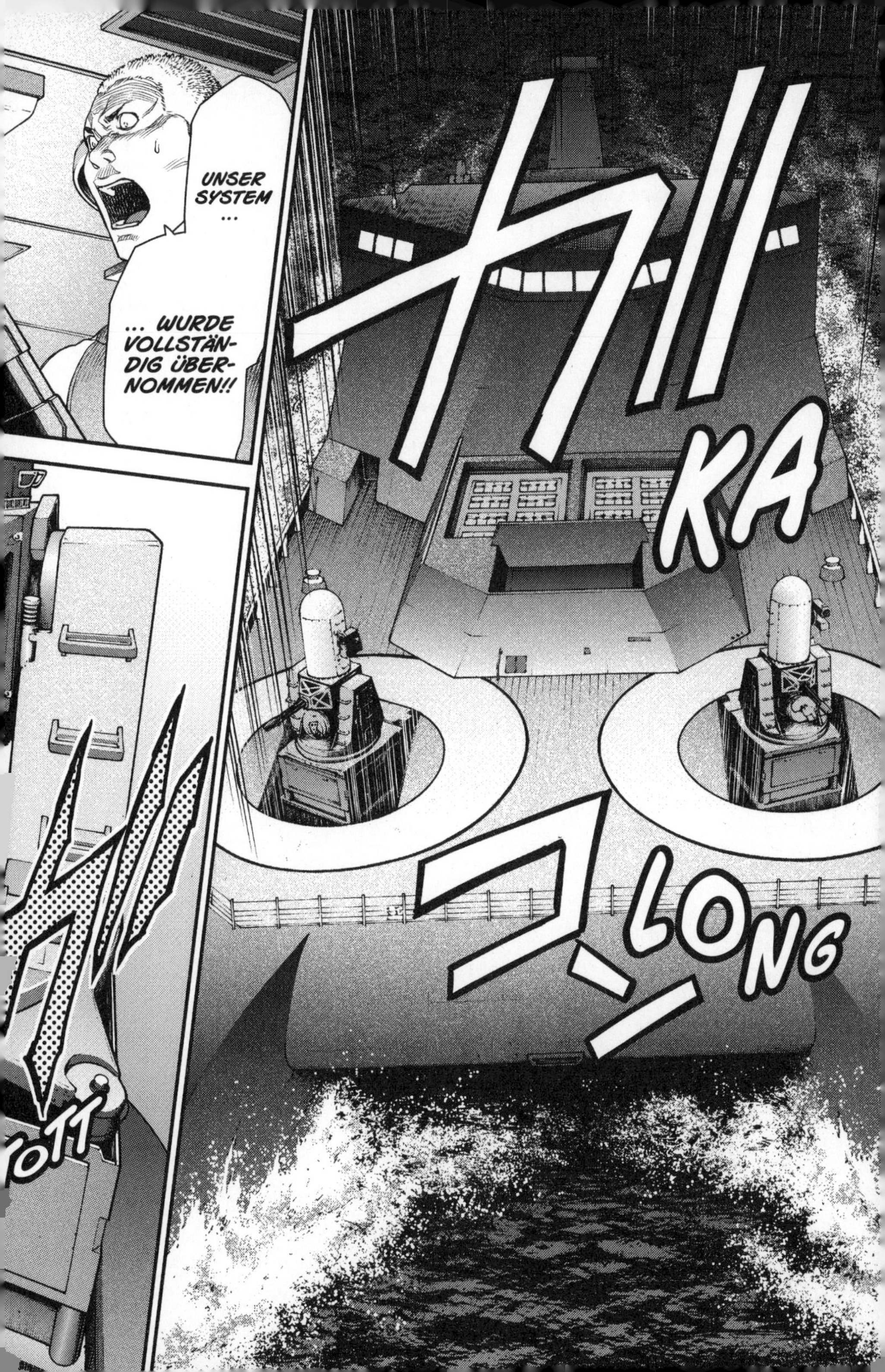
UNSER SYSTEM ...
... WURDE VOLLSTÄNDIG ÜBERNOMMEN!!
KA
LONG

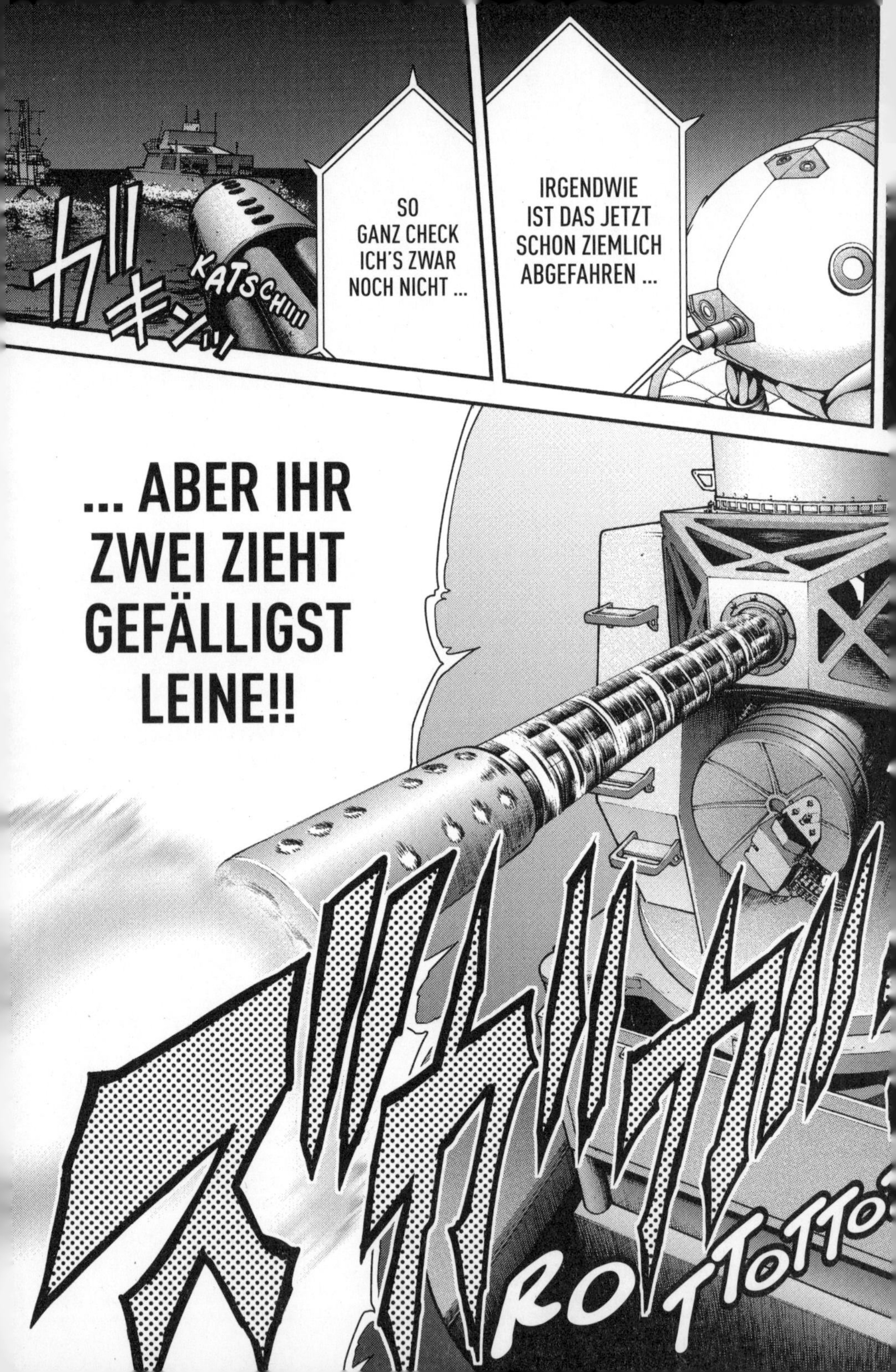
IRGENDWIE IST DAS JETZT SCHON ZIEMLICH ABGEFAHREN ...
SO GANZ CHECK ICH'S ZWAR NOCH NICHT ...
KATSCH!!!
... ABER IHR ZWEI ZIEHT GEFÄLLIGST LEINE!!
ROTTOTTO

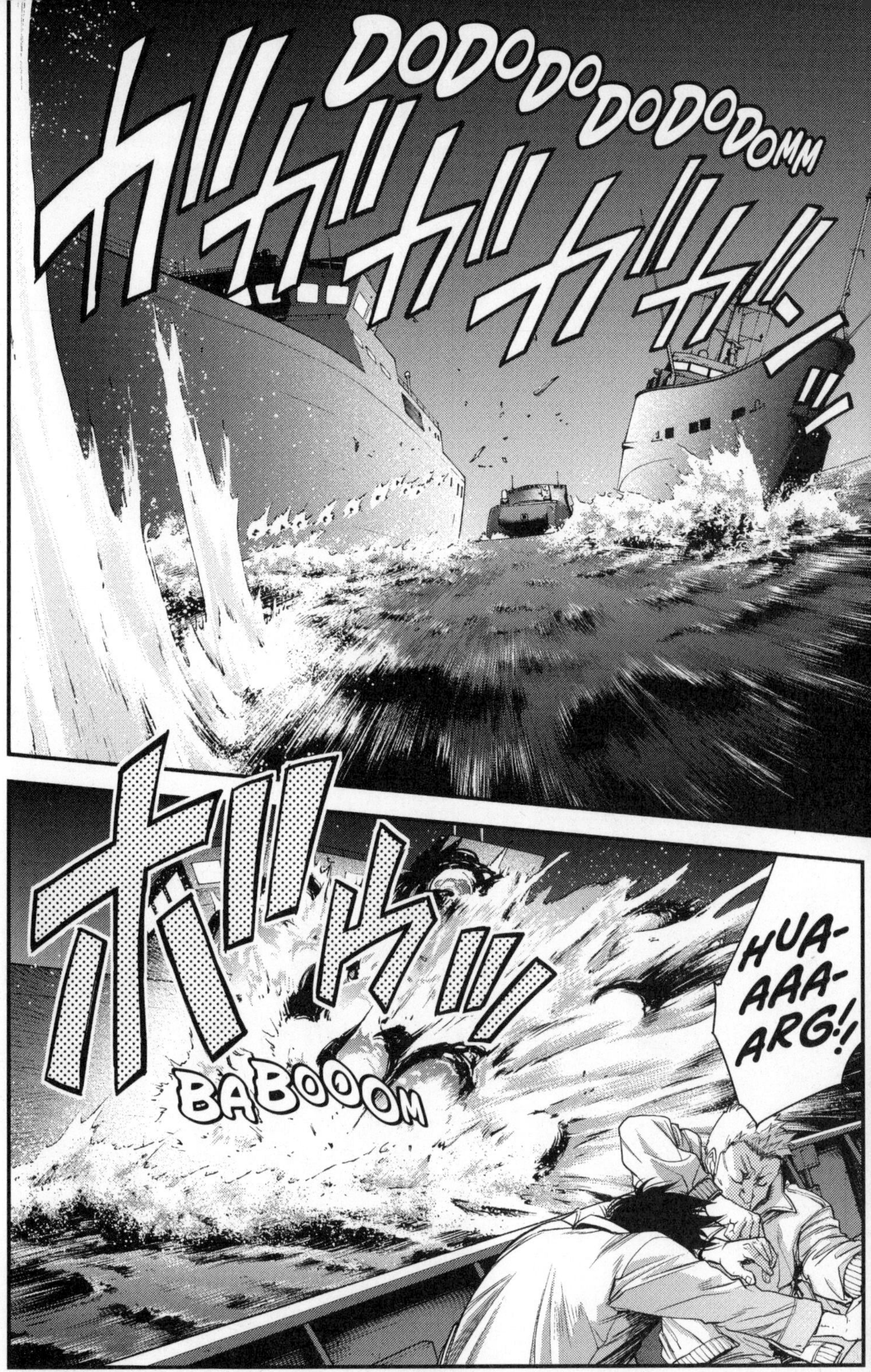
DODODODO
DODODODOMM
HUA-
AAA-
ARG!!
BABOOOM

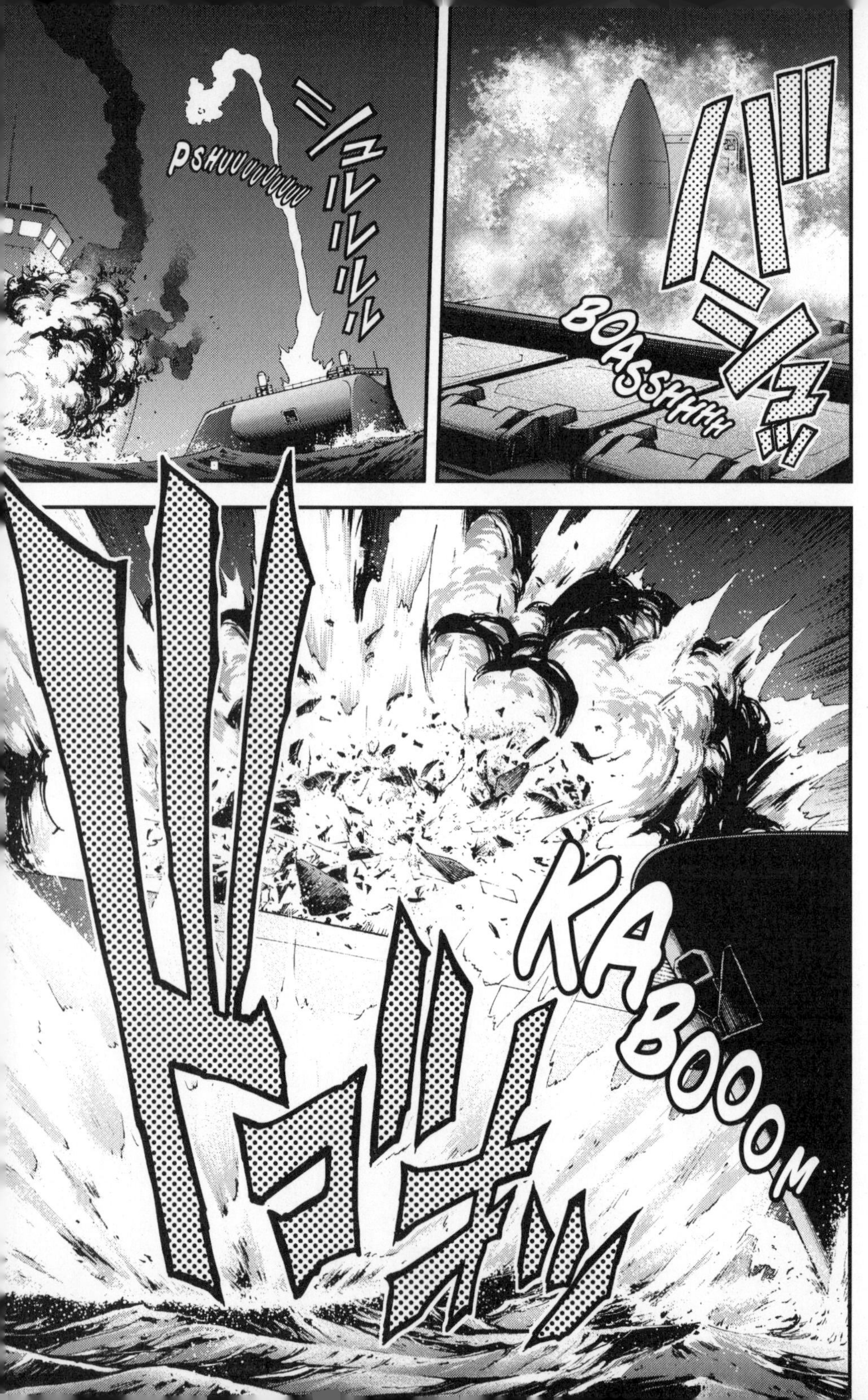
BOASHHHH
PSHUUUUUUUUU
KABOOOOM

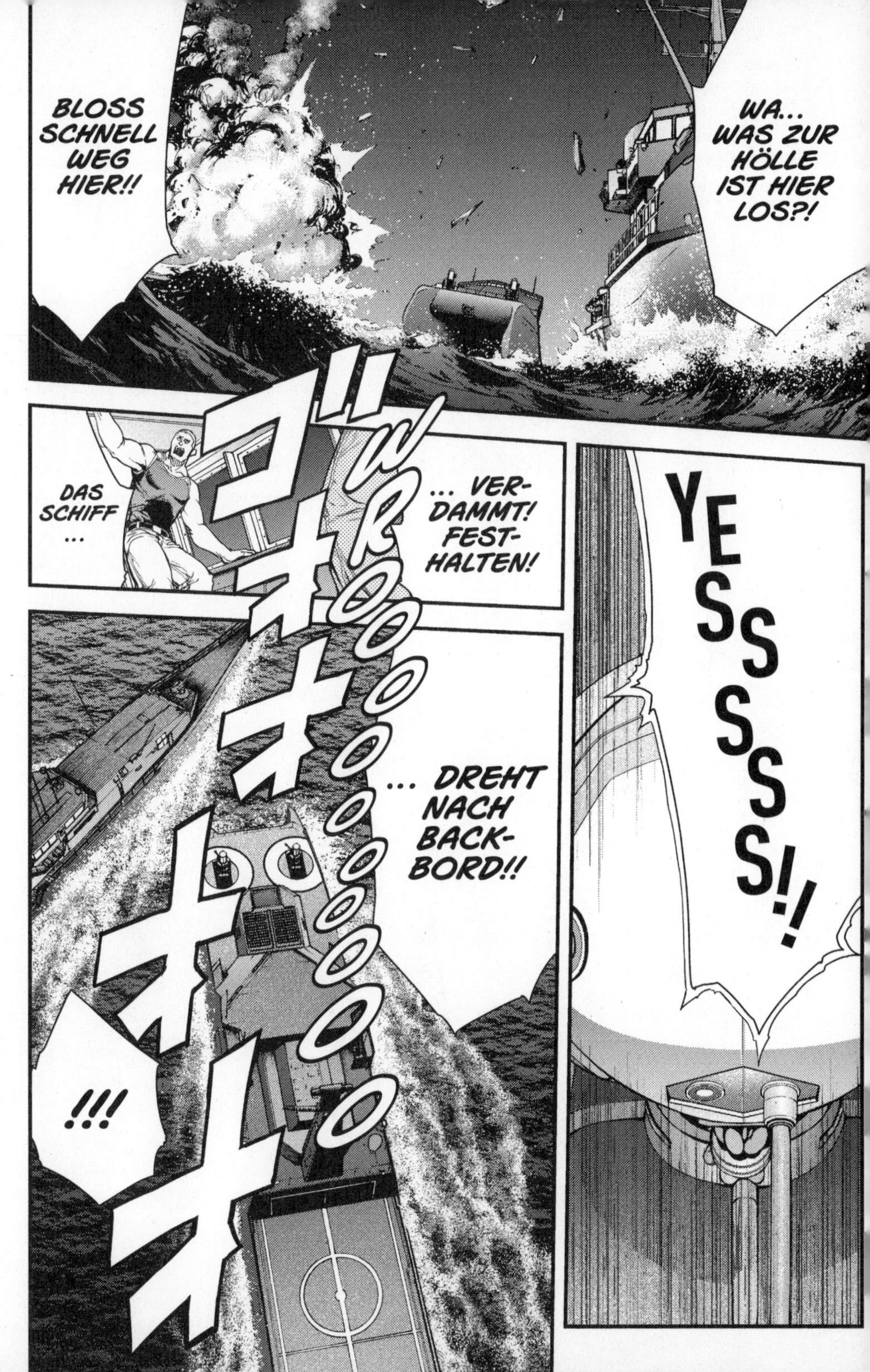
WA... WAS ZUR HÖLLE IST HIER LOS?!
BLOSS SCHNELL WEG HIER!!
YESSSSS!!
... VER-DAMMT! FEST-HALTEN!
DAS SCHIFF ...
WROOOOOOOOOOOOO
ゴオオォォ
... DREHT NACH BACK-BORD!!
!!!

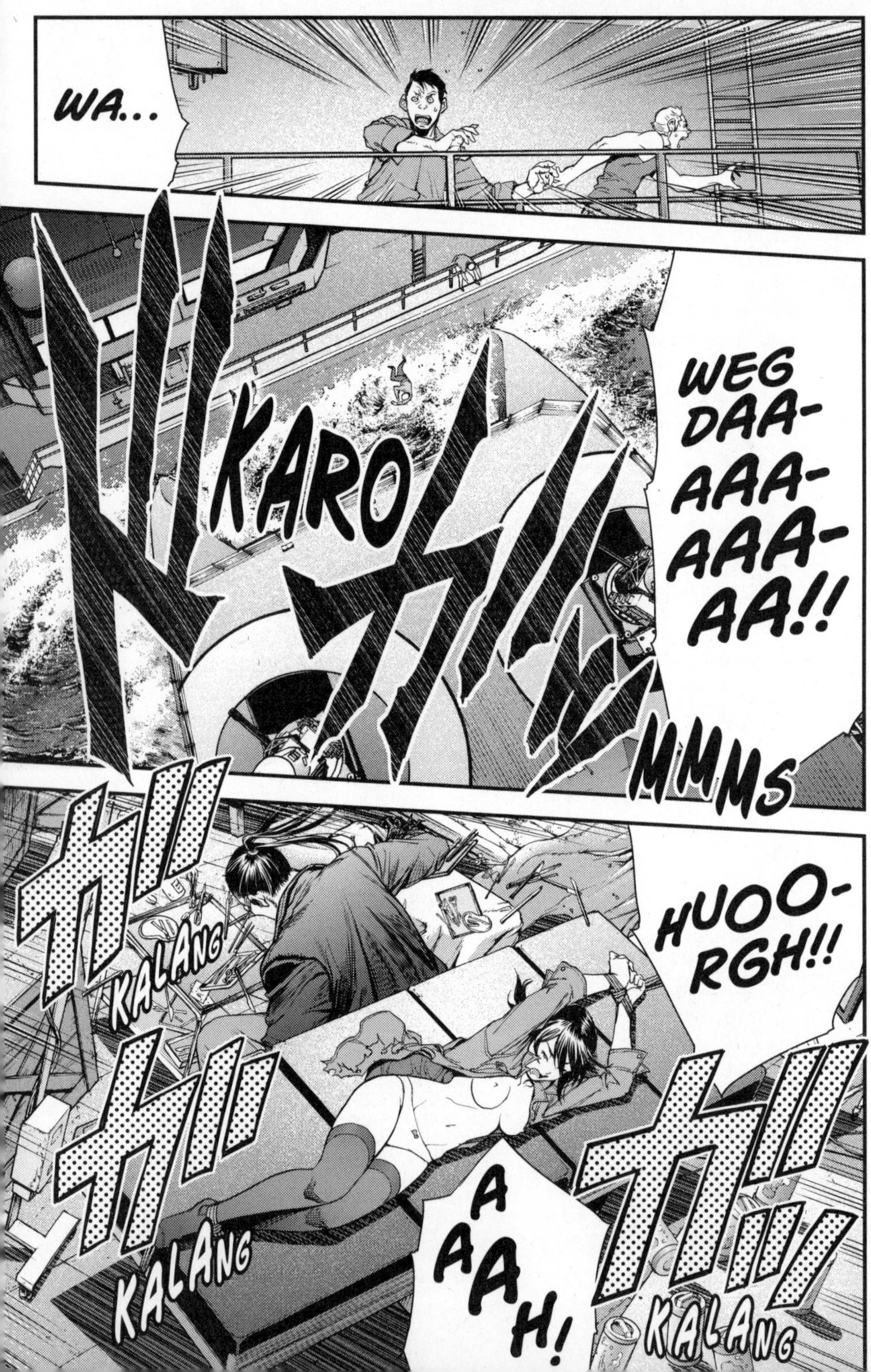

WA...

WEG DAA-AAA-AAA-AA!!
KARO
MMMS

HUOO-RGH!!
KALANG
AAAH!
KALANG
KALANG

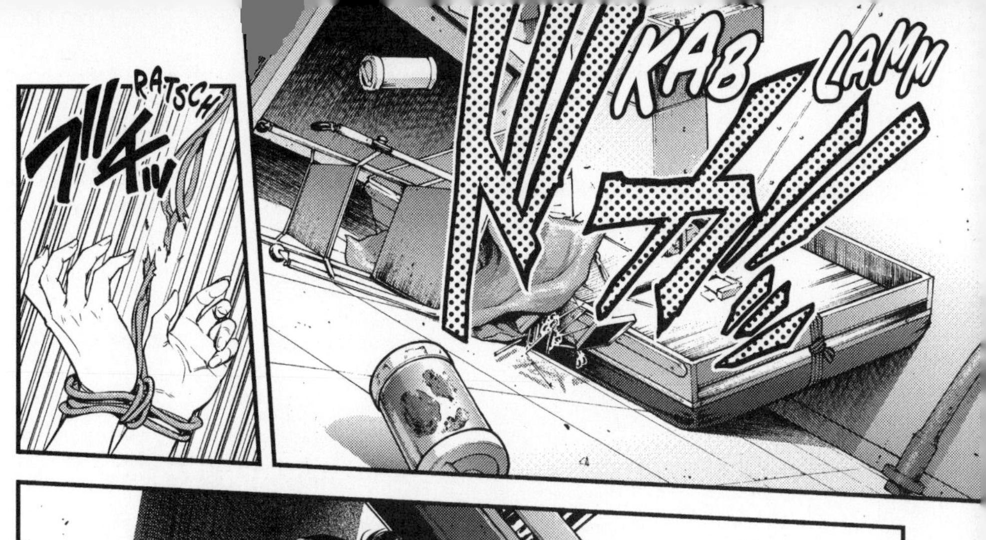
RATSCH
KAB LAMM

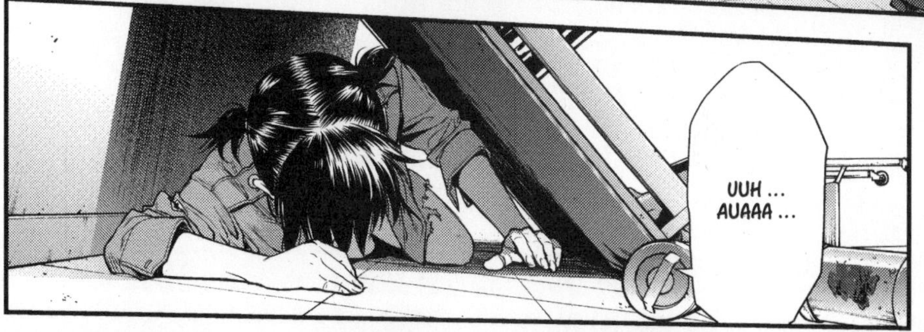
UUH ... AUAAA ...

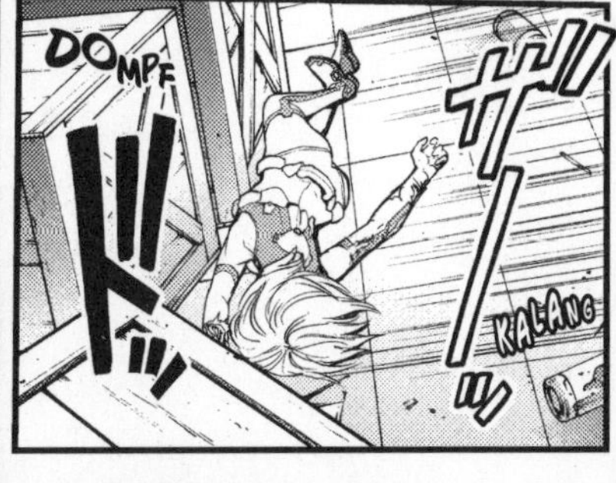
KALANG
DOMPF

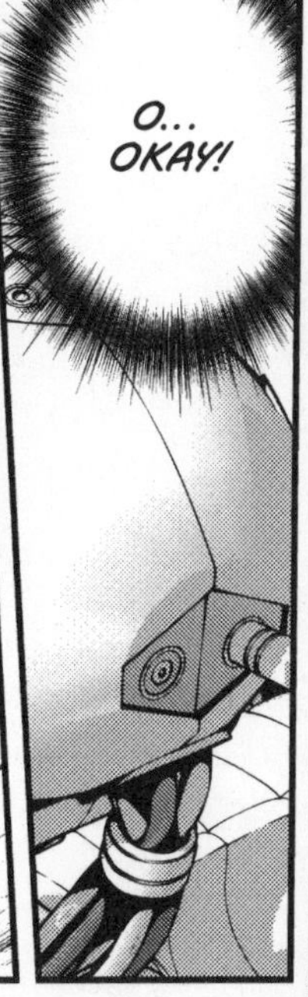
O... OKAY!

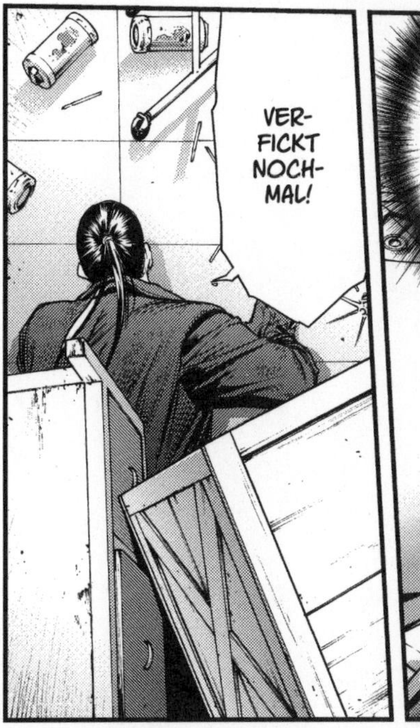
VER-FICKT NOCH-MAL!

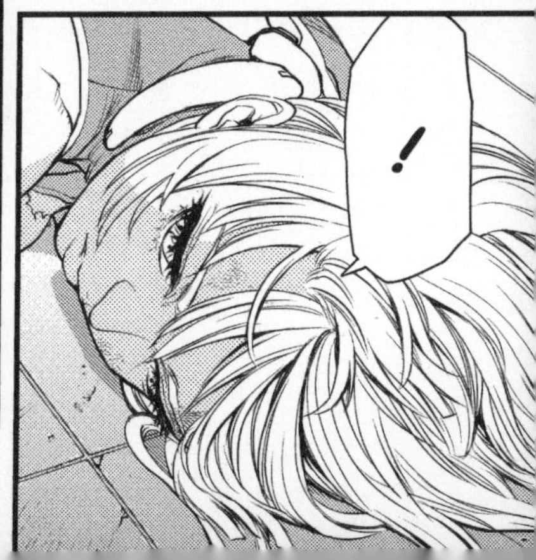
!

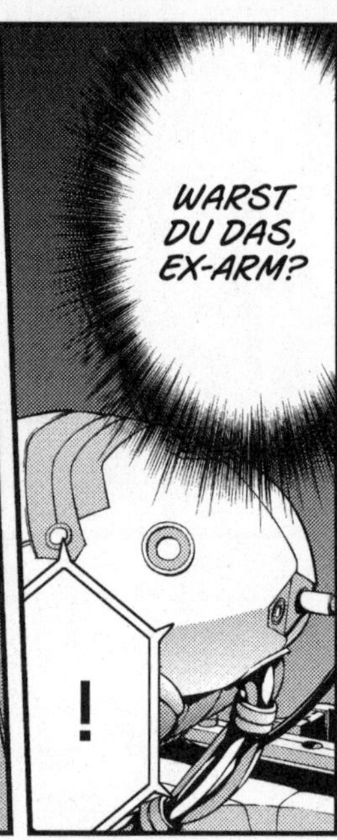
WARST
DU DAS,
EX-ARM?
!

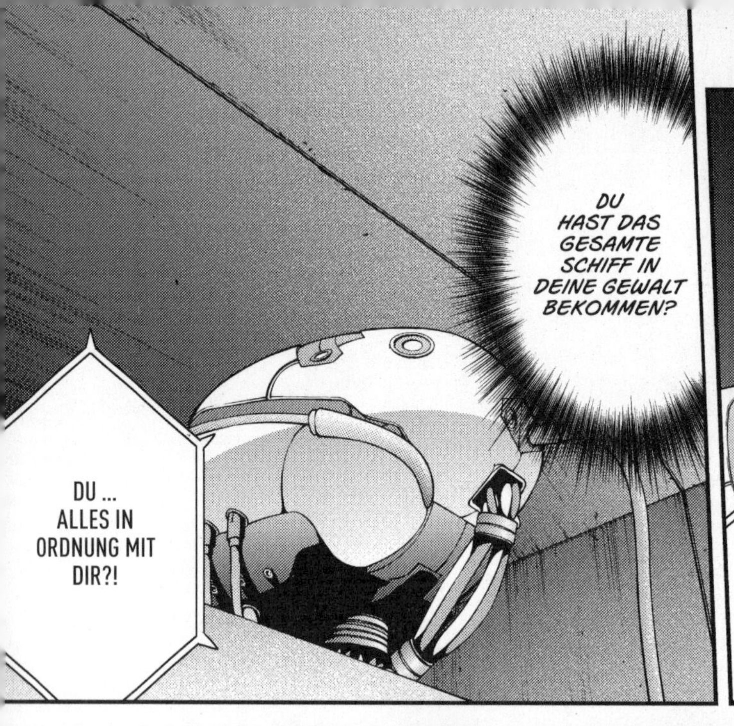
DU
HAST DAS
GESAMTE
SCHIFF IN
DEINE GEWALT
BEKOMMEN?
DU ...
ALLES IN
ORDNUNG MIT
DIR?!

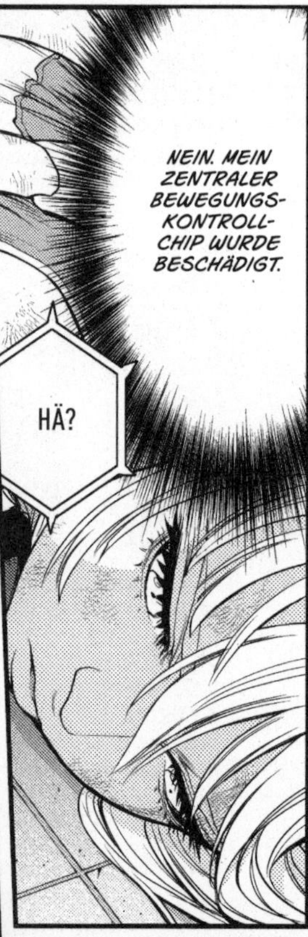
NEIN. MEIN
ZENTRALER
BEWEGUNGS-
KONTROLL-
CHIP WURDE
BESCHÄDIGT.
HÄ?

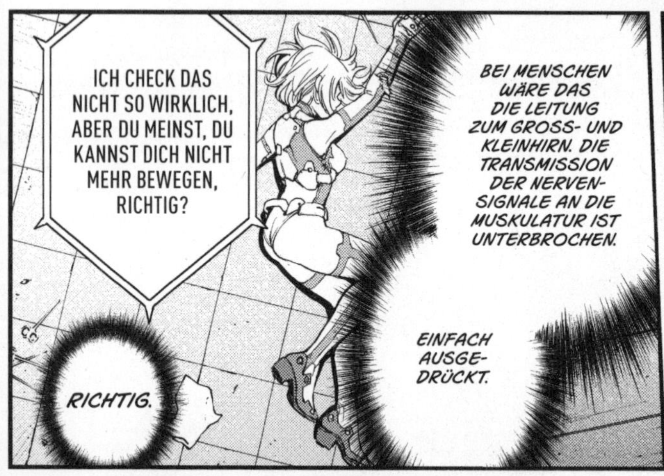
BEI MENSCHEN
WÄRE DAS
DIE LEITUNG
ZUM GROSS- UND
KLEINHIRN. DIE
TRANSMISSION
DER NERVEN-
SIGNALE AN DIE
MUSKULATUR IST
UNTERBROCHEN.
EINFACH
AUSGE-
DRÜCKT.
ICH CHECK DAS
NICHT SO WIRKLICH,
ABER DU MEINST, DU
KANNST DICH NICHT
MEHR BEWEGEN,
RICHTIG?
RICHTIG.

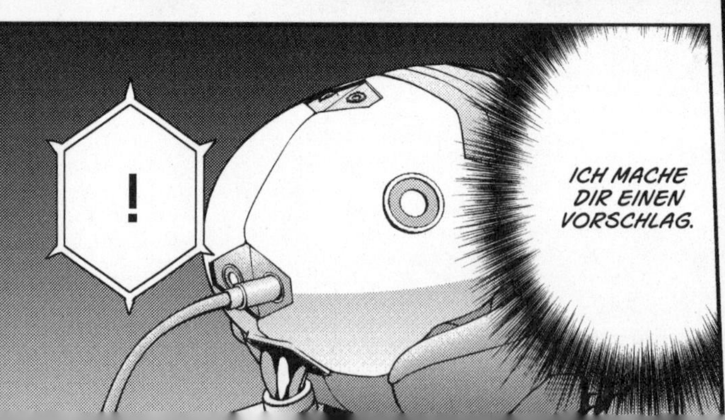
ICH MACHE
DIR EINEN
VORSCHLAG.
!

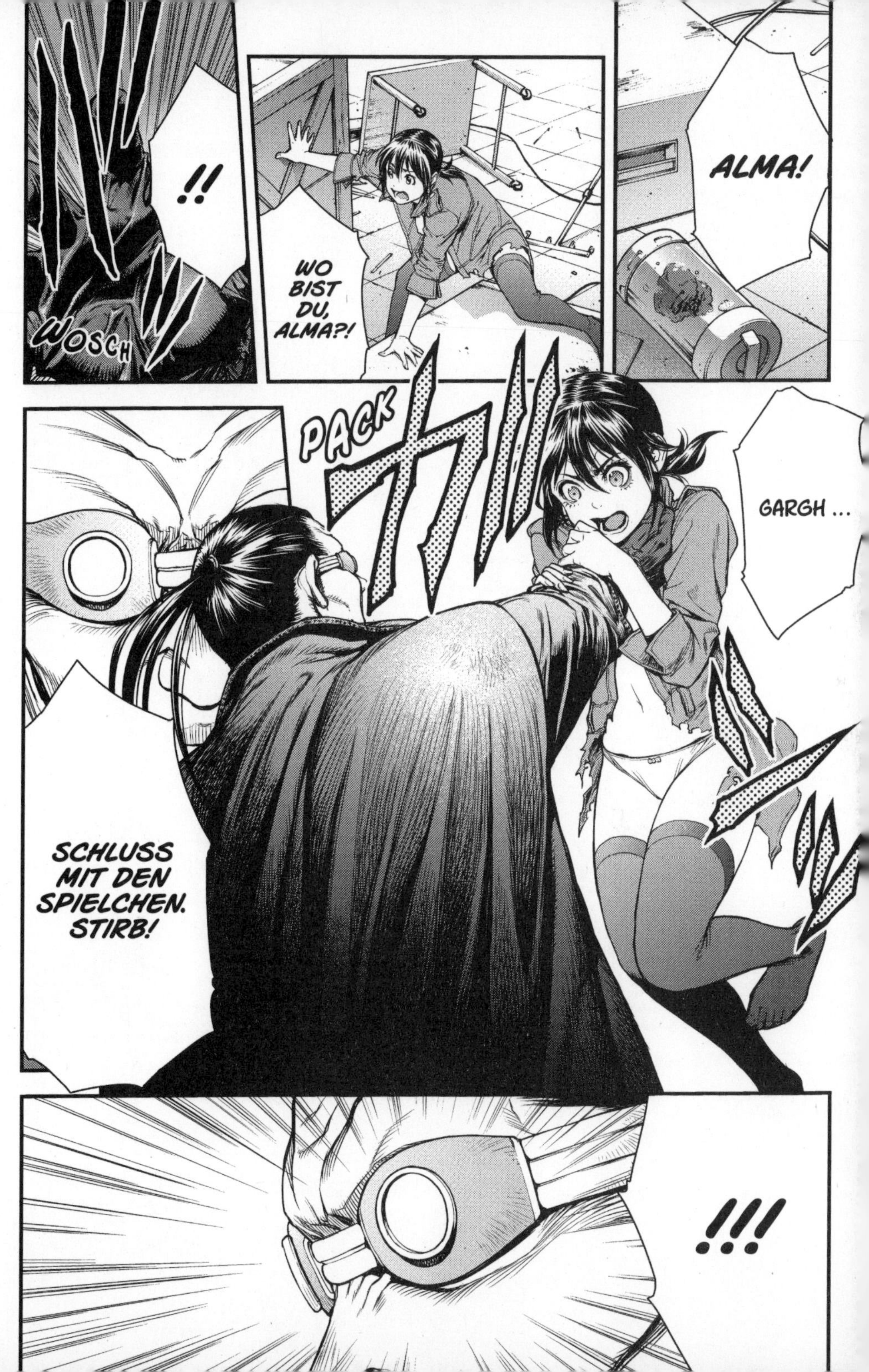
ALMA!
WO BIST DU, ALMA?!
!!
WOSCH
PACK
GARGH ...
SCHLUSS MIT DEN SPIELCHEN. STIRB!
!!!

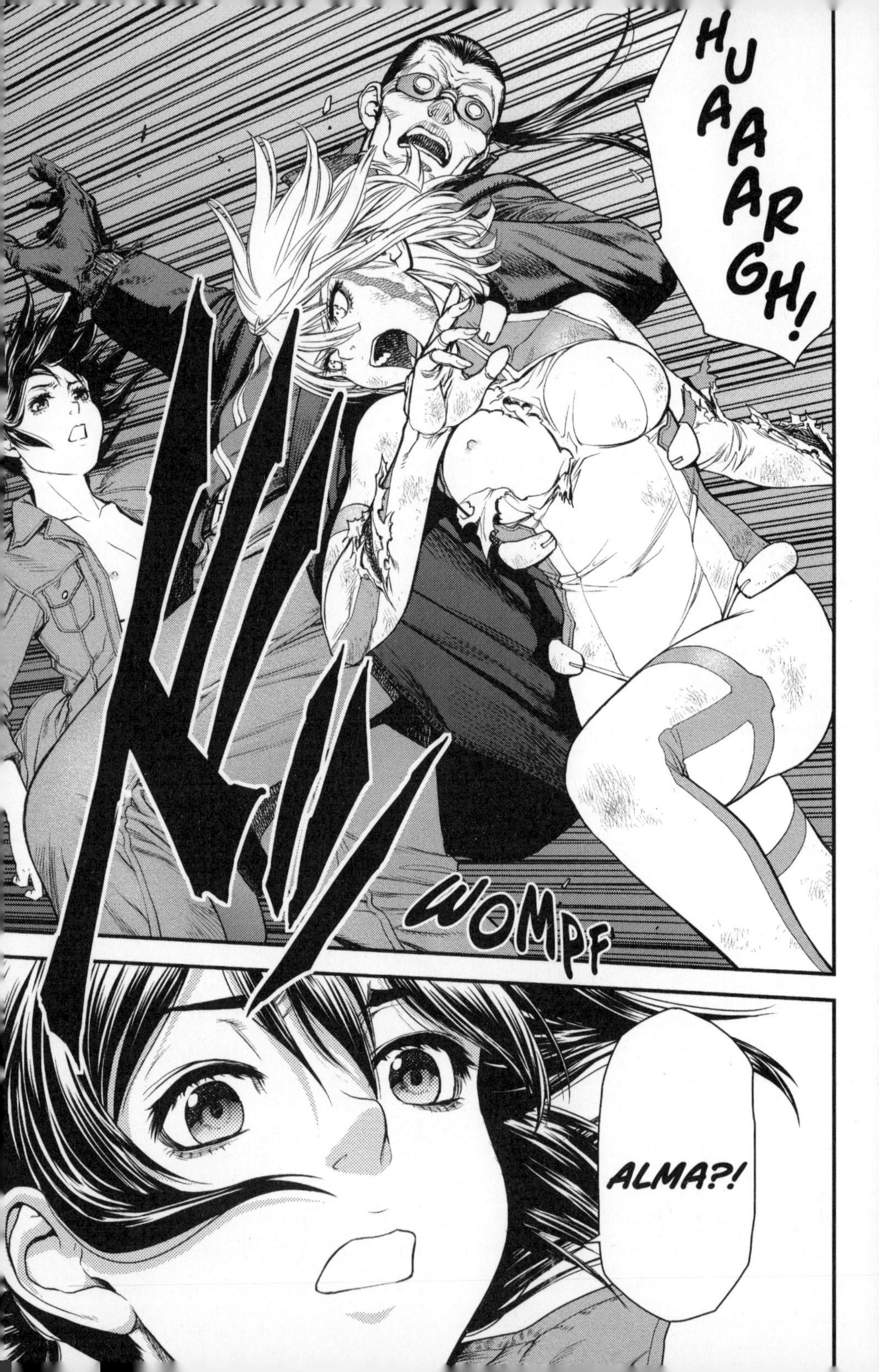
HUAAARGH!
WOMPF
ALMA?!

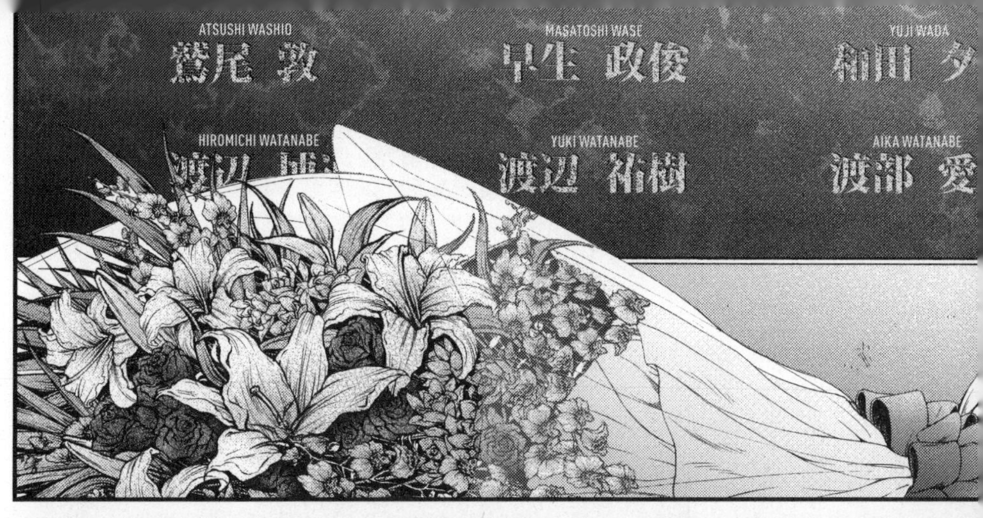

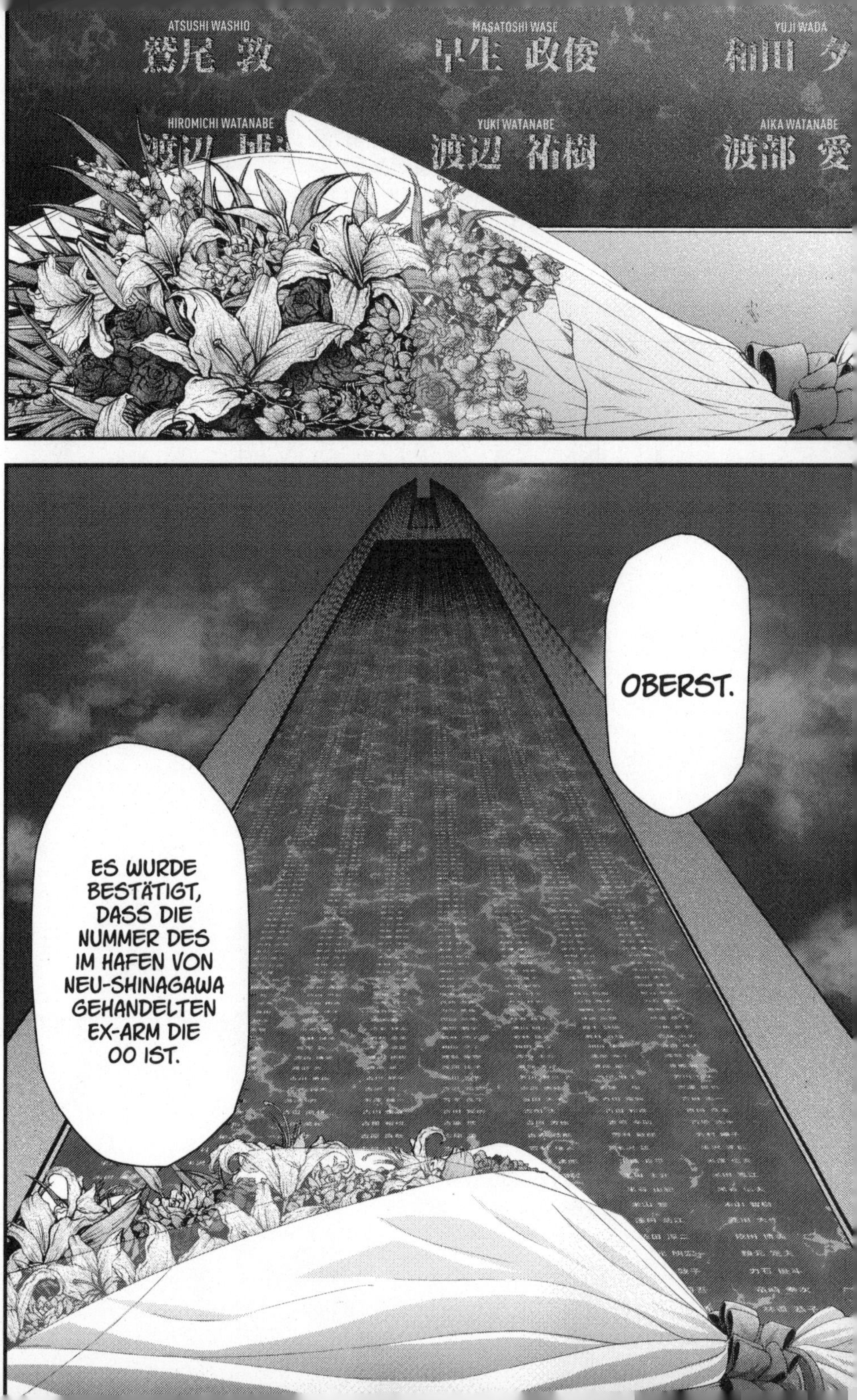

OBERST.

ES WURDE BESTÄTIGT, DASS DIE NUMMER DES IM HAFEN VON NEU-SHINAGAWA GEHANDELTEN EX-ARM DIE 00 IST.

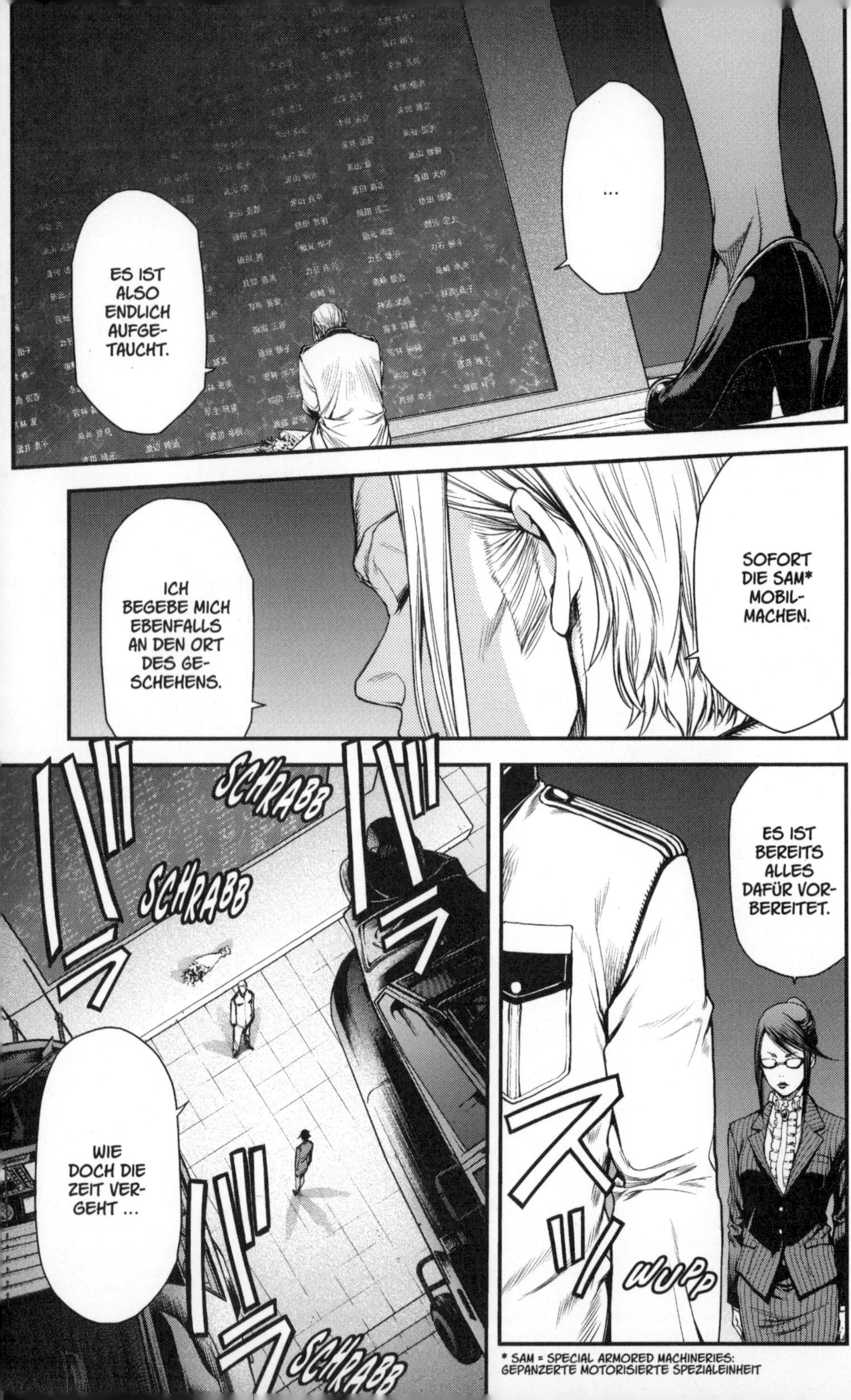

…

ES IST ALSO ENDLICH AUFGETAUCHT.

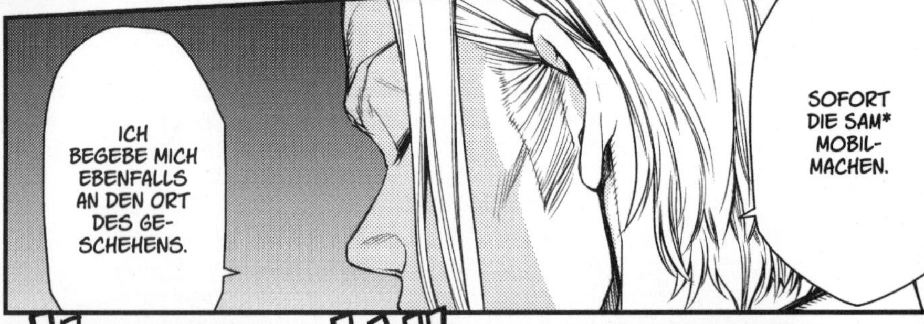

ES IST BEREITS ALLES DAFÜR VORBEREITET.

WUPP

SCHRABB

SCHRABB

WIE DOCH DIE ZEIT VERGEHT …

SCHRABB

* SAM = SPECIAL ARMORED MACHINERIES: GEPANZERTE MOTORISIERTE SPEZIALEINHEIT

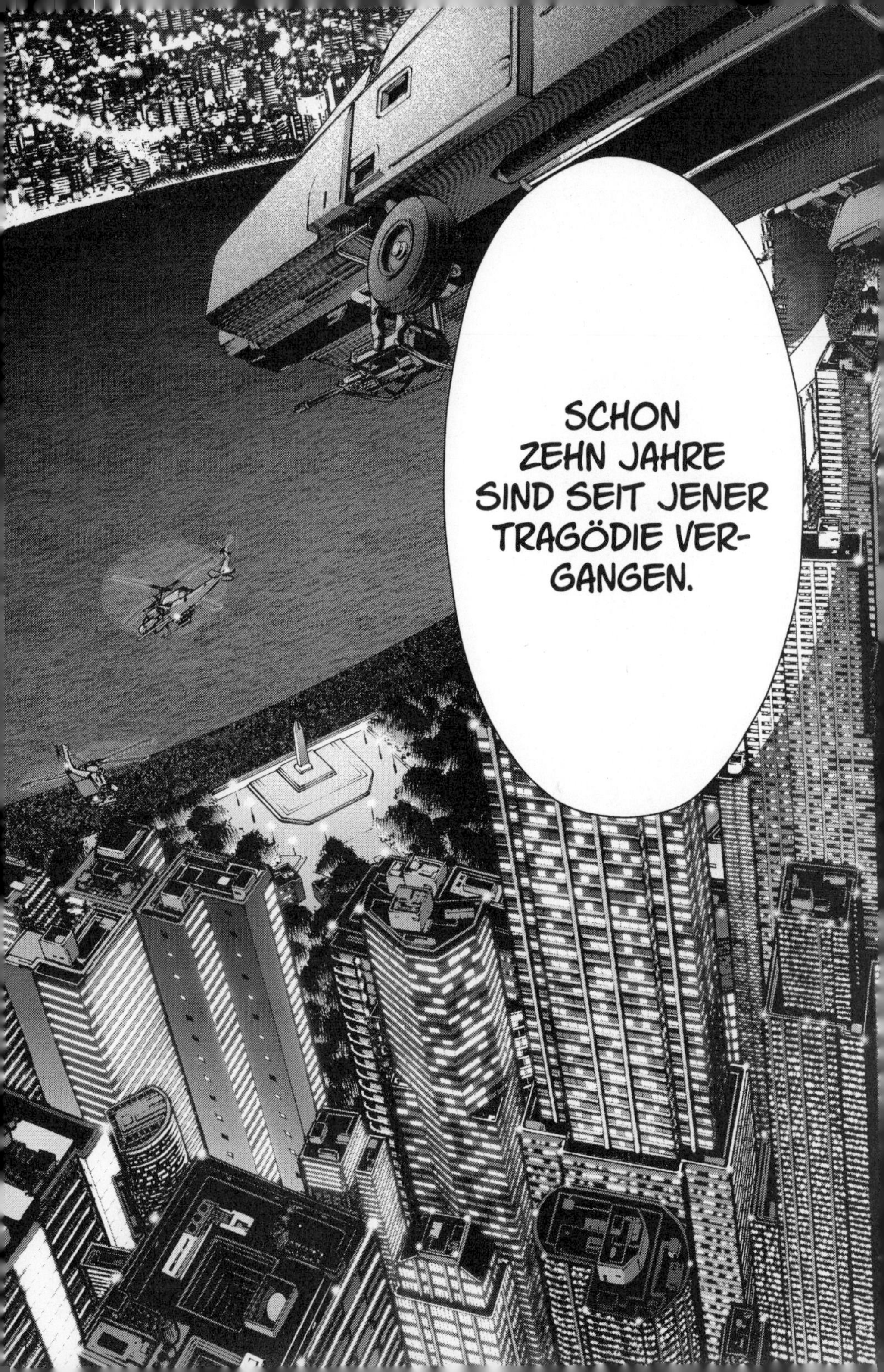
SCHON ZEHN JAHRE SIND SEIT JENER TRAGÖDIE VER- GANGEN.

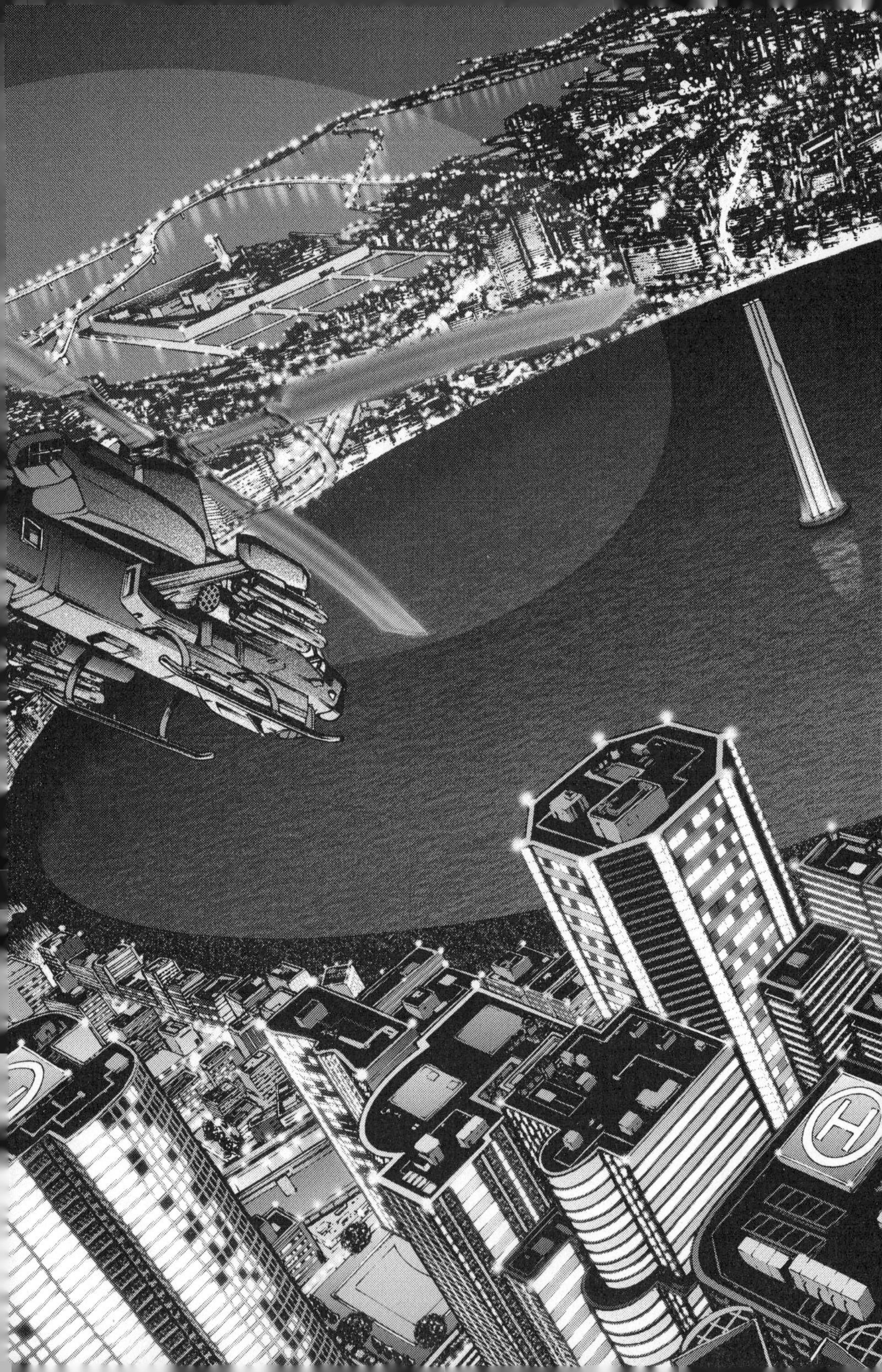

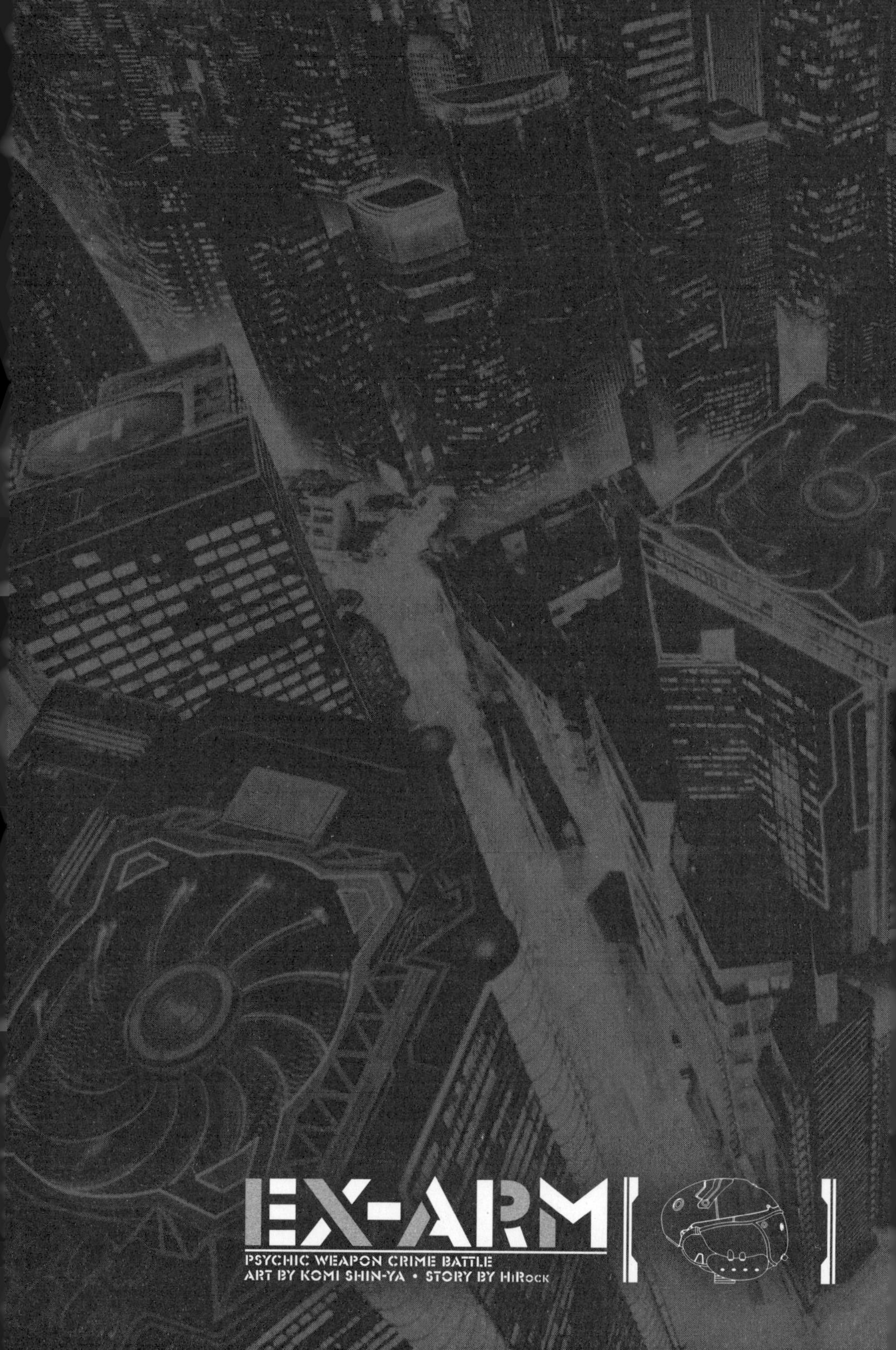
EX-ARM
PSYCHIC WEAPON CRIME BATTLE
ART BY KOMI SHIN-YA • STORY BY HiRock

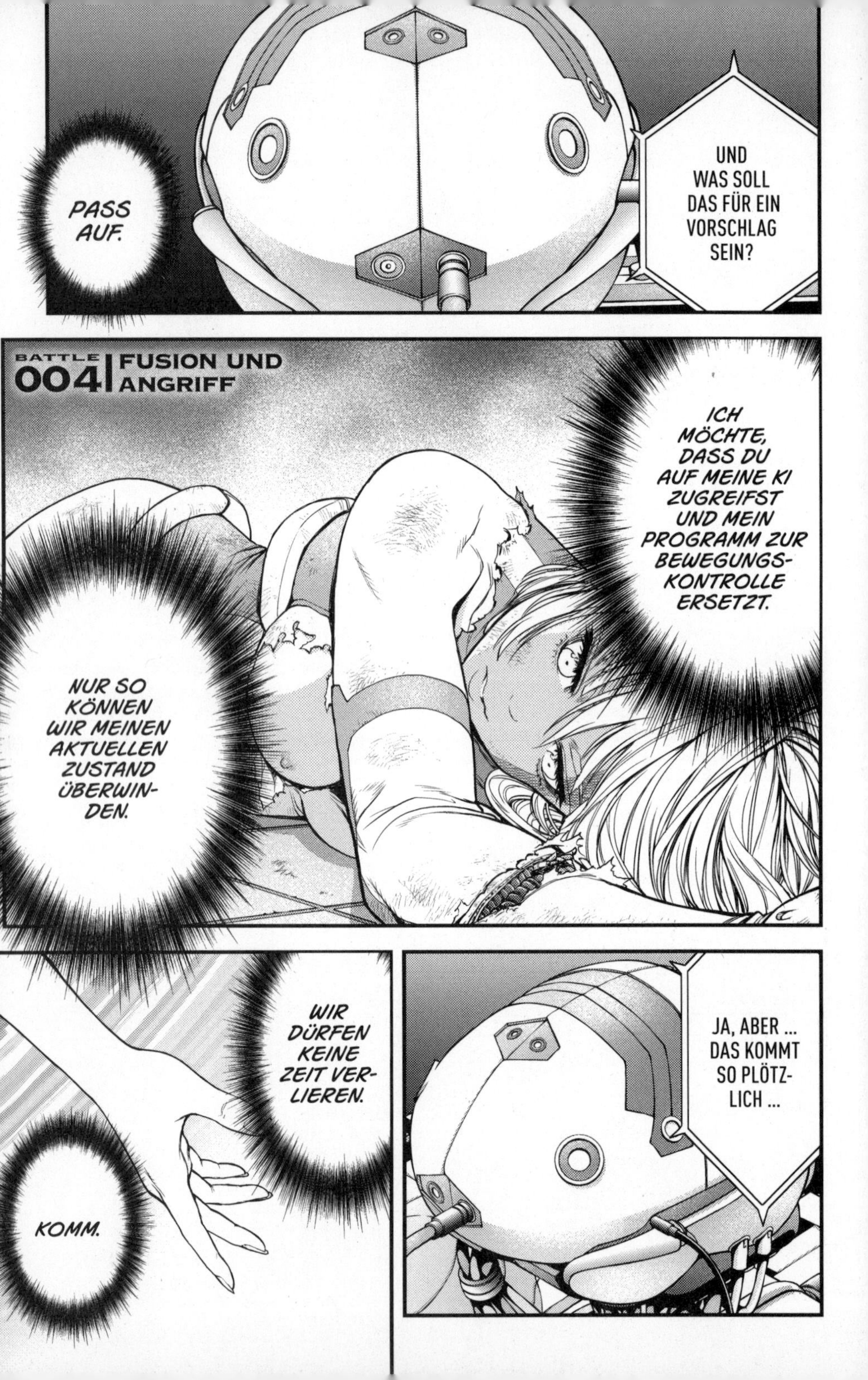

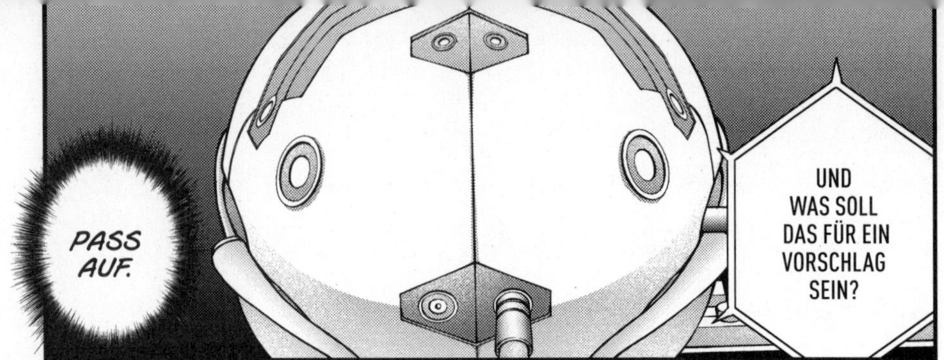

BATTLE 004 | FUSION UND ANGRIFF

ICH MÖCHTE, DASS DU AUF MEINE KI ZUGREIFST UND MEIN PROGRAMM ZUR BEWEGUNGS-KONTROLLE ERSETZT.

NUR SO KÖNNEN WIR MEINEN AKTUELLEN ZUSTAND ÜBERWIN-DEN.

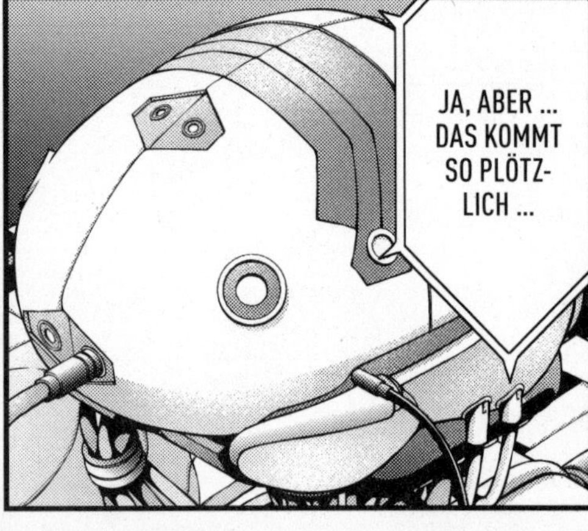

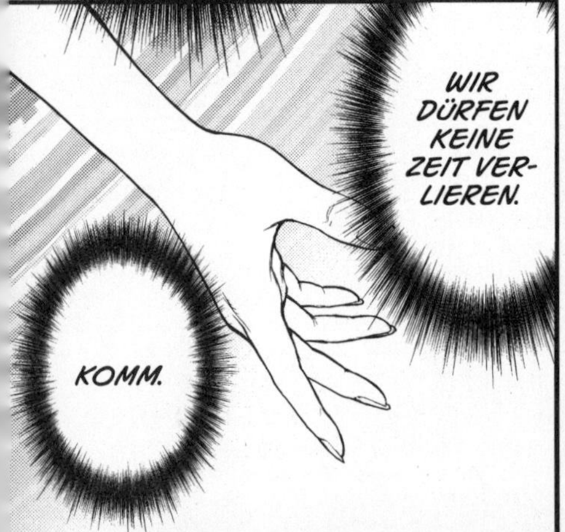

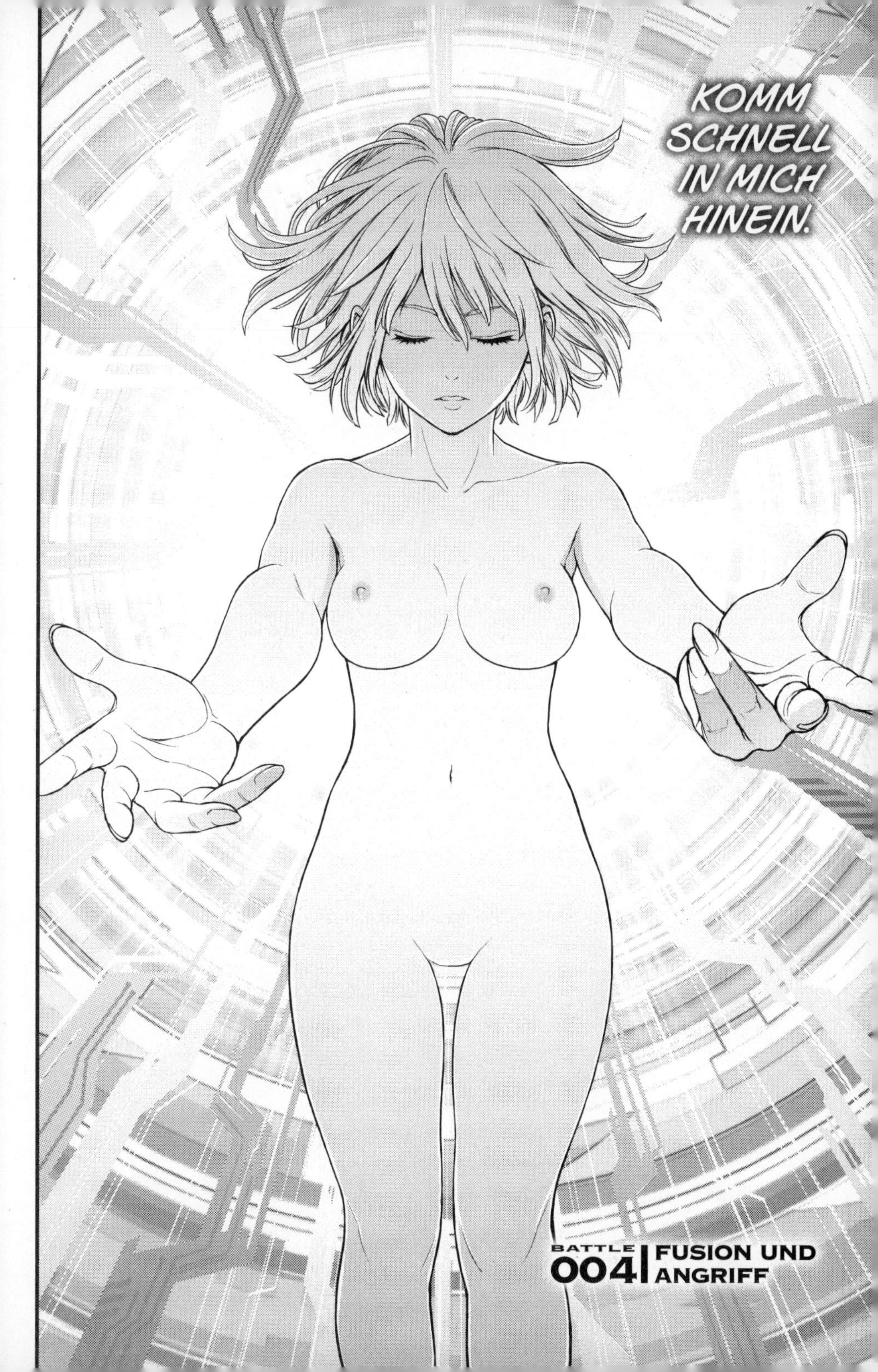
KOMM SCHNELL IN MICH HINEIN.
BATTLE 004 FUSION UND ANGRIFF

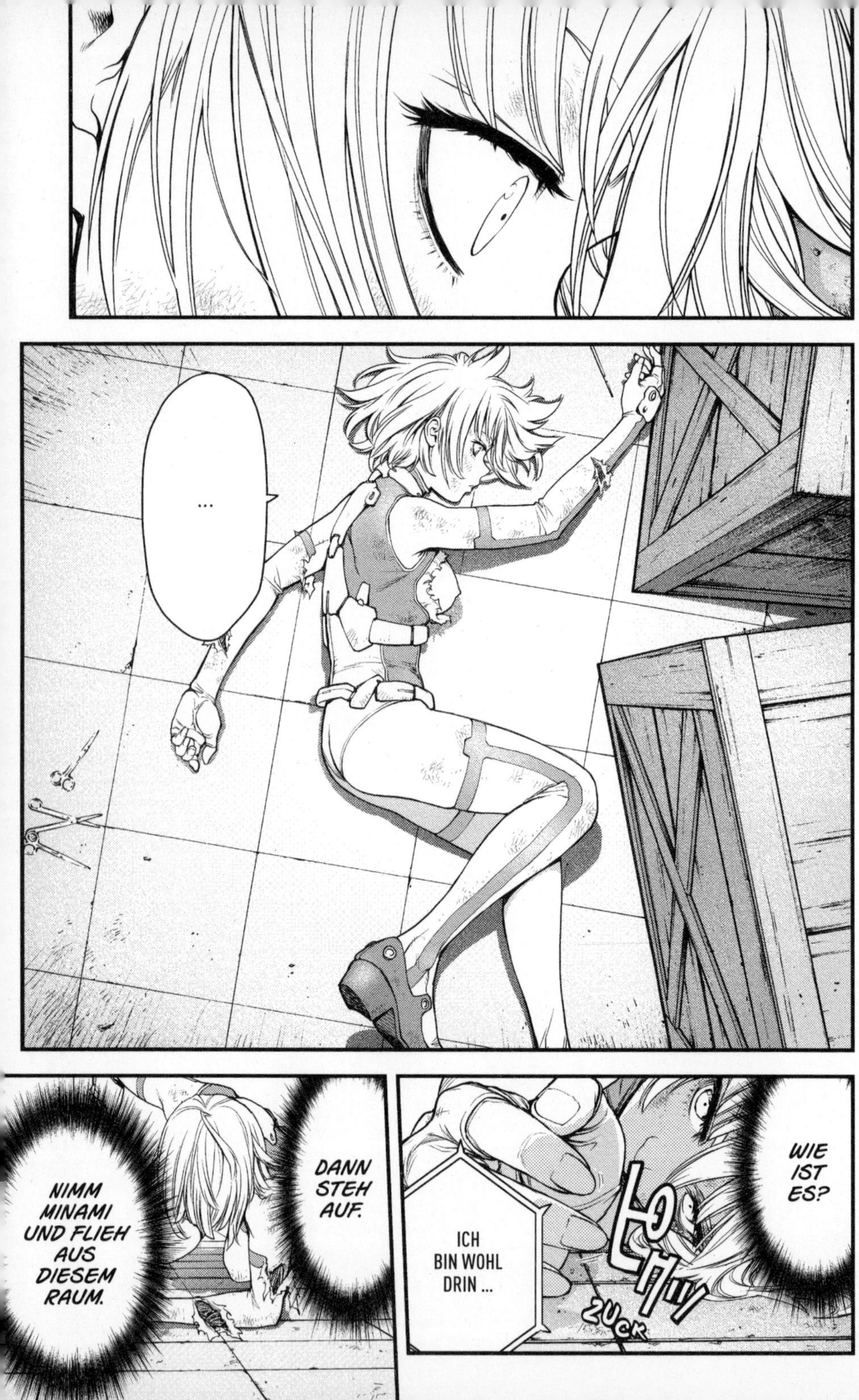

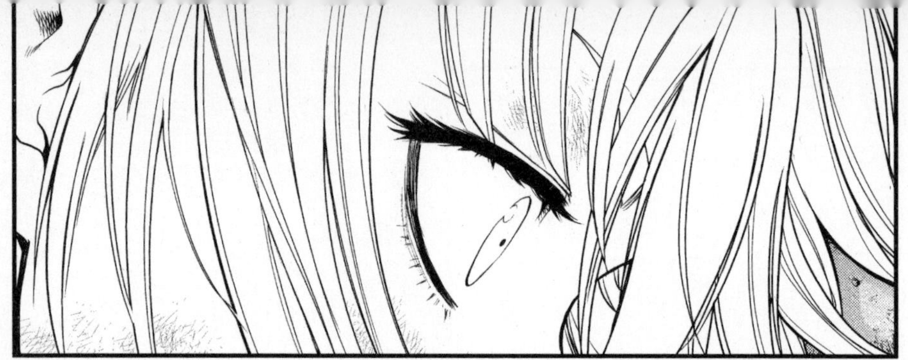

...

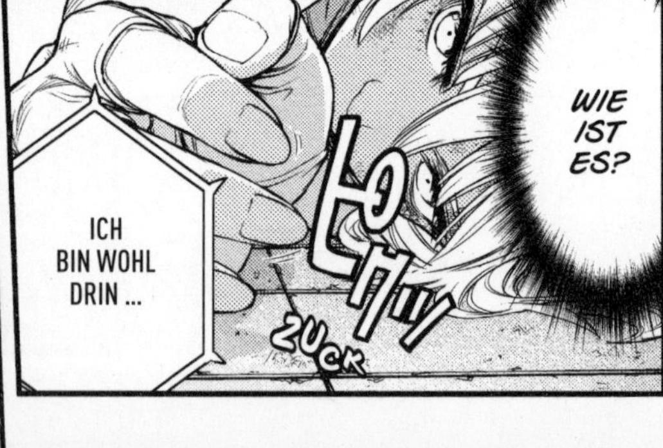
WIE IST ES?
ICH BIN WOHL DRIN ...
ZUCK

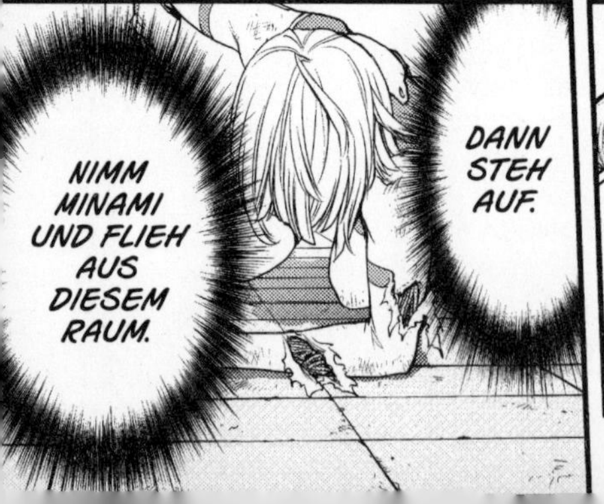
DANN STEH AUF.
NIMM MINAMI UND FLIEH AUS DIESEM RAUM.

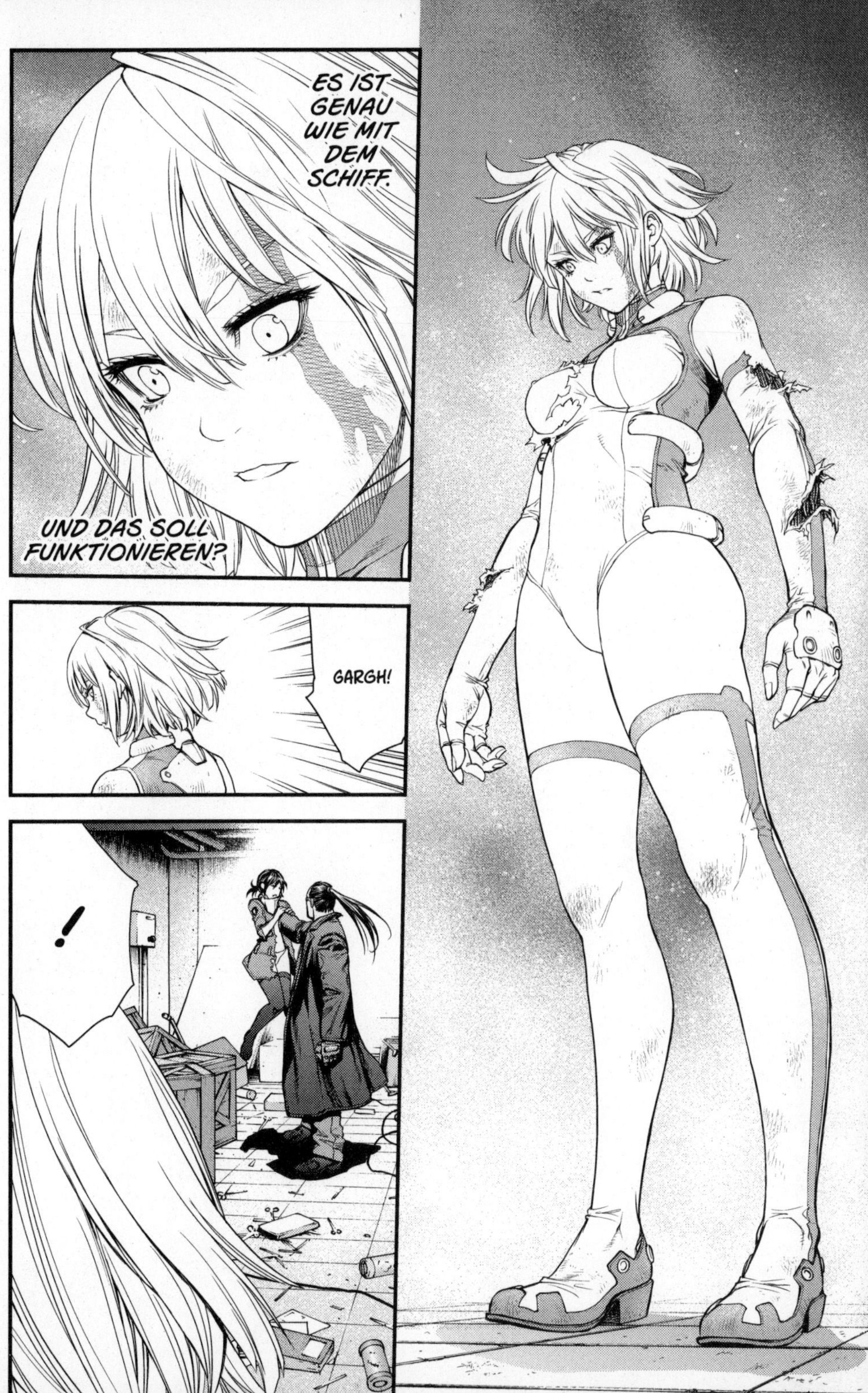
ES IST GENAU WIE MIT DEM SCHIFF.
UND DAS SOLL FUNKTIONIEREN?
GARGH!
!

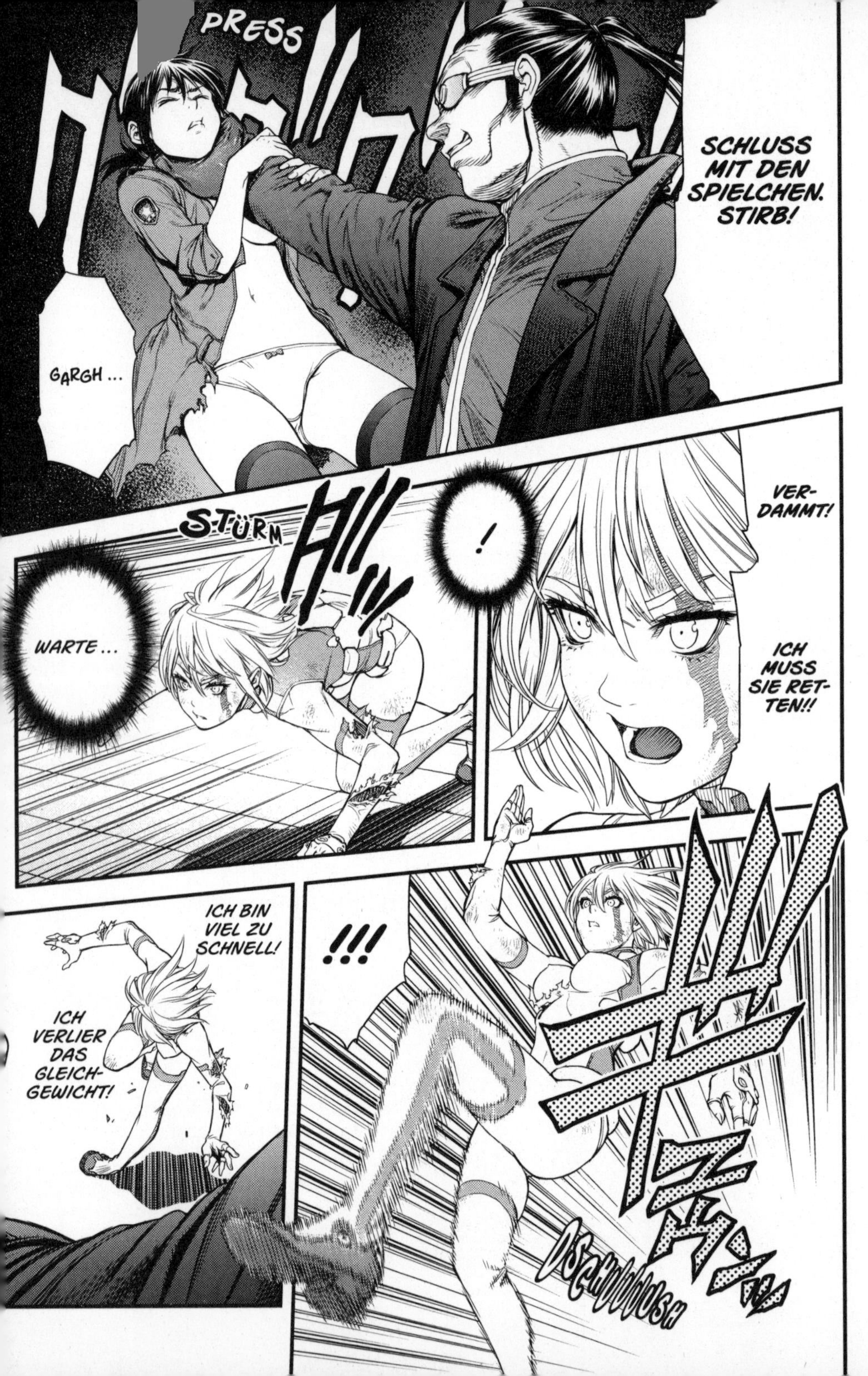
PRESS
SCHLUSS MIT DEN SPIELCHEN. STIRB!
GARGH …
VER-DAMMT!
!
STÜRM
WARTE …
ICH MUSS SIE RET-TEN!!
!!!
ICH BIN VIEL ZU SCHNELL!
ICH VERLIER DAS GLEICH-GEWICHT!
DSCHUUUSH

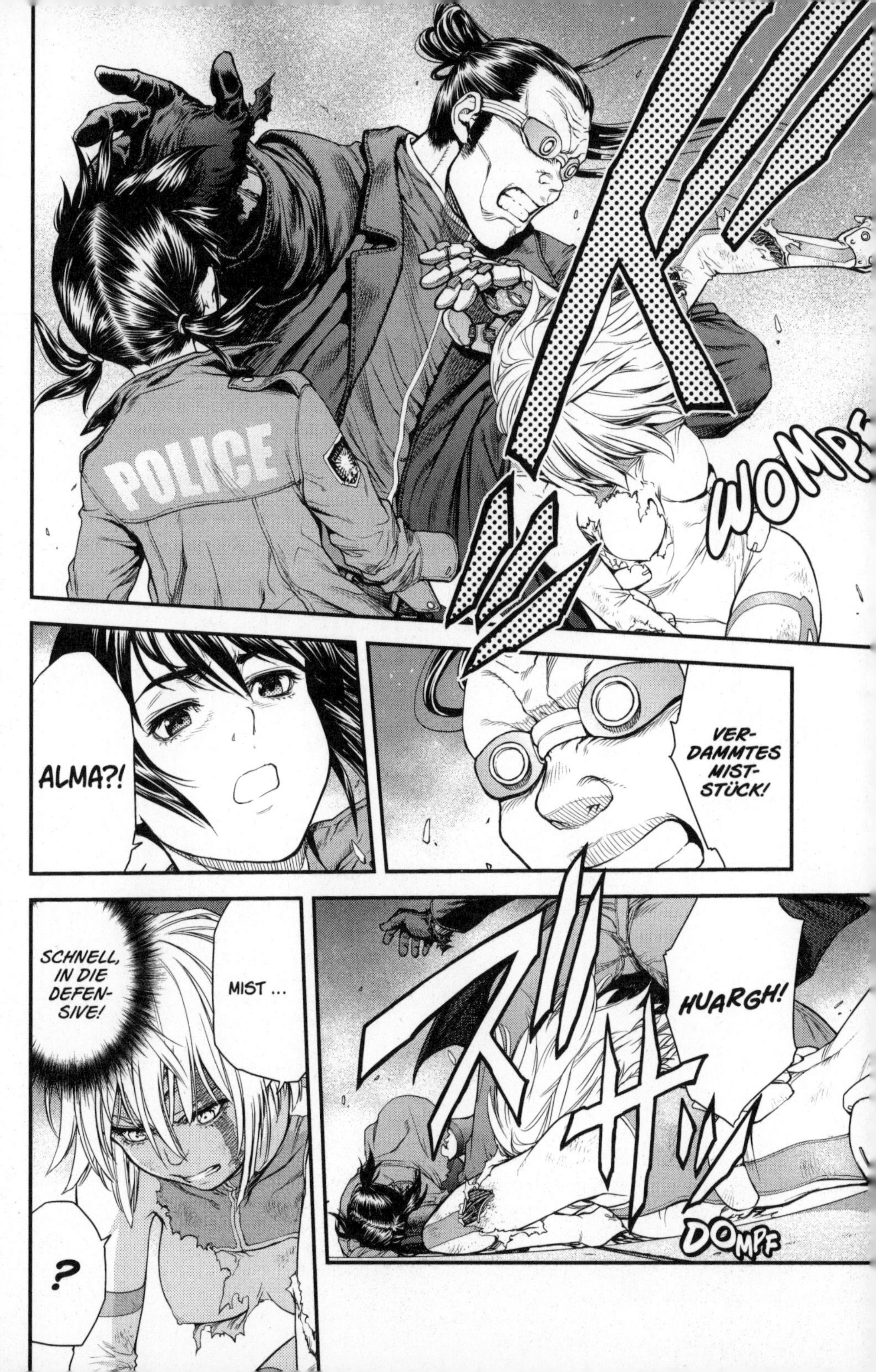
POLICE
WOMP
VER-
DAMMTES
MIST-
STÜCK!
ALMA?!
HUARGH!
DOMPF
MIST ...
SCHNELL,
IN DIE
DEFEN-
SIVE!
?

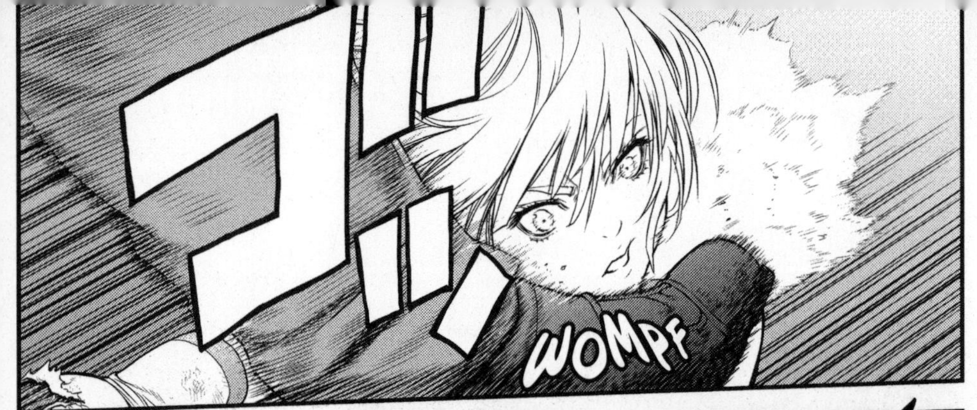
WOMPF

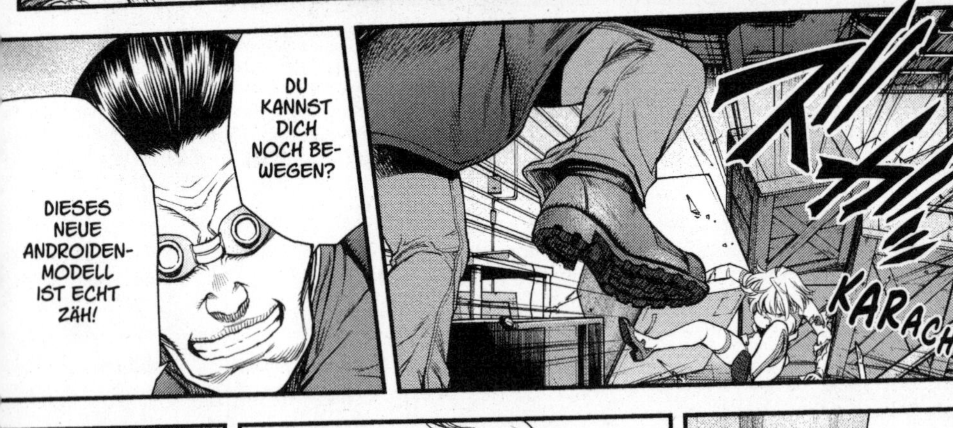
KARACH
DU KANNST DICH NOCH BE-WEGEN?
DIESES NEUE ANDROIDEN-MODELL IST ECHT ZÄH!

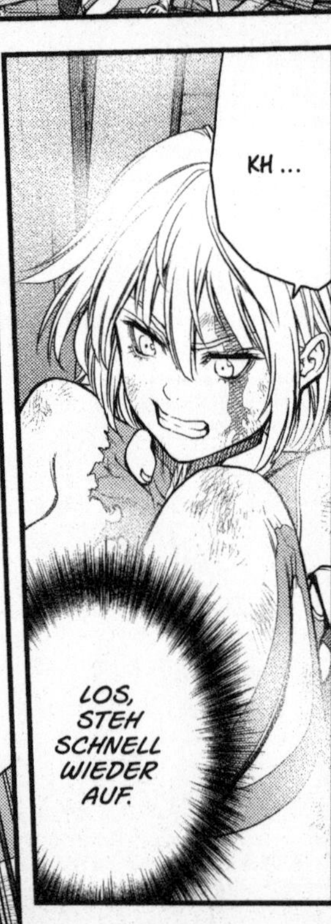
KH …
LOS, STEH SCHNELL WIEDER AUF.

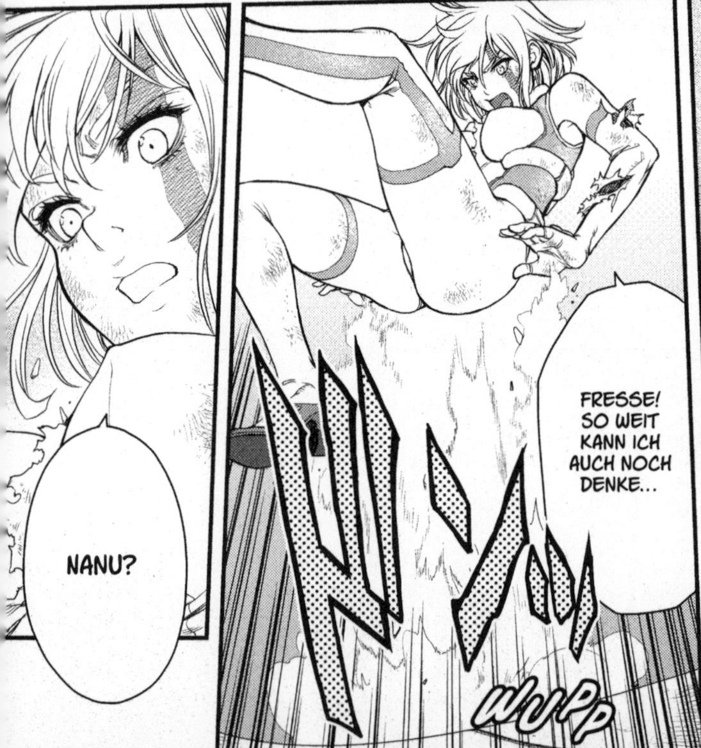
FRESSE! SO WEIT KANN ICH AUCH NOCH DENKE…
WUPP
NANU?

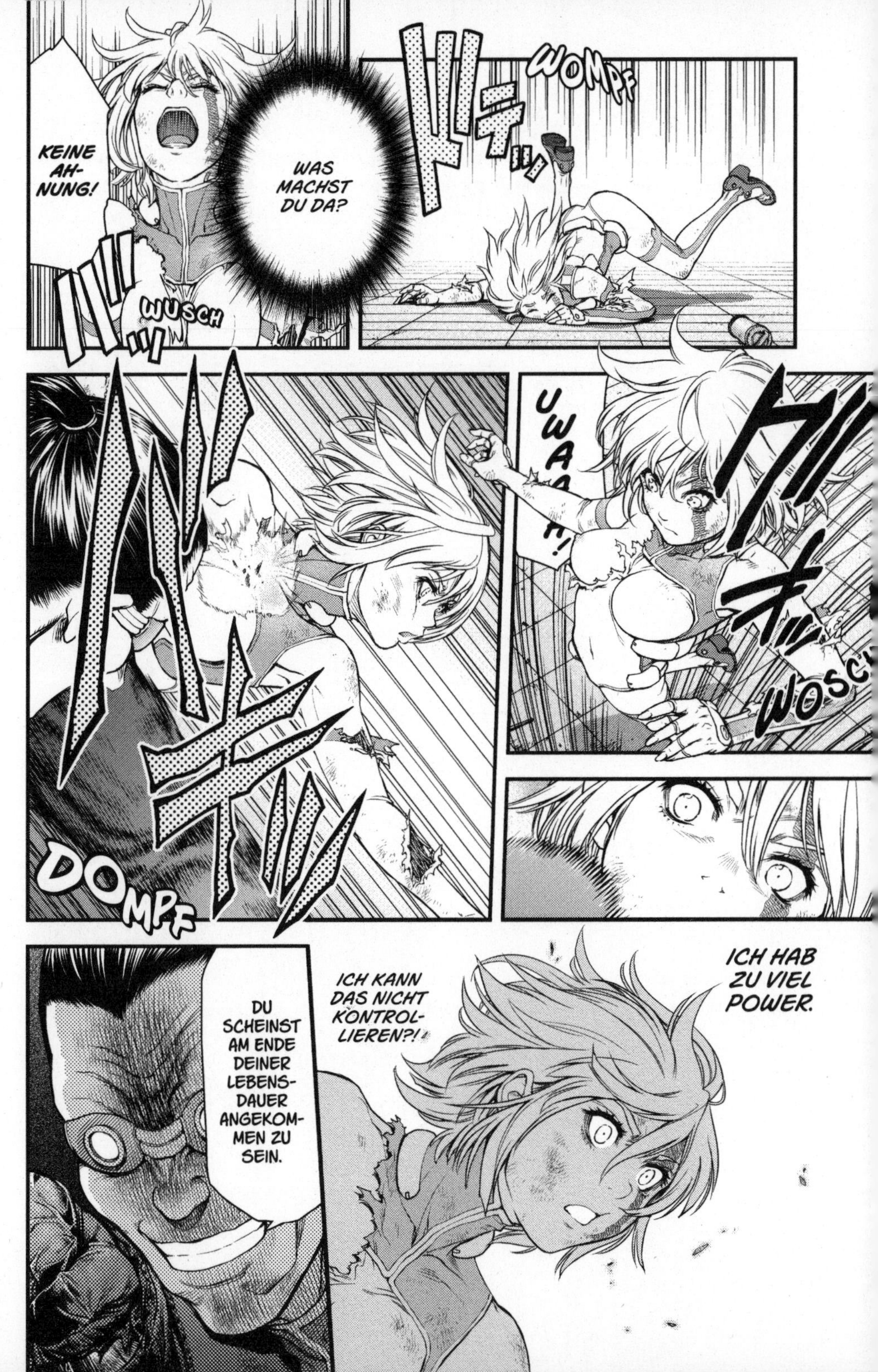
WOMPF
WAS MACHST DU DA?
KEINE AH-NUNG!
WUSCH
UWAAA...H!
WOSCH
DOMPF
ICH HAB ZU VIEL POWER.
ICH KANN DAS NICHT KONTROL-LIEREN?!
DU SCHEINST AM ENDE DEINER LEBENS-DAUER ANGEKOM-MEN ZU SEIN.

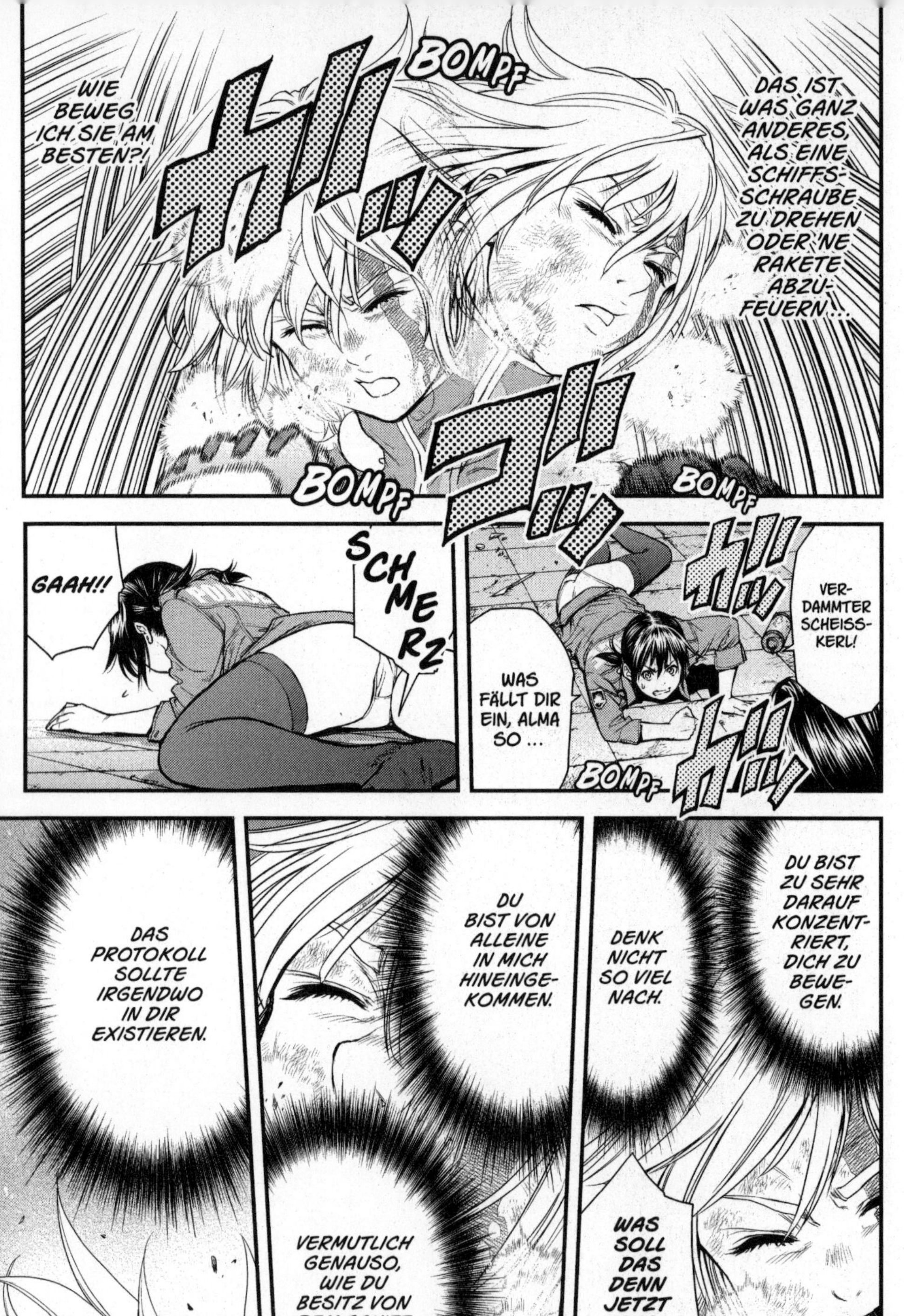
BOMPF
DAS IST WAS GANZ ANDERES, ALS EINE SCHIFFSSCHRAUBE ZU DREHEN ODER 'NE RAKETE ABZUFEUERN ...
WIE BEWEG ICH SIE AM BESTEN?!
BOMPF
BOMPF
VERDAMMTER SCHEISSKERL!
WAS FÄLLT DIR EIN, ALMA SO ...
BOMPF
SCHMERZ
GAAH!!
DU BIST ZU SEHR DARAUF KONZENTRIERT, DICH ZU BEWEGEN.
DENK NICHT SO VIEL NACH.
DU BIST VON ALLEINE IN MICH HINEINGEKOMMEN.
DAS PROTOKOLL SOLLTE IRGENDWO IN DIR EXISTIEREN.
WAS SOLL DAS DENN JETZT HEISSEN?!
VERMUTLICH GENAUSO, WIE DU BESITZ VON DEM SCHIFF ERGRIFFEN HAST.

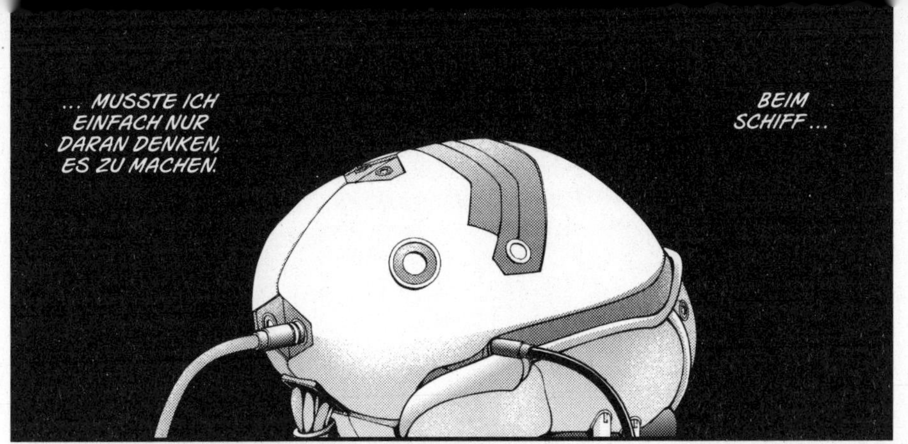
BEIM SCHIFF …
… MUSSTE ICH EINFACH NUR DARAN DENKEN, ES ZU MACHEN.

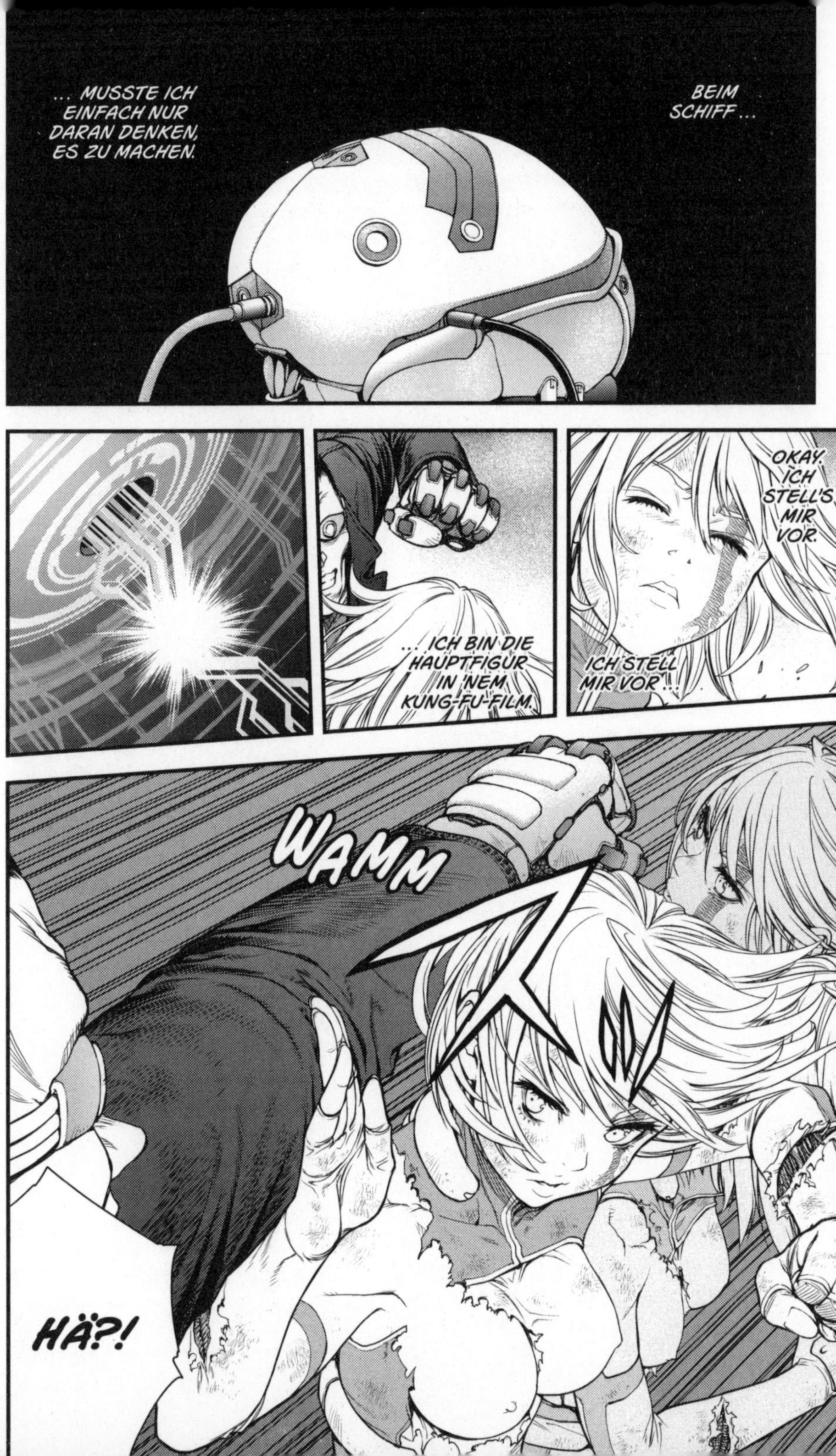

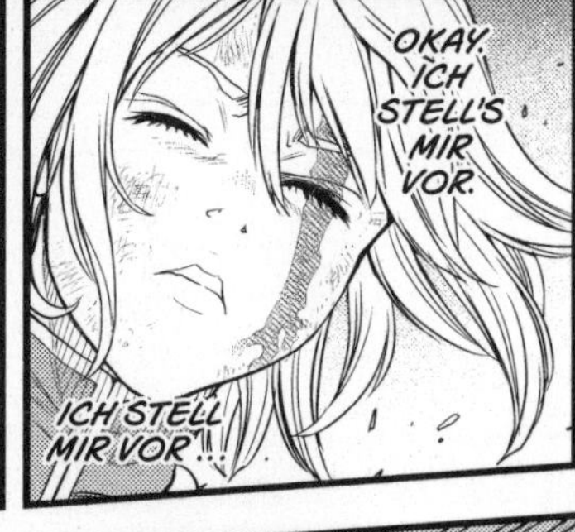
OKAY. ICH STELL'S MIR VOR.
ICH STELL MIR VOR …

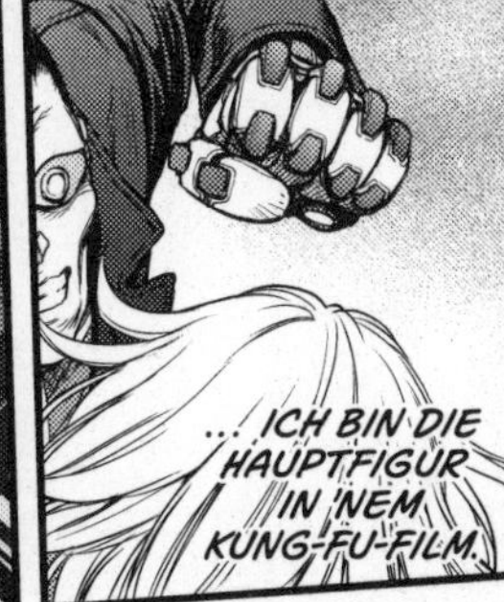
… ICH BIN DIE HAUPTFIGUR IN NEM KUNG-FU-FILM.

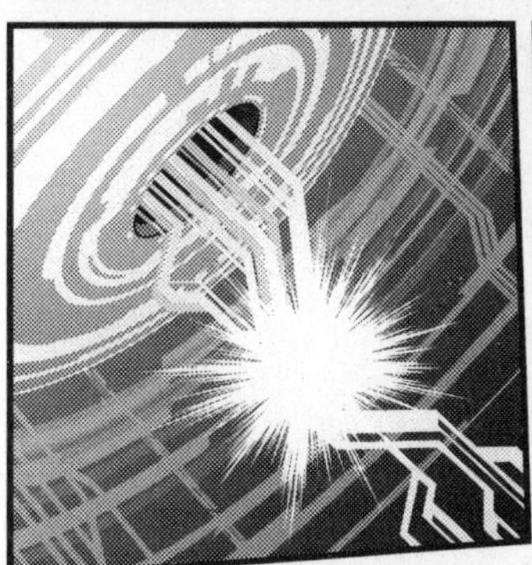

WAMM

HÄ?!

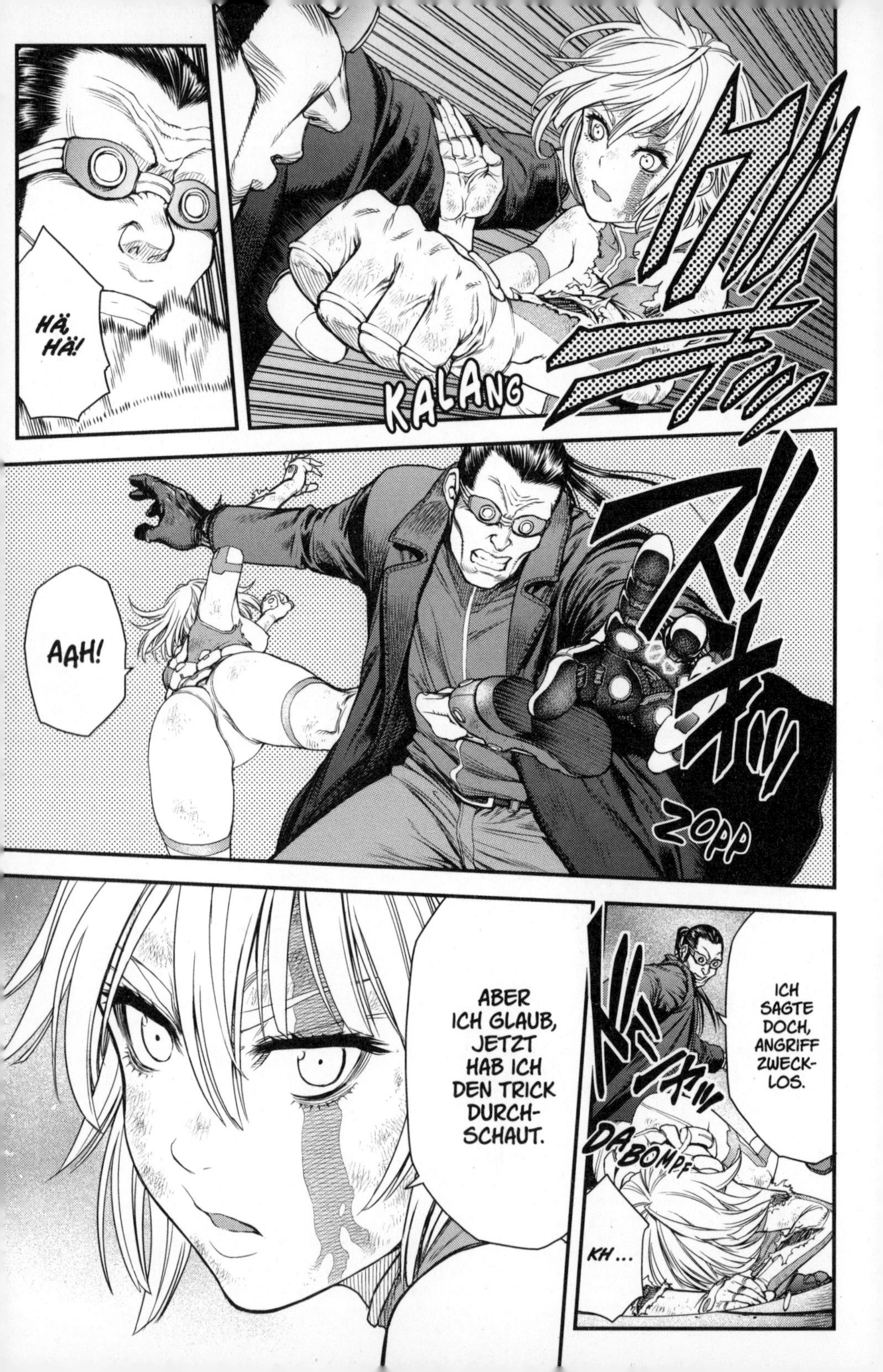

KALANG
HÄ, HÄ!
AAH!
ZOPP
ICH SAGTE DOCH, ANGRIFF ZWECKLOS.
DABOMPF
KH ...
ABER ICH GLAUB, JETZT HAB ICH DEN TRICK DURCHSCHAUT.

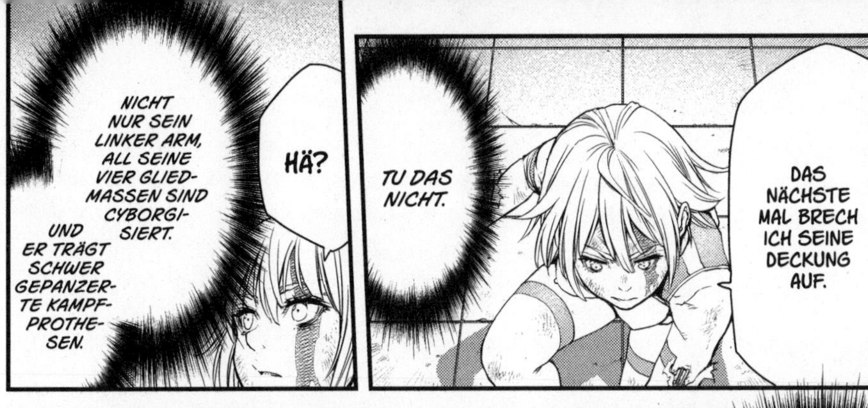

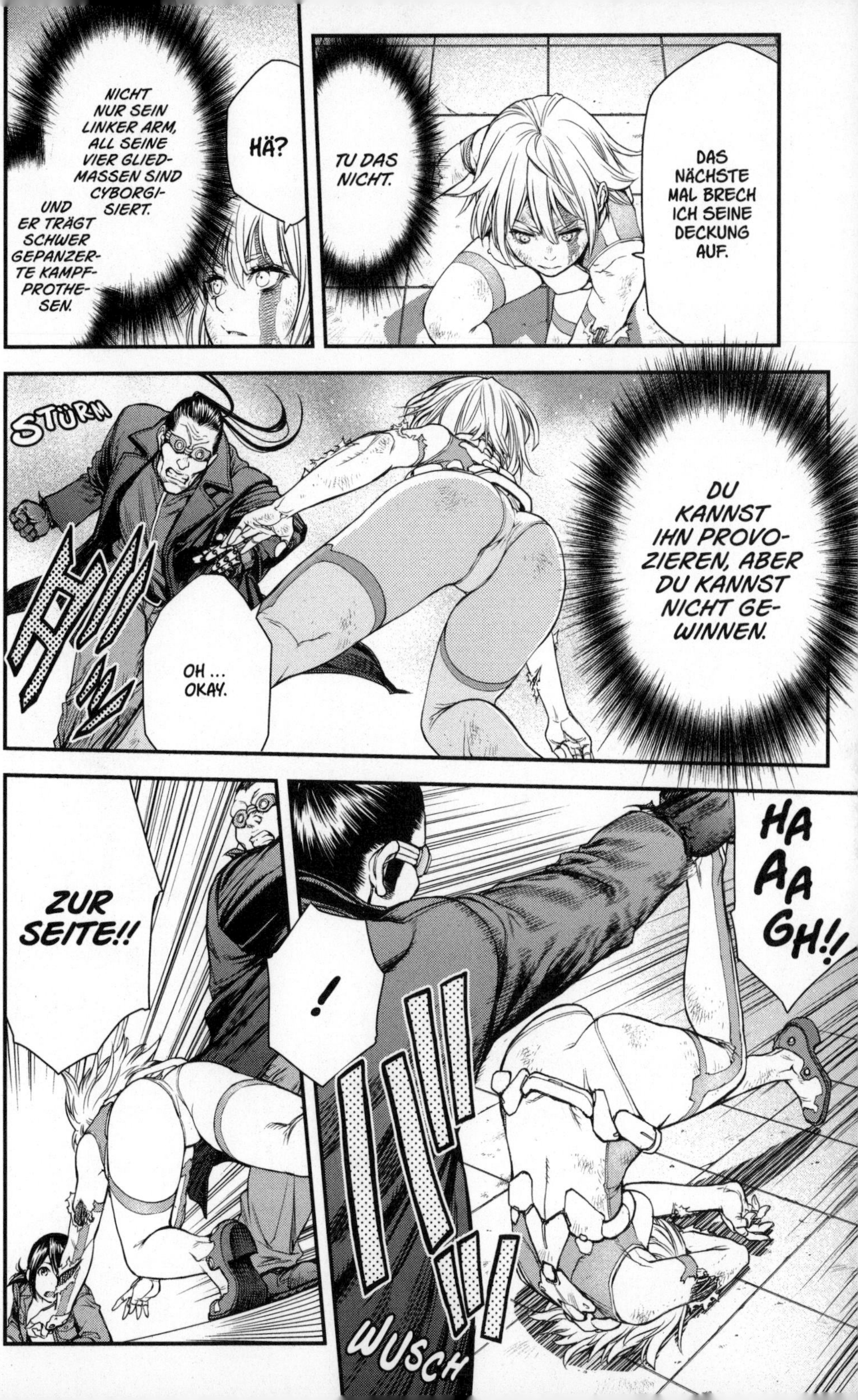

DAS NÄCHSTE MAL BRECH ICH SEINE DECKUNG AUF.
TU DAS NICHT.
HÄ?
NICHT NUR SEIN LINKER ARM, ALL SEINE VIER GLIEDMASSEN SIND CYBORGISIERT.
UND ER TRÄGT SCHWER GEPANZERTE KAMPFPROTHESEN.

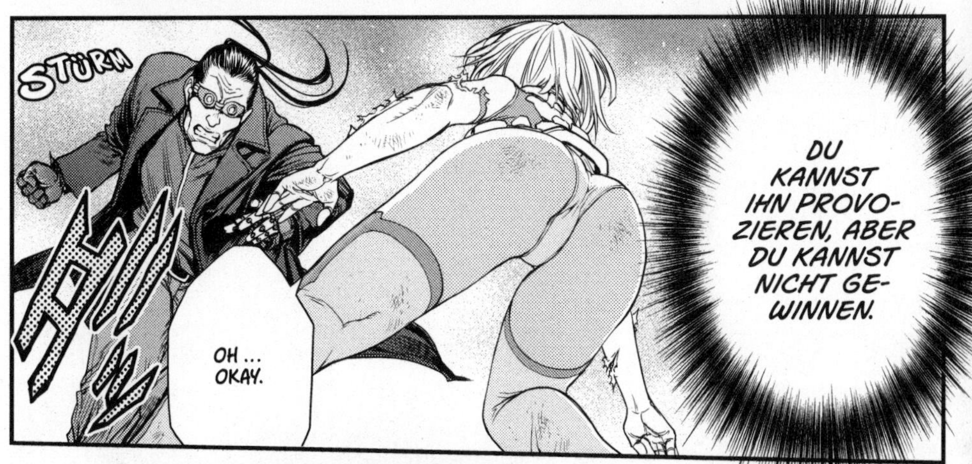

DU KANNST IHN PROVOZIEREN, ABER DU KANNST NICHT GEWINNEN.
OH ... OKAY.
STÜRM

HAAAGH!!
!
ZUR SEITE!!
WUSCH

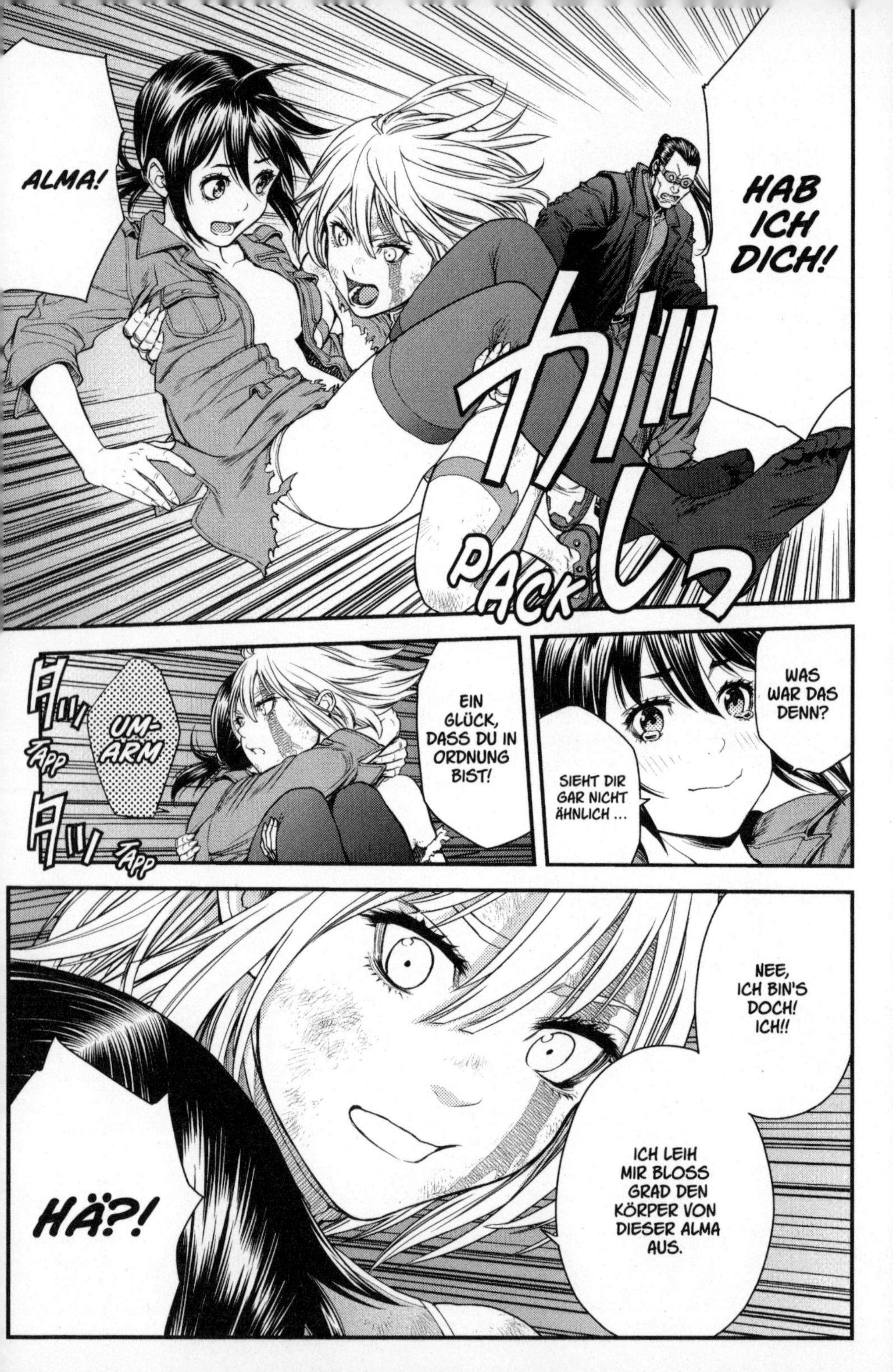

HAB ICH DICH!

ALMA!

PACK

WAS WAR DAS DENN?

SIEHT DIR GAR NICHT ÄHNLICH …

EIN GLÜCK, DASS DU IN ORDNUNG BIST!

UM-ARM

TAPP

TAPP

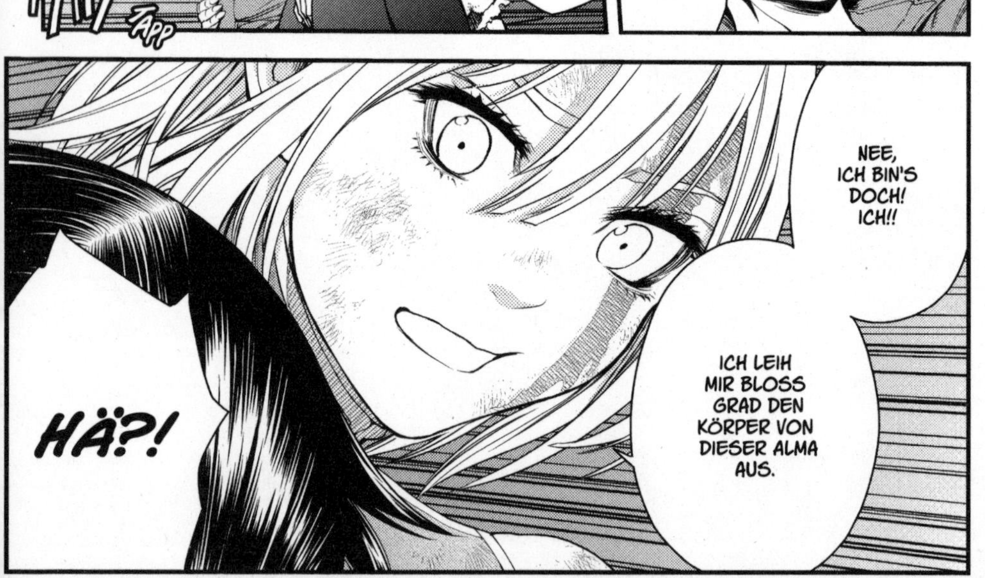

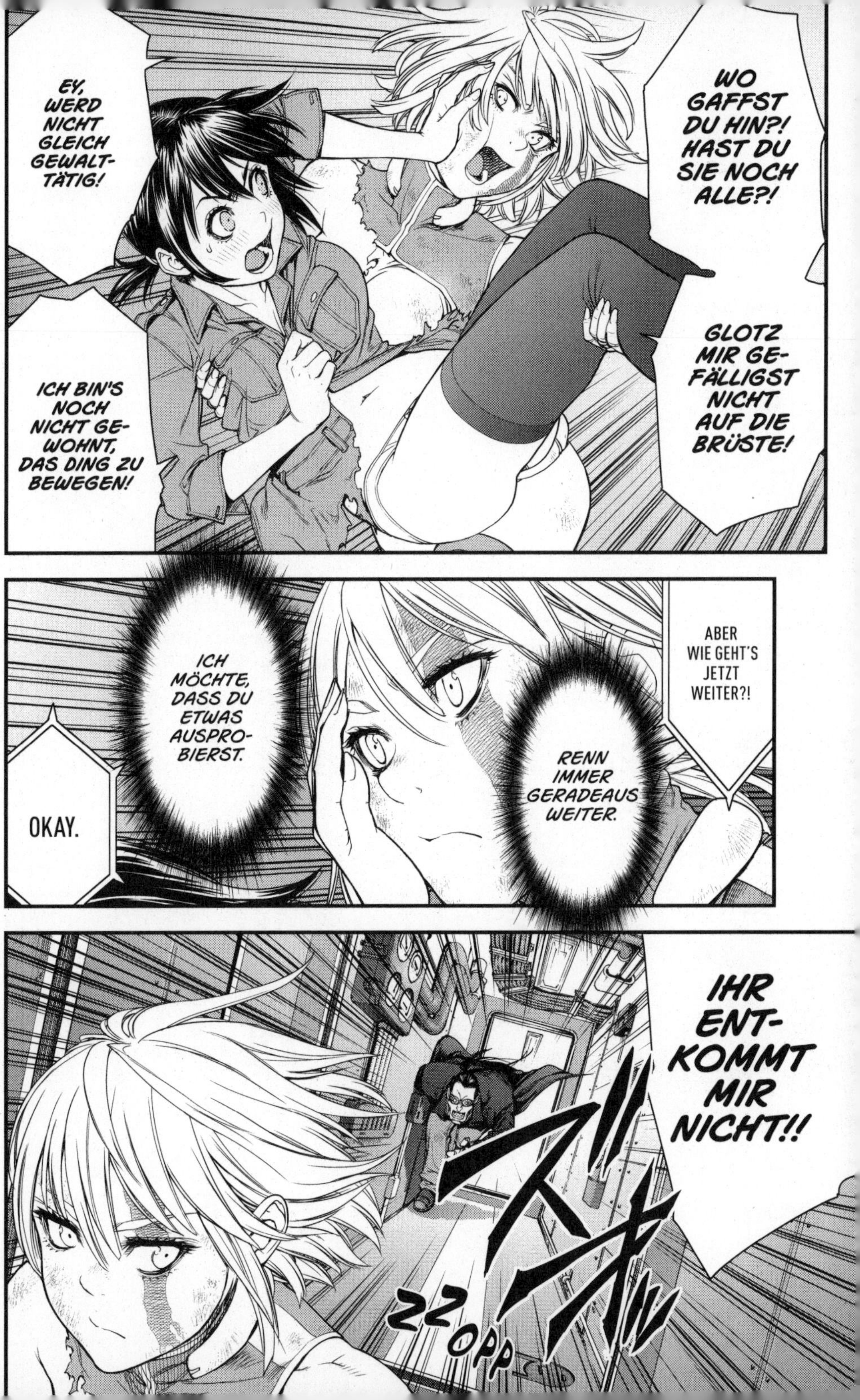

WO GAFFST DU HIN?! HAST DU SIE NOCH ALLE?!
GLOTZ MIR GEFÄLLIGST NICHT AUF DIE BRÜSTE!
EY, WERD NICHT GLEICH GEWALTTÄTIG!
ICH BIN'S NOCH NICHT GEWOHNT, DAS DING ZU BEWEGEN!

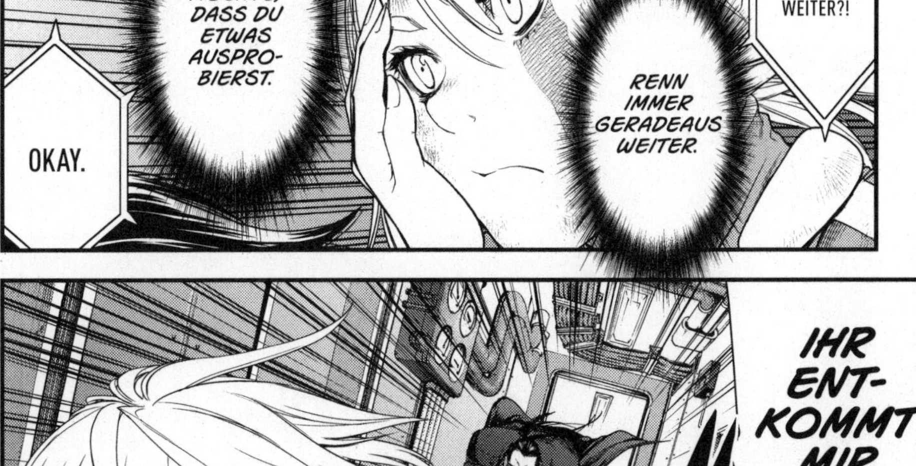

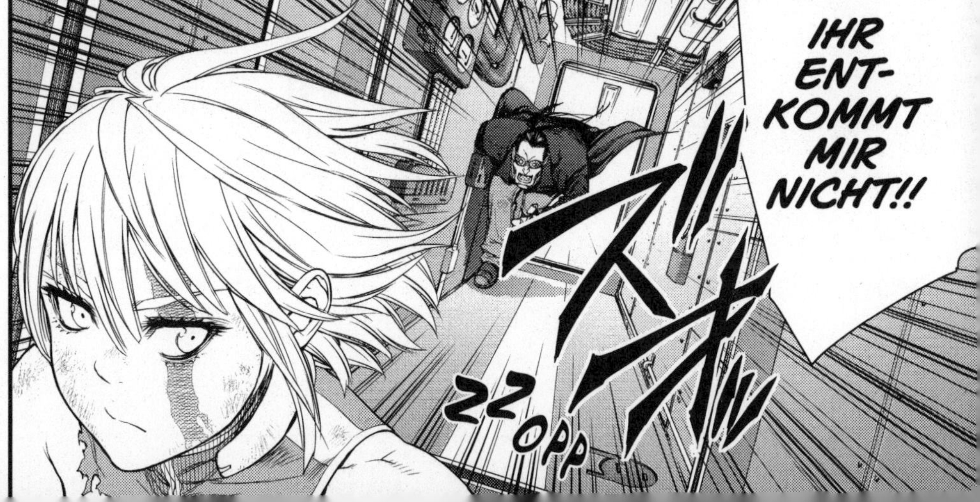

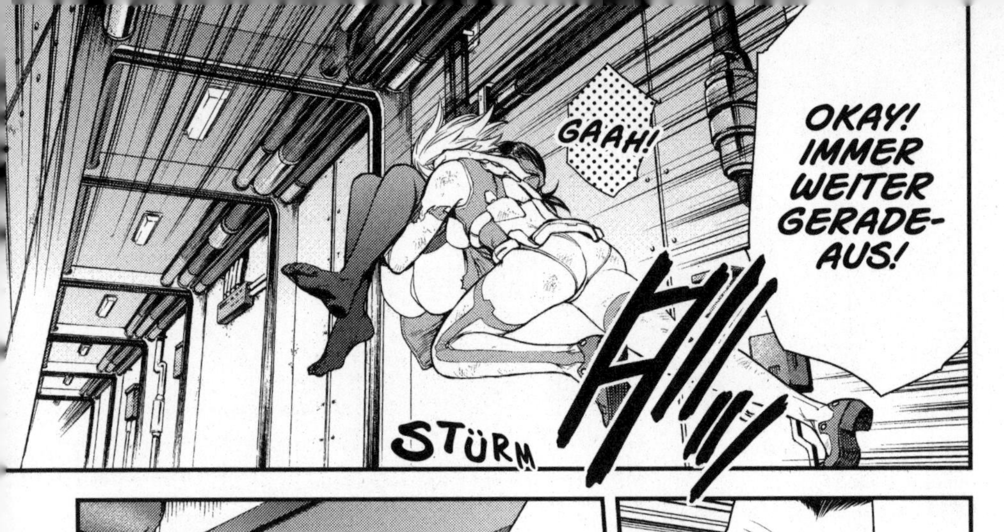

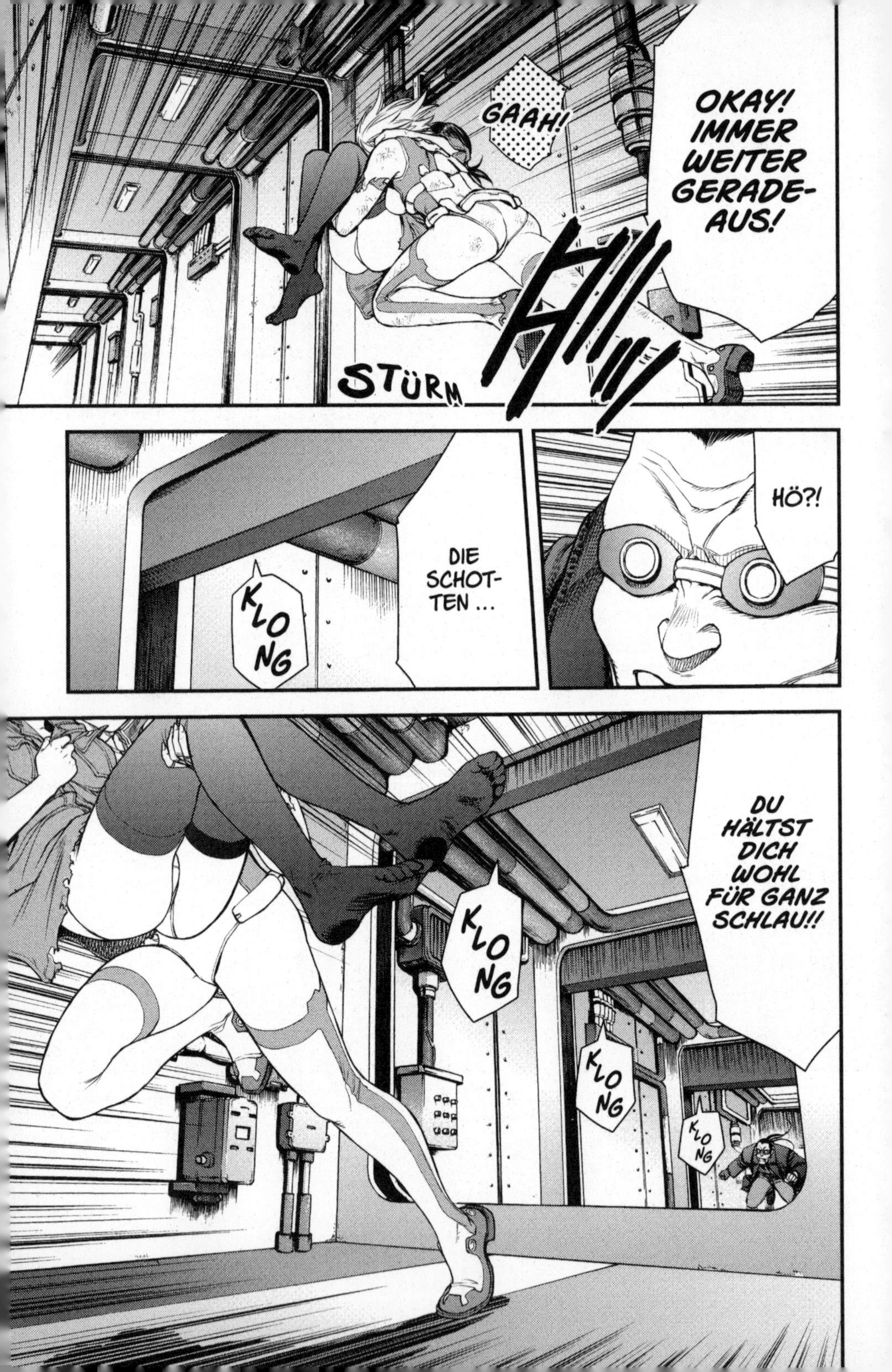

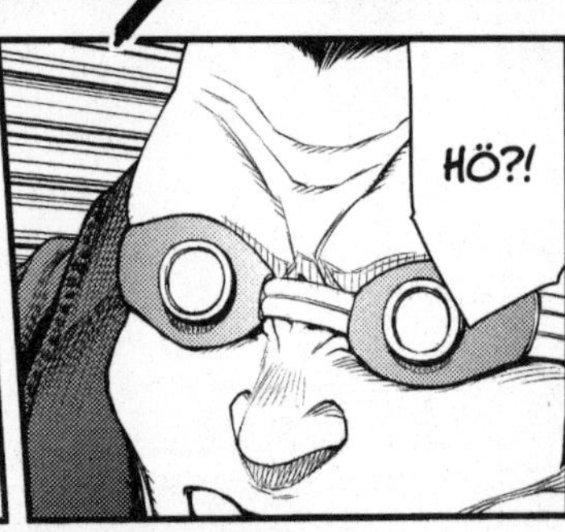

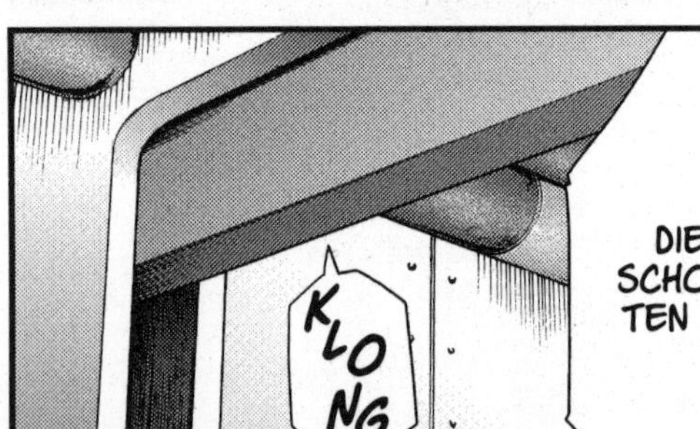

DU HÄLTST DICH WOHL FÜR GANZ SCHLAU!!

KLONG

KLONG

KLONG

KLONG

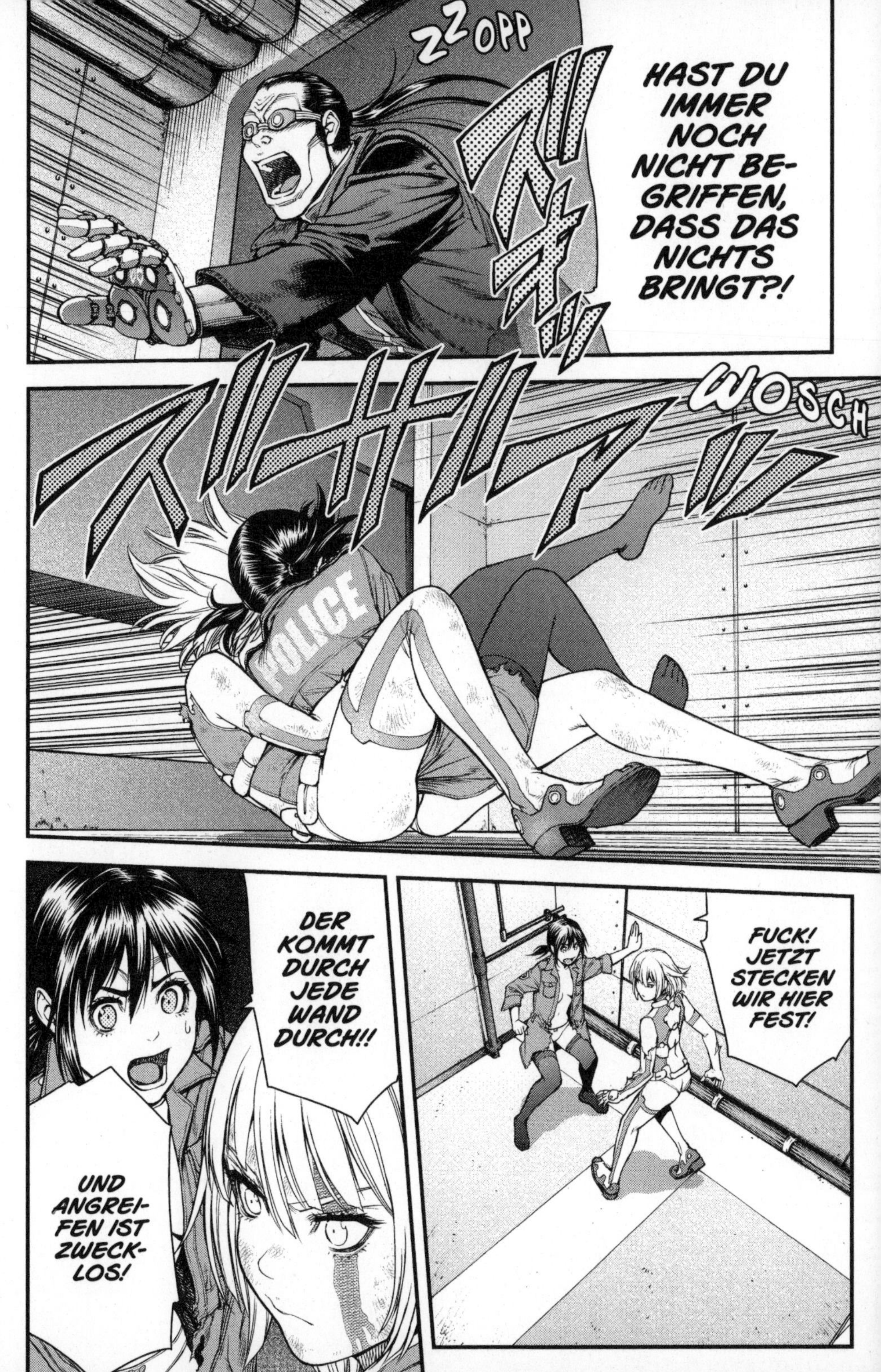
ZZOPP
HAST DU IMMER NOCH NICHT BE-GRIFFEN, DASS DAS NICHTS BRINGT?!
WOSCH
DER KOMMT DURCH JEDE WAND DURCH!!
UND ANGREI-FEN IST ZWECK-LOS!
FUCK! JETZT STECKEN WIR HIER FEST!
POLICE

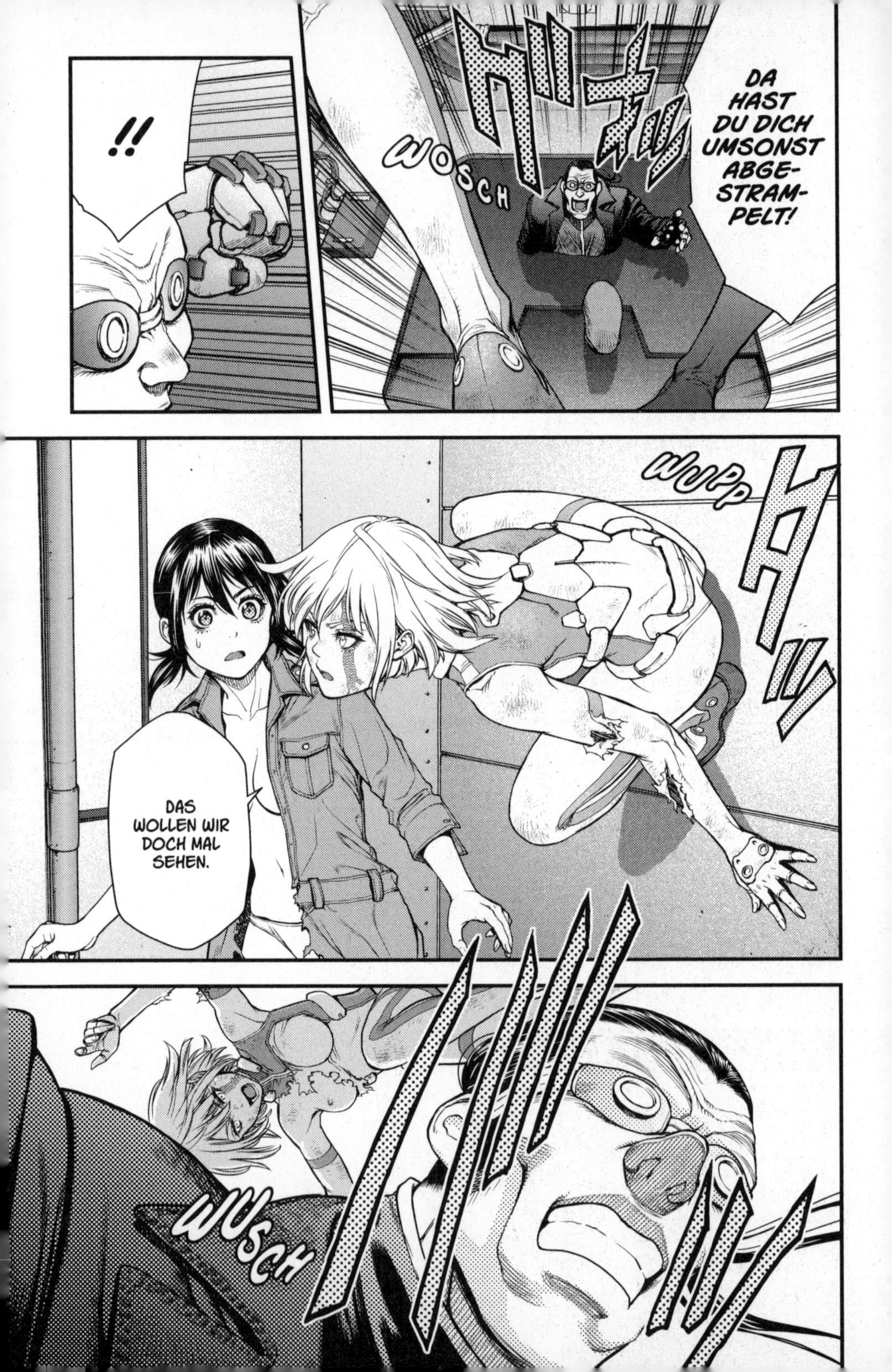

DA HAST DU DICH UMSONST ABGE-STRAMPELT!

WOSCH

!!

WUPP

DAS WOLLEN WIR DOCH MAL SEHEN.

WUSCH

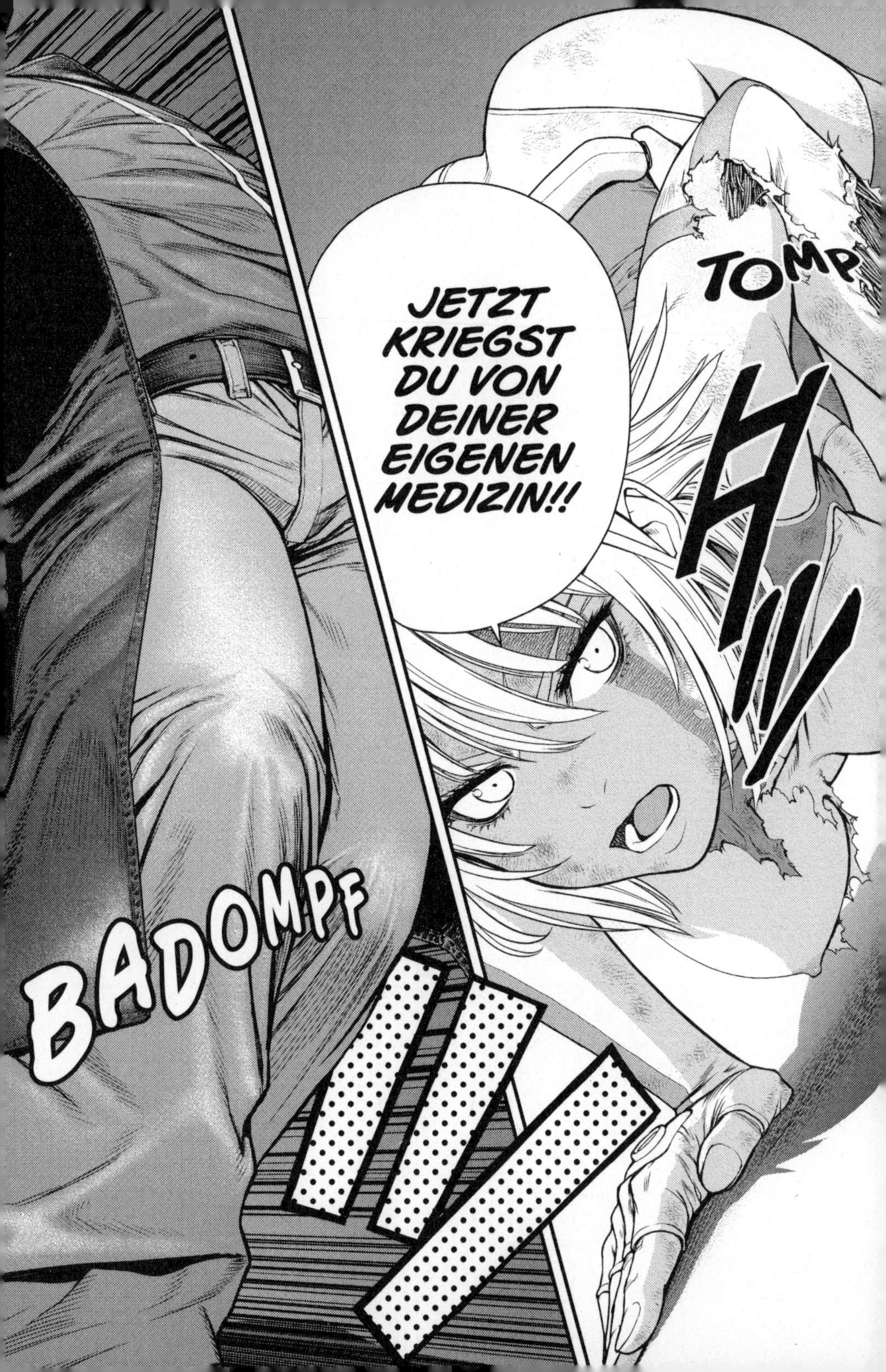
TOMP
JETZT KRIEGST DU VON DEINER EIGENEN MEDIZIN!!
BADOMPF

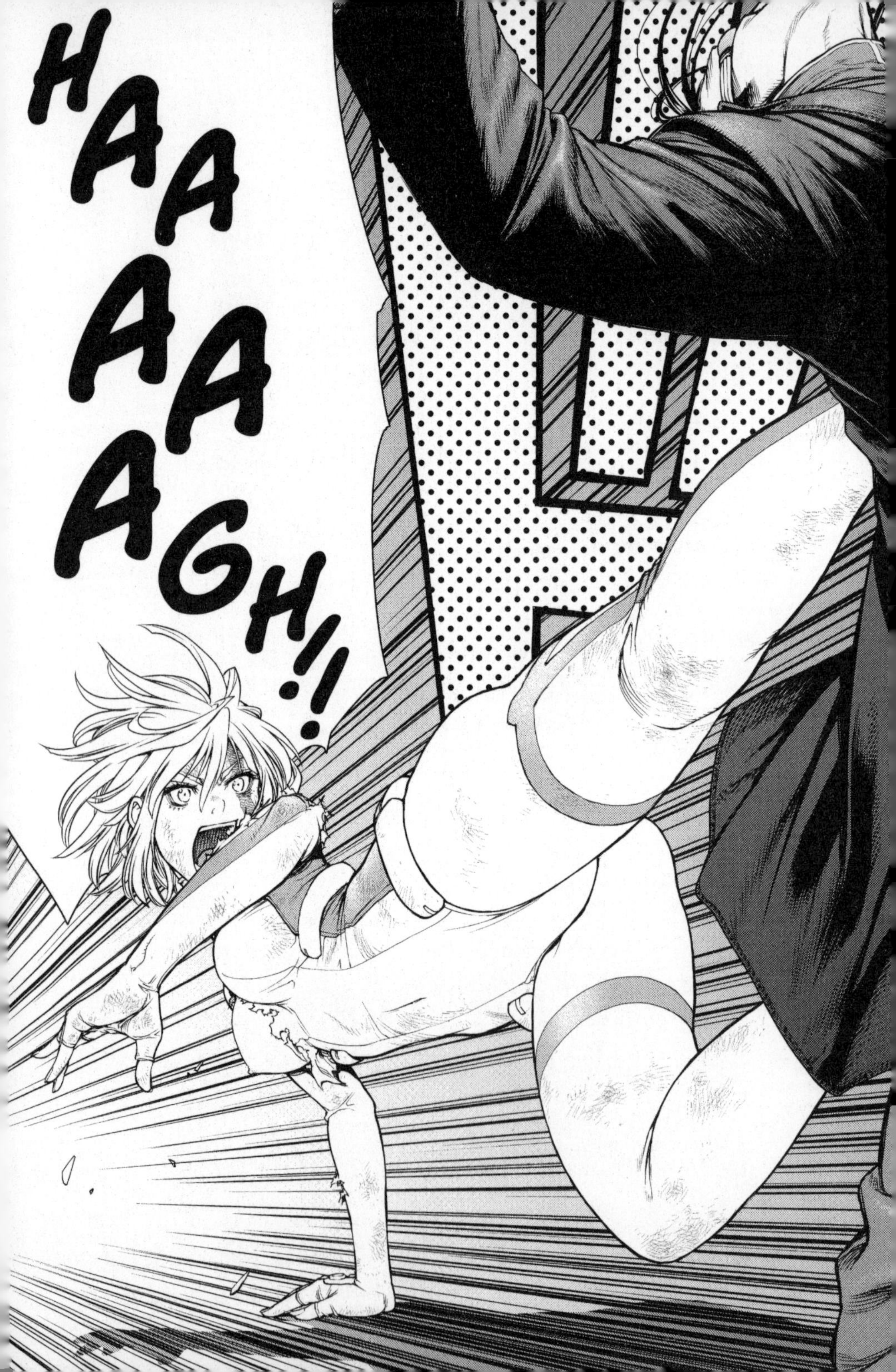
HAAAAAAAGH!!

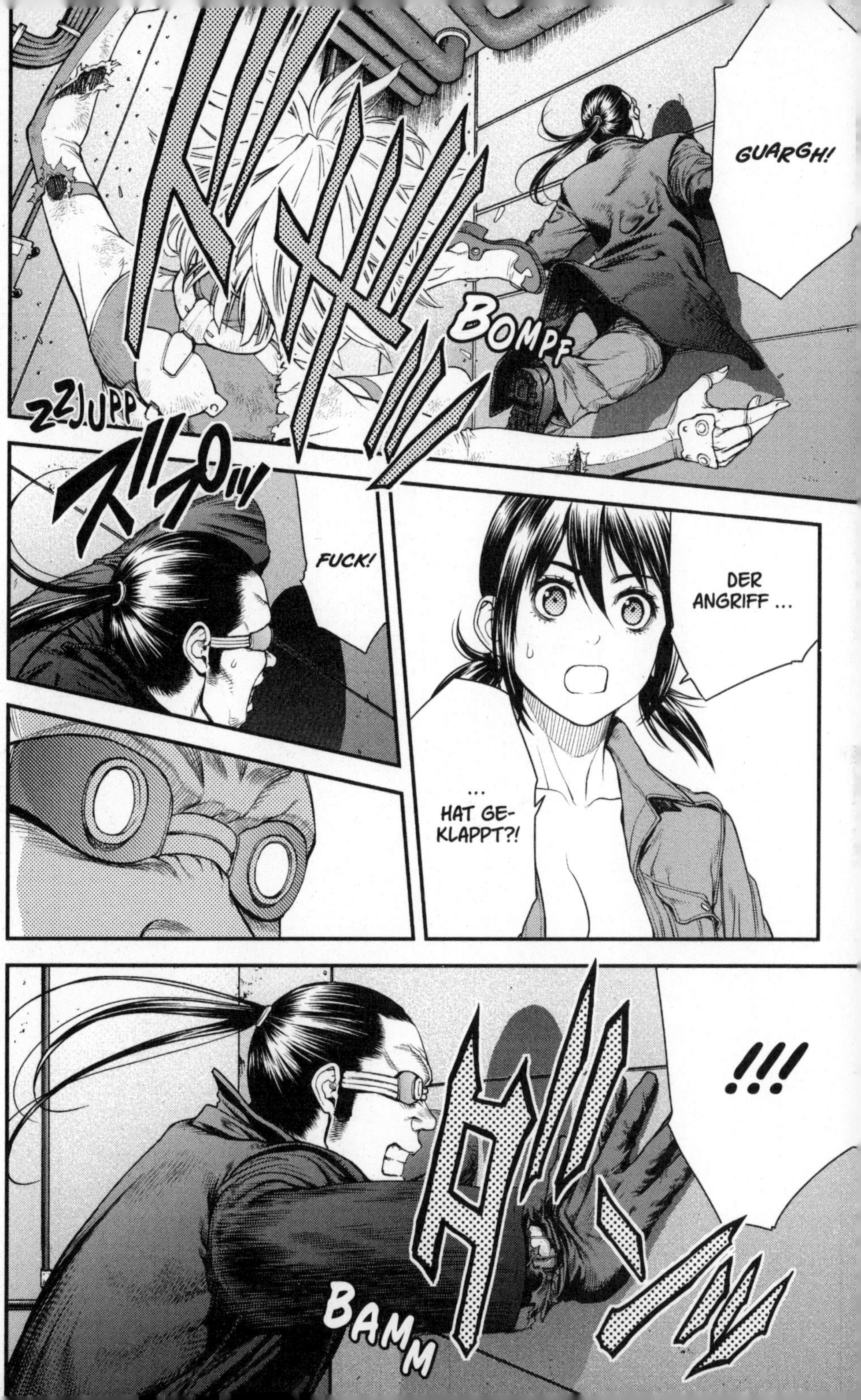

GUARGH!

BOMPF

ZZJUPP

DER ANGRIFF …

… HAT GE-KLAPPT?!

FUCK!

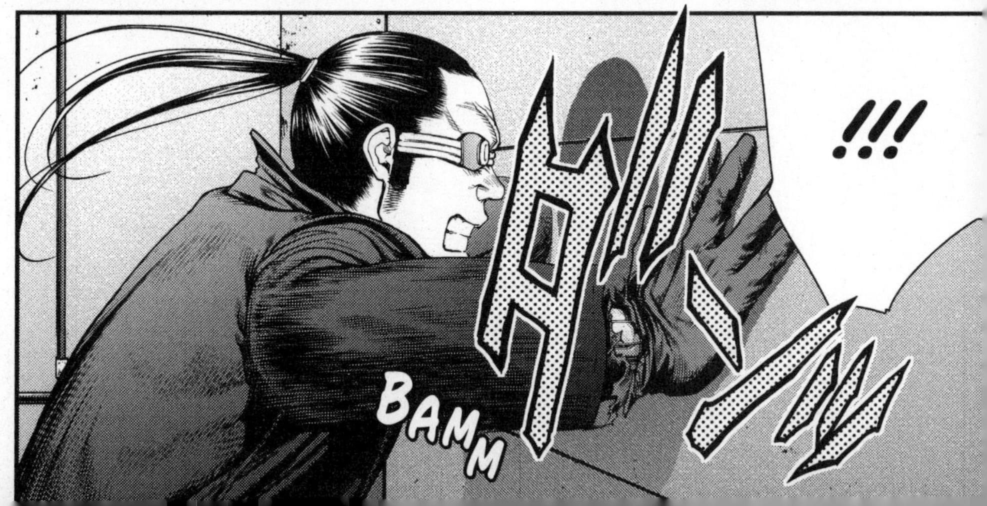

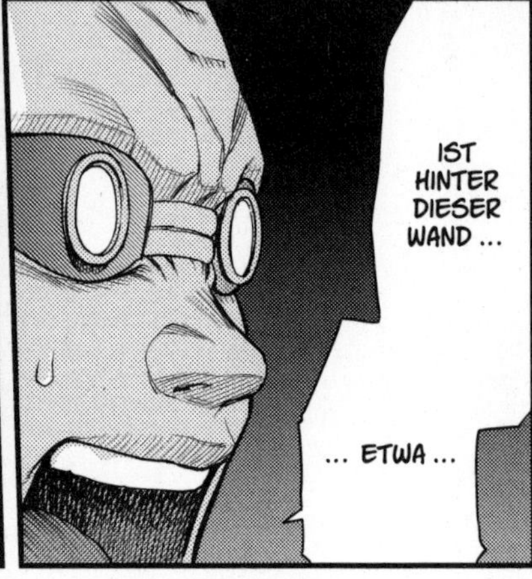
IST HINTER DIESER WAND ...
... ETWA ...

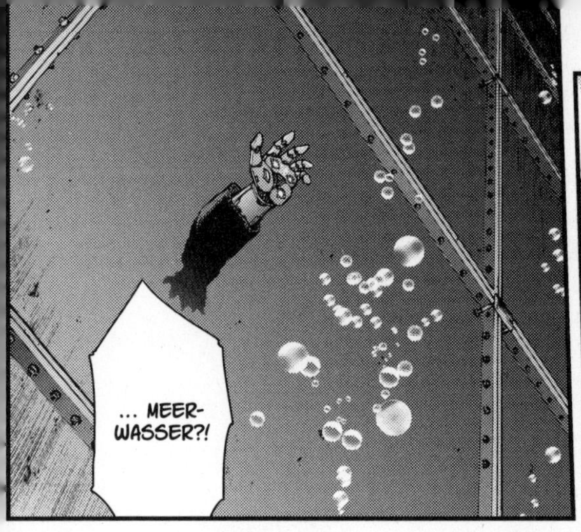
... MEER-WASSER?!

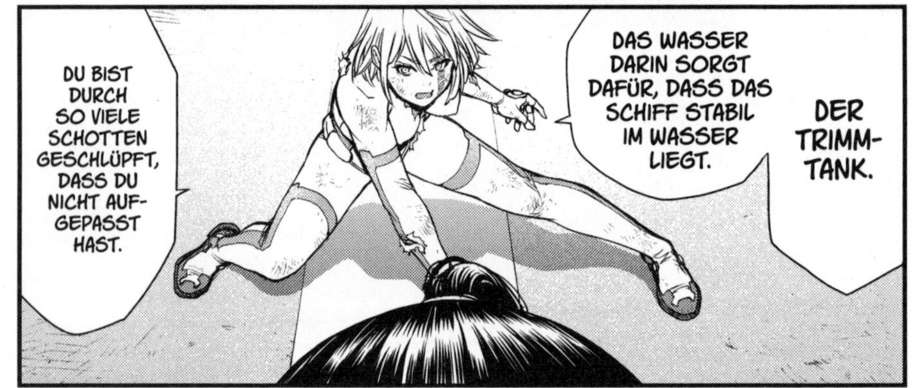
DER TRIMM-TANK.
DAS WASSER DARIN SORGT DAFÜR, DASS DAS SCHIFF STABIL IM WASSER LIEGT.
DU BIST DURCH SO VIELE SCHOTTEN GESCHLÜPFT, DASS DU NICHT AUF-GEPASST HAST.

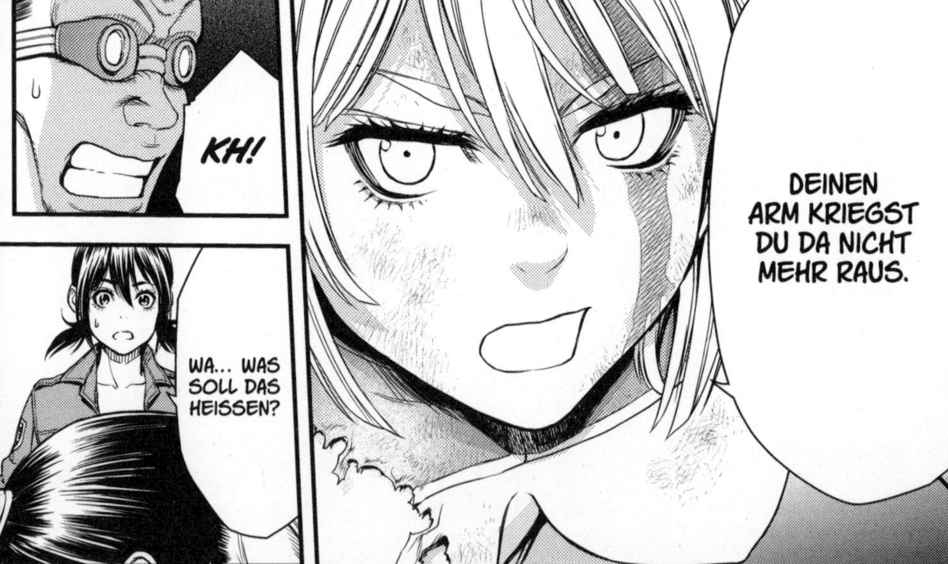
DEINEN ARM KRIEGST DU DA NICHT MEHR RAUS.
KH!
WA... WAS SOLL DAS HEISSEN?

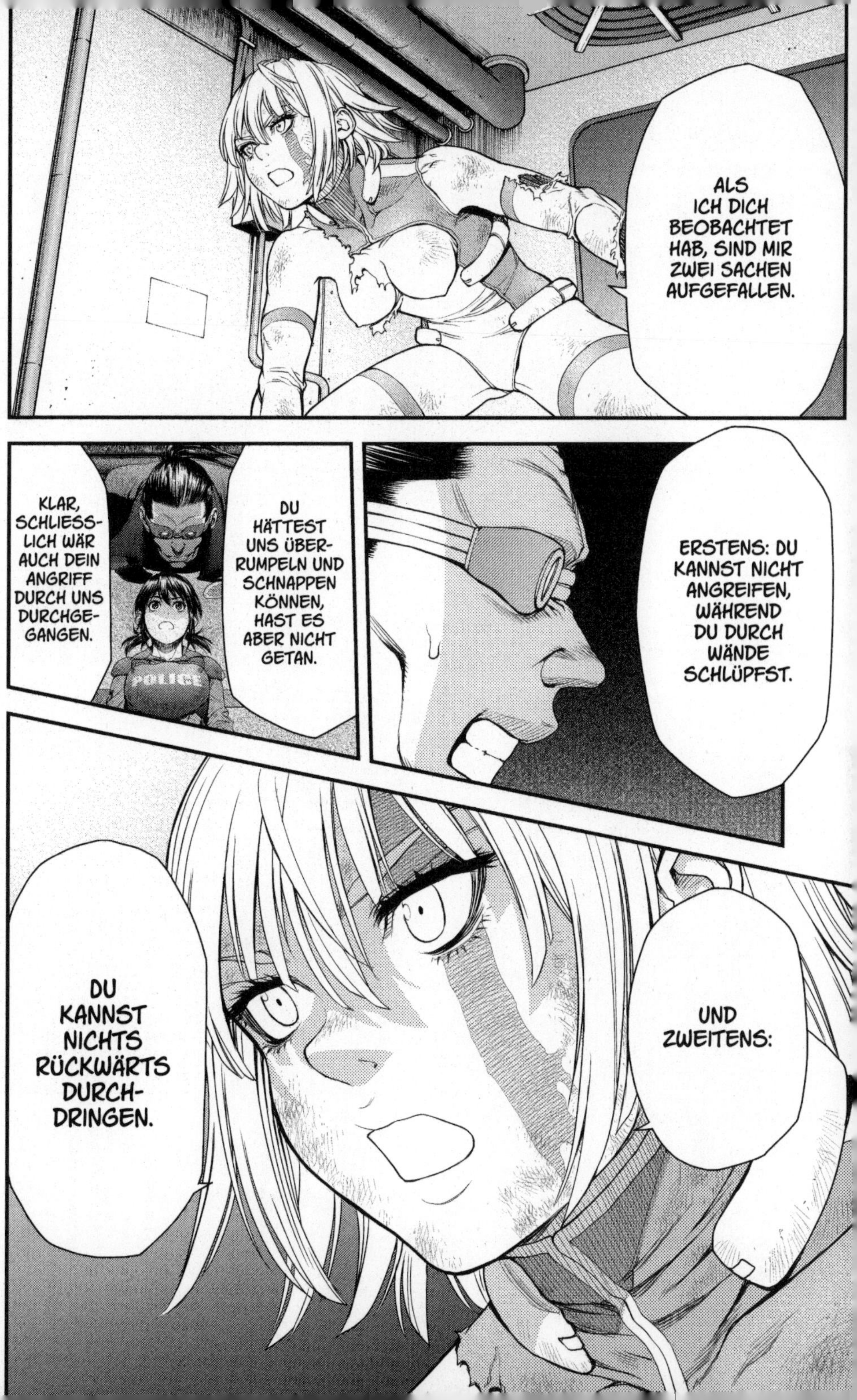

ALS ICH DICH BEOBACHTET HAB, SIND MIR ZWEI SACHEN AUFGEFALLEN.

ERSTENS: DU KANNST NICHT ANGREIFEN, WÄHREND DU DURCH WÄNDE SCHLÜPFST.

DU HÄTTEST UNS ÜBER-RUMPELN UND SCHNAPPEN KÖNNEN, HAST ES ABER NICHT GETAN.

KLAR, SCHLIESS-LICH WÄR AUCH DEIN ANGRIFF DURCH UNS DURCHGE-GANGEN.

UND ZWEITENS:

DU KANNST NICHTS RÜCKWÄRTS DURCH-DRINGEN.

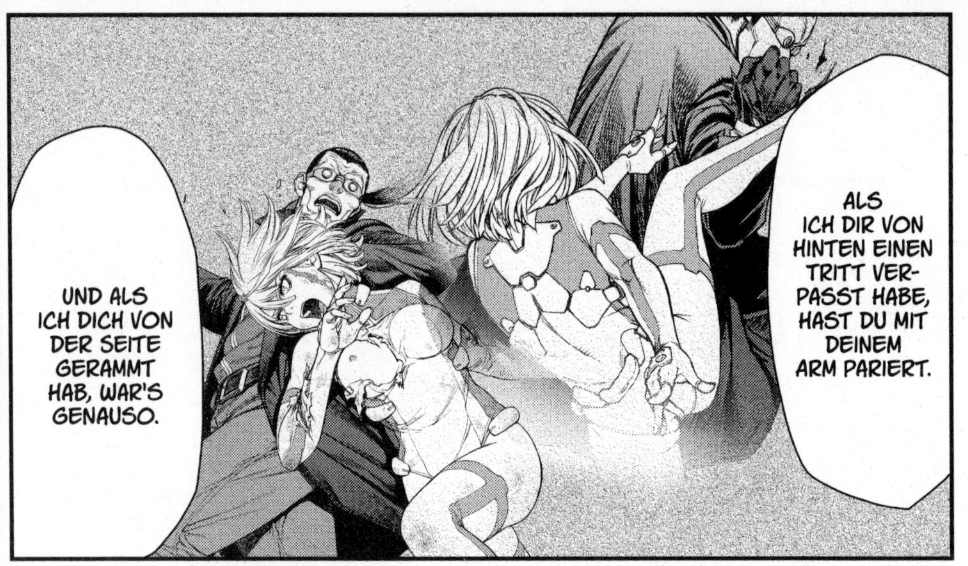
ALS ICH DIR VON HINTEN EINEN TRITT VERPASST HABE, HAST DU MIT DEINEM ARM PARIERT.
UND ALS ICH DICH VON DER SEITE GERAMMT HAB, WAR'S GENAUSO.

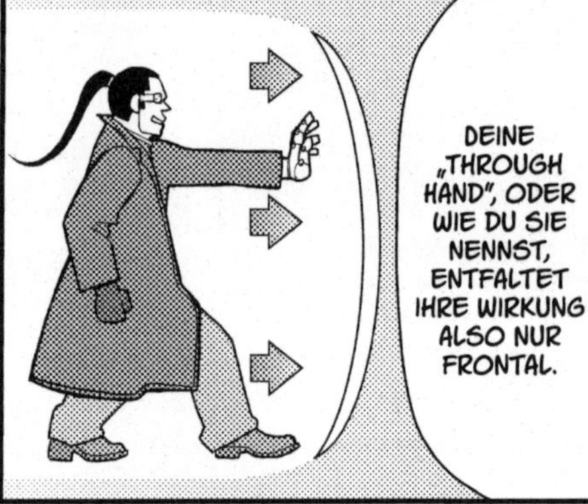
DEINE „THROUGH HAND", ODER WIE DU SIE NENNST, ENTFALTET IHRE WIRKUNG ALSO NUR FRONTAL.

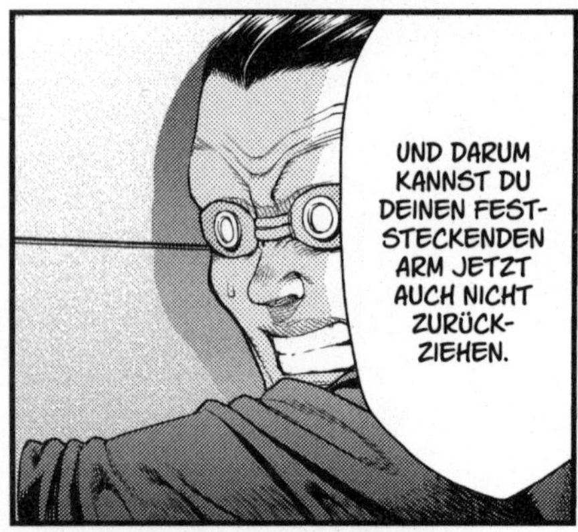
UND DARUM KANNST DU DEINEN FEST-STECKENDEN ARM JETZT AUCH NICHT ZURÜCK-ZIEHEN.

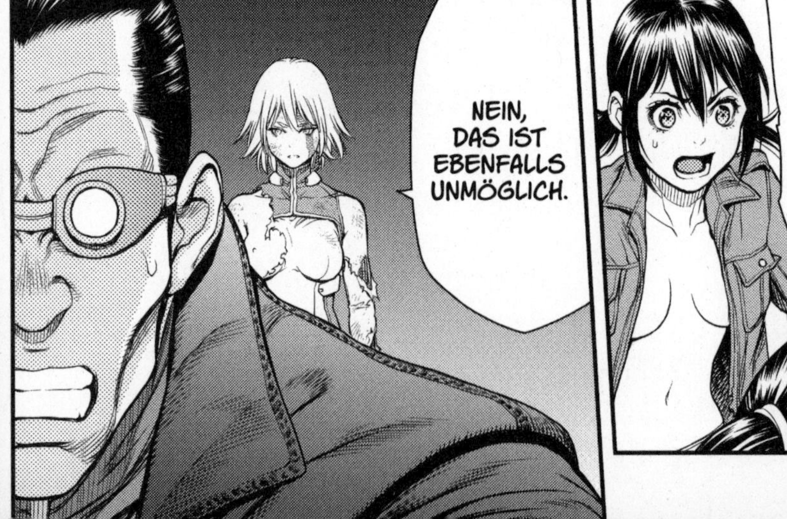
A... ABER ER KÖNNTE DOCH IMMER NOCH IN DEN TANK ABHAUEN!
NEIN, DAS IST EBENFALLS UNMÖGLICH.

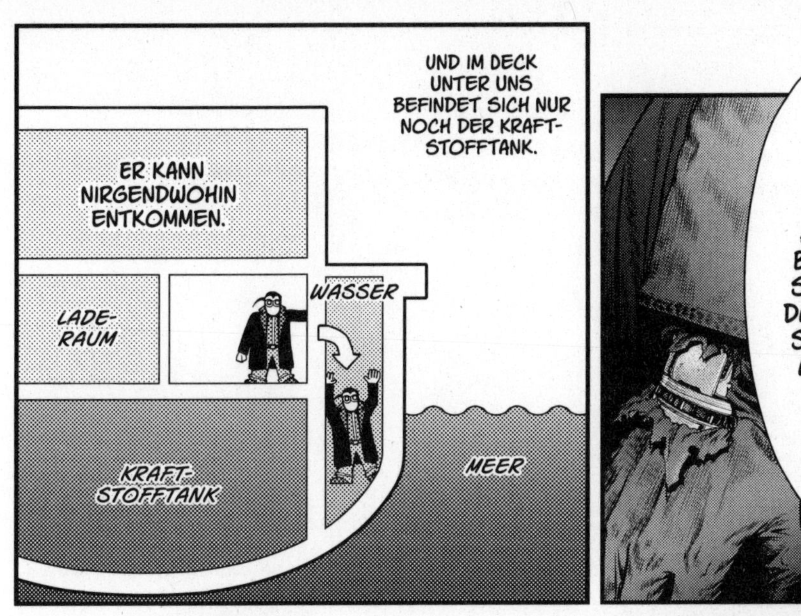

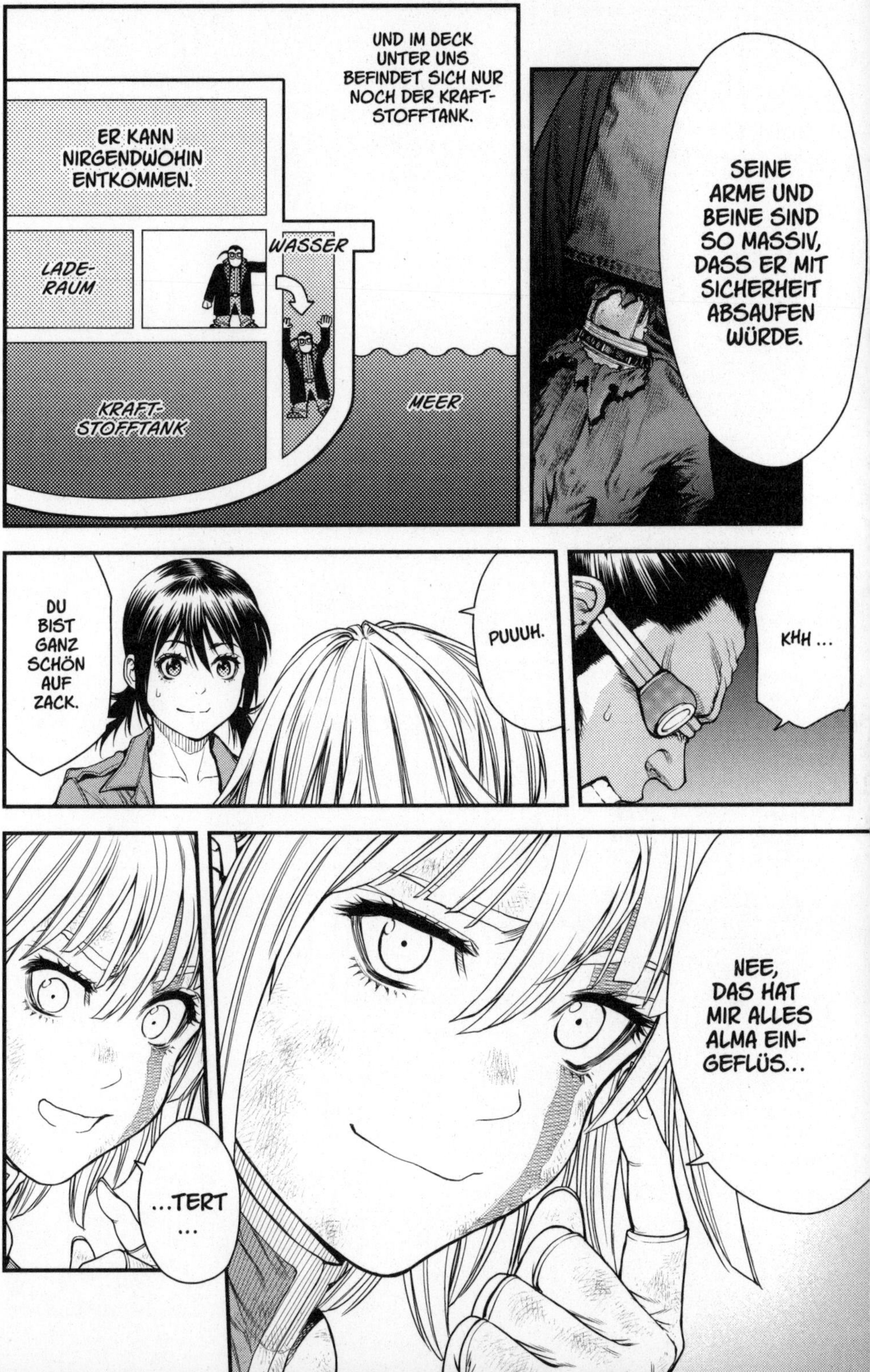

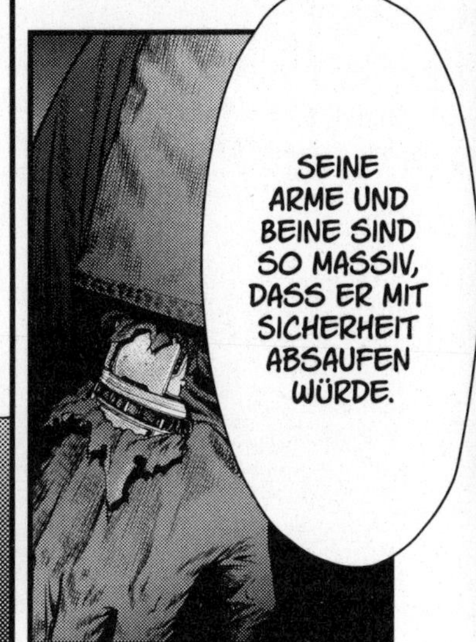

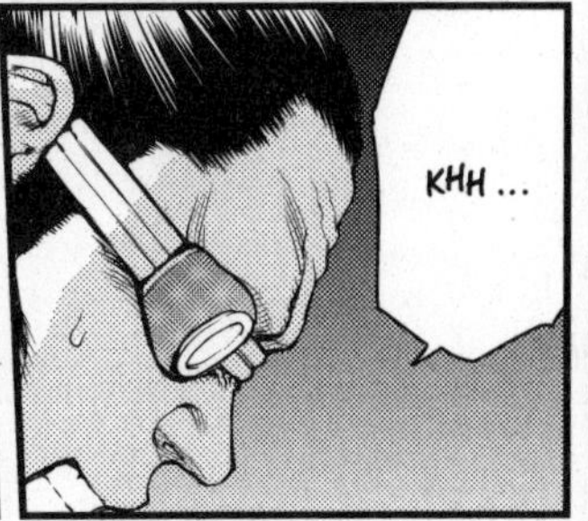

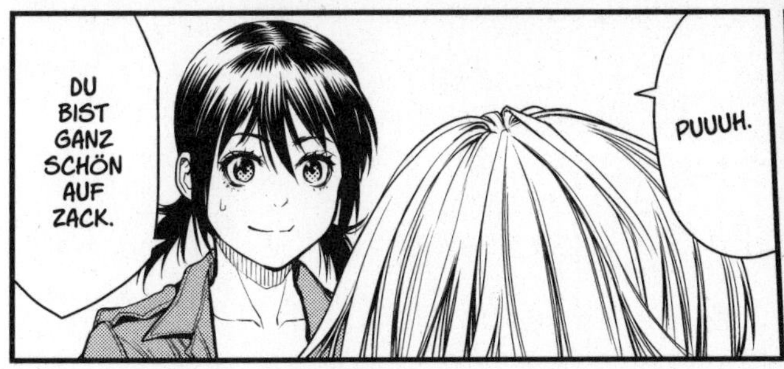

NEE, DAS HAT MIR ALLES ALMA EIN-GEFLÜS…

…TERT …

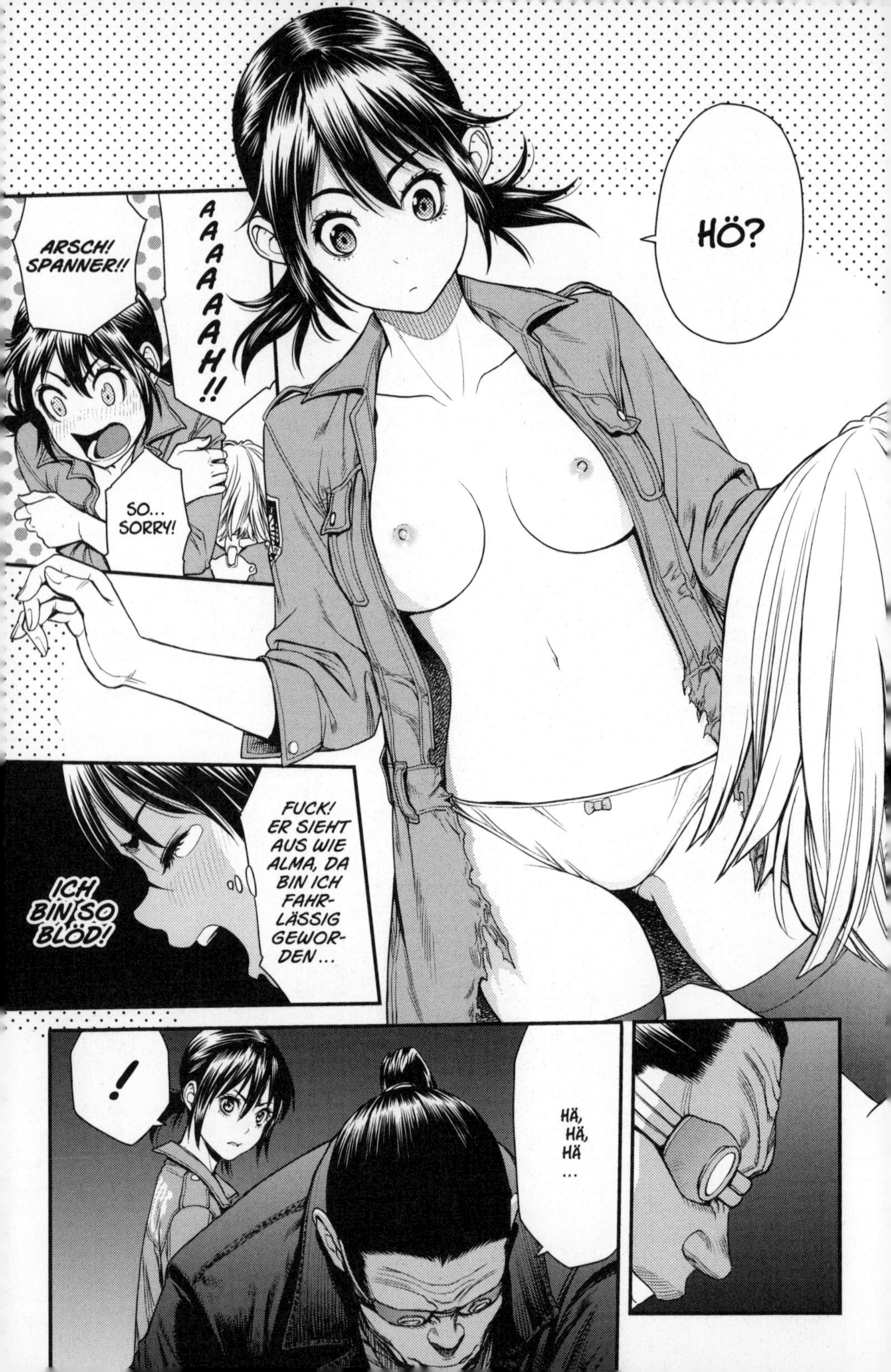
HÖ?
AAAAAAH!!
ARSCH! SPANNER!!
SO... SORRY!
FUCK! ER SIEHT AUS WIE ALMA, DA BIN ICH FAHR-LÄSSIG GEWOR-DEN ...
ICH BIN SO BLÖD!
HÄ, HÄ, HÄ ...
!

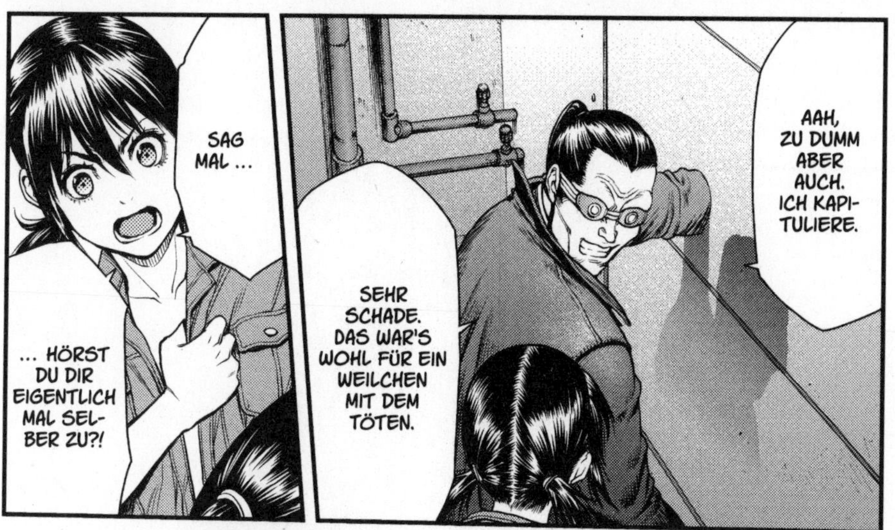

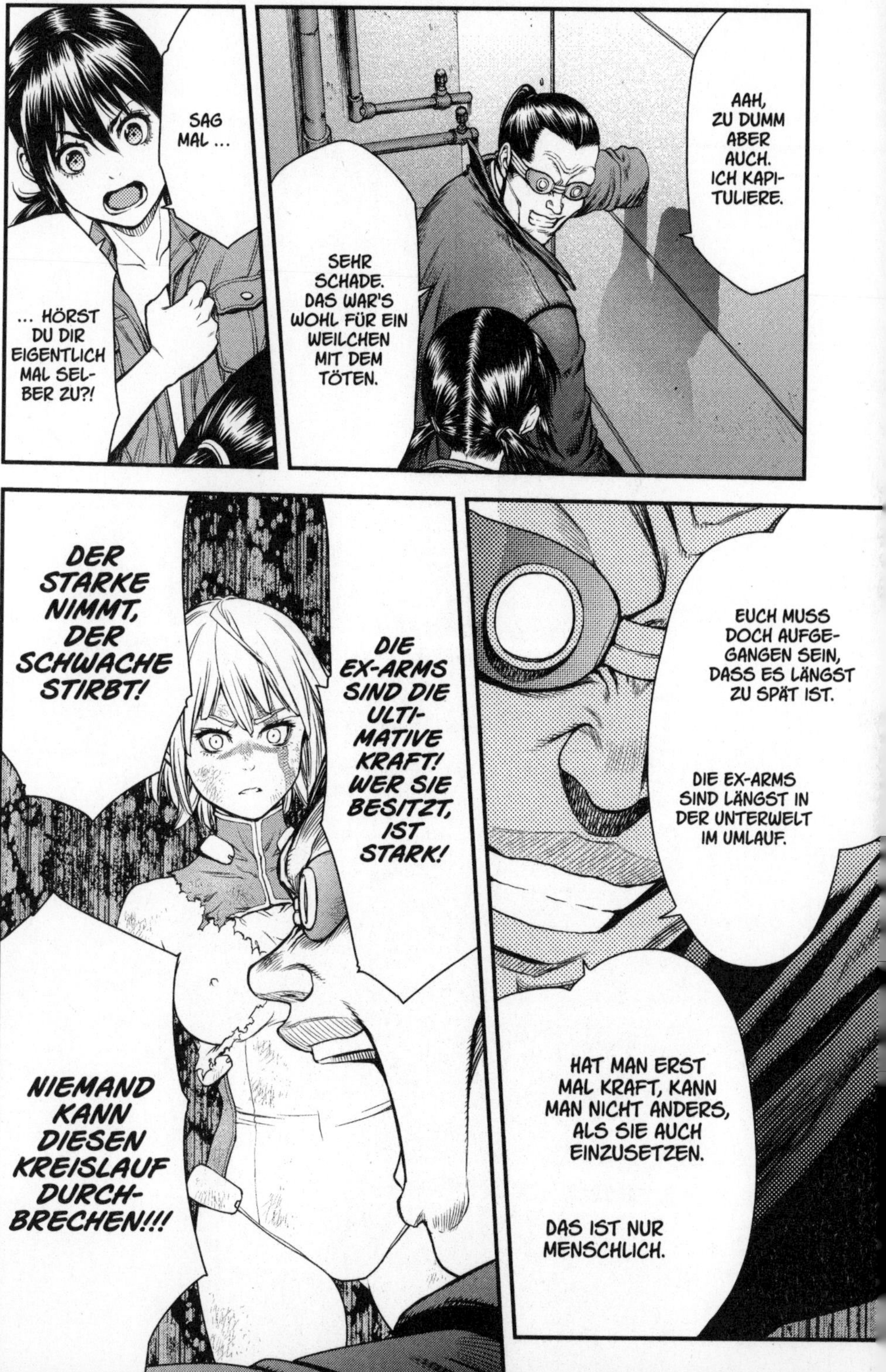

EUCH MUSS DOCH AUFGEGANGEN SEIN, DASS ES LÄNGST ZU SPÄT IST.

DIE EX-ARMS SIND LÄNGST IN DER UNTERWELT IM UMLAUF.

HAT MAN ERST MAL KRAFT, KANN MAN NICHT ANDERS, ALS SIE AUCH EINZUSETZEN.

DAS IST NUR MENSCHLICH.

DER STARKE NIMMT, DER SCHWACHE STIRBT!

DIE EX-ARMS SIND DIE ULTIMATIVE KRAFT! WER SIE BESITZT, IST STARK!

NIEMAND KANN DIESEN KREISLAUF DURCHBRECHEN!!!

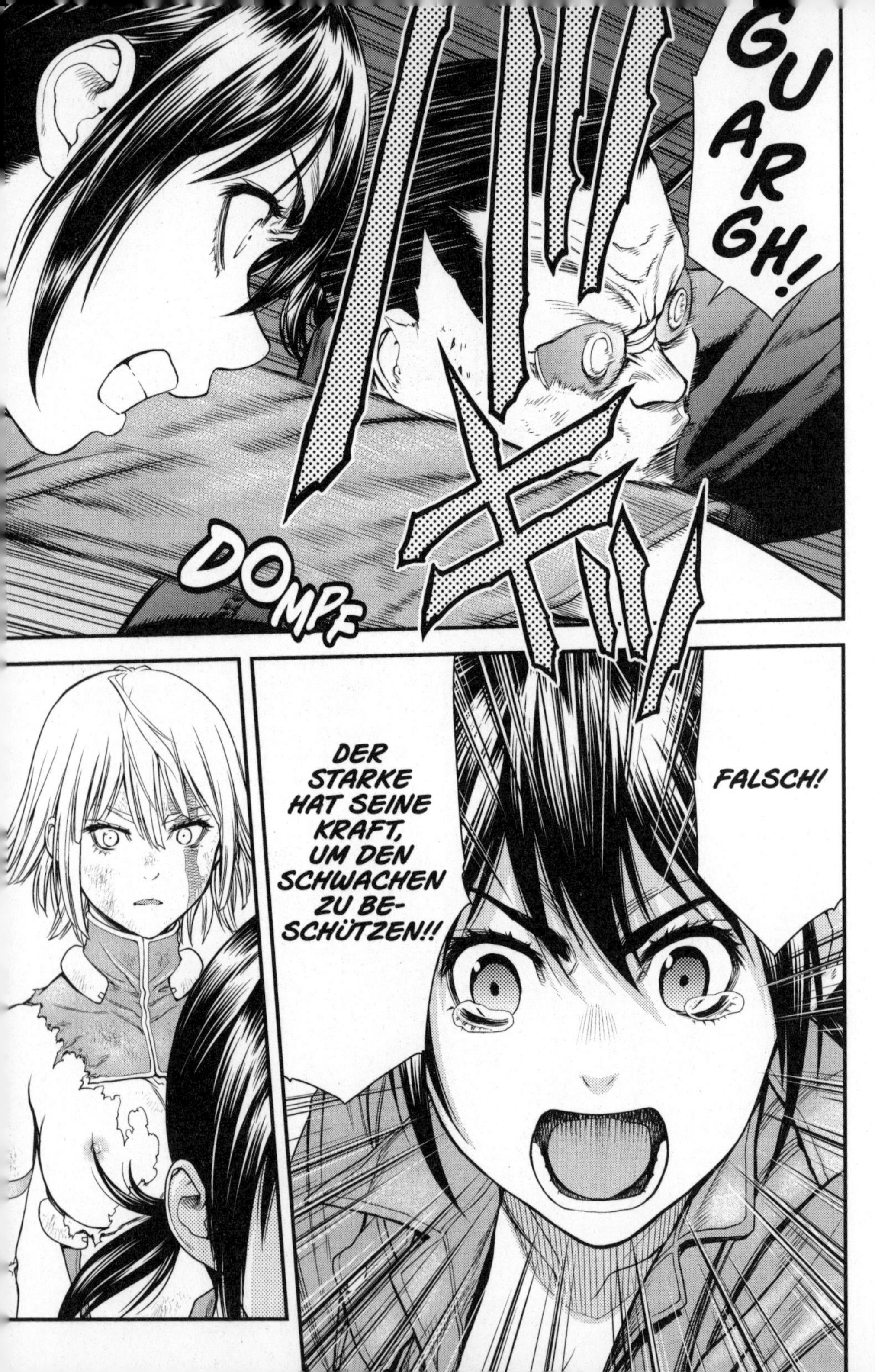
GUARGH!
DOMPF
FALSCH!
DER STARKE HAT SEINE KRAFT, UM DEN SCHWACHEN ZU BESCHÜTZEN!!

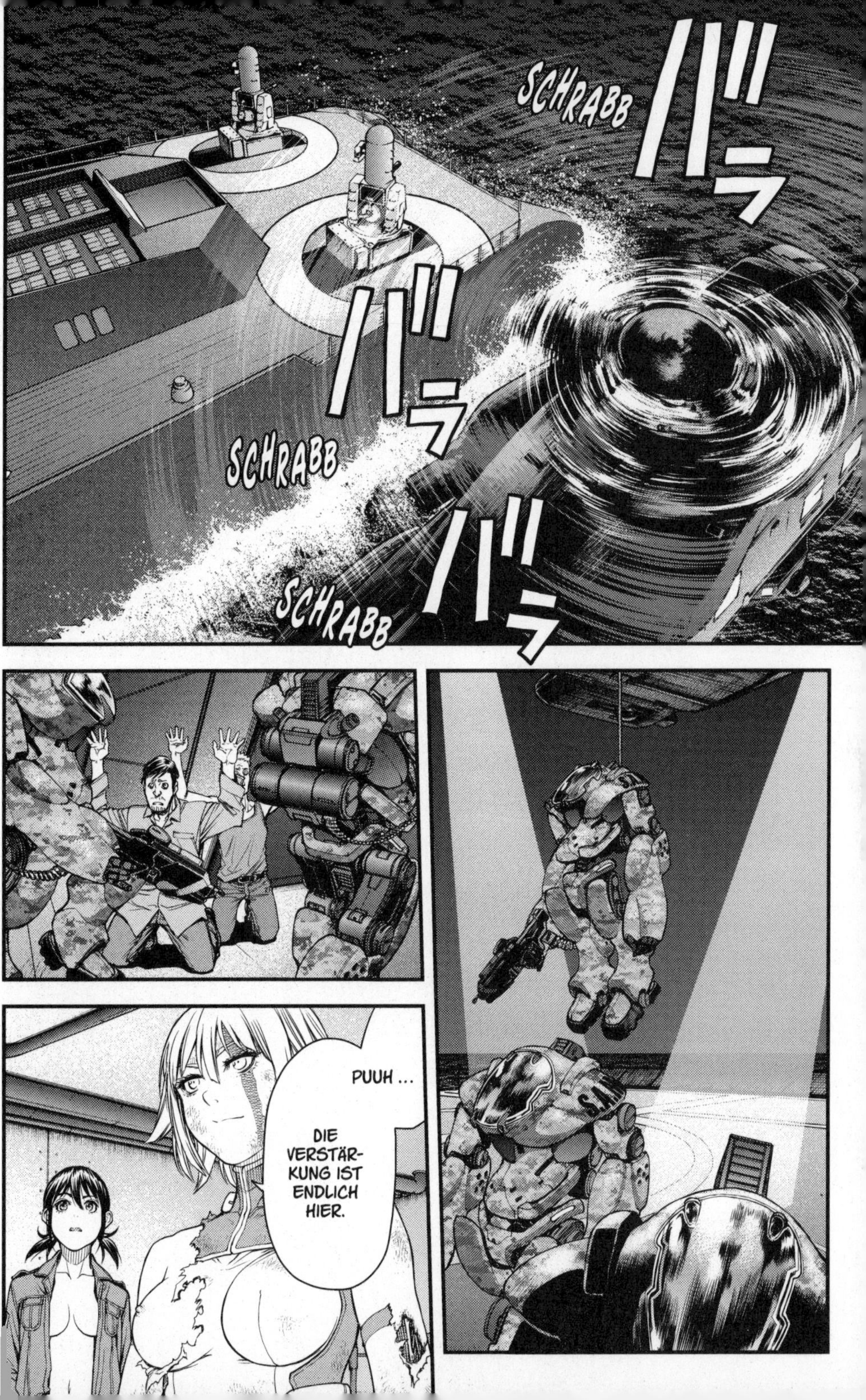

SCHRABB
バラ
バラ
SCHRABB
バラ
SCHRABB

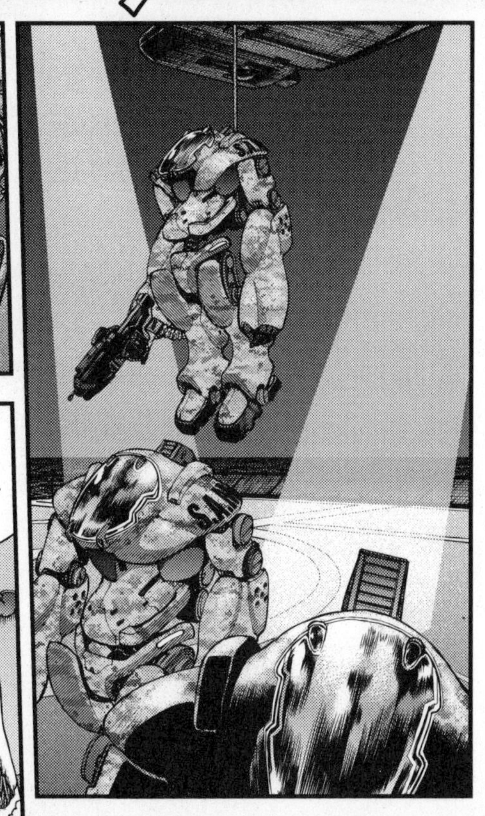

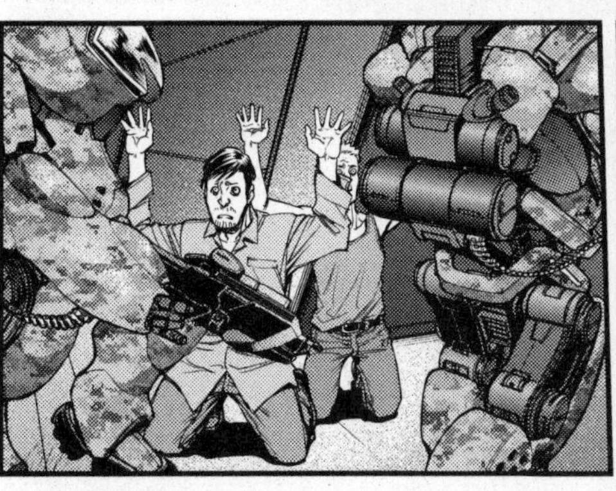

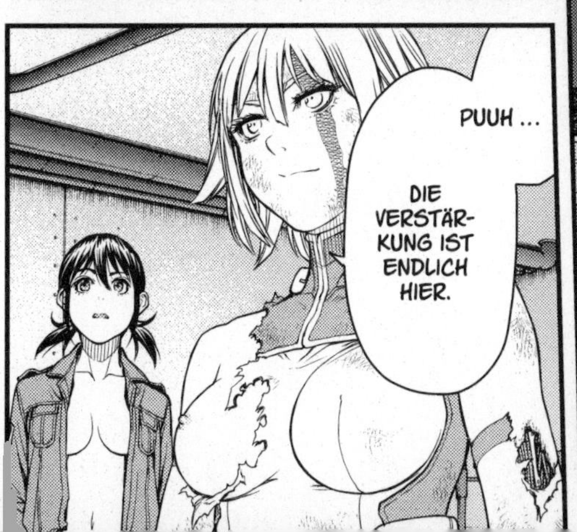

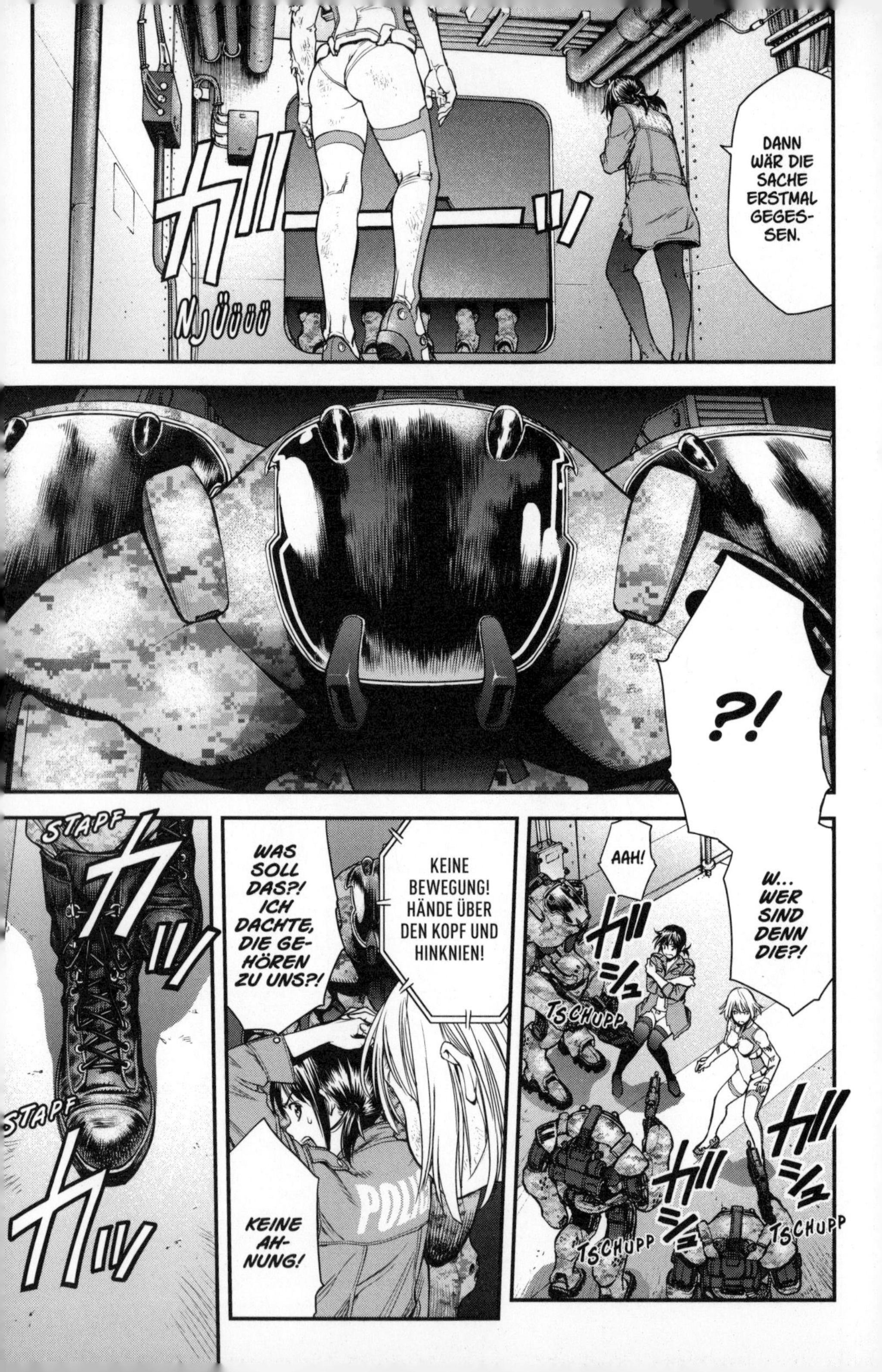

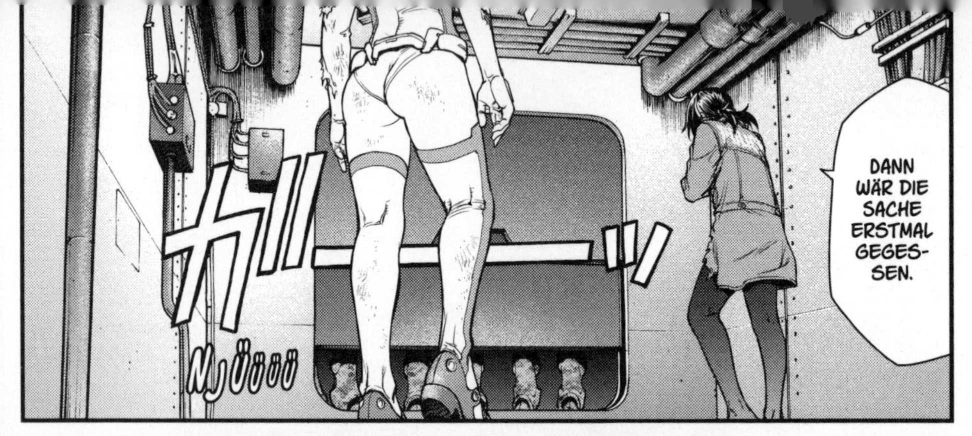
DANN WÄR DIE SACHE ERSTMAL GEGES-SEN.
NJÜÜÜÜ
?!
AAH!
W... WER SIND DENN DIE?!
TSCHUPP
TSCHUPP
TSCHUPP
KEINE BEWEGUNG! HÄNDE ÜBER DEN KOPF UND HINKNIEN!
WAS SOLL DAS?! ICH DACHTE, DIE GE-HÖREN ZU UNS?!
KEINE AH-NUNG!
STAPF
STAPF

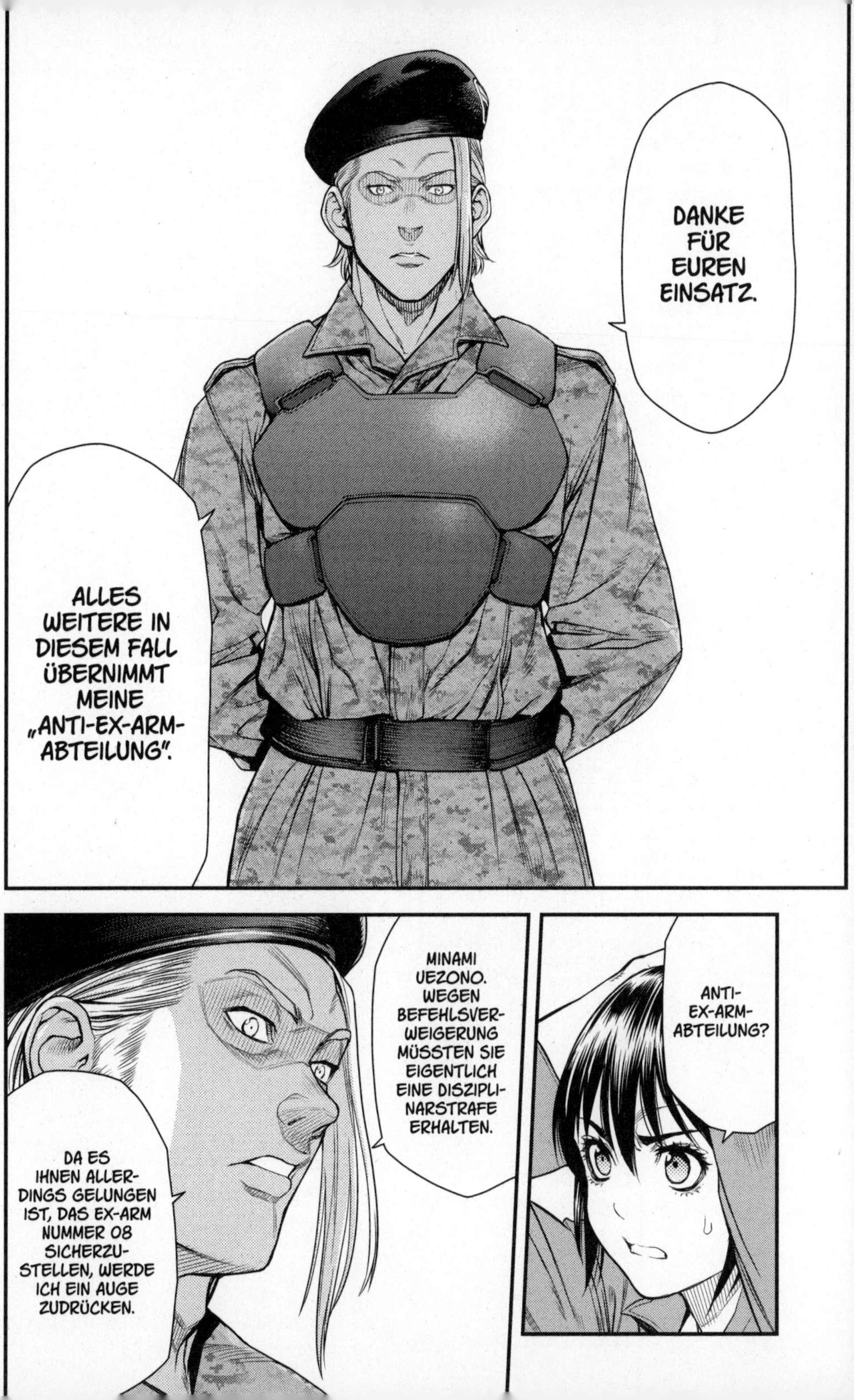

DANKE FÜR EUREN EINSATZ.

ALLES WEITERE IN DIESEM FALL ÜBERNIMMT MEINE „ANTI-EX-ARM-ABTEILUNG“.

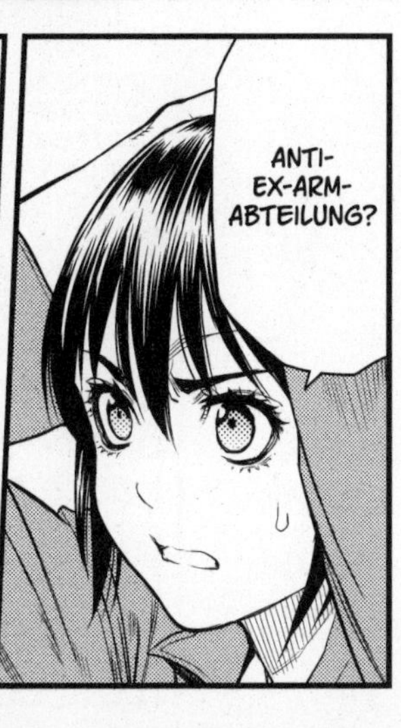

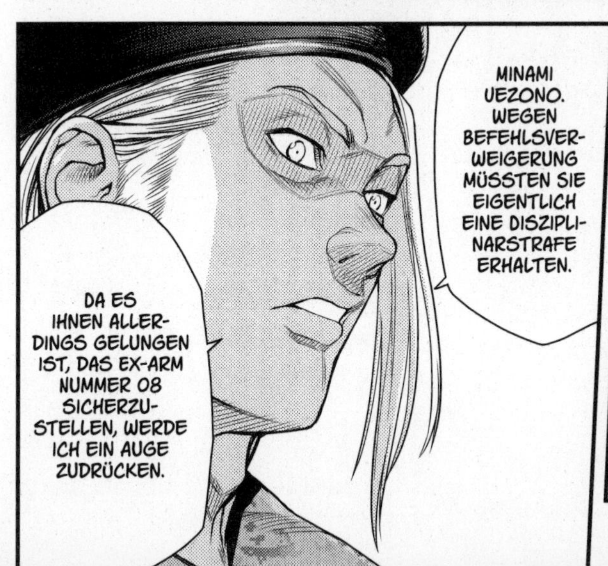

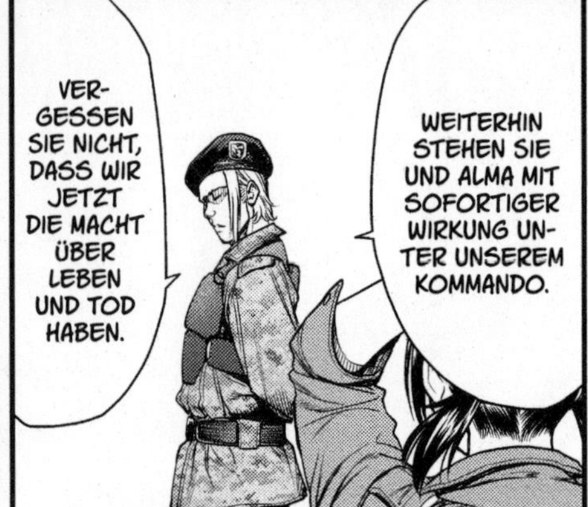
WEITERHIN STEHEN SIE UND ALMA MIT SOFORTIGER WIRKUNG UNTER UNSEREM KOMMANDO.
VERGESSEN SIE NICHT, DASS WIR JETZT DIE MACHT ÜBER LEBEN UND TOD HABEN.

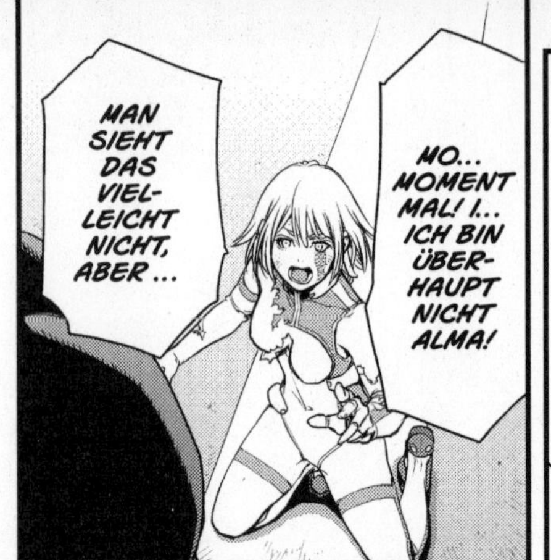
MO… MOMENT MAL! I… ICH BIN ÜBERHAUPT NICHT ALMA!
MAN SIEHT DAS VIELLEICHT NICHT, ABER …

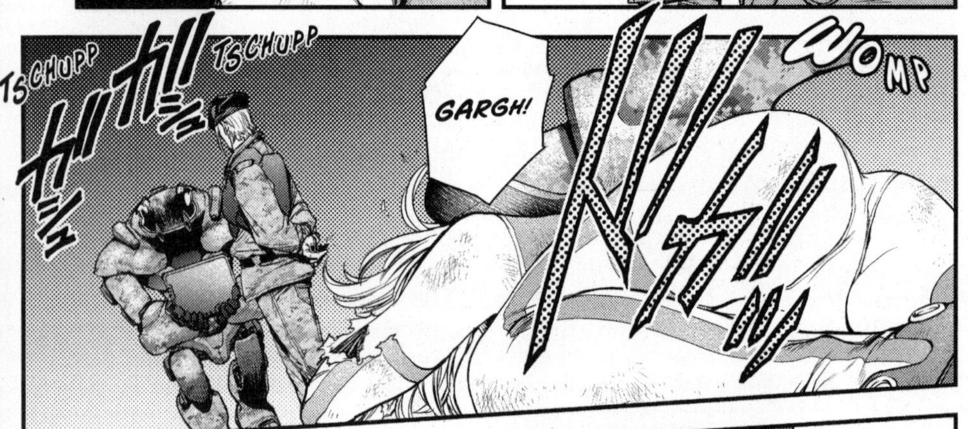
WOMP
GARGH!
TSCHUPP
TSCHUPP

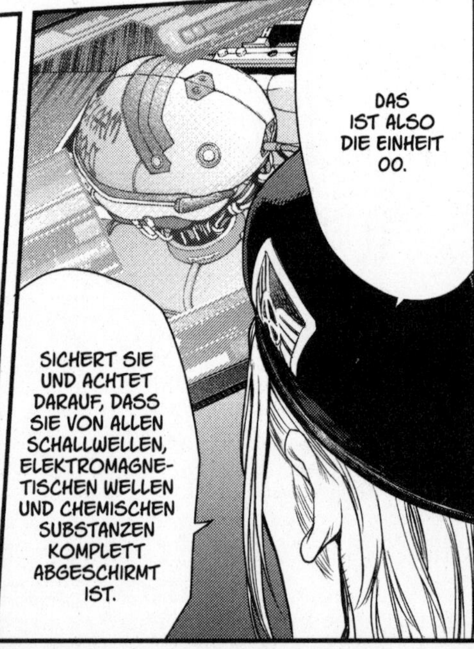
DAS IST ALSO DIE EINHEIT 00.
SICHERT SIE UND ACHTET DARAUF, DASS SIE VON ALLEN SCHALLWELLEN, ELEKTROMAGNETISCHEN WELLEN UND CHEMISCHEN SUBSTANZEN KOMPLETT ABGESCHIRMT IST.

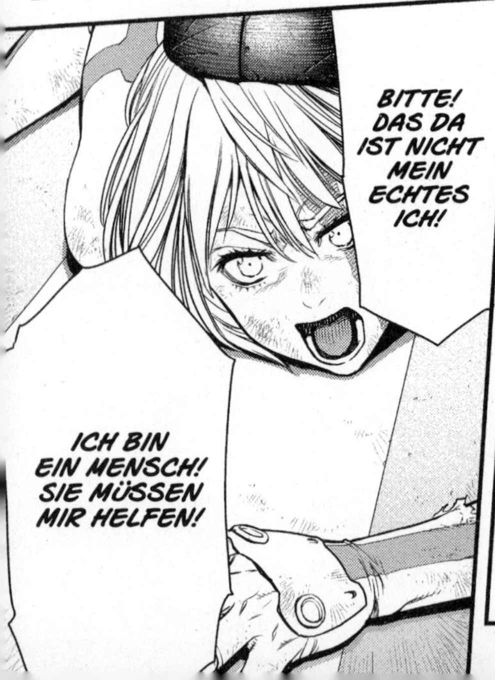
BITTE! DAS DA IST NICHT MEIN ECHTES ICH!
ICH BIN EIN MENSCH! SIE MÜSSEN MIR HELFEN!

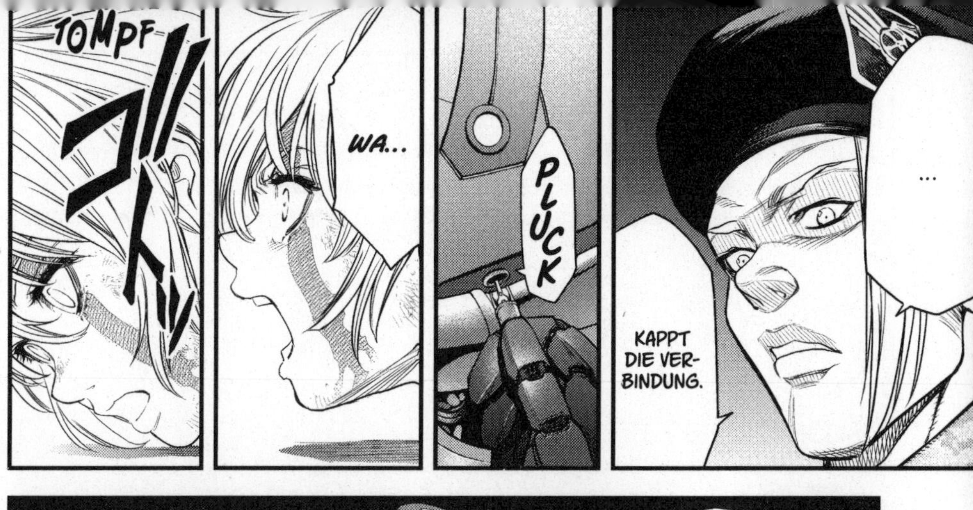

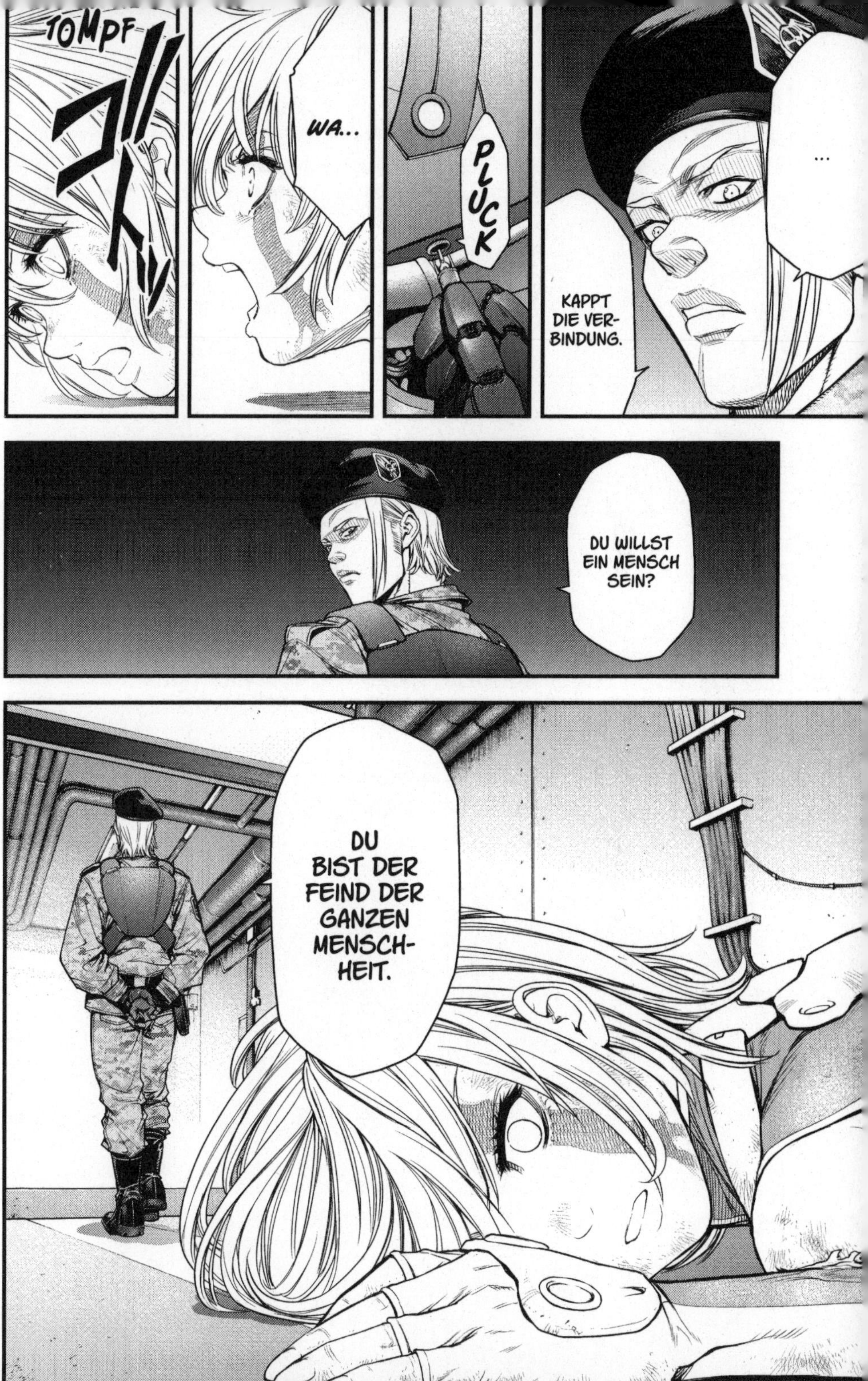

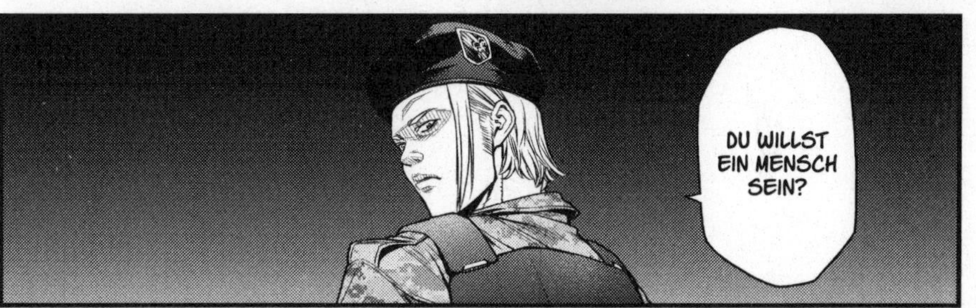

DU BIST DER FEIND DER GANZEN MENSCH-HEIT.

EX-ARM
PSYCHIC WEAPON CRIME BATTLE
ART BY KOMI SHIN-YA • STORY BY HiRock

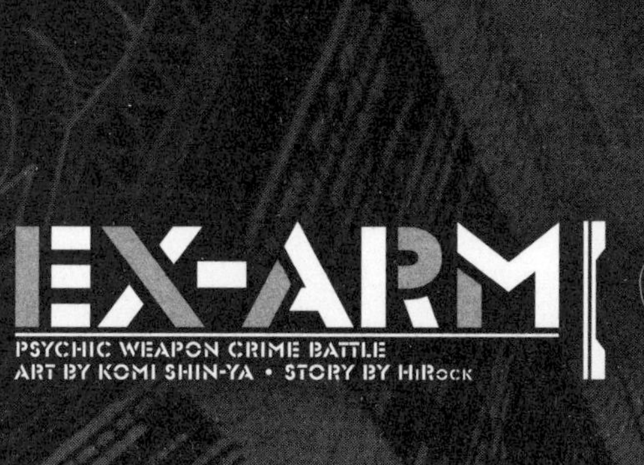
EX-ARM
PSYCHIC WEAPON CRIME BATTLE
ART BY KOMI SHIN-YA • STORY BY HiRock
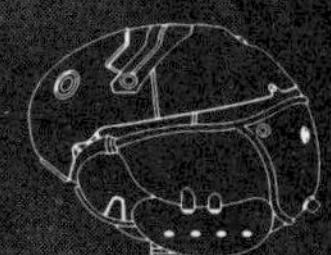

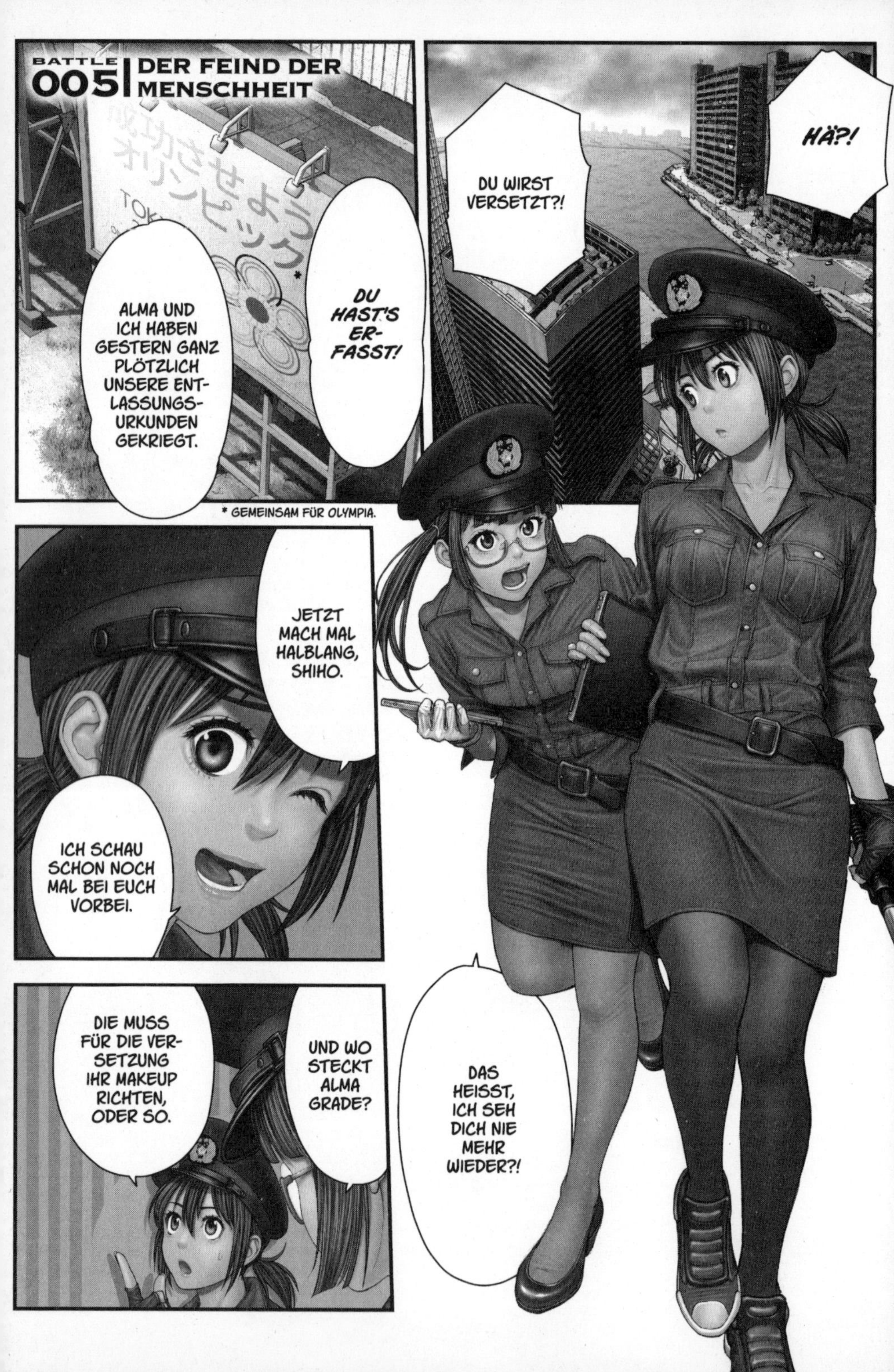

* GEMEINSAM FÜR OLYMPIA.

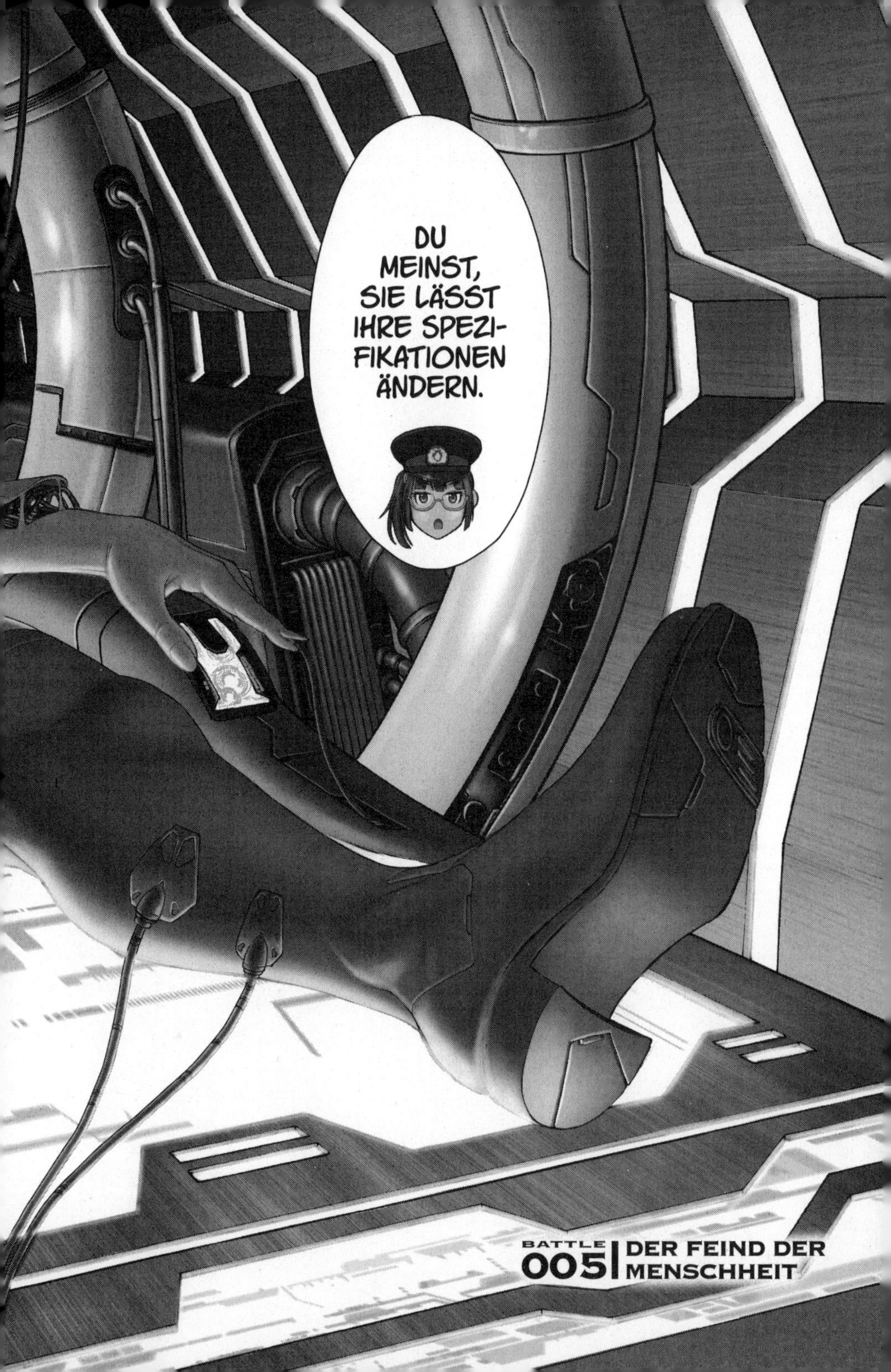
DU MEINST, SIE LÄSST IHRE SPEZI-FIKATIONEN ÄNDERN.
BATTLE 005 DER FEIND DER MENSCHHEIT

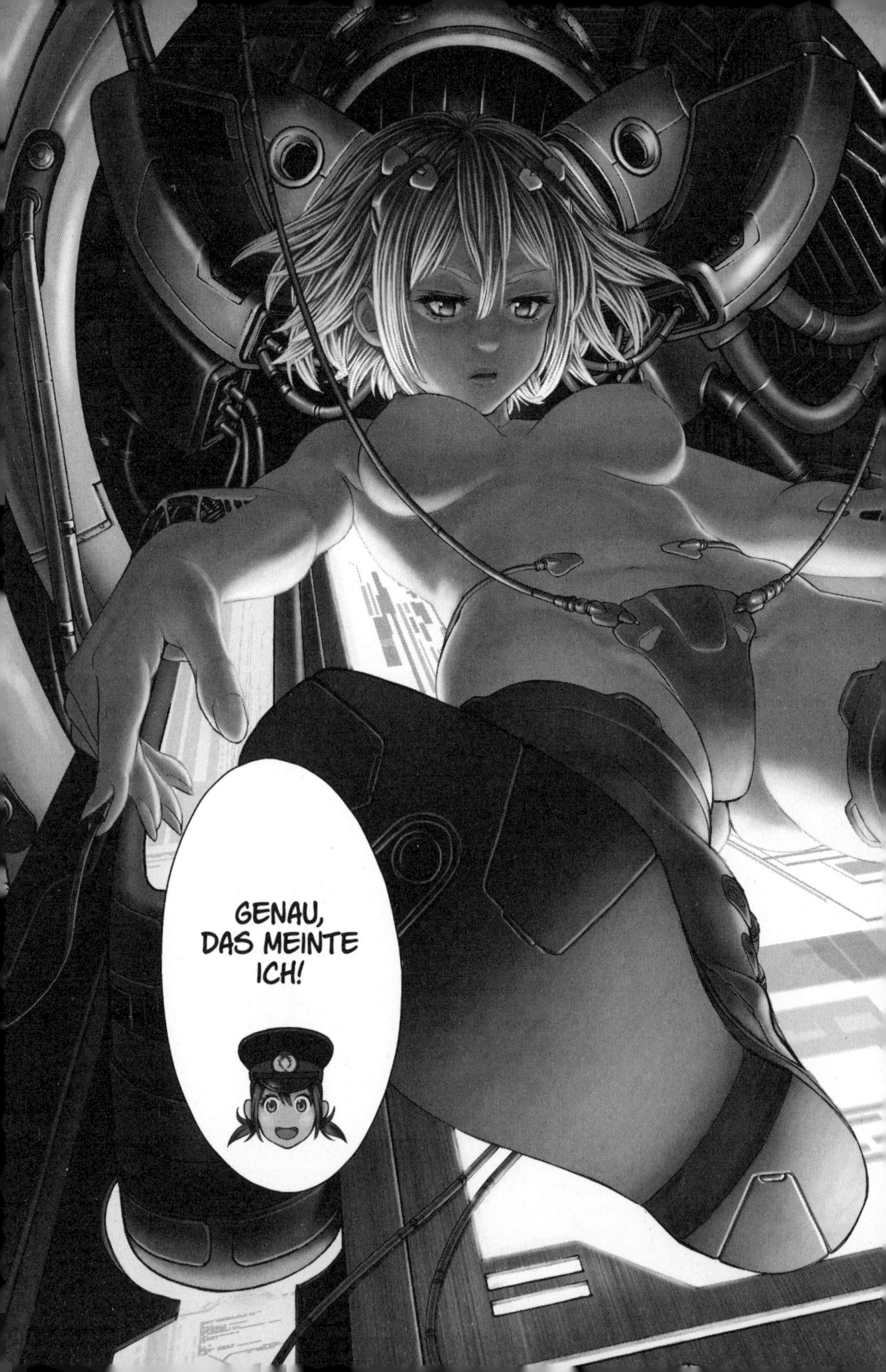
GENAU, DAS MEINTE ICH!

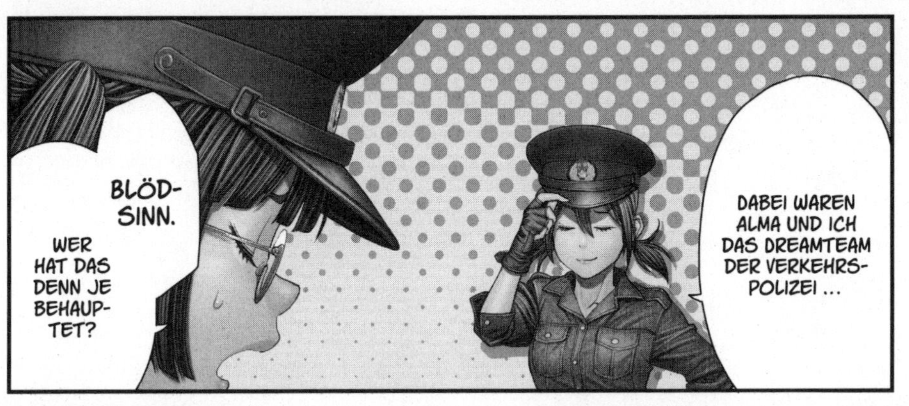
DABEI WAREN ALMA UND ICH DAS DREAMTEAM DER VERKEHRS-POLIZEI …
BLÖD-SINN.
WER HAT DAS DENN JE BEHAUP-TET?

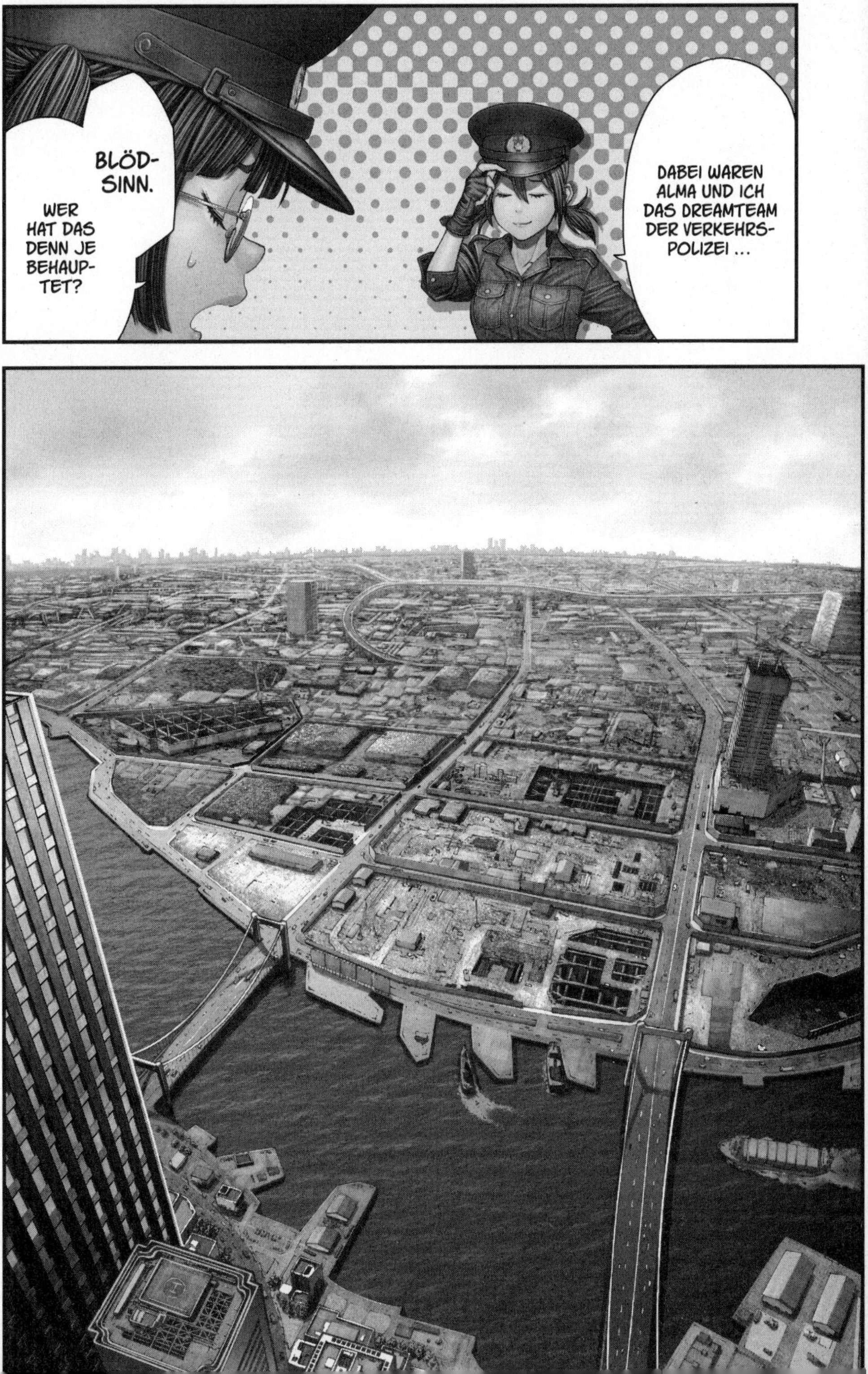

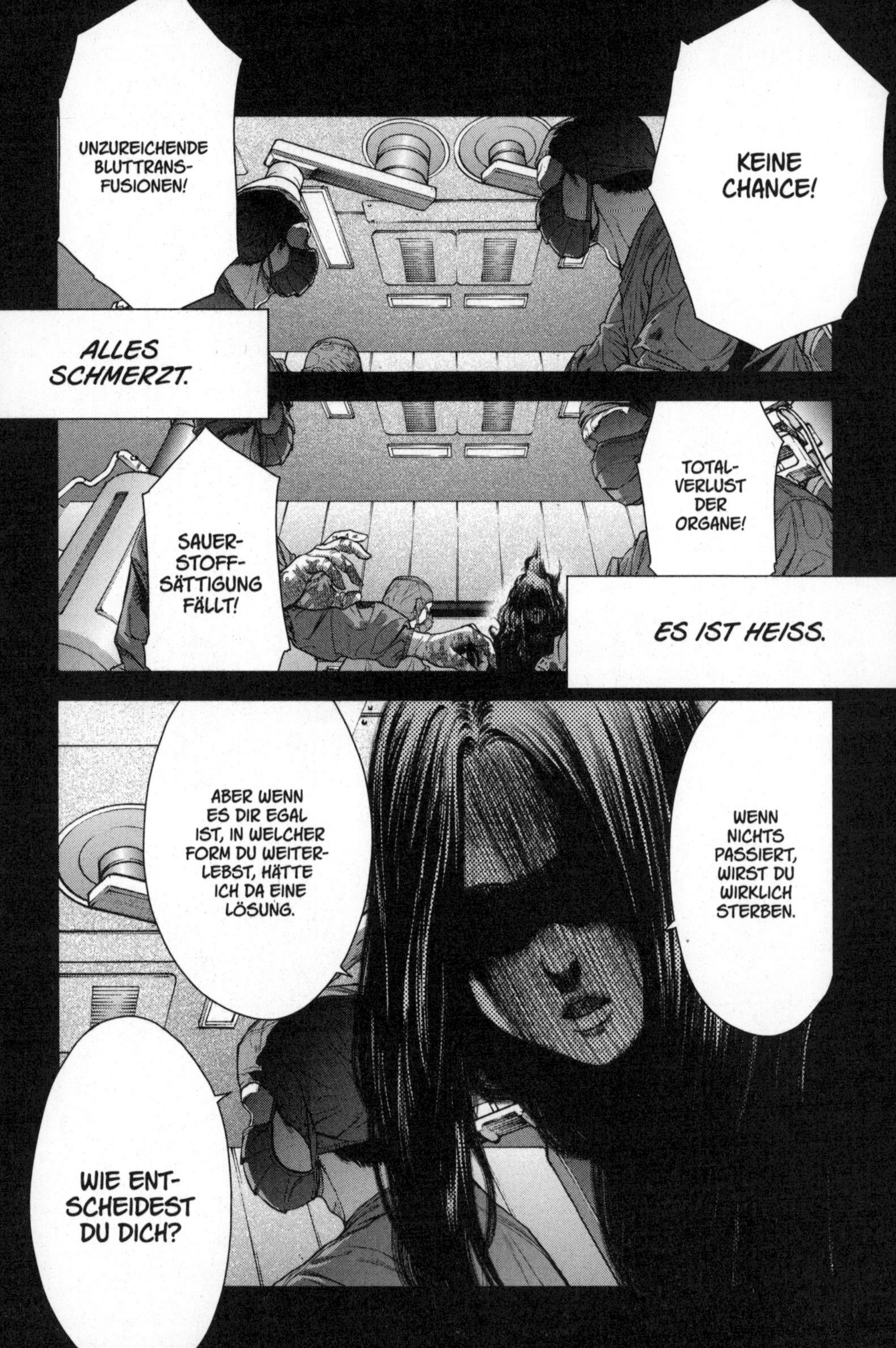
KEINE CHANCE!
UNZUREICHENDE BLUTTRANSFUSIONEN!
ALLES SCHMERZT.
TOTALVERLUST DER ORGANE!
SAUERSTOFFSÄTTIGUNG FÄLLT!
ES IST HEISS.
WENN NICHTS PASSIERT, WIRST DU WIRKLICH STERBEN.
ABER WENN ES DIR EGAL IST, IN WELCHER FORM DU WEITERLEBST, HÄTTE ICH DA EINE LÖSUNG.
WIE ENTSCHEIDEST DU DICH?

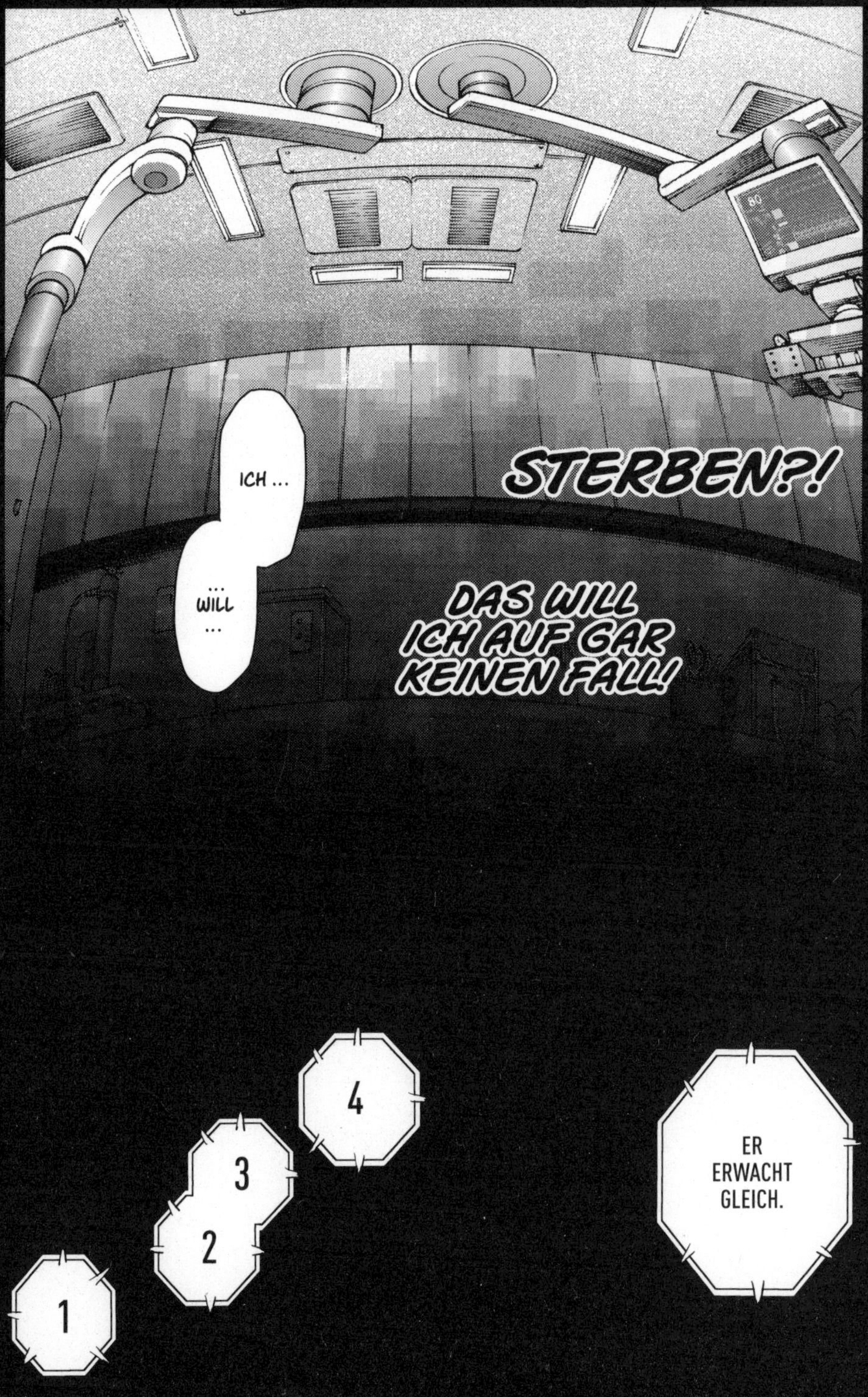

ICH ...

... WILL ...

STERBEN?!

DAS WILL ICH AUF GAR KEINEN FALL!

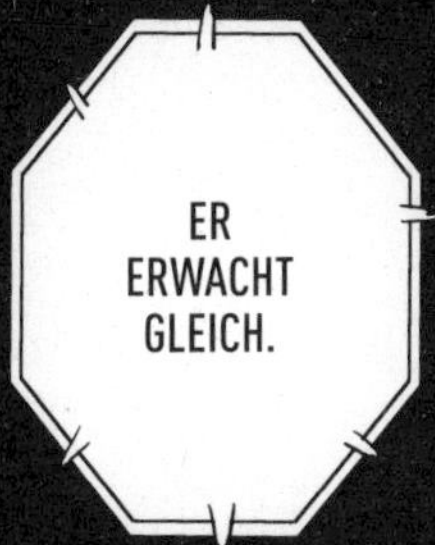

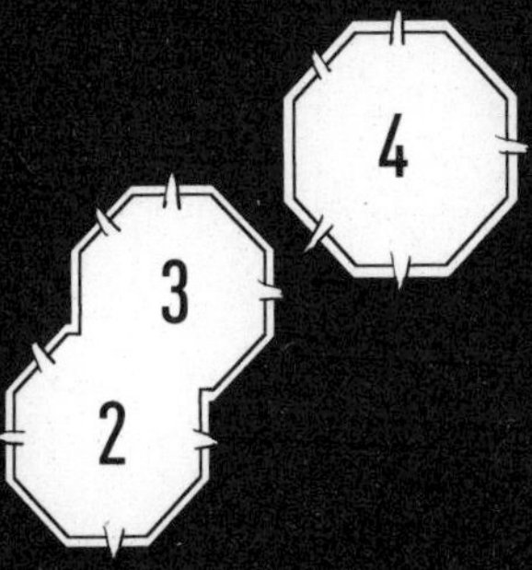

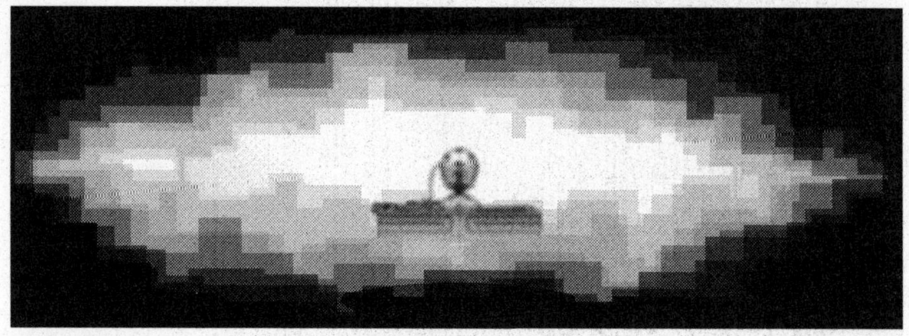

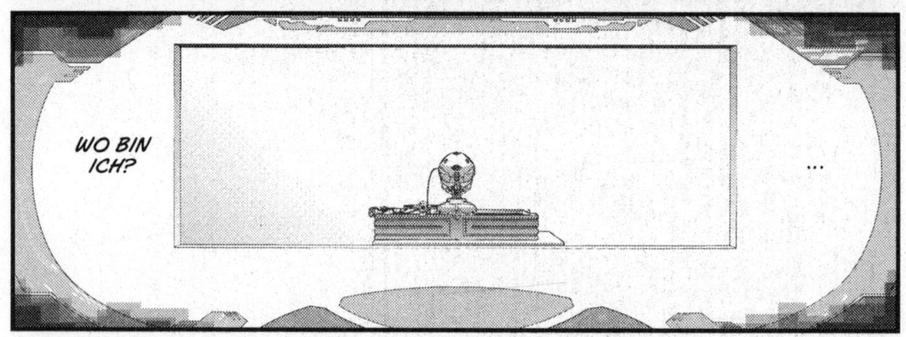
...
WO BIN ICH?

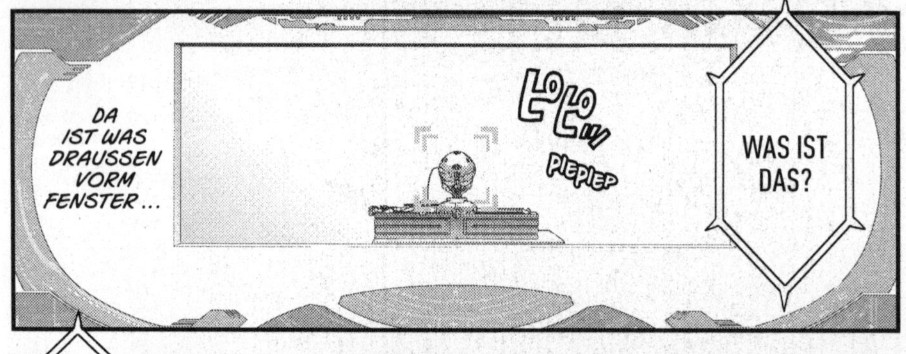
WAS IST DAS?
ピピッ
PIEPIEP
DA IST WAS DRAUSSEN VORM FENSTER ...

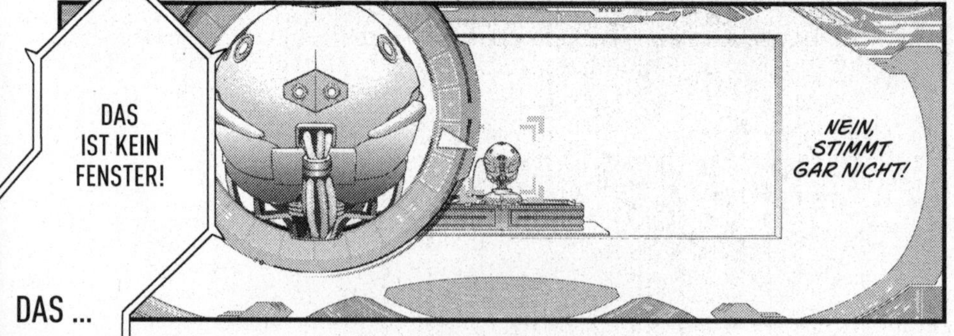
NEIN, STIMMT GAR NICHT!
DAS IST KEIN FENSTER!
DAS ...

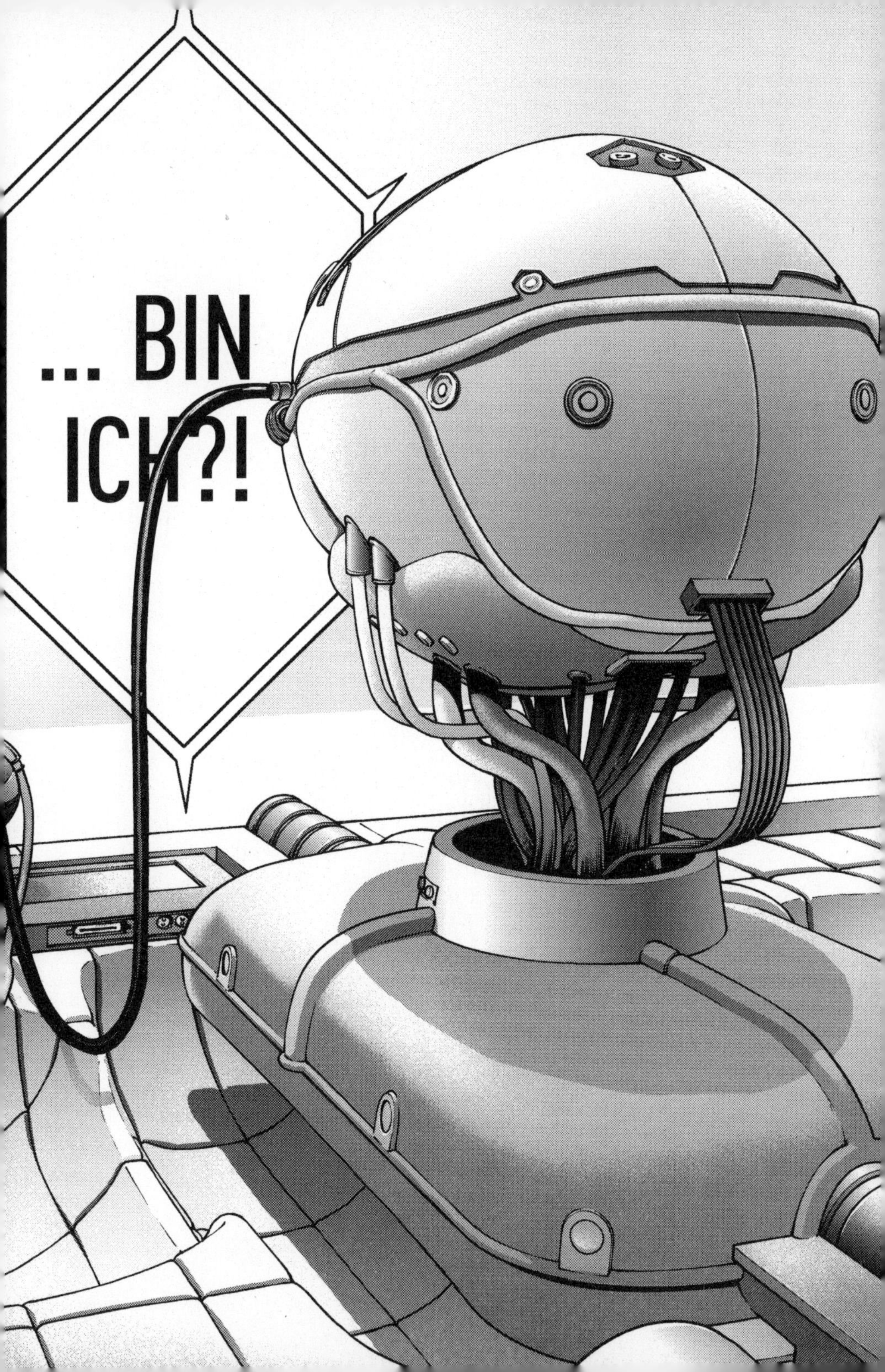
... BIN
ICH?!

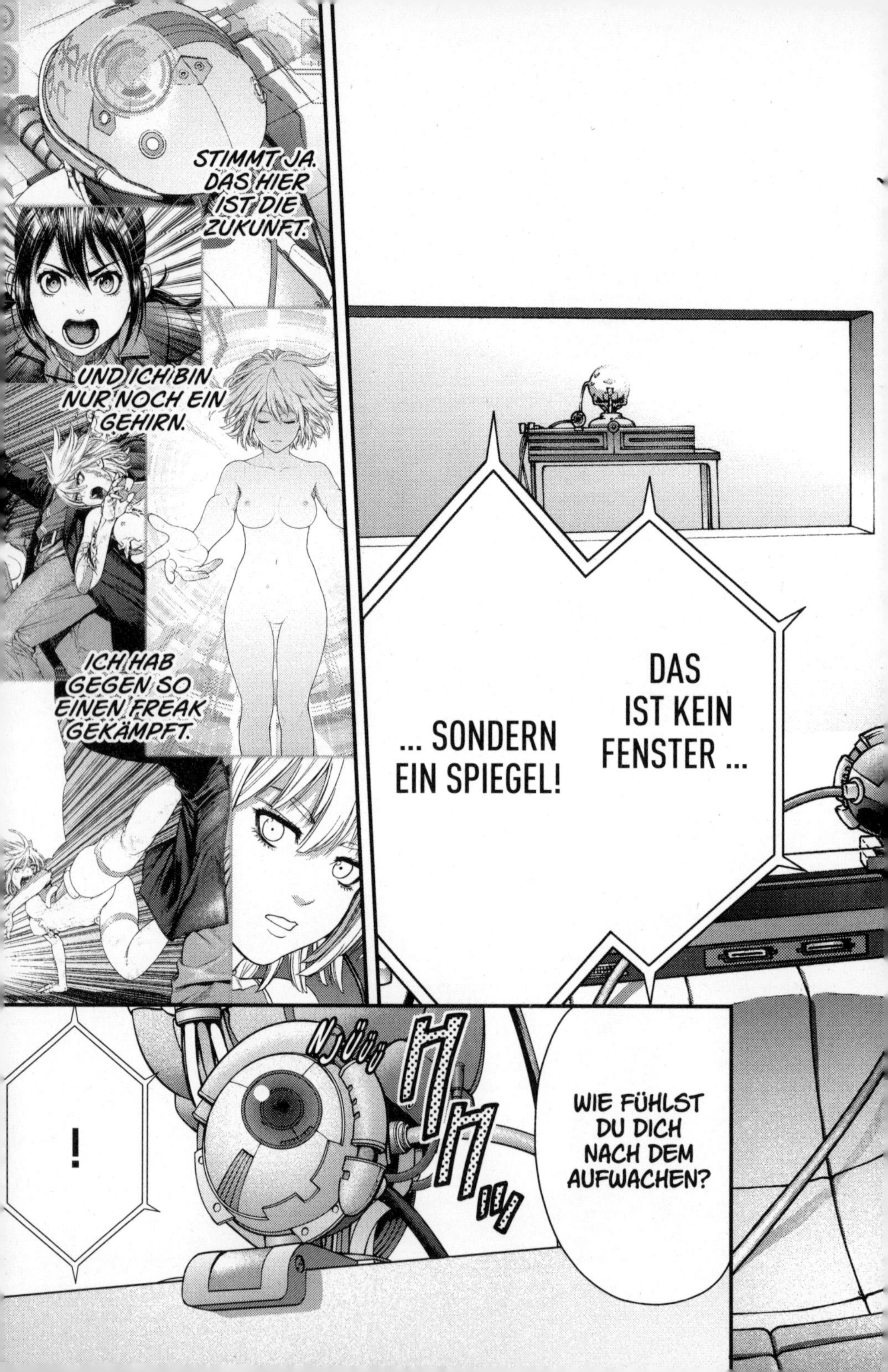
STIMMT JA. DAS HIER IST DIE ZUKUNFT.
UND ICH BIN NUR NOCH EIN GEHIRN.
ICH HAB GEGEN SO EINEN FREAK GEKÄMPFT.
DAS IST KEIN FENSTER ...
... SONDERN EIN SPIEGEL!
WIE FÜHLST DU DICH NACH DEM AUFWACHEN?
NJÜÜÜ
!

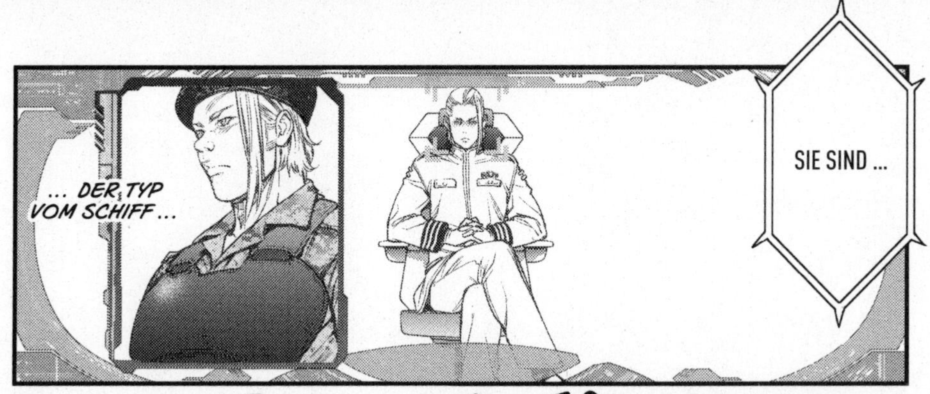
SIE SIND ...
... DER TYP VOM SCHIFF ...

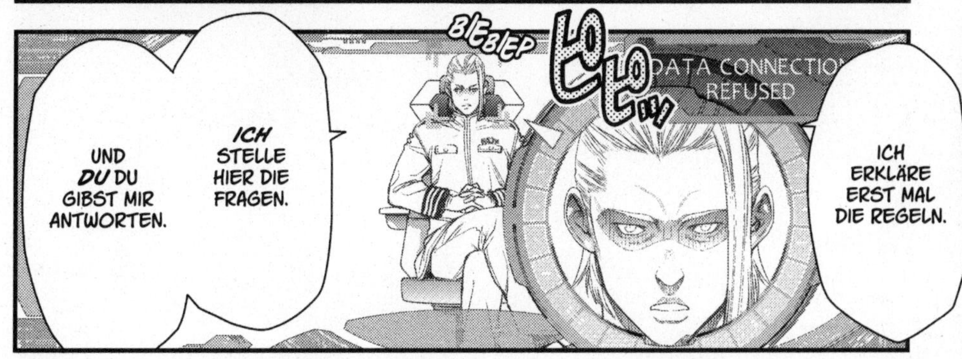
BIEBIEP
DATA CONNECTIO
REFUSED
ICH ERKLÄRE ERST MAL DIE REGELN.
ICH STELLE HIER DIE FRAGEN.
UND *DU* DU GIBST MIR ANTWORTEN.

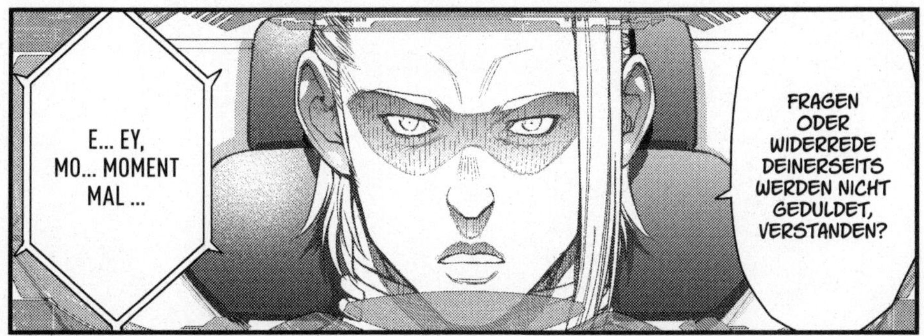
FRAGEN ODER WIDERREDE DEINERSEITS WERDEN NICHT GEDULDET, VERSTANDEN?
E... EY, MO... MOMENT MAL ...

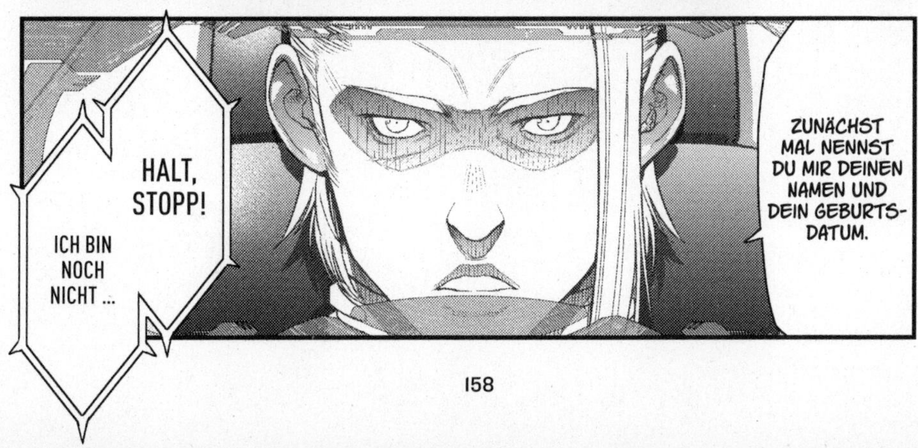
ZUNÄCHST MAL NENNST DU MIR DEINEN NAMEN UND DEIN GEBURTS-DATUM.
HALT, STOPP!
ICH BIN NOCH NICHT ...

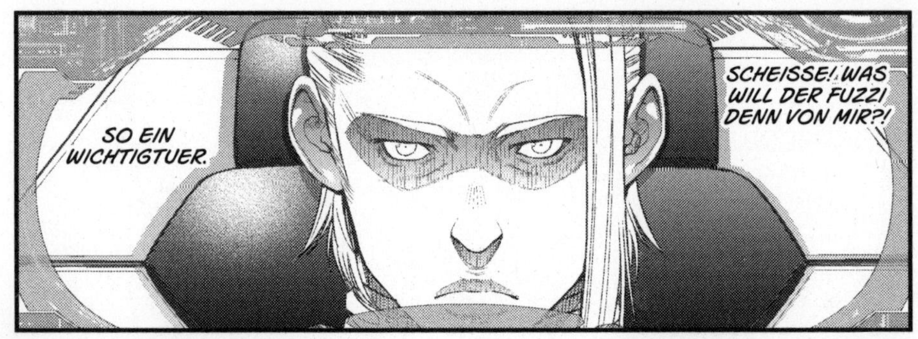
SCHEISSE! WAS WILL DER FUZZI DENN VON MIR?!
SO EIN WICHTIGTUER.

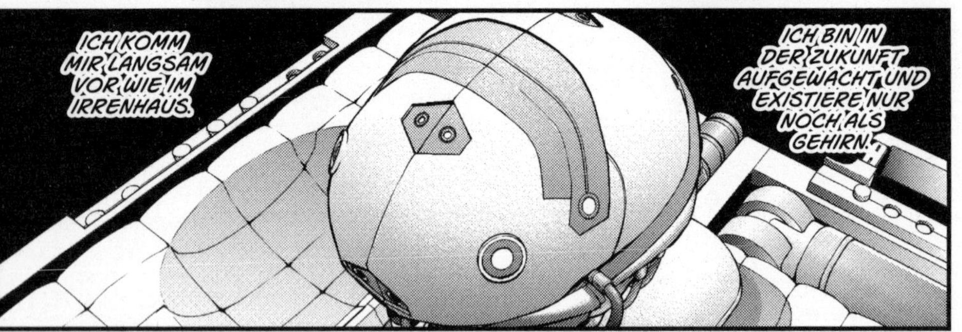
ICH BIN IN DER ZUKUNFT AUFGEWACHT UND EXISTIERE NUR NOCH ALS GEHIRN!
ICH KOMM MIR LANGSAM VOR WIE IM IRRENHAUS.

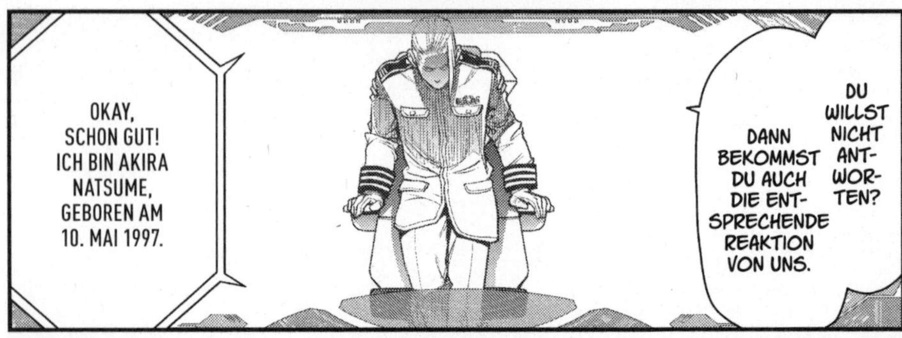
DU WILLST NICHT ANTWORTEN?
DANN BEKOMMST DU AUCH DIE ENTSPRECHENDE REAKTION VON UNS.
OKAY, SCHON GUT! ICH BIN AKIRA NATSUME, GEBOREN AM 10. MAI 1997.

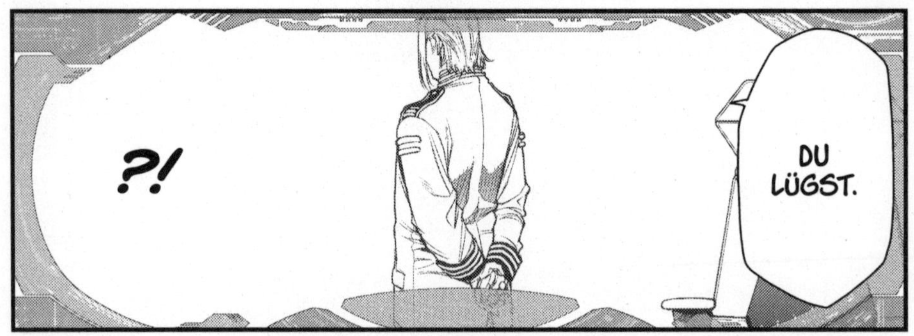
DU LÜGST.
?!

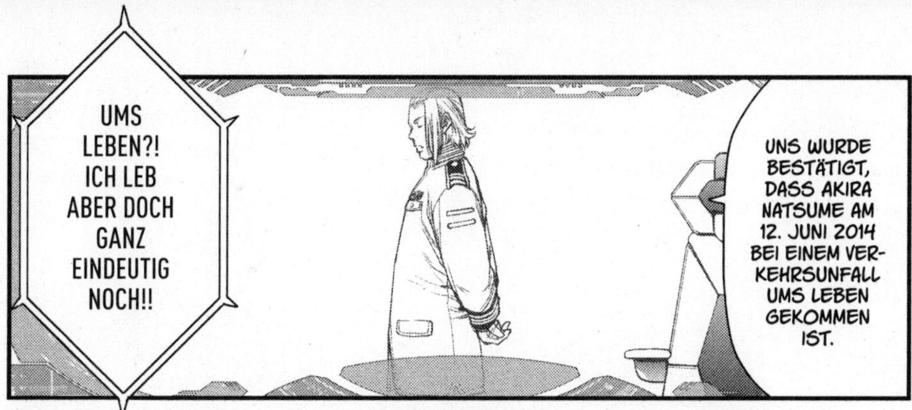
UNS WURDE BESTÄTIGT, DASS AKIRA NATSUME AM 12. JUNI 2014 BEI EINEM VERKEHRSUNFALL UMS LEBEN GEKOMMEN IST.
UMS LEBEN?! ICH LEB ABER DOCH GANZ EINDEUTIG NOCH!!

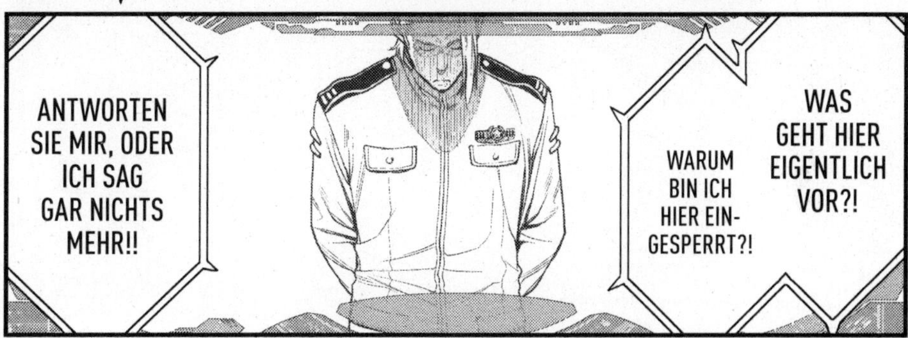
WAS GEHT HIER EIGENTLICH VOR?!
WARUM BIN ICH HIER EINGESPERRT?!
ANTWORTEN SIE MIR, ODER ICH SAG GAR NICHTS MEHR!!

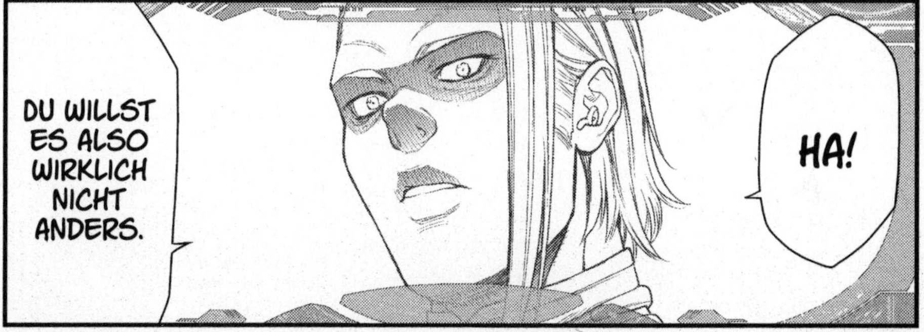
HA!
DU WILLST ES ALSO WIRKLICH NICHT ANDERS.

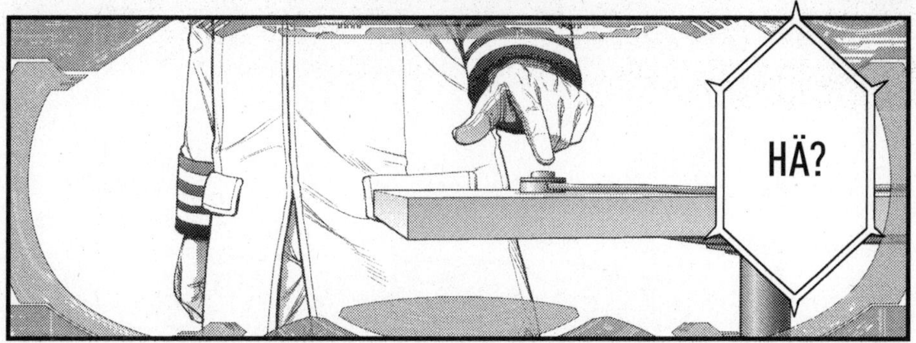
HÄ?